REIHE APOSTROPH
HÄNSSLER-VERLAG
NEUHAUSEN-STUTTGART

Shlomo Hillel

Operation Babylon

Israels Geheimdienst im Irak

Der Autor:

Shlomo Hillel wurde 1923 in Bagdad geboren und wanderte 1934 nach Israel (damals Palästina) aus. 1946-52 arbeitete er als Mitglied des israelischen Geheimdienstes an der Rettung der irakischen Juden mit. Seitdem ist er als Politiker tätig (bis 1992 Knesset-Abgeordneter, seit 1959 im diplomatischen Dienst, später mehrfach Minister, 1984 Präsident der Knesset).

Die Deutsche Bibliothek – CIP-Einheitsaufnahme

Hillēl, Šelomo:
Operation Babylon : Israels Geheimdienst im Irak / Shlomo Hillel.
[Übers. aus dem Hebr. von Erwin und Lilly Katz]. –
Neuhausen-Stuttgart : Hänssler, 1992
(Reihe Apostroph ; Bd. 26)
Einheitssacht.: Rûaḥ qādîm <dt.>
ISBN 3-7751-1736-9
NE: GT

Reihe Apostroph, Band 26
Bestell-Nr. 78.026

Originaltitel: Ruah kadim
Übersetzt aus dem Hebräischen von Erwin und Lilly Katz

Abbildungen mit freundlicher Genehmigung des Autors
Umschlaggestaltung: Daniel Dolmetsch
Satz: AbSatz Ewert-Mohr, Klein Nordende
Printed in Germany

Zum Andenken an meine Eltern,

Aharon Hillel und Hanini (geb. Shemtov) Hillel

Inhalt

Einleitung

»Phantom Flug Nr. 1« startete reibungslos oder so sicher, wie es die Umstände erlaubten, zur vorgesehenen Stunde. Sobald Bagdads Lichter hinter uns verschwanden, bat ich den Kapitän, die Kabinenbeleuchtung einzuschalten. Ich fing an, die Passagiere zu ermutigen. Die fünfzig Jugendlichen lagen ausgestreckt, fest aneinander geklammert, stumm und lautlos vor Angst auf dem nackten Boden des Flugzeuges.

»Ihr könnt euch jetzt aufrecht setzen und es euch bequem machen«, überschrie ich das Dröhnen der Motoren. »Ihr braucht euch nicht mehr zu fürchten!«

Das stimmte zwar nicht ganz, denn wir mußten noch Palästina erreichen, dort heimlich landen und zugleich die englischen Wachen umgehen – aber das Schlimmste hatten wir nun, wo wir uns in der Luft befanden, hinter uns.

Ein schwaches Lächeln erschien auf den vor Schreck erstarrten Gesichtern, und als sich die Jugendlichen etwas zurechtsetzten, begann ich ihnen die Anordnungen für die Landung, die drei Stunden später stattfinden sollte, zu erteilen.

»Sobald das Flugzeug zum Landen ansetzt, müßt ihr euch wie vorhin fest aneinandergeklammert flach hinlegen und so bleiben, bis die Maschine steht. Dann sollen zwei der kräftigsten Burschen hinausspringen, und zwei andere sollen sich innen an der Flugzeugtür bereit halten und den anderen beim herausklettern helfen. Falls wir aber aus irgendeinem Grund nicht auf unserem geheimen Hilfslandeplatz in Yavniel landen können, sondern gezwungen sind, auf einem der offiziellen Flugplätze zu landen, müßt ihr auf alle Fragen der Engländer nur eine Antwort geben, und zwar auf hebräisch: ›Ich bin ein Jude aus Palästina.‹ Kein Wort mehr!«

Das war die Regel bei den Operationen des Mossad.

Ich kehrte ins Cockpit zurück, als die Morgendämmerung anbrach – sie kommt langsam, wenn man westwärts fliegt – und betrachtete schweigend die dürre, öde Wüstenlandschaft. Ungefähr zur Hälfte unseres dreistündigen Fluges, als wir die irakisch-syrische Grenze überflogen, zeigte mir Mike unsere Position auf der Landkarte. Allerdings änderte sich nichts an der Landschaft, genau so wie sich nichts an der Feindseligkeit und den Gefahren, die beiderseits der Grenze auf uns lauerten, änderte.

Je mehr wir uns Palästina näherten, desto heller wurde es. Und dann erschien plötzlich unter uns der blaue See Genezareth anstelle der braunen, öden Golan-Höhen – und ich war zu Hause. Als sich die ersten Sonnenstrahlen im Wasser widerspiegelten, wurde ich von solch einer Sehnsucht erfaßt, daß ich meine Stirne gegen das Fenster preßte, um die Tränen zu verbergen.

Im Westen des Sees konnte ich einige »Palmachniks« bemerken, die zur Verteidigung des Landeplatzes aufgestellt waren. Parallele Rauchsäulen bezeichneten den Rand der Notlandungspiste, und was auch immer ich über Leo Wessenberg sagen konnte, so mußte ich gestehen, daß ihm eine meisterhafte Landung gelang. Während die Maschine auf dem holprigen Feld langsam zum Stillstand kam, sah ich bekannte Gesichter in der Menge.

Es schien, als sei der gesammte Mossad hergekommen, um uns zu begrüßen; abseits stand sogar jemand mit einer kleinen Filmkamera, um das Ereignis für die Zukunft festzuhalten.

Innerhalb weniger Minuten gingen alle Einwanderer an Land, und das Flugzeug verschwand augenblicklich wieder in die Lüfte. Zwei Lastwagen holten die jungen Leute ab, um sie unter den benachbarten Siedlungen zu verteilen. Die Rollbahnfeuer wurden gelöscht, die Palmachniks entfernten sich und Yavniel kehrte zu seiner idyllischen Ruhe zurück, als ob das ganze Drama eine Fata Morgana gewesen wäre. Ich gab noch eine letzte Anweisung – eine chiffrierte Mitteilung, die man unseren Leuten in Bagdad durch den geheimen Sender durchgeben sollte. Der Text lautete:

An : YERACH
Von: SHAMMAI
23. August 1947
»1. Heil und unversehrt angekommen. Begeisterter Empfang.
2. Prüft und meldet, ob es bei Euch irgendwelche Nachwirkungen gibt. Sorgt, daß alle am Einsatz Beteiligten sich ruhig verhalten.«

Dann ging ich nach Hause, zurück in den Kibbuz und geradewegs auf Temimas Zelt zu. Da ich es leer fand, legte ich mich für einige Minuten hin, um mich etwas zu entspannen, fiel aber sofort in einen tiefen Schlaf, aus dem ich plötzlich wieder hochfuhr. Das Licht war an, und ich hörte Temimas Stimme, wie sie schimpfte, daß ich in meinen Kleidern schlief.

»Ruhe! Ich sagte doch, du sollst leise sein!« zischte ich sie ganz verwirrt an, hörte aber sofort als Antwort ihr sanftes Lachen. Das Letzte, das mir von diesem historischen Tag in Erinnerung blieb, waren mein Zorn und meine Verwirrung über den fürchterlichen Lärm, den sie ausgerechnet jetzt machen mußte. »Mein Gott«, dachte ich, »sie wird uns noch alle erwischen lassen.«

Als ich wieder die Augen öffnete, stand die Sonne hoch am Himmel und ich befand mich allein im Zelt.

Es vergingen Jahre, bevor ich mit Temima die ganze Angelegenheit wieder aufgriff. Sie fragte nichts und ich erzählte nichts. Zu dieser Zeit sprach man nicht über solche Tätigkeiten. Es schickte sich eben nicht.

Jetzt aber glaube ich, daß die Zeit gekommen ist, die ganze Geschichte zu erzählen.

Geheimagent im Untergrund

An einem kalten, grauen Dezembermorgen des Jahres 1945 – es war Weihnachten, um ganz genau zu sein – bewegte sich ein schwarzer Hillman südwärts über die Asphaltstraße, die wichtigste Verbindung zwischen Haifa und Tel Aviv. Er durchfuhr die Pfützen mit größter Geschwindigkeit, die Windschutzscheibe mit Wasser und Schlamm bespritzend, und näherte sich immer mehr der Zitrusgegend. Ungefähr eine halbe Stunde vor Tel Aviv verlangsamte der Wagen seine Geschwindigkeit, verließ die Hauptstraße und schlängelte sich bald durch die Obstplantagen, bis vor das Tor einer umzäunten Pflanzung. Der Wagen hielt, der Fahrer hupte dreimal in einem bestimmten Rhythmus und wartete, bis ein Mann in einem zerknitterten, verschmutzten Arbeitskittel schwerfällig daherstapfte, die eiserne Kette, die das Tor verschlossen hielt, abnahm und es öffnete. Der Wagen fuhr hinein und holperte langsam zu einer armseligen Holzhütte, die den üblichen Zitruspackhäusern der Scharon-Ebene glich.

Der Lenker dieses Wagens war Mosche Baron von der Ta'as, der geheimen Waffenindustrie der Haganah, der jüdischen Untergrundverteidigungsbewegung Palästinas. Neben ihm saß ich, damals Wirtschaftsverwalter eines jungen Kibbuz, noch ohne Namen, aber mit einer wichtigen Mission in Verbindung mit obengenannter Industrie betraut. Das Packhaus war nichts anderes als eine geheime Fabrik zur Herstellung von Kleinwaffen und Munition. Die Belegschaft bestand aus ungefähr fünfzehn Mitgliedern meines Kibbuz, die an diesem Morgen in einen ganz prosaischen Konflikt mit der Haganah verwickelt waren. Selbstverständlich war es kein Lohnproblem, sondern, wie ich es verstand, ein persönlicher Streit mit ihrem Vorgesetzten. Als Verantwortlicher unserer Arbeitsgruppen war es ganz natürlich, daß ich einspringen mußte.

Baron hatte, wie ich bald herausfand, eine persönliche, aber sehr wirkungsvolle Eigenart, was Arbeitsverhandlungen betraf. Er ließ die widerspenstigen Arbeiter sich im Kreis hinsetzen, verlor kein Wort über den Anlaß ihrer Beschwerden und berichtete ihnen über die »Hannah Senesch«, ein kleines zerbrechliches Schiff, welches der britischen Blockade Palästinas entgangen war und seine 250 Passagiere sicher an Land gebracht hatte.

Ich muß hier daran erinnern, daß die Engländer, die das Völkerbund-Mandat über Palästina hatten, entschlossen waren, keine Juden mehr hereinzulassen. Aber ebenso entschlossen waren die Überlebenden der nationalsozialistischen »Endlösung der Judenfrage«, ins Land zu kommen. Es waren nur noch Schatten menschlicher Wesen, die sich da auf brüchigen Decks undichter alter Schiffe und Boote zusammenpferchten, um endlich Palästina zu erreichen. Die Schiffe wurden unter großen Schwierigkeiten durch den »Mossad für illegale Einwanderung«[1], eine andere Abteilung der Haganah, aufgetrieben. Die Hannah Senesch war eines dieser Schiffe, und Baron faszinierte seine Hörer, als er ihnen die Geschichte der Ankunft und Landung der Einwanderer erzählte:

»Zwei Tage zuvor, als das Schiff sich noch außerhalb der territorialen Gewässer Palästinas befand, wurde es von einem englischen Flugzeug überflogen, und alle waren überzeugt, daß sie entdeckt waren. Als keine Militärpatrouille erschien, um das Schiff abzufangen, wechselte es in der Nacht zum 24. Dezember seinen Kurs und lief geradewegs der palästinischen Küste in Richtung Naharyia zu. Während es sich der Küste näherte, brach ein Sturm los, der das Schiff auf einer Sandbank stranden ließ. Es bekam sofort Schlagseite und drohte umzukippen, während hohe Wellen die Rettungsboote überschwemmten. Die Haganah-Leute waren erfinderisch: Sie spannten ein festes Seil vom Schiff zur Küste, so daß die Passagiere sich buchstäblich an ›einen Faden‹ klammerten, um sich durch die mächtigen Wellen einen Weg in die Sicherheit zu bahnen. Gleichzeitig unternahm eine Haganah-Einheit zusammen mit jungen Leuten aus Naharyia eine Rettungsaktion, um diejenigen von dem gestrandeten Schiff zu befreien, die sich nicht selbst durch das stürmische Meer helfen konnten. Als alles vorüber war, fehlte nur ein einziger Mann, der wahrscheinlich ertrunken war.«

»Da das Schiff nicht von der Sandbank losgelöst werden konnte,« beendete Baron seine Schilderung mit dramatischer Steigerung, »bedeckten es unsere Leute mit einem Spruchband, worauf man lesen konnte: ›Hannah Senesch – Denkmal für sechs Millionen unserer Brüder, Symbol der Niederträchtigkeit der britischen Regierung‹. Die englische Polizei entdeckte das gestrandete Schiff heute früh, und jetzt rennen sie wie verrückt hin und her. Gerade in diesem Augenblick durchstöbern sie jeden Quadratzentimeter und haben in der ganzen Gegend Straßenbarrikaden errichtet«.

[1] Nicht zu verwechseln mit dem israelischen Geheimdienst, der heute als Mossad bekannt ist.

»Aber wie kommt es, daß sie das ankommende Schiff nicht bemerkt haben?« fragte jemand.

Baron lachte in sich hinein, als ob er die Pointe bis zum Schluß behalten wollte: »Ihr unter euren Zitrusbäumen habt wahrscheinlich überhaupt nicht bemerkt, daß gestern der Heilige Abend war. Ich kann euch versichern, daß nicht der gute Wille ihren Mitmenschen gegenüber die Ursache war, daß die Polizei und das Militär das Schiff durchschlüpfen ließen. Sie waren einfach zu beschäftigt mit der Weihnachtsfeier, und viele waren wahrscheinlich stockbesoffen.«

Jetzt war auch bei uns die Stimmung zum Feiern. Meine Kameraden, die eigentlich auf eine Strafpredigt gefaßt gewesen waren, waren über Barons Neuigkeiten äußerst erfreut. Keiner hatte mehr die Absicht, die gehobene Stimmung durch kleinliches Feilschen über Arbeitsbedingungen zu trüben. So geschah es, daß sich unsere Zusammenkunft bald auflöste und jeder mit doppelter Energie an seine Arbeit ging.

»Was Sie da gemacht haben, war ja reine Demagogie«, murrte ich, als wir nach Tel Aviv zurückfuhren. »Was hat die ›Hannah Senesch‹ mit dem Benehmen des Vorarbeiters meinen Kameraden gegenüber zu tun?«

»Sie haben nicht recht, mein junger Freund«, antwortete Baron mit sanftem Vorwurf. »Die Geschichte der Hannah Senesch erlaubte ihnen, die ganze Angelegenheit in der richtigen Perspektive zu sehen. Plötzlich kam es ihnen zum Bewußtsein, daß sich hier große Ereignisse abspielen und daß es schade wäre, kostbare Zeit über Bagatellen zu verlieren.«

Davon war ich nicht überzeugt, doch in der Tat erlag auch ich dem Zauber des Berichtes.

Auf der Hinreise war ich entschlossen gewesen, meine Aufgabe als Wirtschaftsverwalter – die ich schon viel länger, als mir lieb war, ausübte – zur Verfügung zu stellen. Wir lebten immer noch auf provisorischer Basis in notdürftigen Wohnräumen, und der ganze Kibbuz – Stallungen, Hühnerhäuser, Kindergarten und alles was dazugehörte – sollte abtransportiert werden, um sich auf einer Anhöhe außerhalb der Stadt Rechovot (nicht weit vom Weizmann-Institut) niederzulassen. Hier sollte er als Tarnung für eine geheime Waffenfabrik dienen und den größten Teil der Munition für die Haganah herstellen. Ich war für den Umzug verantwortlich – eine Aufgabe, die endlose Diskussionen mit jedem einzelnen der Kibbuzmitglieder nach sich zog. Irgendwann während dieser ›Verhandlungen‹ hatte ich beschlossen, daß nach der Übersiedlung ein anderer die ›Freude‹, meine Kameraden zu überzeugen, genießen dürfte. Ich hatte genug. Alles was ich mir wünschte, war eine ruhige Arbeit, sei es auf dem Felde, in der Fischerei oder sogar in der vorgesehenen Munitionsfabrik.

Aber Barons dramatische, faszinierende Schilderung wirbelte bei mir neue Gefühle auf und erinnerte mich an frühere Schiffe, die versucht hatten, sich ihren Weg nach Palästina zu bahnen. Die illegale Einwanderung fing schon im Mai 1939 an, als die Briten ein Weißbuch veröffentlichten, welches eine drastische Änderung ihrer Politik verkündete. Im Gegensatz zu ihrem Versprechen in der Balfour-Erklärung von 1917, eine »Nationale Heimstätte für das jüdische Volk« zu schaffen, behauptete das Weißbuch von 1939, daß die britische Regierung ihren Verpflichtungen diesbezüglich bereits nachgekommen sei und nun zur Errichtung eines unabhängigen arabischen Staates innerhalb von zehn Jahren übergehen könne. Diese Änderung war hauptsächlich von eigenen Interessen diktiert. Da die Araber sich so heftig einer jüdischen Heimstätte in der Region widersetzten und da sie die Möglichkeit hatten, den Briten im ganzen Nahen Osten erhebliche Schwierigkeiten zu bereiten, war London nicht geneigt, sie gegen sich aufzubringen – zumal sich noch ein Krieg am europäischen Horizont abzeichnete. Wenn die Araber keine Juden in Palästina wünschten ... nun gut, dann eben nicht. – Und so kam es, daß die Engländer den Beschluß faßten, die Anzahl der jüdischen Einwanderer für die nächsten fünf Jahre auf eine ganz kleine Quote festzulegen und danach gänzlich zu verbieten.

Das Empörendste an der Veröffentlichung des Weißbuches war der gewählte Zeitpunkt. Im Mai 1939 gab es keine großen Zweifel mehr über das Los der Juden in Deutschland sowie in den anderen Ländern, die sich schon im Griff der Nazis befanden. Es war ungefähr ein Jahr nach Österreichs »Anschluß« an Deutschland, einige Monate nach der Zerteilung der Tschechoslowakei und sechs Monate nach dem fürchterlichen Pogrom der Kristallnacht. Es war der Anfang eines Feldzuges von Mord, Plünderungen und Deportationen, der zur Ausrottung der Juden Deutschlands und des restlichen Europas führen sollte. Kaum ein Jahr war vergangen seit der ergebnislosen Konferenz von Evian, wo man das Problem der jüdischen Flüchtlinge Europas lösen wollte. Schon das allgemeine Flüchtlingsproblem war fast unlösbar, aber das Los der jüdischen Flüchtlinge war doppelt tragisch, denn Palästina war das einzige Land, wohin sie hätten fliehen können. Und jetzt kam das Weißbuch und hatte auch diesen Zufluchtsort verschlossen.

Die Juden Palästinas waren nicht bereit, das englische Diktat anzunehmen, während ihre Brüder in Europa von Vernichtung bedroht wurden. Ihre Antwort auf das Weißbuch war die »Aliya Beth« – die organisierte »illegale« Einwanderung nach Palästina. Während des ganzen Krieges arbeitete der »Mossad für illegale Einwanderung« unermüdlich und mit allen Mitteln, um Juden aus Europa herauszubringen. Die Namen dreier Schiffe blieben fest in meinem Gedächtnis eingeprägt, und wahrscheinlich sind sie auch unauslöschlich in der Erinnerung eines jeden Juden, der im damaligen Palästina wohnte, geblieben.

Das erste war besonders symbolisch, da es am 1. September 1939, dem Tag, an dem der Krieg ausbrach, ankam. Die »Tiger Hill« hatte den rumänischen Hafen Constanza ungefähr einen Monat vorher mit 1400 Juden aus Polen, Rumänien und Bulgarien verlassen. Als das Schiff sich der Küste Palästinas näherte, versuchte es der britischen Aufmerksamkeit zu entgehen, geriet aber unter das Maschinengewehrfeuer eines britischen Patrouillenbootes, wobei zwei Flüchtlinge getötet und vierzehn verwundet wurden. Das Schiff drehte auf die hohe See zurück. Die Reserven an Proviant und Treibstoff waren zu Ende, und es fehlte das Notwendigste, um die Verletzten zu pflegen. Deswegen nahm das Schiff nächsten Morgen wieder Kurs auf Tel Aviv und steuerte mit voller Kraft der Küste zu, bis es auf Grund auflief, nicht weit von dem Haus, wo ich wohnte. Meine Freunde und ich rannten hinaus und begafften das große Schiff, das da vor »unserem« Strand lag.

Die Einwanderer begannen ins seichte Wasser zu springen, und ein paar hundert gelang es, die Küste zu erreichen und sich unter die herbeigelaufene Menge zu mischen. Dann erschien die britische Polizei, verhaftete die übrigen zwölfhundert und brachte sie in ein Internierungslager. Es war vielleicht kein erfolgreiches Unternehmen, aber die »Tiger Hill« ist trotzdem in die Geschichte eingegangen, und sei es nur, weil die ersten britischen Schüsse im Zweiten Weltkrieg nicht gegen Hitlers vorrückende Divisionen abgefeuert wurden, sondern gegen armselige jüdische Flüchtlinge, die dem Naziterror entflohen waren, wie ein Redner am Grab der Opfer betonte.

Das zweite Schiff, die »Struma«, ein abgenützter alter Viehdampfer, verließ Constanza im Dezember 1941 mit einer Ladung von 769 jüdischen Flüchtlingen, Zeugen des blutigen Abschlachtens der Juden durch die Nazis und die sadistische rumänische »Eiserne Garde«. Der Dampfer erreichte Istanbul und machte im Hafen fest, doch wurde es den Passagieren weder erlaubt, an Land zu gehen, noch ihre Reise fortzusetzen. Es schien, daß die Engländer von der Sache Wind bekommen und die Türken gebeten hatten, dem Schiff die Durchfahrt durch die Dardanellen zu verweigern, trotz des internationalen Abkommens, welches zu jeder Zeit freie Durchfahrt für alle Zivilschiffe vorsah.

Mehr als zwei Monate, während der strengsten Zeit des türkischen Winters, blieb die »Struma« im Hafen, ohne jegliche sanitäre Versorgung für ihre Passagiere. Ende Februar 1942 wurde sie durch den Bosporus in das Schwarze Meer zurückgeschleppt und der Kapitän vor einer Rückkehr nach Istanbul gewarnt. Die Maschinen waren kaum noch brauchbar, und das Schiff wurde größtenteils von den Strömungen getrieben, doch nicht lange. Als es noch keine zehn Kilometer von Istanbul entfernt war, hörte man eine gewaltige Explosion, und es versank innerhalb weniger Minuten; es gab nur einen einzigen Überlebenden. Die wahren Ursachen der Explosion wurden nie bekannt, doch nimmt man an, daß das Schiff von einem russischen U-Boot-Torpedo getroffen wurde.

Dieses Bild eines sinkenden Schiffes lenkte meine Gedanken zu einem Zwischenfall mit dem Schiff »Patria«, der sich im Hafen von Haifa ereignete. Hier handelte es sich um 3 642 Juden, die Ende 1940 aus Deutschland und den von Deutschland besetzten Ländern Österreich, Tschechoslowakei und Polen geflüchtet waren. So merkwürdig es auch heute klingt – die Flüchtlinge flohen nach Palästina mit dem Wissen und sogar mit Hilfe der Nazis, die bereit schienen, Juden gegen ein gutes »Lösegeld« hinauszulassen. Um ans Schwarze Meer zu gelangen, segelten sie die Donau hinunter bis zum rumänischen Hafen Tulcea. Fürwahr keine Vergnügungsreise! Doch als sie sich auf die drei Dampfer, die sie nach Palästina führen sollten, einschifften, waren sie wieder von neuen Hoffnungen erfüllt. Weder der Mangel an Nahrung und Wasser noch die drangvolle Enge auf den Schiffen konnten ihre Zuversicht schwächen. Als nach der Hälfte der Strecke die Kohlen ausgingen, fingen sie an, die Inneneinrichtung der Schiffe und sogar ihre einfachen hölzernen Schlafpritschen zu verheizen.

Es schien, als ob der Krieg an ihren entfliehenden Fersen haften würde. Gleich nachdem sie Tulcea verlassen hatten, unternahm die antisemitische rumänische »Eiserne Garde« einen Staatsstreich, und Rumänien geriet ins Räderwerk der deutschen Kriegsmaschine. Als die Schiffe Kreta passierten, hörten sie, daß die Italiener Griechenland angegriffen hatten. Im Rennen zwischen Leben und Tod wurde ihnen wieder und wieder das Leben geschenkt. »Es muß Gottes

Finger sein«, flüsterten sie – und als sie sich der Küste Palästinas näherten, wagten sie zu hoffen, daß die Engländer sie trotz ihrer offiziellen Politik hineinlassen würden. Und tatsächlich, als die ersten zwei Dampfer am 1. und 3. November erschienen – der dritte hatte sich in Zypern verspätet –, gestatteten ihnen die Briten die Einfahrt in den Hafen von Haifa. Sie durften ankern, doch es wurde den Passagieren untersagt, die Schiffe bis zur »Klärung der Angelegenheit« zu verlassen.

Die Flüchtlinge willigten ergeben in diese Verzögerung ein, ohne zu ahnen, was ihnen bevorstand. Denn die Briten hatten inzwischen eine neue Politik ausgeklügelt: Sie wollten die Flüchtlinge nach Mauritius, eine Inselkolonie im Indischen Ozean, deportieren. Eine Wahnidee! Mitten in einem Weltkrieg, wo jedes Schiff eine Kostbarkeit darstellte und der Feind in allen Meeren auf sie lauerte, war die britische Regierung bereit, Schiffe zur Deportierung hilfloser Juden zur Verfügung zu stellen. Juden, deren einziges »Verbrechen« die Flucht aus den Klauen der Nazis war und die gewillt waren, sich den Kriegsbemühungen gegen Nazi-Deutschland anzuschließen. Unglaublich – aber wahr!

Ein großes, altes Schiff, die »Patria«, wartete im Hafen von Haifa, um die Flüchtlinge in die Ferne zu bringen. Als alle Bemühungen, die Engländer von der Durchführung ihres Planes abzubringen, scheiterten, hatte die Führung der Haganah die Idee, das Schiff lahmzulegen, um zusätzliche Zeit für Protestaktionen und Mahnungen gegen den grausamen englischen Plan zu gewinnen. Als die Flüchtlinge der ersten zwei Dampfer sich schon auf der »Patria« befanden und die Einwanderer des dritten darauf umgeschifft wurden, schmuggelte man Sprengstoff an Bord, mit der Absicht, ein Leck zu sprengen, doch nicht zu groß, um die Sicherheit der Passagiere nicht zu gefährden. Jemand hatte sich jedoch verrechnet und das Alter des Schiffes sowie seinen schlechten Zustand nicht in Betracht gezogen, denn die Explosion verursachte eine Riesenbresche.

Die Patria bekam Schlagseite, und die in Panik geratenen Passagiere fingen an ins Wasser zu springen, das sich bald vom Blut der Verletzten färbte. Die Luft erzitterte vom Geschrei der Eltern, die ihre Kinder vor ihren Augen ertrinken sahen, während andere ihre Ehepartner oder Kinder verzweifelt suchten. Als das Schiff immer weiter zur Seite kippte, brach das Frachtgut vom Deck los, rutschte ins Wasser und quetschte viele zu Tode. Binnen einer Viertelstunde versank die Patria, und mit ihr fanden 260 Personen den Tod, während eine große Menschenmenge vom Ufer entsetzt und hilflos zuschauen mußte.

Die Überlebenden wurden aus dem Wasser gezogen und ein Jahr lang in Haft gehalten. Am Ende, dank eines plötzlichen humanitären Impulses oder auch unter dem Druck der öffentlichen Meinung, wurden sie schließlich nicht deportiert.

Eine der »Patria«-Überlebenden war ein reizendes zwölfjähriges Mädchen mit kastanienbraunem Haar, Temima Rosner – die an jenem Weihnachtsmorgen fünf Jahre später meine Freundin war, um danach meine Frau zu werden. Lag es mit an ihr, daß mir nun plötzlich bewußt wurde, ich sei doch nicht für eine ruhige Arbeit im Feld oder in der Waffenfabrik geeignet? Es war wie eine Offenbarung: Ich mußte ein Teil dieser Sache werden, ich mußte den Juden im Ausland helfen, Palästina zu erreichen! Noch während der Autofahrt drängte es mich, diesen Gedanken Mosche Baron zu unterbreiten. Er zog seine buschigen Augenbrauen empor und bemerkte mit einem Anflug von Skepsis: »Wenn es dir ernst ist – Gott weiß, daß es da viel zu tun gibt!«

»Ich möchte mich niemandem aufzwingen«, sagte ich zögernd. Ich kam mir ziemlich vorschnell vor. Baron sagte beruhigend: »Ich bin sicher, dein Vorschlag wird willkommen sein. Alle Schlagzeilen der Presse sind zwar der Einwanderung aus Europa gewidmet, doch du weißt, daß wir auch Juden aus den arabischen Staaten bringen. Der Mossad hat beschlossen, hier ganz besondere Anstrengungen zu unternehmen. Du könntest da wahrscheinlich genau hineinpassen.«

Ich antwortete mit zweifelndem Achselzucken, nicht etwa aus Bescheidenheit, sondern weil ich wußte, daß mein Arabisch etwas rostig war. Ich war zwar im Irak geboren, war aber schon als Kind nach Palästina gekommen und war gar nicht sicher, daß man mich für einen Einheimischen halten würde. Trotzdem: wie ich einige Tage später entdeckte, als ich mit Jonathan Rabinowitz zusammentraf, verfügte ich über gewisse Vorteile anderen gegenüber.

Rabinowitz, ein Kibbuznik, dessen Spitzname Yunis war, lud mich zum Mittagessen in einem Restaurant von der Sorte ein, die wir »Proletarier« gewöhnlich nicht besuchten. Beim Aperitif erzählte er mir, daß er in einigen Tagen nach Bagdad fahren sollte, um die illegale Auswanderung aus dem Irak zu organisieren. Da er von meiner Bereitschaft, im Ausland zu arbeiten, gehört hatte, wollte er mir vorschlagen, ihn in Bagdad zu treffen, um dort die Leitung der zionistischen Untergrundbewegung zu übernehmen. Und um mir noch mehr Appetit zu machen, begann er mich sogleich über die Lage der zionistischen Untergrundbewegung im Irak und ihre Aktionen für die illegale Auswanderung aufzuklären. Schon seit Generationen waren Juden aus dem Irak nach Palästina aufgebrochen, um dort zu leben oder zumindest dort zu sterben. Aber die moderne zionistische Bewegung – also die Idee, systematisch eine neue jüdische Gesellschaft im alten jüdischen Heimatland aufzubauen – faßte im Irak erst nach dem Ersten Weltkrieg Wurzeln, als die britische Besetzung den Zugang zur westlichen Welt ermöglichte. Ende der zwanziger Jahre blühten im Irak die zionistischen Aktivitäten, insbesondere die Achiewer-Bewegung (deren Mitgründer mein Bruder Eliyahu war), die die jüdische Kultur unter Mitwirkung hebräischer Lehrer, die aus Palästina kamen, fördern sollte.

Doch dieses goldene Zeitalter war bald vorbei. 1932 wurde der Irak unabhängig, und im darauffolgenden Jahr, nach dem Tod des liberalen Königs Feisal I., steuerte das Land unter seinem Nachfolger Ghazi einem leidenschaftlichen arabischen Nationalismus zu. Diese Ereignisse stimmten zeitlich mit der Machtübernahme der Nazis in Deutschland überein. Vielleicht war es nicht schierer Zufall, daß die antisemitische Hetze in Deutschland die arabischen Nationalisten im Irak anzog. Auf jeden Fall – die Stimmung im Irak hatte sich radikal gegen die Juden gewendet. Die hebräischen Lehrer aus Palästina wurden ausgewiesen; die Mitglieder der Achiewer-Bewegung wanderten nach Palästina aus oder verließen die Bewegung; langsam aber sicher wurden die jüdischen Kulturprogramme offiziell verboten. Hier und da fanden sich Juden sogar physischen Angriffen und Tätlichkeiten ausgesetzt – eine Verlängerung sozusagen des antisemitischen Aufruhrs in Palästina. Eine Demonstration konnte außer Kontrolle geraten, und ehe man sich es versah, wurden jüdische Geschäfte zum willkürlichen Ziel der Plünderung und Zerstörung. Unter solchen Umständen war es die beste Verteidigung, sich zu Hause einzuschließen und das Ende des Sturmes abzuwarten. Einige Tage später nahm das Leben wieder seinen normalen Lauf, doch die Gefahr schwelte unter der Oberfläche weiter.

Trotz (oder vielleicht gerade wegen) dieses rauheren Klimas begann die junge jüdische Generation sich in die arabische Literatur und Kultur zu vertiefen. Bis dahin sprachen die Juden Iraks ihren eigenen arabischen Dialekt, den sie mit hebräischen Buchstaben schrieben – so wie das Jiddische eine Abzweigung der deutschen Sprache ist und mit hebräischen Buchstaben geschrieben wird –, die arabische Sprache jedoch blieb ihnen fremd. Die Generation der dreißiger Jahre hingegen war in der arabischen Kultur erzogen, und zum ersten Mal in der langen Geschichte der irakischen Juden erschienen jüdische Dichter und Schriftsteller, deren Werke in arabischer Sprache verfaßt waren und die als arabische Schriftsteller galten: sie wurden nicht als Juden, sondern als Iraker jüdischen Glaubens betrachtet.

Wäre dieser Prozeß so weitergegangen, wäre vielleicht alles anders gewesen. Er kam aber zu einem plötzlichen Stillstand, als am 1. Juni 1941 ein vom irakischen Pro-Nazi-Regime entfachtes Pogrom in Bagdad ausbrach. Es tobte zwei ganze Tage. 180 Juden wurden niedergemetzelt und unzählige Häuser, Geschäfte und Synagogen zerstört. Juden wurden buchstäblich von der Straße, aus Bussen und Wagen herausgezerrt, zu Tode geschlagen oder erstochen. Ein hysterischer Pöbel stürmte die Häuser und massakrierte die Einwohner. Nicht einmal Kinder wurden verschont; schwangere Frauen wurden brutal aufgeschlitzt und wie Vieh zum Verbluten liegen gelassen.

Als sich der Wahnsinn ausgetobt hatte, war die jüdische Gemeinde wie betäubt und gelähmt. Sie war sich über die Schlußfolgerungen, die aus diesem »Farhoud« zu ziehen waren, keineswegs einig. Die traditionelle Anschauung betrachtete das Pogrom, so grausam es auch war, als einen monströsen Wutanfall, der nun vorbei war – das Leben würde jetzt normal weitergehen. Viele Intelektuelle schoben die Schuld an diesem Ereignis sowie an allen anderen Übeln des Iraks auf die reaktionäre Regierung und wandten sich der kommunistischen Bewegung zu. Die jüdische Jugend dagegen wandte sich einer sofortigen, praktischen Lösung zu. Sie begann, Selbstschutzeinheiten zu organisieren, und bald darauf folgte der Gedanke, den Irak zu verlassen und nach Palästina zu ziehen. Unter diesem doppelten Antrieb begann die zionistische Untergrundbewegung Gestalt anzunehmen.

Als die Engländer im Sommer 1941 den Irak wieder besetzten, um das Öl für die Alliierten zu sichern, kamen auch viele palästinensische Juden, die in den britischen Streitkräften dienten: Soldaten, Kraftfahrer, Vorarbeiter in Einheiten, die Straßen, Flugplätze und dergleichen bauten. Der stetige Verkehr zwischen den beiden britischen Bollwerken im Nahen Osten machte es verhältnismäßig einfach, Juden aus dem Irak nach Palästina zu schmuggeln. Nachdem die palästinensischen Juden Kontakt mit den jungen jüdischen Aktivisten im Irak aufnahmen, wurde es möglich, Abgesandte in umgekehrter Richtung zu schicken, um die junge Bewegung zu unterstützen.

Als die Engländer jedoch nach Kriegsende den Irak verließen, bedeutete dies auch das sofortige Ende dieser Überlandbrücke und die zionistische Bewegung mußte untertauchen. Unsere Emissäre sahen sich nun gezwungen, den Irak unter Tarnung zu erreichen, und die Juden mußten jetzt doppelt herausgeschmuggelt werden: zuerst aus dem Irak heraus und dann nach Palästina hinein. Doch die zionistische Bewegung im Irak ließ sich nicht mehr stoppen.

Während Yunis mich so über die Gefahren des Untergrundlebens aufklärte, starrte ich ihn an und fragte mich, wie um alles in der Welt er mit seinen roten Haaren und blauen Augen dort überleben konnte. Als ich ihn direkt darauf ansprach, lächelte er nur und sagte mir beruhigend: »Mach dir keine Sorgen, wir werden sie schon hereinlegen!« Als er sah, daß ich nicht sehr überzeugt wirkte, fügte er mit einem listigen Blick hinzu: »Hast du nicht von den australischen Soldaten gehört, die während des letzten Krieges im Irak stationiert waren und die von ihren Frauen jahrelang getrennt lebten? Lassen wir die Iraker über meine ehrwürdigen Vorfahren denken, was sie nur wollen.«

Nachdem er sich als blinder Passagier auf einem Lastwagen in den Irak hereingeschmuggelt hatte, lebte Yunis Rabinowitz ein ganzes Jahr dort als Dr. Salman, ein Tierarzt ›armenischer Abstammung‹: zu seinem großen Glück sowie zum Glück der Tiere wurde er nie gebeten, seine Fachkenntnisse anzuwenden.

Trotz aller Gefahren muß ich gestehen, daß die Aussicht, in den Irak zu gehen, mich sehr anzog. Unserer Familienüberlieferung nach reichten unsere Wurzeln dort bis zu den Tagen König Nebukadnezars aus Babylon, und unser Name ging auf den großen jüdischen Gelehrten Hillel den Älteren zurück, was unserer Familie einen berühmten Ruf verlieh. Obwohl keiner meiner engsten Familienmitglieder noch in Bagdad wohnte, hatte ich doch noch entfernte Familienbande dort und fühlte mich mit ihnen und mit der dortigen jüdischen Gemeinde immer noch verbunden. Ferner empfand ich Yunis Angebot als eine moralische Verpflichtung. Ich beschloß deshalb, es an Ort und Stelle anzunehmen: Ich versprach ihm, wir würden uns bald wieder treffen, und zwar in Bagdad.

Meine Ausbildung als Geheimagent dauerte viel länger, als ich angenommen hatte. Sie begann mit einem ersten Besuch im Hauptquartier des »Mossad für illegale Einwanderung« in Tel Aviv. Ich entsinne mich, wie erstaunt, ja sogar enttäuscht ich war, zu entdecken, daß der ganze »Mossad« – Anführer des Kampfes gegen das mächtige britische Imperium und Nervenzentrum der illegalen Einwanderung aus aller Welt – sich in drei engen, schäbigen Räumen befand. Es war schwer zu glauben, daß solch ein komplizierter und weitverzweigter Apparat, der derart dramatische und mutige Aktionen unternahm, aus einer solch bescheidenen, ja schäbigen Zentrale geführt wurde. Eine Sekretärin im Vorraum führte mich zu einem der Männer im anstoßenden Zimmer, der – auf jede Formalität verzichtend, ohne Vereidigung oder derglchen – mir ohne Umschweife mitteilte, daß der Mossad beschlossen habe, ich solle versuchen, einen irakischen Paß zu bekommen.

»Wie soll ich das tun?« fragte ich erstaunt.

Ich sollte mich an den irakischen Konsul in Jerusalem wenden und erklären, daß ich minderjährig war, als meine Familie nach Palästina kam, und deshalb in der Angelegenheit nichts zu sagen gehabt hatte; jetzt, als Volljähriger, wollte ich meinen Paß bekommen und nach Bagdad zurückkehren.

So geschah es, daß ich einige Tage später das irakische Konsulat betrat, mit dem schon längst abgelaufenen Paß meines Vaters in der Tasche. Ich trug meine Bitte auf arabisch, mit meinem bestmöglichen irakischen Akzent, einem Empfangsbeamten vor, der allem Anschein nach davon ganz und gar nicht beeindruckt war.

»Unmöglich!« erwiderte er schroff. Ich ließ mich nicht einschüchtern und verlangte, vom Konsul empfangen zu werden, der mir mit sichtbarer Ungeduld zuhörte und zuletzt fast angewidert fragte: »Wie alt sind Sie?«

»Dreiundzwanzig«, sagte ich.

»Und wann kamen Sie nach Palästina?«

»Etwa 1934«, antwortete ich. »Das genaue Datum ist hier im Paß eingetragen.«

»Das war ungefähr vor zwölf Jahren«, erklärte er mit saurer Miene, aber zutreffend.

»Ungefähr«, murmelte ich mit wachsendem Unbehagen.

»Wie viele Brüder und Schwestern haben Sie?«

»Wir sind elf. Sieben Brüder und vier Schwestern; ich bin der Jüngste.«

»Lebt einer Ihrer Brüder oder Schwestern noch im Irak?« Ich senkte meinen Blick und antwortete nicht.

»Leben alle in Palästina?«

»Nein«, erwiderte ich in der Hoffnung, mich aus dieser Schlinge herausziehen zu können. »Ein Bruder lebt in Indien, ein anderer in Japan, einer in Amerika und einer in England.«

»Masch' allah«, antwortete er höhnisch grinsend, mit einem irakischen Ausdruck, der besonders unter den Juden verbreitet war und soviel wie ›Welch ein Glück‹ bedeutete. Ich wurde rot, hielt aber den Mund.

»Und Sie schämen sich nicht, hier zu erscheinen? Sie haben von Kindheit an in Palästina gelebt. Sie haben hier studiert – und ich frage gar nicht erst, was Sie hier nach Abschluß des Studiums noch taten. Und jetzt wagen Sie es, herzukommen und mir zu erzählen, daß Sie sich plötzlich erinnert haben, daß Sie Iraker waren und nun wieder ›nach Hause‹ möchten?«

»Das ist kein plötzlicher Entschluß, Sir. Das Leben hier ist sehr hart. Ich bin arbeitslos. Außerdem wollte ich schon immer nach dem Irak zurückkehren!«

Die Antwort des Konsuls auf dieses Sehnsuchtsbekenntnis war, daß er seine Zeitung wieder auf dem Tisch ausbreitete. Ich begriff, daß die Audienz beendet war.

Aber ich gab nicht nach. Ich kehrte in den Warteraum zurück, setzte mich und war fest entschlossen, mein Glück nochmals zu versuchen, bis man mich hinausschmeißen würde.

Schließlich erwachte der Empfangsbeamte zum Leben. »Haben Sie vielleicht eine Zigarette bei sich, um die Zeit zu vertreiben? Players oder State Express?« fragte er. Es waren die teuersten Marken.

»Bin gleich zurück«, antwortete ich, stürzte hinaus, kaufte eine große Packung Players – fünfzig Zigaretten –, stopfte noch eine Fünfpfundnote hinein, rannte zurück ins Konsulat und überreichte die Packung dem Beamten. Nachdem er sich eine Zigarette angezündet und die Geldnote betrachtet hatte, fragte ich ihn fast beiläufig: »Wann glauben Sie, daß mein Paß fertig sein wird?«

Er erhob sich, brachte die nötigen Formulare, verlangte vier Paßbilder, hieß mich am nächsten Tag wiederkommen und riet mir, die Zigaretten nicht zu vergessen.

Nachdem ich seine Anweisungen exakt befolgt hatte, wurde ich zum stolzen Besitzer eines ›bona fide‹ irakischen Passes, mit dem ich zu meinem Kibbuz zurückkehrte, um mein Amt als Wirtschaftsverwalter zu übergeben. Anscheinend hielt der Mossad es nicht für nötig, mich für irgendwelche Spezialgebiete vorzubereiten oder mich in Einzelheiten, die meine Aufgabe betrafen, zu instruieren. Den einzigen Kurs, den ich mitmachen mußte – entweder weil jemand sich über mich lustig machen wollte oder weil er eine wilde Phantasie besaß –, war eine Nahkampfausbildung, was damals die Anwendung von Stock- und Messertechnik bedeutete. Ich lernte, mit gezogener Klinge zu springen, mich außer Gefahrenbereich zu rollen und meine Waffe so wirksam zu schleudern, daß sie wie ein Pfeil in ein Holzbrett eindringen konnte. Die Kunststücke erinnerten mich an meine Kindheit und an die Filme, die ich damals sah, wie »Ali Baba und die vierzig Räuber« und »Sindbad der Seefahrer«. Bald begann ich mich zu fragen, ob meine Arbeit zur Organisierung der Auswanderung dienen sollte oder zum Springen von Flachdächern, verfolgt von Feinden mit Turban, in den engen Gassen Bagdads.

Wenn meine beruflichen Vorbereitungen nur kümmerlich waren, so erhielt ich in punkto Motivierung täglich einen frischen Anstoß. Nach dem erfolgreichen Abschluß der »Hannah Senesch«-Episode schien es, als ob der Mossad unfähig wäre, ein solches Unternehmen zu wiederholen. Von Weihnachten 1945 bis zur Zeit, wo ich endlich nach dem Irak fuhr, im Juli 1946, versuchten acht Einwandererschiffe vergeblich, die Küste zu erreichen. Sie wurden alle auf hoher See abgefangen und ihre Passagiere, Überlebende der Todeslager, unverzüglich festgenommen und wieder hinter Stacheldraht eingesperrt. Der Anblick, wie britische Soldaten bleiche ausgemergelte Frauen, Kinder und alte Leute von den Schiffen zerrten, wobei sich die Armseligen mit letzter Kraft wehrten, brachte unser Blut in Wallung und hinterließ ein verheerendes Gefühl der Ohnmacht. Menschenmassen gingen in Protestdemonstrationen auf die Straße, und viele traten in Hungerstreik, da ihnen kein anderer Weg, die Engländer zu erweichen, zur Verfügung stand. Und ich, der genau wußte, was er zu tun hatte, und auch bereit war, eine gefährliche Mission weit von der Heimat zu übernehmen – ich saß auf meinem gepackten Koffer und wartete voller Reisefieber auf den Tag der Abfahrt.

Endlich, am 22. Juli 1946, war es soweit. Mit fünfundzwanzig Pfund in der Tasche und dem neuen Namen *Schammai* – der Erzrivale des ehrwürdigen Hillel – saß ich in der Abflughalle des Flughafens von Lydda bei Tel Aviv, nervös um mich blickend, um mich zu vergewissern, daß das Gespräch mit meinem Bruder Eliyahu, welches wir flüsternd auf hebräisch führten, nicht von irgendwelchen britischen Polizisten oder Agenten abgehört wurde. Eliyahu war das einzige Mitglied meiner Familie, der wußte, wohin ich ging und warum. Wir besprachen, wie wir die Neugierde meines Vaters während meines Aufenthaltes in Bagdad behandeln sollten – es konnte wirklich niemand vorhersehen, wie lange ich mich dort aufhalten würde. Wir hatten vereinbart, Eliyahu würde meinem Vater während meiner Abwesenheit vordatierte Postkarten aus verschiedenen Orten Palästinas senden. Als ich die Karten vorbereitete, schien mir dies eine glänzende Idee; nun hegte ich jedoch Zweifel. Eliyahu hingegen versicherte mir, daß alles gut verlaufen würde und daß meine Nervosität nur auf die Angst vor dem Fliegen zurückzuführen sei.

Wenn dies der Fall war, so dauerte die Angst glücklicherweise nur, bis mein Flug ausgerufen wurde. Sobald ich mit den acht anderen Passagieren das kleine BOAC-Flugzeug betreten hatte, wurde ich von den Wundern und Riten eines Passagierfluges vollständig in Anspruch genommen: die Anweisungen, der Sicherheitsgurt, das langsame Hinrollen zur Startpiste, der unglaubliche Lärm der Motoren beim Abflug und dann das merkwürdige Gefühl, in der Luft zu schweben. Als die Maschine nach Osten schwenkte, schien es mir, daß meine wichtigsten Organe sich von ihrem normalen Platz ein bis zwei Zentimeter verschoben hatten.

Durch das Fenster konnte ich den berühmten Jordan sehen – eigentlich nur ein schmales, sich windendes Band mit trübem Wasser, das eher enttäuschend wirkte. Trotzdem tippte ich aufgeregt mit dem Finger ans Fenster und erklärte stolz dem Mann, der neben mir saß: »Das ist der Jordan!« Mein Nachbar, sehr britisch in Gesicht und Kleidung, starrte mich wegen dieses unerhörten Eindringens in seine Privatsphäre an, und ich erhielt so die erste praktische Lektion im Untergrundbenimm: Sprich so wenig wie möglich!

Ich war gerade dabei, über diesen Punkt nachzudenken, als das kleine zweimotorige Flugzeug plötzlich in ein Luftloch geriet. Das ganze Erlebnis verlor sofort an Reiz. Ich mußte bald meine »Tüte« in Anspruch nehmen, was mir die Verachtung nicht nur meines Nachbarn, sondern aller anderen Passagiere einbrachte. In kaltem Schweiß gebadet, schloß ich die Augen und gab mich meinem Selbstmitleid hin.

Um mich zu ermuntern, begann ich an den nächsten Schritt zu denken und mich auf die Landung in Bagdad vorzubereiten. Doch plötzlich war ich nicht mehr so sicher, daß die Reise mit einem irakischen Paß die allerbeste Idee war. Es gab genügend Gründe zu der Befürchtung, daß das Konsulat in Jerusalem einen Bericht über mich zu den entsprechenden Behörden in Bagdad gesandt hatte, vielleicht noch mit dem Vorschlag, daß ein ›Empfangskommittee‹ in Form einer Polizeistaffel mich erwarten sollte. Was aber noch wahrscheinlicher schien und mir erst jetzt in den Sinn kam, war die Möglichkeit einer Einberufung zum irakischen Militärdienst sofort bei meiner Ankunft. Es war einfach rührend – würden die Militärpolizisten erklären –, daß ich solche Sehnsucht nach meinem Vaterland hatte; so rührend, daß ich nun das Vergnügen hätte, meine Bürgerpflicht zu erfüllen.

Als ich aber das Empfangsgebäude betrat, erwarteten mich weder die Polizei noch die Militärbehörden, sondern Selim Sweri, der Schwager meiner Schwester, der einige Jahre in Palästina gelebt hatte und dann aus Familiengründen in den Irak zurückkehrte. In Selims Haus wurde ich von Yunis willkommen geheißen. Er brachte mich zu der Wohnung, die wir fortan teilen sollten, und stattete mich sogleich mit dem Ausweis eines gewissen Fuad Salah aus, der kurz zuvor nach Palästina geschmuggelt worden war. So wurde ich zu einem völlig legalen Bagdadeinwohner, und Yunis setzte mich sofort zur Arbeit ein.

Die Herren der Wüste

Mein erster Auftrag im Irak dauerte ein ganzes Jahr. Als ich nach Bagdad kam, fand ich dort eine fest zusammengeschweißte, hochmotivierte Untergrundbewegung mit ungefähr zweitausend Mitgliedern, meistens junge Männer und Frauen. Außerhalb der Hauptstadt, die eine jüdische Bevölkerung von ungefähr hunderttausend Seelen aufwies, gab es noch weitere Zweigstellen in fast jeder Stadt und in jedem Ort, wo Juden wohnten.

Die Untergrundbewegung hatte drei Bereiche: eine Jugenderziehungsbewegung, eine Selbstverteidigungstruppe, »Schurah« genannt, und die Organisation für illegale Auswanderung. Diese Aufteilung wurde noch im Jahre 1942 vorgenommen, als die ersten Emissäre aus Palästina kamen. Daß sie sich bewährte, erwies sich, als die fremden Mächte den Irak Ende des Zweiten Weltkrieges verließen und die zionistische Bewegung untertauchen mußte – untertauchen in einem ganz wörtlichen Sinne. Wir nannten unser Unternehmen »Kellerzionismus«, da unsere Aktivitäten – vom Studium der hebräischen Sprache bis zu den Waffenübungen – in Kellern stattfanden, die in jedem Haus im Irak als wichtiger Zufluchtsort vor der fürchterlichen Sommerhitze dienten. In den fensterlosen Räumen trafen sich gewöhnlich zehn bis fünfzehn Mitglieder, die eine völlig abgesonderte Zelle bildeten. Als zusätzliche Vorsichtsmaßnahme war jedes Mitglied nur unter einem Decknamen bekannt. Um die Gefahr einer Entdeckung noch mehr abzuwenden, arbeiteten die Emissäre aus Palästina nur mit den Leitern der Bewegung. Nur fünf Leute wußten, wo sie wohnten, und keiner der irakischen Juden kannte ihre wirkliche Identität.

Im Rahmen dieser Bestimmungen wurde beschlossen, meine Bagdader Herkunft zu verschweigen. So war ich in der Bewegung einfach als »Amo Yusuf« (Onkel Josef) bekannt und wurde auch als ein solcher angesehen, oder besser gesagt als ein älterer Bruder.

Eine der kühnsten und deshalb auch mit höchstem Risiko verbundenen Operationen des »Kellerzionismus« spielte sich allerdings in einer Mansarde ab, wo sich das kostbare Funkgerät befand, welches uns erlaubte, mit dem Mossad in Tel Aviv direkt in Verbindung zu stehen.

Dieser Kontakt begann 1943 mit Malka Rofeh, die als englischer Soldat verkleidet mit einem Funkapparat in den Irak hineingeschmuggelt wurde. Schon bald wurde einem örtlichen Mitglied der Bewegung die Bedienung des eher primitiven Gerätes beigebracht. Die Wahl fiel auf Abraham Mordad, und es zeigte sich rasch, wie richtig sie war. Der Mann war fleißig, erfinderisch und vor allem beharrlich. Er erfüllte seine Aufgabe bis zur Auflösung der Untergrundbewegung Mitte 1951. Auch war er ein geborener Bastler, was ihm ermöglichte, selber das Funkgerät zu reparieren – eine unbezahlbare Gabe für eine Untergrundbewegung. Abraham lernte Eliyahu Shina an, der sein Mitarbeiter wurde, und ich traf beide während ihrer Arbeit im Juli 1946, kurz nach meiner Ankunft in Bagdad.

Als ich mit Yunis die kleine Mansarde Abrahams betrat, wurde es mir fast schlecht in der fürchterlichen Hitze, die dort herrschte. Das einzige Fenster war versiegelt, und ich schnappte vergeblich nach Luft, während ich die zwei Männer bei ihrer Arbeit beobachtete. Sie waren buchstäblich in Schweiß gebadet, saßen aber unbeweglich mit ihren schweren Kopfhörern da. Das Funkgerät glich einem normalen Radioapparat, und es war Abraham, der es an diesem Tag behutsam bediente, um seine Punkte und Striche zu erhalten. Als er damit fertig war, blieb er bewegungslos sitzen, kniff die Augen zusammen, um sich besser konzentrieren zu können, und fing an, eine Menge Buchstaben aneinanderzureihen, die sich in unverständliche Wörter verwandelten. Eliyahu, der ihm gegenüber saß, versuchte mit einem Papierbogen fächelnd vergeblich die Luft in Bewegung zu bringen. Ich fühlte mich wie in einem Allerheiligsten und scheute mich, ein Wort herauszubringen oder eine Bewegung zu machen. Nach der Sendung begann das Entschlüsseln des chiffrierten Textes, und nun erlaubte ich mir, die stumme Zeremonie zu unterbrechen und die zwei zu begrüßen. Indem ich auf Eliyahus Papier zeigte, fragte ich freundlich, aber ironisch: »Ja, habt ihr noch nie von dieser wunderbaren Erfindung gehört, die man Ventilator nennt?«

»Selbstverständlich«, entgegnete mir Abraham unwirsch, doch mäßigte er seinen Ton, als er weitersprach: »Der Empfang ist schon sowieso schwach genug, und wenn man daneben noch einen elektrischen Apparat surren läßt, dann würden wir überhaupt nichts hören.«

Da ich so ungeschickt angefangen hatte, beschloß ich, nicht die anderen Einzelheiten, die mir aufgefallen waren, zu erwähnen. Doch als wir die Treppen hinuntergingen, fragte ich Yunis, was der kleine Revolver, der auf dem Tisch lag, zu bedeuten hatte. »Ist das wirklich nötig?« sagte ich, eher aus Besorgnis und nicht als Vorwurf.

»Abraham hat beschlossen, daß, wenn etwas schiefgehen sollte, er sich nicht lebendig erwischen lassen würde – und wahrscheinlich hat er recht!« antwortete Yunis mit grimmigem Gesichtsausdruck.

Dies war eine nüchterne Überlegung, die mich zur Vorsicht mahnte. Doch trotz aller Gefahren mußte ich die mir gestellte Aufgabe erfüllen und mich dazu an verschiedene Orte begeben. Der Arbeitseinteilung entsprechend, die noch in Tel Aviv beschlossen wurde, war ich für das Erziehungswesen in der Bewegung verantwortlich. Das bedeutete, Seite an Seite mit den Führern der Bewegung im ganzen Lande zu arbeiten – eine durchaus nicht einfache Aufgabe angesichts der Größe des Landes. Doch im Vergleich zu Yunis und zu unseren Vorgängern besaß ich eine gewisse Bewegungsfreiheit, und diese ermöglichte mir, jede Stadt und Ortschaft, in welcher die Bewegung tätig war, zu besuchen. Ich blieb sogar längere Zeit im Süden, in Basra, sowie im Norden, in Kirkuk, und tat mein Bestes, um neue Generationen pflichtbewußter Mitglieder heranzuziehen.

Meine Vorliebe galt aber weiter der Förderung illegaler Einwanderung nach Palästina. Da wir außergewöhnlich große Hindernisse zu überwinden hatten – erstens, Leute aus dem Irak herauszuschmuggeln und zweitens, sie nachher nach Palästina hineinzuschmuggeln – mußten wir besonders erfinderisch vorgehen. Vorbei waren die Zeiten, wo man die Wagen der britischen Armee benutzen konnte, um Leute über die weite Wüste, die den Irak von Palästina trennt, zu befördern. Ab und zu fanden sich zwar arabische Fahrer, die mit riesigen Lastkraftwagen Güter aus den verschiedenen irakischen Städten zum Mittelmeer transportierten und die willig waren, gegen gute Belohnung auch menschliches Frachtgut mitzunehmen; es gelang uns auch, eine kleine Anzahl Leute mit falschen Pässen herauszubringen, gewöhnlich mit kleinen Wasserflugzeugen, die vom Habbaniya-See unweit von Bagdad oder vom Shatt-el-Arab im Süden des Irak starteten und am Toten Meer landeten; doch handelte es sich hier jeweils nur um eine Handvoll Einwanderer, und die Suche nach neuen Möglichkeiten ging deshalb unermüdlich weiter.

Ein recht kühner Versuch, einen neuen Weg zur Auswanderung zu bahnen, begann in der Mitte meines ersten Jahres im Irak, am 16. Februar 1947, als ein Beduinenschmuggler namens Sabah mit sechs starken jungen Männern Bagdad verließ, um die Reise nach Palästina zu Fuß oder bestenfalls auf Eselsrücken durch die mehr als sechshundert Meilen breite Wüste zu unternehmen. Im Rückblick ähnelt dieser Versuch eher einem Verzweiflungsakt. Doch wir glaubten damals fest, daß ein solches Unternehmen, mit genügend Vorbereitungen und genauen

Orientierungskenntnissen, durchführbar war; wir hofften sogar, daß sich dieser Weg als eine regelmäßige Auswanderungsroute erweisen werde. Und daß sich gleich sechs junge Männer, die weder Abenteurer noch mit dem Gesetz in Konflikt waren, freiwillig meldeten, um diesen Weg zu versuchen, schien uns ein Zeichen, daß diese Möglichkeit ernst zu nehmen sei. Von unseren guten Wünschen begleitet, zogen sie los – und dann vergingen Wochen ohne jede Nachricht, so daß unsere Hoffnungen in Verzweiflung umschlugen. Endlich wurde uns am 16. März berichtet, daß die sechs ›Arbeiter‹ (unser Geheimwort für »Einwanderer«) in einem Kibbuz am Toten Meer angekommen waren.

Falls aber jemand wieder glaubte, dieser Weg wäre der erwartete Durchbruch, so wurde er am nächsten Tag schwer enttäuscht. Wir wurden benachrichtigt, daß unsere Jungens taumelnd und in völlig erschöpftem Zustand den Kibbuz erreicht hatten, nachdem sie den ganzen Weg zur irakisch-jordanischen Grenze zu Fuß zurückgelegt hatten, wobei ihnen mehrfach Wasser und Nahrung ausgingen. In der Wüste wurden sie mehrmals beschossen, in Jordanien sogar verhaftet, und den letzten Teil des Weges waren sie gezwungen, alleine ohne Begleitung fortzusetzen. »Der Schmuggler hat die Jungen sehr schlecht behandelt und sie in Amman verlassen«, lautete die Funkmeldung. Vorher hatte er sie noch gezwungen, einen Brief zu unterschreiben, in dem sie zu bestätigen hatten, daß sie wohlauf angekommen seien – damit er den restlichen Teil seines Lohnes erhalten konnte. Hier waren die Jungen aber schlauer als er, denn ihr Leiter unterschrieb seinen Namen mit »Scheker«, was auf hebräisch »Lüge« bedeutet.

»Dies ist kein Durchbruch«, ließ uns das Hauptquartier wissen, und es wurde uns verboten, mit diesem Schmuggler wieder Kontakt aufzunehmen. Er vermutete wohl selbst auch, daß wir ihm auf die Schliche gekommen waren, denn er meldete sich nie wieder.

Obwohl wir erleichtert waren, daß die jungen Leute nun in Sicherheit waren, blieben wir vom Scheitern dieses Experimentes sehr betroffen, insbesondere, da es sich kurz nach einem anderen Versuch ereignete, der ebenso nervenzermürbend war und ein tragisches Ende nahm. Die Geschichte begann einige Monate vorher, Ende Oktober 1946, mit folgender Funkmeldung aus Tel Aviv:

An: BERMAN[1]
Von: ARTZI[2]

[1] Unser Geheimcodename für den Irak.
[2] Auf hebräisch ›Mein Vaterland‹, Geheimcode für Palästina – gleichzeitig auch ein Familienname.

»Hier sind Verhandlungen mit sehr ernsten Leuten im Gange, die Arbeiter von Berman, in der Nähe der Stadt Rutba, abholen werden. Einer von ihnen wird Berman in etwa zehn Tagen erreichen. Einzelheiten über ihn folgen nach seiner Abreise. Der festgelegte Preis von Rutba bis Artzi beträgt 50 Palästina-Pfund. Ihr müßt den Ort, wo die Arbeiter übergeben werden, bestimmen. Der erste Versuch wird mit 15 Arbeitern unternommen. Weitere Einzelheiten folgen.«

Unsere erste Reaktion auf diese Nachricht war helle Begeisterung, denn sie kam nach einer Flut von heftigen Briefen und Telegrammen, die wir nach Tel Aviv sandten und in denen wir endlich Taten in Sachen Einwanderung forderten. Ich war schon fast drei Monate im Irak und Yunis bald ein Jahr – und während dieser Zeit war die Auswanderung beinahe zum Stillstand gekommen. So groß war unsere Enttäuschung geworden, daß ich einige Tage zuvor eine Funkbotschaft nach Tel Aviv durchgegeben hatte, worin ich mit Verbitterung fragte, ob der wahre Sinn unserer Anwesenheit in Bagdad nicht etwa darin bestünde, jemandem ein gutes Gewissen zu ermöglichen. Vielleicht ging Tel Aviv jetzt endlich in sich. Jedenfalls, die Worte »Verhandlungen mit sehr ernsten Leuten sind im Gange« waren ermutigend – doch bald kamen gewisse Zweifel auf. »Warum diese Geheimnistuerei?« fragten wir uns gegenseitig. »Warum sollen die Einzelheiten über den Mann, der zu uns kommt, uns erst nach seiner Abfahrt mitgeteilt werden?« Vielleicht war die ganze Sache nur erfunden, um uns zu beruhigen!

Der Brief, der uns einige Tage später erreichte, erhielt mehr Einzelheiten. Es schien, daß drei Männer, nur als »Herren der Wüste« bezeichnet, bereit waren, Auswanderer aus der Nähe von Rutba abzuholen und sie »unter voller Garantie« nach Palästina zu bringen.

Der ungenannte Mann, mit dem in Palästina verhandelt wurde, war »nach Ruthie zurückgekehrt, um seine Papiere für Berman vorzubereiten«. Mit »Ruthie« war Beirut gemeint, und die Anspielung auf »Herren der Wüste« ließ entnehmen, daß er nicht aus dem Libanon, sondern aus Syrien kam, dessen gesamte Grenze mit dem Irak eine Wüstengegend war.

Im großen und ganzen waren alle diese »Einzelheiten« nicht sehr klar. Genauer gesagt, solche Abmachungen, wie man sie uns in der Funknachricht beschrieb, konnten vielleicht Verhandlungspartnern, die ruhig am blauen Mittelmeerstrand zusammentrafen, vielversprechend erscheinen – in uns erweckten sie ein großes Unbehagen, da wir den Treffpunkt bei Rutba als gefährlich betrachteten. Das kleine Wüstenstädtchen Rutba befand sich ungefähr 250 Meilen westlich von Bagdad, auf dem Wege vom Irak nach Palästina, nahe der irakisch-jordanischen Grenze. Es war eine wichtige Zwischenstation für die schweren Lastwagen, die diesen Weg nahmen, auch für Taxi- und Buspassagiere, die dort ausruhen konnten. Und es wimmelte von Polizisten, Grenzwächtern und Zöllnern – und kein einziger Jude lebte dort. Warum hatte man also gerade diesen Ort als Empfangs- und Durchgangspunkt für jüdische Auswanderer gewählt?

Die Antwort darauf erhielten wir ganz zufällig durch Sammi Moriah, einen unserer Mitarbeiter, der sich seit kurzem mit der Auswanderung beschäftigte. Sammi war einer der scharfsinnigsten und vernünftigsten Leute, die mir je begegnet sind. Kurze Zeit vorher hatte er einen gewissen Eliyahu Inni, der aus der Stadt Ramadi auf der Bagdad-Rutba-Route stammte, getroffen. Inni hatte ihm über einen seiner Bekannten, den Scheich Abdullah Sa'id aus Rutba, berichtet. Abdullah hatte eine lange, wenn auch nicht sehr glorreiche Karriere als Polizeiwachtmeister hinter sich und war jetzt bereit, das Lager zu wechseln und sich diversen Schmuggelgeschäften, ohne irgendwelchen Vorbehalt, wer seine Auftragsgeber waren, zu widmen. Seine vorzüglichen Verbindungen mit der Polizei und seine langjährige Erfahrung in Sicherheitsangelegenheiten bildeten eine gute Vorbereitung für seine neue Karriere: außerdem kannte er die Wüste wie seine eigene Tasche. Vor allem aber war Abdullah Sa'id weit und breit als ein vertrauenswürdiger, ehrlicher Mann bekannt.

Das war alles, was Inni zu berichten wußte, doch Sammi schürfte weiter, bis es ihm gelang, mehr Einzelheiten zu erfahren. Zum Beispiel daß Abdullah ein hochgewachsener, dunkelhäutiger Mann war, immer gut angezogen, mit schneeweißem Hemd und darüber die breite, elegante *Abaiya*, das lange Gewand der Wüstenmänner. Bei seinen Bagdadbesuchen suchte er regelmäßig die modernen Kaffeehäuser auf dem Al-Raschid-Boulevard auf, einer der wichtigsten Verkehrsadern der Stadt. Daraufhin begann Sammi diese Kaffeehäuser aufzusuchen, starken süßen Tee zu bestellen und manchmal auch eine Portion *Dundroma* – eine Art Eiscreme, süß wie Honig und zäh und elastisch wie Kaugummi. Sooft Sammi jemanden erblickte, der Abdullah ähnlich war, näherte er sich ihm so behutsam wie möglich, und nachdem er sich tausend- und abertausendmal entschuldigt hatte, erkundigte er sich, ob der Herr nicht zufällig der berühmte Abdullah Sa'id wäre. Nach einer Reihe von Enttäuschungen endete dieses Ritual auf ganz andere Art; kaum hatte er seine bekannte Formel ausgesprochen, da erwiderte der Angesprochene energisch: »Und was wollen Sie von Abdullah Sa'id?«

»Ich bringe ihm Grüße von einem gemeinsamen Freund, Eliyahu Inni«, sagte Sammi in einem ruhigen, selbstverständlichen Ton, den Abdullah wahrscheinlich als angenehm empfand, denn er änderte sofort seine Stimme.

»Nun, die Freunde meiner Freunde sind auch meine Freunde!« sagte der Scheich und wies auf einen freien Stuhl. »Wollen Sie mir Gesellschaft leisten? Was möchten Sie trinken?« Und bevor Sammi noch etwas sagen konnte, klatschte Abdullah in die Hände und rief dem Kellner zu: »Zweimal Tee!«

Sammi, der mit einem Blick seinen Gastgeber taxiert hatte, kam sofort zur Sache: »Mein Freund Eliyahu sagte mir, Sie könnten mir behilflich sein. Meine Schwester hat vor kurzem geheiratet, und ihr Mann muß sich einer ärztlichen Behandlung in Palästina unterziehen, doch sie können keinen Paß bekommen. Sie wissen ja, die Regierung und so weiter ...«

»Mir ist egal, wer sie sind und wohin sie wollen«, unterbrach Abdullah ihn. »Ich bin bereit, nach Möglichkeit zu helfen, kann sie aber leider nicht den ganzen Weg nach Palästina führen. Ich kenne die Wege von Bagdad nach Rutba und wäre sogar bereit, sie über die Grenze nach Transjordanien, und zwar zur Pumpstation H4, zu bringen. In dieser Gegend würde es kein Mensch wagen, sich mit mir einzulassen. Aber jenseits von H4 ist es nicht mehr mein Gebiet, und ich bin nicht ein Mann, der etwas verspricht, was er nicht halten kann.«

Es kam also zu keinem Geschäft an diesem Tag – Sammi bezahlte die Getränke und verließ mißgestimmt den Ort. Aber der Kontakt war aufgenommen, und beiden Seiten lag daran, ihn aufrechtzuerhalten. »Vielleicht bringt es doch noch was«, meinte Sammi achselzuckend, als er mir über die Begegnung berichtete. Der Scheich hatte ihn stark beeindruckt – seine Erfahrung, seine Selbstsicherheit und ganz besonders seine klare Ausdrucksweise über das, was ihm möglich oder unmöglich war.

Jetzt, wo diese geheimnisvollen »Herren der Wüste« ins Spiel traten, schien es, als ob zwei Zahnräder ineinandergreifen würden – oder war es bloßer Zufall, daß Abdullah Sa'id unsere Leute nur bis Rutba oder höchstens bis H4 führen konnte, und dafür die »Herren der Wüste« bereit waren, unsere »Arbeiter« aus der Umgebung von Rutba abzuholen, um sie westwärts weiterzuführen? Doch unsere Spekulationen verstummten bald, denn nach der ersten Meldung über diese »sehr ernsten Leute« folgte nichts mehr.

Yunis, der vorhatte, für kurze Zeit nach Hause zu fahren, entschloß sich daraufhin, den Besuch nicht aufzuschieben, so daß ich als Verantwortlicher in Bagdad blieb. Ich hatte schon die letzte Hoffnung verloren, als plötzlich am 15. November eine dringende Funkmeldung kam, mit der Anweisung, einen gewissen Muhammed al-Kuzbari, den Vertreter der »Herren der Wüste«, im Regent Palace Hotel aufzusuchen und mit ihm die »letzten Anordnungen zu treffen«.

Wie es sich bald herausstellte, war dies der Anfang eines gemeinen und typischen Katz-und-Maus-Spieles. Fast jeden Tag erhielt ich über Funk eine Mahnung, den Mann zu finden, und ich durchkämmte täglich ohne jeden Erfolg Hotels und Reiseagenturen. Die Lage war nicht nur peinlich und enttäuschend, sondern auch gefährlich, denn Sammi hatte inzwischen Scheich Abdullah wieder aufgesucht und wir konnten ihn nicht im Ungewissen halten, ohne unsere Beziehungen zu ihm zu gefährden. Erst am 1. Dezember konnte ich endlich Tel Aviv benachrichtigen, daß es mir gelungen war, Adnan, Kuzbaris Bruder, aufzuspüren und ein Treffen zwischen ihm und Abdullah zu arrangieren, um die nötigen Vorbereitungen für einen Plan zu treffen – wofür ich einen Vorschuß von 30 Pfund vorstrecken mußte.

Adnan al-Kuzbari, Muhammeds Zwillingsbruder, war ein ganz anderer Typ als ich erwartet hatte. Ich besuchte ihn in seinem Hotel und erwartete einem älteren, ehrwürdigen Scheich zu begegnen, fand aber einen noch kaum dreißigjährigen Mann, schick angezogen in maßgeschneidertem Anzug und bunter Krawatte, ein passendes Taschentuch in der Brusttasche, während eine Goldkette seine Weste schmückte. Gut rasiert, das Haar mit Haarfestiger glattgestrichen, war Adnan ein Schaustück »guter Erziehung«. Er sprach voll betonter Überheblichkeit, und es war schwer, sich vorzustellen, was ihn eigentlich mit der Wüste verband.

Als wir jedoch die Bar seines Hotels betraten – ungeachtet der Tatsache, daß Moslems keinen Alkohol trinken dürfen –, erklärte er mir, daß er und sein Bruder in enger Verbindung mit dem Emir Fauaz Scha'alan, dem Anführer des Ruala-Stammes, zusammenarbeiteten und daß dieser die Kontrolle über das Gebiet von Damaskus bis zur irakischen Grenze ausübte. Kurz gefaßt bedeutete dies, daß der Emir der unangefochtene Herrscher der Wüste war – und daher stammte auch der Codename des Mossad für Scha'alon und Co. Adnan und Muhammed al-Kuzbari waren seit langen Jahren im Dienste des Emirs und amtierten sozusagen als seine Außenminister. Weiterhin erzählte Adnan, daß die Kuzbari-Familie ein großer, verzweigter, gutgestellter und einflußreicher Stamm war, dessen Mitglieder hohe und wichtige Stellungen in allen Bereichen Syriens bekleideten, von der Politik und der Justiz bis zur Industrie und zum Militär.

Adnan schien bereit, den ganzen Abend mit seinen und seines Bruders Beziehungen zu prahlen. Aber als ich von ihm genauere Angaben zu erhalten versuchte, wie er unsere Leute von Rutba nach Palästina zu bringen beabsichtige und wo genau er sie uns dort übergeben wollte, begann er verdächtig ausweichende Antworten zu geben: »Ich weiß nicht genau, was mein Bruder und der Emir beschlossen haben. Entweder werden sie über Damaskus gehen oder wir werden im Einverständnis mit der Arabischen Legion eure Leute mit Militärwagen geradewegs durch Transjordanien reisen lassen, was auch der kürzere und einfachere Weg wäre.«

Als er meinen erstaunten Blick sah, fügte er sofort hinzu, daß sie gute Verbindungen zu Offizieren der jordanischen Armee hätten, die nur allzugerne bereit seien, sich mit Hilfe ihrer Dienstwagen ein zusätzliches Einkommen zu schaffen und die gegen dementsprechende Belohnung sogar ihre eigene Mutter verkaufen würden.

»Wenn unsere Leute mit Militärwagen fahren,« fragte ich, »müssen sie dann Militäruniformen tragen?«

»Nein. Wie sie auch reisen werden, das Beste für sie wäre, die Beduinentracht zu tragen.«

Ich hatte da meine Zweifel, denn ich wußte, daß es sicherlich nicht genügte, eine *Abaiya* zu tragen, um als Beduine zu gelten. Ich fragte mich auch, ob die »Garantien«, die Tel Aviv versprach, von der Frage abhingen, unsere Leute als glaubwürdige Beduinen erscheinen zu lassen. Adnan versprach zu prüfen, ob die Sache mit der Beduinenkleidung verpflichtend sei, und am 4. Dezember funkte ich nach Tel Aviv: »Der Bruder kennt sich nicht allzugut in den Einzelheiten des Unternehmens aus, was ein Hindernis für die Verhandlungen bedeutet.« Dafür stellte sich heraus, daß der Mann – genau wie seine Vorgesetzten – um so gewissenhafter war, wenn es um Bares ging, so daß sich unsere Verhandlungen die ganze Zeit um das Thema »Geld, Geld und abermals Geld« drehten.

Doch trotz meines Unbehagens über seine ausweichenden Antworten, das lange Hinausschieben unseres Treffens und über seine Geldsucht hegte ich keine Zweifel, daß der Mann tatsächlich der Vertreter der sagenhaften »Herren der Wüste« war, die höchstwahrscheinlich eine Lösung für unsere Schwierigkeiten hatten. Seine Geschichten über den Emir – ein echter Prinz, der über ein Riesenwüstenreich herrschte – hätten die Vorstellungen der nüchternsten Zuhörer entflammen können. Ich ertappte mich beim Träumen von

Auswandererkarawanen, die alle Hindernisse überwinden würden, um sich ihren Weg nach Palästina durch die Wüste zu bahnen, während unzählige Schiffe das gleiche auf dem Seeweg taten.

Nach jener Begegnung mit Kuzbari stellte ich ihn Scheich Abdullah vor, und wir vereinbarten, uns am 8. Dezember in der Nähe von Rutba zu treffen, um die nötigen Maßnahmen an Ort und Stelle zu koordinieren. Doch, wie schon öfters vorher, fand auch dieses Treffen nie statt, und ein jeder schob die Schuld dem anderen zu: die »Herren der Wüste« und unser Vertreter in Beirut, Givoli, der unser Verbindungsmann mit ihnen war, beklagten sich über die Leitung in Tel Aviv; die aber beschuldigte Bagdad, während Bagdad natürlich über alle zusammen schimpfte. Die Tatsache, daß wir nicht in direkter Verbindung mit dem Emir standen, erschwerte unsere Aufgabe erheblich, denn jedes Wort, das wir ihm mitteilen wollten, mußte nach Tel Aviv gefunkt und von dort über Beirut an Scha'alans Leute in Damaskus weitergeleitet werden. All dies führte zu einem allgemeinen Durcheinander. Die Leute konnten ihre direkte Verantwortung ablehnen, indem sie ihre Fehler als »unverschuldete Mißverständnisse« darstellten.

Als uns das Ganze schon wie ein Schabernack vorkam, tauchte Emir Scha'alan allein in Bagdad auf, obwohl wir ihn, laut Meldung aus Tel Aviv, in Begleitung von Kuzbari und Givoli erwarteten. Der Emir teilte uns jedoch mit, daß beide in der Wüste zurückgeblieben waren: warum, sagte er uns nicht. Später wurde uns klar, daß die Geldfrage die Ursache aller Probleme war. Tel Aviv hatte uns gefunkt, daß die Summe von 50 Palästina-Pfund pro Kopf mit Kuzbari abgemacht war, und daß sie am Ende der Reise ausbezahlt werden sollte; außerdem sollten wir »ihm 200-300 Pfund für Spesen bei Übergabe der Arbeiter überreichen«. Der Emir jedoch behauptete, Givoli und Kuzbari – die selbstverständlich nicht erreichbar waren – hätten andere Abmachungen getroffen, und verlangte einen sofortigen Vorschuß von tausend Palästina-Pfund; sonst käme das Geschäft nicht zustande. Wir willigten schließlich ein, weil er uns verlockend den ersten »Transport« von 40 Männern schon für Anfang 1947 in Aussicht stellte, und dies war ein richtiger Durchbruch!

Es herrschte nun Hochbetrieb in der Untergrundbewegung. Die Auswanderungskandidaten – junge kräftige Männer aus dem ganzen Irak – wurden in den Häusern der Mitglieder versammelt. Jeder von ihnen hatte Proviant für die Reise mitgebracht, und wir bereiteten dazu noch eine Wasserreserve sowie trockene Datteln, Ziegenkäse, irakische Brotleibe (*Samoun* genannt) und *Jaradok* (das trockene irakische Pittabrot) vor. Yoel Schochat, einer der begabtesten Leiter der

Bewegung, wurde zum Vorsteher der Gruppe ernannt, nicht zuletzt wegen seines ruhigen, ernsten Auftretens, das ganz untypisch für einen Zwanzigjährigen war.

Yunis, Abdullah und Scha' alan hatten einen Plan ausgearbeitet, wonach Abdullah die Jungen bis zur Pumpstation H4 bringen sollte, von wo sie dann mit Militärwagen ihre Reise durch Transjordanien fortsetzen sollten bis zum Moschav Beith Yosef, einer Landarbeiterkollektivsiedlung südlich des Sees Genezareth. Um die Bagdad-Rutba-Hauptstraße zu vermeiden, sollten unsere »Arbeiter« durch zwei von Abdullahs besten Fahrern befördert werden, Machmud und Jumah, zwei Wüstenfüchse, die alle Schleichwege und Geheimpfade wie ihre eigene Tasche kannten und deshalb von der Hauptstraße überhaupt keinen Gebrauch machen mußten. Sie würden südlich von Bagdad nach Karbala fahren, um dort den Wüstenpfad bis in die Nähe von Rutba zu nehmen, der – wie Abdullah beiläufig bemerkte – nur Polizisten und Schmugglern bekannt war. Abdullah würde sie dann dort erwarten, um sie um die Stadt herum zu dem Treffpunkt mit dem Emir zu führen.

Am 7. März um 10 Uhr abends funkte Yunis die langerwartete Botschaft:

An: ARTZI
Von: BERMAN
»Vierzig heute nacht heil fort. Wünschen ihnen viel Glück.«

Diese kurze Meldung entschädigte uns für alle Spannungen und Aufregungen der letzten Monate. Ich wünschte, ich könnte sagen, daß dieser Angelegenheit ein glückliches Ende beschert sein sollte – aber leider traf das Gegenteil zu. Drei Tage vergingen ohne jede Nachricht aus Tel Aviv, daß die »Arbeiter« angekommen seien. Am vierten Tag waren wir schon richtig besorgt, und am fünften, als wir endlich eine dringende Funkmeldung aus Tel Aviv erhielten und unsere zwei Funker sie mit zitternden Händen entzifferten, stellte sich heraus, daß es nicht die erwartete Botschaft war. In der Meldung hieß es nur, daß Kuzbari am Sonntag ankommen würde, um 120 »Arbeiter« zu übernehmen. Yunis funkte sofort zurück:

An: ARTZI
Von: BERMAN
»Ist der Transport der 40 angekommen? Ist das der Grund, daß ihr es so eilig habt, weitere 120 Kuzbari zu übergeben?«

Zur Sicherheit fügte er noch hinzu:

»Die Anzahl der unklaren Punkte in Eurer gestrigen Meldung zeugt entweder von einem Durcheinander in Eurer Arbeitsmethode oder von mangelhafter Formulierung der Botschaften. Ihr geht mir auf die Nerven, ich habe hier schon genug Probleme.«

Irritiert funkte Tel Aviv zurück:

»Das Durcheinander und die Formulierungsmängel werden wir bei einer anderen Gelegenheit erörtern. Ihr müßt jedenfalls die Fracht senden, auch wenn es Euch auf die Nerven geht.«

Die klassischen Mißverständnisse und Streitereien zwischen dem Hauptquartier und den Mitarbeitern vor Ort gab es eben auch in unserer Untergrundbewegung. Aber das beantwortete nicht die Frage: Was war mit den vierzig Jungens geschehen?

Am 14. März funkte Tel Aviv, laut Kuzbari seien die Vierzig noch nicht angekommen, weil sie ein Sturm zur Rückkehr gezwungen hatte. Wir konnten bestätigen, daß tatsächlich ein starker Sturm die Wüste heimgesucht hatte, der Sand und rotbraunen Staub aufwirbelte, der die Nasenlöcher verstopfte, in den Augen brannte und sich an den Wimpern festklebte, so daß die Sicht wie durch einen schweren Nebel behindert wurde. Ein Fahrzeug, das von einem solchen Sturm erfaßt wird – besonders ein Schmugglerfahrzeug, das die Hauptwege meiden muß –, befindet sich in größerer Gefahr als ein Schiff in einem Sturm auf hoher See. Ohne Kompaß, Navigations- und Funkapparate ist der Fahrer wie blind und findet keinen Weg durch die dichten Sandwolken. Das Geschrei und die Gebete der entsetzten Reisenden verstummen unter der dicken Sand- und Staubschicht.

Am dritten Tag nach ihrer Abfahrt waren unsere 40 »Arbeiter« in einen solchen Sturm geraten. Wäre alles planmäßig gegangen, dann hätten sie ihr Ziel noch vor dem Ausbruch des Sturmes erreichen können, doch – wie wir später erfuhren – hatten die Verzögerungen schon gleich nach der Abfahrt begonnen.

Die erste und nervenzermürbendste ereignete sich in Karbala. Als sie Bagdad verließen und Yoel ihnen die Reiseroute vorlegte, wurde diese mit allgemeiner Bestürzung aufgenommen – und dies mit gutem Recht. Karbala wird von den Schiiten als eine Heilige Stadt betrachtet, wo Juden – die von den Schiiten als unrein angesehen werden – der Eintritt verboten ist. Karbalas Heiligkeit geht auf das Jahr

680 zurück, als Hussein, ein Enkel des Propheten Mohammed, zusammen mit 72 seiner Jünger dort ermordet wurde. Husseins Anhänger lösten sich darauf vom Hauptstrom des Islam ab, errichteten den Schi'a-Kultus und erklärten, Karbala sei von heiligen Geistern bewohnt. Als unsere Burschen den Namen Karbala hörten, verbanden sie ihn instinktiv mit der jährlichen Aschura-Prozession, die die Juden im ganzen Irak veranlaßte, sich hinter Schloß und Riegel zu verstecken. Die Jungen erinnerten sich daran, wie sie als Kinder mit Todesangst durch die verschlossenen Fensterläden den Umzug der unaufhörlich schreienden Männer in schwarzer Trauerkleidung beobachteten. Die Männer geißelten sich mit Ketten, schlugen sich mit den Fäusten auf die nackte Brust und verletzten ihre Köpfe mit Dolchen und Schwertern, bis sie bluteten – dies alles begleitet von einem dumpfen monotonen Trommelschlag. So trauerten sie um Hussein und seine Märtyrer.

Als das Fahrzeug um Mitternacht durch die leeren Straßen Karbalas fuhr, rückten die Jungen fest zusammen und hielten den Atem an, in der Hoffnung, die Stadt bald hinter sich zu lassen. Zu ihrem Erstaunen blieb der Wagen aber im Zentrum der Stadt am Marktplatz stehen, und als Yoel heraussprang, um sich nach der Ursache zu erkundigen, erklärten die zwei Fahrer, daß der Weg nun durch die Wüste weiterginge, ohne Wegweiser oder Verkehrszeichen – und daher käme eine nächtliche Fahrt nicht in Frage. »Ihr bleibt im Lastwagen«, befahl Machmud. »Das wichtigste ist, ihn nicht zu verlassen – und macht ja kein Geräusch! Bei Morgengrauen fahren wir weiter.«

Die Aufforderung, kein Geräusch zu machen, war überflüssig, denn es fiel niemandem ein, einen Laut von sich zu geben. Alle waren sich dessen bewußt, was geschehen konnte, wenn eine Gruppe von vierzig jüdischen Jungen im Bereich der Heiligen Stadt Karbala erwischt würde. Wie hätten sie ihre Anwesenheit erklären können? Indem sie sagten, sie hätten keine böse Absicht und seien nur auf der Durchfahrt nach Palästina? Es war also selbstverständlich, daß es im Lastwagen ganz still war – nur vierzig Herzen schlugen heftig.

Als der Wagen beim ersten Tageslicht weiterfuhr, atmeten die Jungen erleichtert auf. Aber sie waren nur am Anfang ihrer Leiden, und die zweite Verzögerung dauerte viel länger. Der Motor des alten abgenützten Lastwagen, der dazu noch stark überladen war, klapperte und keuchte, als er die Sandwüste durchquerte. Der erhitzte Kühler lief von Zeit zu Zeit über, was sie öfters zum Halten zwang, bis er abkühlte. Während einer dieser Pausen fing er an auszulaufen; das vom Rost gefärbte Wasser wurde augenblicklich vom Sand aufgesaugt, so daß nur ein roter Fleck übrigblieb.

Machmud und Jumah versuchten, den beschädigten Kühler mit einem Hammer und Draht, den sie unter dem Sitz fanden, zu reparieren; als ihnen das nicht gelang, fingen sie an, ihn auseinanderzunehmen. Gerade in diesem Augenblick erschien ein Beduine auf seinem Pferd, voll Neugierde über die Störenfriede der Wüstenruhe. Machmud begann mit ihm zu verhandeln, einigte sich über den Preis, hob den Kühler aufs Pferd und machte sich mit dem Beduinen auf den Weg zur Landstraße, wo er per Anhalter Karbala erreichen wollte, um dort den Kühler reparieren zu lassen.

Unterdessen ermunterten sich die Burschen, rund um ein Lagerfeuer, mit Gesang. Am nächsten Tag kam Machmud, stolz zu Pferd, mit dem instandgesetzten Kühler zurück und brachte auch etwas Wasser, Datteln und *Samoun* mit. Bis zum Abend war der Kühler wieder eingebaut, und nachdem er ihn ausprobiert hatte, beschloß Machmud, daß er »besser als neu war«, und bestimmte, die Abfahrt solle bei Morgengrauen stattfinden.

Bevor sie aber das Tageslicht noch erblickten, wurden sie von einem schrillen Pfeifen, das von weit herkam und sich allmählich in ein gewaltiges Jammern verwandelte, geweckt. Bald fühlten sie auf ihren Lippen und Nasenlöchern eine dicke Staubschicht, und darauf folgte ein Gefühl des Erstickens. Machmud befahl den Jungen sofort, auf den Wagen zu klettern, er selbst blieb am Steuer und versuchte, den alten Kasten auf höchste Geschwindigkeit zu bringen. Die Sicht verschlechterte sich zusehends, so daß man Tag und Nacht nicht mehr unterscheiden konnte. Machmud wurde bald klar, daß er den Weg verloren hatte. Er begann, in immer größer werdenden Kreisen herumzufahren, in der verzweifelten Hoffnung, den Weg wiederzufinden.

Die Suche dauerte an, die Kreise wurden immer größer und der Weg war nicht zu finden. Machmud und Jumah verloren immer mehr ihre Ruhe, und flehende Gebete folgten den Flüchen, bis Machmud, mit entzündeten Augen, den lang erwarteten Wegweiser endlich erblickte: eine verkrümmte Dattelpalme, die einst in ihrer Blüte die Einsamkeit der Wüste schmückte, von der jetzt aber nur noch der kahle Stamm übrig geblieben war; neben ihr begann der wohlbekannte Pfad. Nachdem er sich vergewissert hatte, daß es die Wirklichkeit und keine Einbildung war, drehte Machmud das Steuerrad mit einem heftigen Ruck nach rechts, um den Wagen auf den rettenden Weg zu lenken.

Wäre der Lastwagen mit der üblichen Fracht, an die Machmud gewohnt war, beladen gewesen, so wäre das Manöver sicherlich erfolgreich verlaufen, wie in früheren ähnlichen Fällen schon. Doch unglücklicherweise vergaß oder wußte Machmud überhaupt nicht, daß eine lebendige Ladung ganz anders auf eine scharfe Biegung reagiert, und zwar laut dem Gesetz der Zentrifugalkraft. Der Wagen kam ins Schleudern und überschlug sich zweimal, bevor er wie ein totes Tier liegen blieb.

Das Geschrei der Schwerverletzten durchdrang endlich die Benommenheit derjenigen, die heil herauskonnten oder nur leicht verletzt waren. Als sie sich aufrappelten, bot sich ihnen ein schauderhaftes Bild: zwei der Jungen lagen zermalmt unter den Trümmern des Wagens, ein dritter lag mit gebrochenen Beinen und Becken unter einem der Räder, drei andere hatten leichtere Brüche. Während er sich um die Verletzten kümmerte, bemerkte Yoel, daß die zwei Beduinenfahrer Machmud und Jumah verschwunden waren. Später im Laufe des Tages ritten zufällig einige Beduinen auf Kamelen vorbei, und sie zeigten ihnen den Weg zu einer Wasserstelle, die von der Regenzeit übriggeblieben war. Einer melkte sogar seine Kamele, um den Verletzten etwas Nahrung zu geben.

Als sich der Sturm legte, merkten die völlig erschöpften Burschen, daß sie die Zeitrechnung gänzlich verloren hatten und nicht wußten, wie viele Tage schon vergangen waren. Eines war jedenfalls sicher: ihre Überlebensmöglichkeit schwand mit jeder Stunde; sie bemühten sich trotzdem, strenge Selbstdiziplin zu bewahren und die letzten Wassertropfen für die Verwundeten zu sparen.

So vergingen drei Tage, bis sie endlich ungewöhnliche Geräusche hörten und am Horizont eine kleine Staubwolke erblickten. Anfangs dachten sie an eine Fata Morgana, was in ihrem Zustand leicht möglich gewesen wäre, doch langsam entpuppte sich die Wolke als ein Lastwagen, von dem Machmud und Jumah herabsprangen, mit einer Menge Proviant, welchen sie sofort abluden: Wasser, Datteln, *Samoun*. Beide waren höchst beleidigt, als Yoel ihnen gestand, daß er überzeugt gewesen war, er würde sie nie mehr wiedersehen. »Ihr kennt die Beduinen nicht,« knurrten sie, »sonst wären solche Worte nie über eure Lippen gekommen.«

Die Verletzten wurden zu dem neuen Wagen gebracht, und sie fuhren alle zusammen zur Unglücksstelle, um die Toten zu begraben. Erst jetzt konnten sie sich den Luxus leisten, um ihre toten Kameraden zu trauern. Die Wehklagen verklangen allmählich in der ewigen Ruhe der Wüste, und Treibsand bedeckte bald die zwei Gräber.

Am nächsten Tag, Freitag den 14. März, erreichten die jungen Leute den Bagdader Bahnhof, wo sie von denselben Begleitern, die sie eine

Woche zuvor voller Hoffnung auf die Reise geschickt hatten, wieder empfangen wurden. Sie wurden jetzt wieder in Häusern der Mitglieder der Untergrundbewegung untergebracht. Jüdische Ärzte behandelten die Verletzten, und zwei von ihnen mußten in das jüdische Spital eingeliefert werden, auf die Gefahr hin, daß die Geschichte ihrer Abenteuer allgemein bekannt wurde.

Ich befand mich zu dieser Zeit in Basra, wo ich die Eilmeldung erhielt, mich sofort nach Bagdad zu begeben. Als mein Zug Sonntag morgen in den Bagdader Bahnhof einlief, erblickte ich Sammi, der mich erwartete. Er trug seine vergoldete Brille – die er überhaupt nicht benötigte –, einen *Sidara*-Hut (der schiffsförmige Hut, der als Symbol des irakischen Nationalismus und der irakischen Unabhängigkeit galt) und hatte einen Gebetskranz in seiner Hand. Als ich mich näherte, drehte er mir den Rücken und ging fort – ich folgte ihm stillschweigend. Erst als wir im Auto saßen, das Bahnhofsareal verlassen hatten und sicher waren, daß keiner uns folgte, berichtete mir Sammi über die Ereignisse.

Es war eine üble Zeit für unsere Bewegung, und wir befürchteten einen totalen Zusammenbruch der Moral. Noch schlimmer war die Möglichkeit, daß einer der Verletzten im Spital etwas über unser Unternehmen verlauten lassen könnte, oder daß einer der vielen, die nun darüber Bescheid wußten, etwas ausplaudern oder sogar willkürlich darüber berichten könnte. Wir waren auch wegen der zwei Familien, die ihre Söhne verloren hatten, tief besorgt. So oder so waren unsere Beziehungen mit den Familien, deren Söhne und Töchter – oft ohne ihr Wissen und sogar gegen ihren Willen – nach Palästina gingen, heikel und schwierig. Doch konnte man keinen Vergleich ziehen zwischen der Nachricht, daß Sohn oder Tochter heil und gesund in Palästina eingetroffen waren (oder vielleicht auch verhaftet wurden und Hilfe brauchten), und der Trauermeldung, daß sie in der Wüste umgekommen waren und nicht einmal in geweihter Erde begraben lagen. Wir konnten einfach nicht voraussehen, wie die Familien reagieren würden, und ebensowenig konnten wir uns vorstellen, wie die Sache unsere Beziehungen mit den offiziellen Gremien der jüdischen Gemeinde, die unsere Arbeit eher mißbilligten, beeinflussen würde.

Als ich Yoel und seine Kameraden traf und ihre Erlebnisse aus erster Hand hörte, fragte ich, ob ich etwas für sie tun könnte. Einer der Jungen antwortete fast demütig: »Amo Yusuf, wir möchten, daß Sie uns versprechen, uns als erste auf die Auswanderungsliste nach Palästina zu setzen. Es war nicht unsere Schuld, daß es uns nicht gelang – und wir wollen nicht hierbleiben!« Selbstverständlich versprach ich es ihnen und fügte noch hinzu, daß dies vielleicht bald geschehen würde. Doch als ich dieses Versprechen abgab, wußte ich nicht, welche Schwierigkeiten uns noch bevorstanden.

Am 17. März erschien Emir Scha'alan nochmals in Bagdad, wahrscheinlich im Zusammenhang mit der Nachricht über die 120 »Arbeiter«. Dieses Mal kam er in Begleitung einer kleinen Armee, die aus Beratern, Leibwachen, mit Gewehren und Degen bewaffneten Leuten, sowie einer Anzahl von Dienern und Köchen bestand. Als sie in einem Konvoi staubiger Jeeps und Geländewagen das luxuriöse Semiramis-Hotel erreichten, stiegen der Emir und seine engsten Begleiter aus, um ihre Zimmer zu buchen, während die anderen sich in der Nähe einzuquartieren versuchten. In den Empfangsräumen und Zimmern des Hotels richteten sich der Emir und seine Begleiter genauso wie in der offenen Wüste ein: Sie breiteten ihre Matten auf dem Boden aus, stellten einen eisernen Ofen in der Suite des Emir auf und brauten darauf ihren Kaffee in Kupferkannen, genau wie daheim. Bevor sie erschienen, hatten sie das Gerücht verbreiten lassen, daß die Polizei zunächst dem Gefolge verbieten wollte, bewaffnet nach Bagdad zu kommen. Empört über ein solches Verhalten, erklärte der Emir, daß wenn ihm der bewaffnete, jedoch friedliche Eintritt in die Stadt verweigert werde, er einen Überfall unternehmen würde, um sich den Weg mit Waffengewalt zu bahnen. Daraufhin verzichtete die Polizei auf ihre Forderung und erteilte ihm die Genehmigung.

Als Yunis, Sammi und ich selbst den Emir im Hotel aufsuchten, war ich wirklich von ihm beeindruckt. Er sah genauso aus, wie ich mir einen Wüstenprinz vorgestellt hatte: groß und hager, mit betonten Backenknochen, dicken Lippen unter dem dunklen Schnurrbart, das Gesicht vom Wüstenwind gezeichnet. Er trug eine weiße *Keffiyeh*, die traditionelle Kopfbedeckung, mit einem goldenen *Agal* (ein Ring, der die Kopfbedeckung zusammenhielt) und war in eine weite Kamelhaar-*Abaiya*, deren Ränder mit Goldfäden bestickt waren, gehüllt. Als wir eintraten, saß der Emir auf einer Matte, die Beine auf morgenländische Art gekreuzt, und stützte sich auf einen Haufen Kissen. Vor ihm befand sich eine *Narghileh*-Wasserpfeife, mit ihren glühenden Kohlen, die eine Tabakschicht bedeckten. Bei jedem Zug an dem Schlauch bildeten sich in dem länglichen Wasserbehälter Luftblasen.

Als wir den Raum betraten, fing das vorgeschriebene Zeremoniell an. Wir begannen mit dem traditionellen Gruß »Möge Allah dich mit einem guten Abend segnen«, worauf er im selben Sinn antwortete und hinzufügte, daß er sich durch unseren Besuch sehr geehrt fühle. Kaum hatten wir uns gesetzt, klatschte er in die Hände und sogleich erschien ein Diener mit einem Tablett kleiner Tassen in einer Hand und mit einer Kupferkaffeekanne in der anderen – ein Zeichen, daß die Kaffeezeremonie nun beginnen sollte. Der Diener schenkte einem jeden ein wenig vom Getränk ein. Wir versuchten die bittere Flüssigkeit, von der ein Tropfen genügt hätte, um einen Bewußtlosen wieder zu erwecken – dann kehrte der Diener zurück, um unsere Tassen ganz zu füllen. Wir schlürften nun laut den Kaffee, um damit unseren Genuß zu bezeugen. Gleichzeitig führten wir mit dem Emir eine höfliche Unterhaltung über seine Gesundheit, die jährliche Regenzeit und andere harmlose Themen, bis er wieder in die Hände klatschte. Ohne ein Wort zu sagen, erhoben sich seine Begleiter und verschwanden. Der Emir, Adnan al-Kuzbari und wir drei blieben als einzige da.

Nachdem den Höflichkeiten Genüge getan war, ging der Emir gleich zur Sache über und teilte uns mit, daß unsere Leute diesmal direkt aus Bagdad abgeholt werden sollten – und zwar vom Westufer des Flusses –, und er sei bereit, auch Frauen und Kinder mitzunehmen. »Sie werden so sicher wie in ihren eigenen Häusern sein«, beteuerte der Emir. Nachdem er uns diese verbesserten Bedingungen vorgeschlagen hatte, verlangte er sogleich als Vorschuß die Hälfte der vereinbarten Summe in bar.

Yunis sagte, daß doch aufgrund der Nachrichten, die wir aus Tel Aviv erhalten hatten, vereinbart wurde, die ganze Summe am Ende der Reise auszuzahlen.

»*Musch Munkin!* Kommt nicht in Frage!« behauptete der Emir in einem Ton, der keinerlei Widerspruch zuließ. »Wann werdet ihr bereit sein?«

Yunis überlegte einen Augenblick, ob er nochmals die Frage der Bezahlung am Ende der Reise erörtern sollte, doch als er das Wort ergriff, beantwortete er nur die Zeitfrage: »Übermorgen.«

Scha'alan schien höchst zufrieden. »Möge Allah euch Kraft verleihen«, beendete er die Unterredung.

»Möge Allah dir Gesundheit schenken«, erwiderte Yunis, worauf wir alle drei aufstanden und den Saal verließen.

Unsere Arbeit begann auf Hochtouren zu laufen. Wir mußten 120 Leute in Bagdad sammeln, für sie vorübergehende Unterkünfte finden, sie von der Bahnstation holen (zu verschiedenen Zeiten, da sie aus verschiedenen Teilen des Landes kamen), sie zu ihren Wohnstätten bringen, tagtäglich bis zur Abreise betreuen und, gewarnt durch unsere letzten Erfahrungen, genügend Wasserreserven und Nahrungsmittel für den Weg vorbereiten. Diese Aktivitäten erfüllten unsere Bewegung mit neuem Leben. Wir hörten auf, über unsere Tragödie nachzudenken, denn wir hatten keine Zeit dafür. Der Funkapparat arbeitete ununterbrochen, und die Nachrichten gingen hin und her – zuerst, um Ort und Zeit der »Umladung des Frachtgutes« zu bestimmen, und später, um das Hauptquartier über die eintägige Verzögerung der »Verladung«, auf Wunsch des Emirs, zu unterrichten. Doch nach all diesem Wirbel mußte Yunis am 20. März folgende Funkmeldung übermitteln:

An: ARTZI
Von: BERMAN
»1. Die ›Herren‹ haben Berman gestern um Mitternacht ohne ein Wort verlassen. Bis gestern abend waren wir mit ihnen in Verbindung, und wir hatten uns für heute früh verabredet. Haben keine Ahnung, warum sie fort sind und wohin.
2. Schwer anzunehmen, daß sie mit ihrem Besuch beabsichtigten, uns zu betrügen. Vielleicht haben sie sich zerstritten oder jemand hat sie angezeigt und sie mußten fliehen.
3. Während ihres Besuches gaben wir ihnen ungefähr 4 000 Pfund zusätzlich zu den schon früher bezahlten 1 000.«

Jetzt saßen wir richtig in der Klemme, und unsere erste Sorge galt den Dutzenden jungen Leuten, die wir in Bagdad konzentriert hatten und die wir nach Palästina senden mußten. Dies wurde nun unsere Vollbeschäftigung, und wir benützten alle nur möglichen Mittel. Einige wurden mit falschen Pässen fortgeschickt. Andere hatten das Glück, gegen saftiges Bestechungsgeld echte Pässe zu erhalten, wieder andere wurden neuen Schmugglern anvertraut, die sie in Lastwagen durch die Wüste beförderten. Aber wenn auch der Druck leichter wurde, so blieb uns trotzdem noch eine riesige »Abrechnung« mit den »Herren der Wüste« übrig.

Der Ernst unserer Lage brachte uns dazu, fortwährend Verstärkungen aus Palästina anzufordern. Doch bevor noch diese Bitten erfüllt wurden, begann unsere kleine Gruppe von Emissären aus Palästina zu zerfallen. Yunis, der schon mehr als ein Jahr im Irak weilte, beendete seine Pflichtzeit und kehrte nach Hause zurück. Nach einem Jahr im Untergrund begann ich selbst auch daran zu denken. Beide waren wir wegen der mageren Ergebnisse, die wir in Sachen illegale Einwanderung zeigen konnten, schwer enttäuscht. Wir hatten in der Bewältigung der Hindernisse (Wüste und Entfernung) zwischen dem Irak und Palästina versagt; das einzige, was wir erzielt hatten, war eine Handvoll Auswanderer herauszubringen. Dazu schien es uns, daß unsere Mahnrufe Palästina nicht erreicht hatten und wir nicht genügend Hilfe erhielten.

Dazu die täglichen Enttäuschungen und Schwierigkeiten des Lebens im Untergrund. Der fortdauernde Streß und die Angst, entdeckt zu werden, zwangen uns zu einem Leben der Isolation und des Zölibates, nicht nur aus Sicherheitsgründen, sondern auch aus Rücksicht auf die eher prekären Beziehungen zur lokalen jüdischen Gemeinde und auf Klatschbasen in der Untergrundbewegung selbst. Wir fanden auch wenig Trost in den sporadischen Kontakten, die wir mit der Heimat hatten. Wir konnten die normalen Postverbindungen nicht benützen, und wenn ich Sehnsucht nach meiner Familie, nach meinem Kibbuz oder nach Temima hatte, so durfte ich meine Gefühle nicht einmal in einem Brief zum Ausdruck bringen; die Verwendung geheimer Übermittlungswege brachte es mit sich, daß die Mitteilungen kurz und bündig gefaßt sein mußten, und da sie durch so viele Hände gingen, konnte man sich nicht die leiseste Intimität erlauben.

Nach einem Jahr war ich also völlig erschöpft und bereit, bei der ersten Gelegenheit heimzufahren. Diese Gelegenheit ergab sich, als mich eine Funkbotschaft vom Mossad erreichte, die mich anwies, so bald wie möglich nach Palästina zurückzufliegen. Ich dachte nicht einmal daran, nachzuforschen, was der Grund dafür sei. Nachdem ich meine Angelegenheiten geordnet hatte, erhielt ich gegen Bestechung ein echtes, wenn auch nicht völlig legales Ausreisevisum in meinen irakischen Paß, auf Grund dessen mir das Britische Konsulat ein Einreisevisum nach Palästina erteilte. Zum ersten Mal seit einem Jahr mit allem nötigen legalen Drum und Dran ausgestattet, ging ich an Bord des Flugzeuges, das mich nach Lydda in Palästina und, wie ich es hoffte, in ein normales Leben bringen sollte.

Aber das war nicht ganz, was der Mossad im Sinn hatte, denn Yunis war fest entschlossen, in seinem Kibbuz zu bleiben, und deshalb bat man mich, sofort nach Bagdad zurückzufliegen, um seinen Platz dort einzunehmen. Ehrlich gesagt fühlte ich mich verantwortlich für die Mitglieder der Bewegung im Irak, konnte aber all den Ärger und die Enttäuschung, die ich erlebt hatte, nicht vergessen. All diese Erinnerungen hatten meine Geduld erschöpft, und als ich in Tel Aviv, während der endlosen Diskussionen, Erläuterungen, Berichte und Zukunftspläne mich über eine Angelegenheit, die mir jetzt nicht mehr einfällt und die wahrscheinlich auch nicht besonders wichtig war, aufregte – stand ich einfach auf und ging. »Auf Wiedersehen«, brummte ich. »Ich kehre in meinen Kibbuz zurück, und wenn ihr euch jemals entscheidet, ernsthaft zu arbeiten, dann wißt ihr, wo man mich finden kann.«

Sprach's, verließ den Raum, schrieb im Nebenzimmer noch meinen Kündigungsbrief und ging auf ein paar Tage zu meiner Familie in Tel Aviv, bevor ich in den Kibbuz zurückkehrte – fest überzeugt, daß die Tage meiner Mission zu Ende waren.

Operation Michaelberg

Einige Tage später kehrte ich in den Kibbuz zurück, glücklich, wieder im Freien arbeiten zu dürfen und mich von der strahlenden Mittelmeersonne bräunen zu lassen, nachdem ich mehr als ein Jahr gezwungen gewesen war, in Kellern und Mansarden zu leben.

Besonders freute es mich, meinen eher skeptischen Kameraden zu beweisen, daß meine Tarnung als ›Bürgerlicher‹ – dessen Merkmale eine schön gebundene Krawatte, ein gestärktes weißes Hemd, scharf gebügelte Hosen und auf Hochglanz polierte Schuhe waren – mich weder als Arbeiter verändert, noch meine Kibbuzanschauungen beeinflußt hatte. Die erste Aufgabe, die mir zugeteilt wurde, war eher eine Art Zeitvertreib: ich wurde beauftragt, einen Käfig für zwei Affen zu bauen, die einer unserer Kibbuzmitglieder, ein Schiffskapitän, aus Afrika mitgebracht hatte. Die Arbeit war nicht dringend, so daß ich mir eigentlich erlauben konnte, mich ruhig und zwanglos wieder dem Kibbuzrhythmus anzupassen. Ich widmete mich trotzdem voller Eifer dieser Arbeit, einfach aus Angst, daß meine Kameraden mich als Faulenzer betrachten könnten, wenn ich mir eine Ruhepause gönnte.

»Hallo, Shlomo,« rief einer meiner Freunde, der zufällig vorbeiging, »bist du gerade auf Urlaub?«

»Nein, ich habe gekündigt. Alles, was sie dort tun, ist herumquatschen. Hier kann man wenigstens arbeiten.«

Meine Worte wurden vom rhythmischen Hupen eines Autos, das vom Kibbuzhaupteingang kam, begleitet. Mir war dieser Ton wohlbekannt; er bedeutete, daß der Fahrer ein Mitglied des Mossad für illegale Einwanderung war. Als ich flüchtig aufblickte, sah ich einen schwarzen amerikanischen Wagen mit Mosche Karmil am Steuer. Gedrungen, mit einem runden Gesicht, schütterem Haar und einem klugen, aufgeweckten Blick, war der fast vierzigjährige Mosche Karmil eine der Hauptfiguren des Mossad. Obwohl sein Aussehen nicht gerade beeindruckend war, versteckte sich hinter seiner gelassenen Unbeschwertheit ein richtiger Schwerarbeiter, der mit seiner Zeit und seiner Energie nie sparte. Seine Stellung im Mossad, genau wie die vieler anderer, wurde eigentlich nie richtig festgelegt, doch konnte man ruhig sagen, daß er der Hauptleiter war. Mosches Ansehen wurde nicht durch einen besonderen Titel bestimmt, sondern durch seine starke Persönlichkeit, die Liebe, Achtung und kameradschaftliche Gefühle in jedem, der ihm begegnete, wachrief. Er verstand es, Unstimmigkeiten zu beseitigen – gewöhnlich mit Hilfe seiner aufrichtigen Freundschaft, seiner menschlichen Wärme und seines Humors, der sogar bei den erbittertsten Seelen ein Lächeln hervorzauberte.

Deshalb nahm ich auch an, daß nachdem mir eine gewisse »Abkühlungsperiode« gewährt wurde, nun Mosche erschien, um mit mir zu reden. Sollte er ruhig – ich hatte keine Eile, seinem Charme zu unterliegen, und anstatt ihn zu begrüßen, tat ich, als ob ich nichts sah oder hörte, und arbeitete eifrig weiter, bis ich dicht hinter mir hörte, wie er den Motor abstellte und die Tür des Wagens öffnete.

»Hallo, Mosche«, rief ich und tat aufrichtig verwundert, »was bringt dich hierher?«

»Ich will nachsehen, ob du auch wirklich arbeitest«, neckte er mich. »Kann ich mithelfen?«

»Selbstverständlich«, erwiderte ich, bemüht, den Anschein zu wahren, daß ich ihn beim Wort nahm. Ich beschäftigte ihn auch tatsächlich fünf volle Minuten, als ob er extra gekommen wäre, um einen Affenkäfig zu errichten. Dann, als mir schien, ich hätte mein mangelndes Interesse für den wahren Grund seines Besuches genügend gezeigt, packte ich meine Werkzeuge zusammen, und wir setzten uns auf den Rasen. Die Sonne neigte sich schon gegen Westen, die Hitze fing an nachzulassen und eine leichte Brise kam auf, so daß es viel angenehmer draußen war als in den Zelten und Hütten des Kibbuz. Nachdem Mosche jene fünf Minuten seiner kostbaren Zeit verwendet hatte, um mich milde zu stimmen, beschloß er nun, ohne überflüssige Floskeln geradewegs zum Zweck seines Besuches zu kommen. Unsere Freunde in Amerika hatten uns, so erklärte er, zwei außergewöhnliche Typen geschickt, welche behaupteten, daß sich »die ganze Welt, Schiffsbesitzer, Kapitäne, Matrosen, auf Kosten der illegalen Einwanderung bereicherte und sie selbst wollten auch gerne ins Geschäft einsteigen«.

»Und was sind sie bereit zu tun, außer uns um unser Geld zu erleichtern?«

»Sie waren während des Krieges Kampfflieger,« erklärte Mosche, »und sie haben eine Menge Erfahrung und auch viel Mut, wie man mir sagte. Das Wichtigste aber ist, daß sie ein C-46-Flugzeug besitzen, eine ziemlich große Transportmaschine, die, wie sie behaupten, von einer relativ kurzen Rollstrecke starten kann. Sie könnten auf jedem Flug fünfzig Personen befördern.«

»Und?« bohrte ich.

»Ja, du bist ja derjenige, der sich laut beschwerte, daß wir nicht genug im Irak tun würden. Ich glaube mich noch an eine kurze, scharfe Rede und an einen gewissen Kündigungsbrief im Zusammenhang damit zu erinnern, mit anderen Worten, du hast gerade Zeit. Was würdest du zu einem kleinen Experiment sagen?«

Ich hob meine Augenbrauen, zum Zeichen, daß mich die Sache irgendwie interessieren würde, und er betrachtete dies auch ganz richtig als den Sieg. »Glaubst du, daß es in der Nähe von Bagdad eine flache Stelle gibt, wo ein Flugzeug landen und starten kann?«

»Sicher«, meinte ich in einem Ton der Selbstverständlichkeit. »Der größte Teil des Irak besteht aus Wüste und ist flach wie ein Brett. Es wäre überhaupt kein Problem, irgendwo zu landen und zu starten. Ich persönlich kann dir garantieren, daß es an die zwanzig solcher Plätze rings um Bagdad gibt.«

Wie sich später zeigte, war dies von der Wahrheit weit entfernt, doch im Augenblick fiel es mir überhaupt nicht ein, daß meine Überzeugung und Sachkenntnisse übertrieben waren. Als 24jähriger junger Mann im Palästina des Jahres 1947 konnte ich mir überhaupt nicht vorstellen, daß meiner Aufmerksamkeit etwas entgangen wäre, was noch der Nachforschungen bedurfte. Ich hatte ja bittesehr Erfahrungen auf dem Gebiete der Flugtechnik: zwei Flüge, der eine nach Bagdad und der andere, ein Jahr später, zurück nach Palästina. Und diese Erfahrungen im Flugwesen müssen Mosche Karmil wohl beeindruckt haben, denn weder er noch jemand anders bestritt je meinen Sachverstand auf diesem Gebiet.

»Ich freue mich, daß du mitmachst«, sagte er, mir zufrieden die Hand schüttelnd, was mir eigentlich keinen Widerspruch erlaubte. »Melde dich morgen im Büro, und wir machen weiter.«

Als wir zu dem schwarzen Wagen zurückgingen, begann meine Phantasie auf Hochtouren zu laufen. Ich sah schon den großen stählernen Vogel mitten in der Wüste starten, unter den erstaunten Blikken der Beduinen, die auf ihren Kamelen den seltsamen Vorgang betrachteten. Dann aber, als das Flugzeug schon zum Himmel emporstieg und die Meilen nur so verschlang, fiel mir plötzlich ein tatsächliches Hindernis ein.

»Wo wird das Flugzeug denn hier landen?« fragte ich. Das britische Mandat war ja noch in Kraft, und es war illegal, daß Juden auf irgendwelchen Wegen ins Land gebracht wurden. Also, wo sollte eigentlich dieser »Untergrundflug« enden?

»Unsere Leute arbeiten noch daran«, bestätigte Mosche. »Sie sind auf der Suche nach einem passenden Platz, und der Palmach[1] wird sich bemühen, die Aufmerksamkeit der Engländer abzulenken.«

Die einzige Frage, die ich noch hatte, war zugleich besorgt und erheiternd: »Sag mir bitte, hatten wir bis jetzt schon Erfahrung mit illegaler Lufteinwanderung?«

»Nein, überhaupt nicht«, antwortete Mosche. »Wenn dabei tatsächlich etwas herauskommt, dann hatten wir heute eine historische Unterredung. Vor einigen Jahren gab es ähnliche Unterredungen über die Möglichkeit, Leute per Schiff herzubringen. Und heute reden wir über das erste Flugzeug. Heißt das nicht, daß wir Fortschritte machen?«

Als ich mich lächelnd von Mosche verabschiedete, versprach ich, am nächsten Morgen ganz früh im Büro zu sein. Aber der Morgen begann unter einem schlechten Omen, als ein Bus nach dem anderen vollgestopft auf dem Weg nach Tel Aviv vorbeifuhr, ohne zu halten.

Als ich endlich den Mossad erreichte, empfing mich Zafrira, die hübsche, rothaarige Sekretärin, die uns immer freundlich zu begrüßen pflegte, mit der kühlen Bemerkung, daß Mosche nicht länger warten konnte und deshalb allein nach Haifa gefahren war.

»Allein?« wiederholte ich – auch um zu erfahren, ob ich vielleicht selber die ›fehlende Person‹ war. Mosche hatte mir nichts über eine Fahrt nach Haifa gesagt und ebensowenig erwähnt, daß ich ihn zu begleiten hätte.

»Natürlich,« schnappte sie, »und machen Sie so schnell wie möglich, alles wartet auf Sie!«

Unglücklicherweise hatten diese Worte nicht viel Einfluß auf mein Taxi, das auf halbem Weg nach Haifa eine Panne hatte. Als ich endlich ankam, fand ich Mosche und zwei Mossadleute wutentbrannt auf mich warten. Sie packten mich in ein Auto und begannen eine halsbrecherische Fahrt durch die steilen Straßen Haifas.

»Du kommst spät, Schammai!« schnauzte einer meiner Kollegen mich an.

»Spät?« protestierte ich. »Ich hatte doch keine blasse Ahnung, daß ich nach Haifa kommen sollte, und außerdem waren alle Busse vollbesetzt und das Taxi kaputt ...«

»Jetzt haben wir keine Zeit dafür«, unterbrach uns Mosche energisch, und ich konnte die Dringlichkeit in seiner Stimme erkennen. »Hört mir gut zu. Wir wollen, daß du noch heute abend nach Bagdad fliegst. Alles ist schon geregelt. Wir fahren jetzt zum Carmel Court

[1] Stoßtruppe der ›Haganah‹, die jüdische Untergrundarmee in Palästina.

Hotel, wo sich unsere zwei Amerikaner befinden. Bevor wir ankommen, müssen wir dich genau über die Lage unterrichten.«

Ich war völlig verblüfft. Ich hätte nicht im Traum gedacht, daß ich heute noch nach Haifa fahren würde, geschweige denn nach Bagdad. Ich hatte vom Kibbuz keinen Urlaub verlangt, ich hatte mich von niemandem verabschiedet, nicht einmal von Temima. Und außerdem, wenn es auch stimmte, daß ich mich über Verzögerungen beschwert hatte, so erschien mir diese Hast doch lächerlich. Erst gestern hatten wir zum ersten Mal Gedanken über eine mögliche Lufteinwanderung ausgetauscht – und heute sollte ich schon nach Bagdad fliegen, ohne die vorherigen üblichen Besprechungen? Ich konnte mein Erstaunen nicht verbergen. »Wie kann ich da heute hinfahren«, platzte ich heraus. »Die Idee hat ja bis gestern überhaupt nicht existiert!«

»Erinnere dich doch an das, was wir gestern sagten«, versuchte Mosche mich zu beschwichtigen, »über Fortschritt und so weiter!«

Ich blickte ihn an und sah, daß er es tatsächlich ernst meinte. Dies war wahrscheinlich eine jener Gelegenheiten, die man sofort ergreifen muß, oder man verliert sie für immer. In seiner ruhigen Art stellte Mosche mich vor eine Herausforderung: die übliche Denkart abzulegen – und ins kalte Wasser zu springen. Ich schloß einige Sekunden meine Augen, holte tief Atem und überließ mich dem Schicksal.

»In Ordnung«, sagte ich leise, ernüchtert durch den gewichtigen Entschluß. »Wie lautet der Plan?«

Die Anweisungen waren zum größten Teil den Zahlungsbedingungen, die mit den Piloten vereinbart waren, gewidmet: Hundert Pfund per Passagier, also insgesamt 5 000 Pfund, in Goldmünzen zu zahlen nach der Landung in Palästina.

»Und wo werden wir landen?« erkundigte ich mich wieder.

»Jemals von Yavniel gehört?« fragte Mosche.

»Selbstverständlich«, erwiderte ich, und das Bild des ruhigen Dorfes am Westufer des Sees Genezareth schwebte mir vor; doch konnte ich keinen Zusammenhang zwischen den armseligen Hühnerställen und unserem Plan sehen. »Ist *das* euer geheimer Flugplatz?« kicherte ich.

»Nein«, fuhr Mosche trocken fort, »doch das benachbarte Tal besitzt einen Landfleck, der ganz flach und verborgen genug ist, so daß unsere Leute der Meinung sind, er könne als improvisierter Landeplatz dienen. Inzwischen entfernt man schon vom ganzen Gelände die Felsen und Steine, um eine sanfte Landung zu ermöglichen. Wenn die Maschine ankommt, werden wir Pistenfeuer entlang der Rollbahn anzünden, die als Wegweiser dienen und die Windrichtung angeben.«

Einer der anderen fügte hinzu, daß eine Palmach-Einheit jeweils strategische Positionen einnehmen werde, um irgendwelche britische Einmischung zu verhindern, bis alle Passagiere ausgestiegen und unter den Siedlungen der Gegend verteilt wären. Nach dem Abladen der Passagiere werde das Flugzeug sofort nach Rom weiterfliegen.

Da auch eine Entdeckungsgefahr durch englische Flugzeuge bestand, wurde ich angewiesen, dieses Risiko zu reduzieren, indem das Flugzeug entweder vor Tagesanbruch landete, so daß die Passagiere Zeit hatten, noch bei Dunkelheit auszusteigen und Deckung zu finden – oder in der Abenddämmerung, so daß der Pilot die Piste noch beim letzten Tageslicht finden konnte, aber alles andere sich danach in der Finsternis abspielte. Ferner wurde mir gesagt, daß man den Piloten »in unmißverständlicher Art« mitgeteilt habe, ich persönlich sei der Leiter der Operation und daher allein verantwortlich, alle Einzelheiten zu bestimmen – außer den technischen Fragen, die mit der Sicherheit des Flugzeuges und der Passagiere verbunden wären. Solche Bedingungen waren auch für die Kapitäne der Einwanderungsschiffe gültig, die Mossadkommandanten unterstellt waren, und die Erfahrung zeigte, daß diese Anordnung lebenswichtig für den Erfolg der Seeoperation war. Ich war froh, daß dieser Punkt von Anfang an klar festgelegt wurde, um Mißverständnisse zu vermeiden.

Die Piloten erwarteten uns in ihrem Hotelzimmer, das wie nach einer Schlacht aussah, mit überall herumliegenden Kleidern und verstreuten Schuhen. Mitten in dieser Unordnung befanden sich unsere Kaugummi kauenden Amerikaner, auf dem Fußboden hockend, vertieft in eine riesige Landkarte des Nahen Ostens, die vor ihnen ausgebreitet lag. Meine Kollegen stellten mich vor, und als wir uns noch die Hände schüttelten, zog mich der Pilot, Kapitän Leo Wessenberg – der trotz dieses Namens kein Jude war –, zu sich herunter, nahm seinen Zirkel und zeichnete einen Kreis auf die Karte, mit Bagdad als Mittelpunkt. »Hier«, sagte er. »Jeder passende Landeplatz im Umkreis von diesem 15-Meilen-Radius geht!«

Alle Blicke richteten sich nun auf mich, und ich kam gehörig ins Schwitzen. Ich versuchte meine Panik hinter einem nachdenklichen Gesichtsausdruck zu verbergen und schlug vor, die Entscheidung bis später zu verschieben, nachdem wir den Irak erreicht und uns mit unseren dortigen Leuten beraten hätten. Inzwischen hatten wir eine viel dringendere Frage zu lösen: Wie sollte ich mit diesem leeren ›Transportflugzeug‹ in den Irak hineingebracht werden? Die Antwort war in Mosches Tasche, und obwohl ich von ihr nicht sehr entzückt war, gab es wahrscheinlich keine andere Möglichkeit, das Land sofort zu verlassen. Mosche hatte meinen irakischen Paß mitgebracht, derselbe, mit dem ich bei meiner letzten Reise in den Irak hinein- und später wieder herauskam. Vom Standpunkt der britischen Behörden aus war mein Paß absolut einwandfrei. Die Sache komplizierte sich aber am anderen Ende, nämlich im Irak, denn dort hatte ich doch mein Ausreisevisum auf illegale Weise erworben. Es war unmöglich, zu erfahren, ob jemand in Bagdad die Unstimmigkeit in den offiziellen Eintragungen bemerkt hatte und ob entsprechende Befehle erteilt wurden, den Besitzer dieses gewissen Ausreisevisums näher unter die Lupe zu nehmen, falls er in den Irak zurückkehrte. Da es keinen anderen Ausweg gab, nahm ich den Paß entgegen, und wir beschlossen, mich als Besatzungsmitglied in die Bordpapiere einzutragen, in der Annahme, daß die Kontrolle der Besatzungspapiere oberflächlich sein würde.

Um meine neue Tarnung zu vervollständigen, hielten wir am Weg zum Flughafen vor einem Kleiderladen, wo ich Khaki- Hemd und -Hose, die mehr oder weniger einer Pilotenuniform ähnelten, erwarb. Auf diese Weise verwandelte ich mich in ein fast waschechtes Besatzungsmitglied. Nur ›fast‹, weil ein Umstand nicht geändert werden konnte: Ich war nur 1,65 m groß, und wie ich da zwischen den zwei Riesenamerikanern stand, die mich um mindestens einen Kopf überragten, befürchtete ich, der Anblick würde nicht sehr überzeugend wirken.

Aber es gab keine Zeit mehr für Bedenken. Noch im Hotel kritzelte ich schnell zwei kurze Briefe. Der eine war an meinen Bruder Eliyahu; ich benachrichtigte ihn, daß ich ins Ausland führe und bald zurückzukommen hoffte, und bat ihn, wie schon früher, meine Abwesenheit vor Vater und Familie zu verbergen. Der zweite Brief war an Temima gerichtet, der ich indirekt über die Gründe meiner Abwesenheit berichtete. Als ich frühmorgens den Kibbuz verlassen hatte, dachte ich am Abend wieder daheim zu sein. Jetzt hatte ich keine Ahnung, wann wir uns wiedersehen würden. Was den Kibbuz betraf, überließ ich es Mosche, die Dinge dort zu regeln.

Auf dem kleinen Flugplatz in der Nähe von Haifa angelangt, wo sich die C-46 befand, beschlossen wir, die Durchführung der Formalitäten Kapitän Wessenberg zu überlassen, während ich den Kopiloten, der mir nur als Mike bekannt war, direkt zum Flugzeug begleiten sollte. Auf dem Weg dahin schlug Mike eine Methode vor, der voraussichtlich gründlichen Untersuchung der Maschine, die in diesen unruhigen Zeiten zu erwarten war, zu entgehen. Unter dem Cockpit der C-46 befand sich ein Abteil voller Hebel und Schalter, darunter ein Hebel, der die Propeller in Bewegung setzte. Sobald die englischen Offiziere zur Kontrolle der Maschine erschienen, würde Mike mir befehlen, die Motoren einzuschalten. »Dies wird den geeigneten Eindruck machen und Ihnen das Beantworten unangenehmer Fragen ersparen«, sagte er, und ich mußte wohl annehmen, daß er etwas von seiner Arbeit verstand.

Bald darauf erschien Wessenberg in Begleitung zweier englischer Feldwebel, deren Gewehre an ihren Körpern angeschnallt waren, um das Wegschnappen der Waffe – wie es damals öfters vorkam – zu vermeiden. Als sie ins Flugzeug hochkletterten und in Hörweite kamen, befahl mir Mike, die Motoren zu starten, um so vor dem Abflug Zeit zu gewinnen. Ich verschwand sofort ins untere Abteil, und zu meiner Verwunderung und großen Erleichterung drückte ich auf den richtigen Hebel unter den unzähligen, die sich dort befanden und die sich in meinen ungeübten Augen alle glichen. Die Propeller begannen mit betäubendem Lärm zu dröhnen, und weißer Rauch stieg aus dem rückwärtigen Teil der Maschine auf – alles vollkommen normal, wie man mir vorher erklärt hatte. Als die Feldwebel die Maschine wieder verlassen hatten, kehrte ich mit einem außerordentlichen Gefühl der Selbstzufriedenheit in das Cockpit zurück; wer wußte, vielleicht hatte ich das Zeug zu einem erfolgreichen Piloten …

Die britischen Ordnungshüter fertigten uns mit dem üblichen Daumensignal und dem traditionellen »Guten Flug!« ab, worauf meine amerikanischen Kollegen mit einem herzlichen »O. K.« antworteten – und schon begann das Flugzeug mit voller Kraft zu starten. Sekunden später überflogen wir die Bucht von Haifa, und meine Karriere als Luftkadett nahm ein plötzliches Ende. Auf einmal fühlte ich mich dem Ersticken nahe, als würden meine Eingeweide aus meinen Ohren herausgepreßt. Oben, über meinem Kopf, sah ich das blaue Mittelmeer, und seitwärts lag umgekehrt der Karmelberg. Von Panik ergriffen, hielt ich mich mit beiden Händen krampfhaft am Sitz fest. Gerade als ich dachte, in Ohnmacht zu fallen, fand die Welt ihren normal angeordneten Zustand wieder: Der Himmel befand sich hoch oben, das Meer unten, und das Flugzeug stieg sanft dem Osten zu. Es war selbstverständlich nicht außer Kontrolle geraten und noch weniger hatten wir einen Absturz zu befürchten. Auf unserem Flugplan war einfach eine 180-Grad-Wendung vorgesehen, und die zwei erfahrenen Piloten – und Amateurakrobaten – hatten einfach beschlossen, den kürzesten Weg von West nach Ost einzuschlagen.

Auch nachdem ich wieder zu Atem gekommen war, verhielt ich mich mäuschenstill, schwer schluckend und tief atmend, mit der Erkenntnis, daß Fliegen mir wirklich nicht guttat. Vorbei die Selbstsicherheit, die ich am Tage zuvor Mosche Karmil vorgespielt hatte. Hier flog ich in den Irak, mit zwei Männern, die ich nur wenige Stunden vorher zum ersten Mal gesehen hatte. »Sie wurden uns von unseren Freunden in Amerika empfohlen«, hatte Mosche gesagt, doch in Wirklichkeit wußten wir gar nichts über sie. Im besten Falle waren sie Abenteurer – und dazu noch von der wagemutigsten Sorte! Mehr noch, die ganze Idee einer geheimen Landung und eines späteren Abflugs mitten in der Wüste schien mir jetzt unglaubwürdig. Was, wenn es den Piloten nicht gelingen würde, den Ort, wo wir die Auswanderer sammeln wollten, ausfindig zu machen? Und wenn das Flugzeug landete und wegen irgendeiner Panne nicht wieder starten konnte? Der ganze Plan erschien mir, als käme er geradewegs aus Hollywood. Wie hatte sich der Mossad je in eine solche Sache einlassen können?

Eine Befürchtung brachte die andere mit – und bald grübelte ich wieder über meinen Paß. Ich war nicht sehr entzückt davon, daß ich auf den Bordpapieren als Besatzungsmitglied eingetragen war. Im Gegenteil, die Tatsache, daß der Inhaber eines irakischen Passes ein amerikanisches Flugzeug bediente, war ungewöhnlich genug, um Mißtrauen zu erwecken. Wenn ich verhaftet werden sollte, würden die beiden Piloten mich sicherlich meinem Schicksal überlassen, und ich würde jahrelang, halb verhungert und von den Aufsehern und Mitinsassen verprügelt, in einem feuchten Kerker schmachten …

»Kennen Sie einen Ort, etwa zwanzig bis dreißig Meilen nordöstlich von Bagdad, der Baquba heißt?« fragte Wessenberg, der, wie es schien, festere Nerven hatte und die Schwierigkeiten, die uns noch bevorstanden, einfach ignorierte. »Der Karte nach soll es dort einen verlassenen Flugplatz geben.«

Die Frage riß mich aus meinen Angstträumen heraus und zwang mich, mich mit den gegenwärtigen Problemen zu befassen.

Ich selbst hatte Baquba nie besucht, aber da es sich um ein kleines Städtchen handelte, nahm ich an, daß das plötzliche Auftauchen von fünfzig Fremden nicht unbemerkt bleiben könnte. Höchstwahrscheinlich würde die Landung eines Flugzeuges eine große Sensation auslösen und unverzüglich den Behörden in der Umgebung bekannt werden. Andererseits war ich über die Möglichkeit einer Verfolgung durch die erbärmliche irakische Luftwaffe nicht besonders besorgt und war überzeugt, daß sie nur wenig unternehmen konnte, um uns aufzuhalten, sobald wir in die Luft aufgestiegen waren. Wir beschlossen also, Baquba zu überfliegen, bevor wir in Bagdad landeten, um wenigstens eine Ahnung von dem Ort zu bekommen. Tief den Flugplatz umkreisend, konnten wir feststellen, daß die Rollbahn, obwohl mit Abfällen und Fässern besät, sich in befriedigendem Zustand befand. Aber wir konnten auch beobachten, wie die Einwohner aus ihren Häusern herausstürzten, als sie das Geräusch der Flugzeugmotoren hörten. Meine Vermutung stimmte also: Sollten wir von hier abfliegen, würden wir sicherlich einen großen Menschenanlauf verursachen. Wir flogen weiter nach Bagdad und beschlossen, Baquba vorläufig nur als letzte Möglichkeit zu erwägen.

Aus der Luft wirkte Bagdads Anblick in jenen Tagen recht bedrükkend mit seinen niedrigen, erdfarbenen Häusern und den engen Straßen. Jetzt, im Hochsommer, war der Tigris, der durch das Zentrum der Stadt fließt, sehr seicht, und aus dem braunen, trägfließenden Wasser erhoben sich mit Gestrüpp bedeckte Inseln – alles in allem ein trostloses Bild.

Als wir zur Landung ansetzten, beschlossen wir, die schon in Haifa erprobte Methode anzuwenden: Wessenberg würde sich um die Formalitäten kümmern, während Mike und ich im Flugzeug bleiben würden, um uns mit allerlei Aufgaben zu beschäftigen, damit ich so wenig wie möglich sichtbar wäre.

Je länger Wessenberg abwesend blieb, desto schlimmer wurde es mir zumute, insbesondere als ich beim Flugterminal einige uniformierte Männer sah, die, wie ich meinte, bald in unsere Richtung marschieren würden, um mich zu holen. Aber sie standen nur herum, und ungefähr zehn Minuten später erschien Wessenberg allein, mit einer selbstzufriedenen Miene. »Kommen Sie«, sagte er mir, »niemand hier hat das geringste Interesse für Sie oder ihren Paß gezeigt; sie gaben sich nicht einmal die Mühe, ihn abzustempeln. Für die Behörden sind Sie gar nicht hier. Und stehen Sie jetzt nicht so mit offenem Mund da«, fuhr er tadelnd fort. »Gehen wir hier raus, bevor sich jemand die Sache anders überlegt!«

Während wir über den leeren Flugplatz gingen, beschloß ich, besser nicht mit den Piloten im selben Hotel zu wohnen, wegen der zweifelhaften legalen Lage meines Passes, sondern direkt unser »sicheres Haus«, wo unsere Emissäre wohnten, aufzusuchen. Wir fuhren zusammen im Taxi zum berühmten Regent Palace Hotel am Tigrisufer und verabredeten uns für den nächsten Tag, zum Frühstück um neun Uhr morgens. Dann machte ich mich allein auf den Weg, und bald benahm ich mich so agentenhaft wie noch vor wenigen Wochen: Ich schlenderte zuerst die Hauptstraße Bagdads entlang, bis ich sicher war, daß mir niemand folgte. Dann hielt ich eine Droschke an, um nach Al-Awiye, eines der schönen neuen Wohnviertel Bagdads zu fahren. Die Sonne war schon untergegangen und die Hitze ließ nach, so daß die Fahrt in der offenen Kutsche durch die beleuchteten Straßen angenehm war.

Die Anschrift, die ich dem Kutscher gegeben hatte – in einem reizenden Villenviertel –, war das Haus von Menachem Schascha, einem irakischen Juden, der die Emissäre aus Palästina beherbergte. Die ganze Familie Schascha setzte ihr Leben aufs Spiel, indem sie uns Unterkunft gewährte. Als ich aus der Kutsche stieg, erblickte ich ihre Schatten auf der Veranda, wo sie im Halbdunkel saßen und die frische Abendbrise genossen. Ich konnte sie mir gut vorstellen, wie sie sich mit eisgekühlten Wassermelonenscheiben erfrischten. Eigentlich wollte ich einfach so zu ihnen hineinspazieren und sie mit »Schalom« begrüßen, als wäre ein Besucher aus Palästina ein ganz alltägliches Ereignis. Glücklicherweise, noch im letzten Augenblick, beschloß ich, meine Überraschungstaktik zu ändern und sie auf arabisch, im Dialekt der Bagdader Moslems, zu begrüßen. Meine Absicht war, nach dem Herrn des Hauses zu fragen und das Versteckspiel so lange weiterzutreiben, bis mich jemand erkennen würde. Doch wie sich bald herausstellte, ging der Spaß auf meine Kosten. Als ich mich mit tiefer Stimme und mit entsprechendem Akzent erkundigte, ob Herr Schascha zu Hause war, antwortete mir eine ganz unbekannte Stimme in gleicher Mundart: »Nein, mein Herr. Diese Familie hat das Haus vor einem Monat verlassen, und seitdem wohnen wir hier. Aber kommen Sie doch herein und beehren Sie uns mit Ihrer Gesellschaft bei einer Tasse Kaffee.«

Ich mußte alle meine Geistesgegenwart zusammennehmen, um mich mit denselben guten Manieren meinem unbekannten Gastgeber zu entziehen. Anfangs wollte er nichts davon hören; er hielt wohl meine Kleidung für die eines irakischen Offiziers und wollte sich einem so hohen Gast besonders erkenntlich zeigen. Ich mußte sein Angebot ein zweites Mal zurückweisen, bis es mir gelang, zurück zur Straße zu gehen. Es war gar nicht einfach, meinen Fluchtinstinkt zu unterdrücken und mit strammem, sicherem Schritt, wie es sich für einen irakischen Offizier geziemte, weiterzugehen. An der Straßenekke sah ich einen Bus vorbeifahren. Obwohl wir gewöhnlich solche vollgestopften und eines »Gentlemans« unwürdigen Transportmittel scheuten, beschloß ich, in den nächsten einzusteigen, um so schnell wie möglich fortzukommen.

Später erfuhr ich, daß die Geschichte von Schaschas Verschwinden ganz einfach war. Die Familie war, zusammen mit unseren Emissären, lediglich in ein größeres Haus umgezogen, hatte es aber versäumt, Tel Aviv davon zu benachrichtigen. Dies war sogar verzeihlich, denn in der ganzen Geschichte unserer Untergrundbewegung war noch nie jemand aus Palästina ohne vorherige Nachricht angekommen. Damals, allein auf der Straße, befürchtete ich jedoch das Schlimmste und begann meine nächsten Schritte zu planen. So beschloß ich, Nachman Schina, einen der wichtigsten Leiter unserer Bewegung, aufzusuchen. Für mich war sein Haus ein zweites Heim, und seine ganze Familie war unserer Sache gänzlich ergeben. Nachmans Bruder und Schwester waren beide Jugendgruppenleiter, und seine betagten Eltern unterstützten das Unternehmen ihrer Kinder völlig, trotz der großen Gefahren, denen sich die ganze Familie aussetzte. Es war Vater Schina, der mich auf der Türschwelle begrüßte, mit Liebe und Erstaunen, aber ohne jede Frage, da er mit der Untergrundetikette nur allzu gut vertraut war. In ihrem Wohnzimmer konnte ich endlich über meinen peinlichen Besuch in Schaschas Haus lächeln, ohne allerdings das Rätsel ihres neuen Aufenthaltortes gelöst zu haben. Wegen unserer strengen Vorsichtsmaßregeln wußten nur drei Personen in der Bewegung, wo unsere Emissäre wohnten: die zwei Funker und der Koordinator der Auswanderung. Ich hatte Nachman bitten wollen, einen der drei holen zu lassen, doch Nachman war abwesend. Seine Eltern vermuteten, er würde bald nach Hause kommen, waren sich aber nicht sicher – und ebensowenig konnten sie meine Fragen beantworten, ob einer der Emissäre oder mein guter Freund Sammi für diesen Abend erwartet wurden. Da saß ich also in Schinas Wohnzimmer, nachdem ich Hunderte Meilen geflogen war, um eine Aufgabe zu erfüllen, wo jede vergeudete Sekunde zählte – und war nicht einmal imstande, mit der Leitung der Untergrundbewegung, die ich erst einige Wochen vorher verlassen hatte, Kontakt aufzunehmen!

Endlich, gegen zehn Uhr abends, kam Nachman. Als er mich erblickte, erschien ein breites Lächeln auf seinem Gesicht, doch genau wie seine Eltern wußte er seine Neugierde zu beherrschen. Zu meiner Erleichterung wußte er, wo Sammi zu finden war, und stürmte gleich hinaus, um ihn anzurufen. Sammi kam sofort in seinem Wagen angebraust. Wenige Minuten später waren wir auf dem Weg zu Schaschas neuem Haus, wo uns mein Nachfolger Yerachmiel (Yerach) Assa erwartete.

Wir machten es uns auf dem flachen Dach gemütlich, so wie es die Einwohner Bagdads in den heißen Sommernächten zu tun pflegten. Nachdem sich die Häuser tagsüber von der erbarmungslosen Sonne aufgeheizt hatten, blieben sie bei Nacht noch immer zum Ersticken heiß. Auf den Dächern konnte man die kühle Wüstenbrise spüren, und deswegen betteten sich die Einwohner dort zur Nachtruhe.

Trotz der späten Stunde begann die Hausfrau mir zu Ehren ein kleines Festessen vorzubereiten. Bevor ich noch ablehnen konnte – ich wußte aber, wie aussichtslos dies gewesen wäre –, erschien sie schon mit einem großen silbernen Serviertablett mit einer Kanne voll süßen, starken Tees, sowie einer Auswahl hausgemachter Leckerbissen: halbmondförmige *Sambusag*-Kipferl (ein leichtes, mit gesalzenem Ziegenkäse oder mit gezuckerten Mandeln gefülltes Gebäck) und runde *Báaba* mit einer köstlichen gehackten Dattelfüllung. Ich hatte seit dem Früstück nichts gegessen und schwelgte in der Erinnerung an die Köstlichkeiten, die ich bei meinen Gastgebern schon genossen hatte. Ich spürte buchstäblich den einladenden Duft der warmen, frischen Vollkornpittas sowie der gebratenen Lammkotelette, mit einer Beilage von schneeweißem Reis und einer delikaten Zucchinisauce. Ich sah die mit Blumenmuster bemalte Porzellanschüssel, mit geschälten Gurken (die im Irak als Obst gelten) und mit süßen rosafarbigen Wassermelonenscheiben vollgehäuft.

»Amo Yusuf, geht es dir gut?« hörte ich Sammi fragen, eher vorwurfsvoll als besorgt. Marcelle Schascha hatte sich wieder zurückgezogen, und wir blieben unter uns rund um den Tisch sitzen. Ich schüttelte den Kopf, um meine Gedanken in Ordnung zu bringen, und fast flüsternd – um der Sache die nötige Diskretion zu erweisen, aber auch, um die Ruhe des Hauses zu dieser späten Stunde nicht zu stören – erklärte ich, warum ich so plötzlich aufgetaucht war und was meine Pläne waren. Trotz der Dunkelheit konnte ich ihren besorgten Gesichtsausdruck beobachten. Ich verheimlichte auch nicht meine eigenen Bedenken über das Landen in der Wüste, das Einsammeln der Passagiere, den Abflug nach Palästina und die geforderte perfekte Koordinierung, mit genauem Stundenplan und unter strengster Geheimhaltung.

»Hört sich an, als wärst du zu dem Schluß gekommen, es wäre am sichersten, überhaupt nichts zu unternehmen«, meinte Sammi mit seinem wohlbekannten Sarkasmus.

Ich begann, ihnen die Idee, die mir nach der Landung am Flugplatz gekommen war, zu unterbreiten. »Es wäre am einfachsten, vom Flugplatz selbst zu starten«, sagte ich. Ich studierte die mehr und mehr verstörten Blicke meiner Kameraden, die offenbar befürchteten, ich sei während meines Fluges nach Bagdad von Sinnen gekommen. »Bitte nicht zu vergessen,« wiederholte ich die so oft betonte Regel jeder Untergrundoperation, »daß ein gewagtes direktes Unternehmen unmittelbar vor der Nase des Feindes, sehr oft weniger gefährdet ist als mühsame Anstrengungen, seiner Aufmerksamkeit zu entgehen.«

Mit diesen Worten hatte ich die Neugier meiner Zuhörer geweckt, und bevor ich die Einzelheiten meines Planes ausbreitete, erzählte ich ihnen von unserem einsamen Bummel über den Flughafen und wie die Wachen nur beim Hauptgebäude und bei den Maschinen aufgestellt waren. Dann, genau wie ein vielerfahrener Luftreisender, zählte ich die verschiedenen Etappen beim Starten auf: wie das Flugzeug bis zum Ende der Rollbahn fährt, dort wendet und einige Minuten stehenbleibt, bis die Motoren warm sind, um sodann die Rollbahn mit voller Geschwindigkeit durchzufahren und abzuheben. Im allgemeinen gab es kein Gebäude oder dergleichen am Ende einer Rollbahn, vermutlich als Vorsichtsmaßnahme für den Fall, daß ein Flugzeug nicht hochkam oder bei der Landung nicht stehenbleiben konnte. Es standen auch keine Wächter oder Polizisten dort, da es nichts zu bewachen gab. Ein Beamter oder ein Polizist konnte eventuell die Maschine, bevor sie zur Rollbahn fuhr, inspizieren, doch sobald sie das Areal des Hangars verlassen hatte, würde wohl kaum noch jemand zur Kontrolle erscheinen. Mit anderen Worten: Wenn wir unsere Leute am Ende der Rollbahn ins Flugzeug bringen konnten, während die Motoren mit ohrenbetäubendem Lärm warmliefen und die Scheinwerfer des Flugzeuges jeden, der sich von vorne näherte, blendeten, so war unser Problem gelöst.

Selbstverständlich mußte unsere Zeitberechnung auf die Sekunde stimmen, unsere Leute mußten unbeweglich am Boden liegen und das Flugzeug erwarten, und wir mußten einen Weg finden, um sie unbemerkt bis zum Ende der Rollbahn zu bringen. Kurz: Das erste, was wir zu tun hatten, war, den Flugplatz und seine Umgebung gründlich zu inspizieren.

»Laßt uns sofort hinfahren«, war Sammis instinktive Antwort. »Der Abflug soll ja sowieso bei Nacht stattfinden, da können wir gleich auskundschaften, wie sich die Dinge im Dunkeln ausnehmen.«

Nach einer letzten Tasse Kaffee stiegen wir in Sammis Auto. Es war schon nach Mitternacht und die Straßen Bagdads, die sonst von Menschen wimmelten, waren wirklich leer. Wir fuhren über den Tigris und folgten der Hauptstraße, die westwärts zum Flughafen führte. Als wir dort ankamen, fuhren wir selbstverständlich nicht durch das Haupttor, sondern weiter zur nördlichen Ecke und von dort bis zur Nordwestecke, die die entfernteste Stelle vom Haupttor war. Wer unbeobachtet den Bagdader Flughafen erreichen will, kann keinen besseren Weg wählen als den zur Nordseite. Wir mußten aber bald feststellen, daß auch das Eindringen von dieser Seite gewisse Schwierigkeiten bot.

Sammi blieb im Wagen, dessen Motor weiterlief, während Yerach und ich uns dem Zaun näherten. Der Mond war schon untergegangen, und wir mußten uns so gut wie möglich in der fast völligen Dunkelheit zurechtfinden. Wir entdeckten, daß wir auf einem unbebauten Feld waren; nur einige Beduinenzelte lagen in der Ferne zerstreut. Als wir uns ihnen näherten, spürten wir den scharfen, säuerlichen Geruch, der so bezeichnend für ein Beduinenlager ist. Die Ursache dafür ist, daß die Beduinen im Winter trockenes Gras in ihren Zelten verbrennen, um sich zu wärmen. Die Hitze, die auf diese Art erzeugt wird, ist zwar groß, doch ebenso groß ist die Rauchmenge, die sich dabei entfaltet. Ihre Zelte und Kleidung behalten diesen Geruch das ganze Jahr hindurch, so daß man selbst im Hochsommer schon von weitem ein Beduinenzeltlager leicht riechen kann.

Als aber dieser klassische »Wohlgeruch« unsere Nasen erreichte, fingen auch die Beduinenhunde *unseren* Geruch auf. Diese Hunde sind bekannt als halbverhungerte, mit Flöhen bedeckte, ängstliche Köter, die aber in der Kunst des Bellens ihresgleichen suchen. Sobald sie einen Fremden nur erahnen, brechen sie in ein markerschütterndes Heulen und Jaulen aus, das sich fast wie die Ankündigung des Weltunterganges anhört.

Ein paar Sekunden, und wir schienen von einer ganzen Hundemeute umzingelt zu sein – womit wir eigentlich schon herausgefunden hatten, was wir wissen wollten, nämlich daß es unmöglich war, von *dieser* Seite aus fünfzig Personen hineinzubringen, und daß wir einen anderen Weg finden mußten. Als wir wieder im Wagen saßen, erstaunte uns Sammi, indem er sagte: »Im großen und ganzen fühle ich mich ermutigt. Es gibt zwar hier Hunde, aber die Hauptsache ist, daß der Zugang zum Flughafen nachts möglich ist.«

Er hatte natürlich recht. Wir waren keinem einzigen Polizisten oder Zivilisten begegnet und konnten mehr als eine Stunde herumspazieren, ohne daß jemand auf uns aufmerksam wurde, trotz des ganzen Hunderadaus.

»Was wir aber tun sollten«, fügte Sammi hinzu, »ist, die Gegend bei Tageslicht richtig zu studieren, um dann bei Nacht nochmals zurückzukommen.«

Der Morgen graute schon, als wir zu Schaschas Haus zurückkehrten und auf das Dach hinaufgingen, wo man uns Betten vorbereitet hatte. Einschlafen konnte ich aber nicht. Gedanken, Pläne, die Spannung, all dies trotzte meinem Schlafbedürfnis, und bald fiel auch die Stimme des Muezzin in die Ruhe des frühen Tages ein. Sie verkündete den neuen Tag und rief die Gläubigen mit dem Ruf *Allah Akbar* – »Allah ist groß« – zum Gebet auf. Da sich auf Schaschas Dach noch nichts bewegte, blieb ich weiter in meinen Gedanken versunken.

Plötzlich ertönte vom Eingangstor ein dumpfes Klopfen, und ein Gefühl der Panik erfaßte uns. Instinktiv schauten wir uns nach einem möglichen Zufluchtsort um – doch den gab es auf dem Dach selbstverständlich nicht. Das Klopfen ging beharrlich weiter, bis der Herr des Hauses seinen Mut zusammenraffte und »Wer ist da?« rief.

»Ich«, erwiderte eine männliche Stimme, die uns sofort beruhigte, denn in Bagdad genügte es, dieses einzige Wort auszusprechen, um zu erkennen, ob der Sprecher ein Araber oder ein Jude war – und der Mann, der soeben sprach, war eindeutig ein Jude. Menasche Schascha ging hinunter, um das Tor aufzuschließen, und Eliyahu Schina, unser Funker, rannte die Treppe zum Dach hinauf, ganz rot vor Aufregung. Als er mich erblickte, blieb er wie versteinert stehen und rief voller Erstaunen: »Du bist schon da? Ich bringe eben eine dringende Meldung, daß du auf dem Weg zu uns bist! Schau mal«, fuchtelte er zum Beweis mit dem Blatt Papier in der Luft herum, und las dann vor:

An: BERMAN
Von: ARTZI
»Schammai fliegt heute zu euch, um 50 Arbeiter mitzunehmen. Er wird gegen Abend eintreffen und alles erklären.«

»Besser spät als nie«, tröstete ich ihn und erklärte, daß die Mitteilung gleich nach meinem Abflug von Haifa verfertigt wurde; sie trug auch das Datum des vorigen Tages. Da aber unsere Verbindungen nur einmal täglich stattfanden, und zwar in den Morgenstunden, hatte es keine Möglichkeit gegeben, die Meldung früher zu senden. (Auch Tel Aviv sah offenbar dieses Problem, denn in der nächsten Funkmeldung wies man uns an, das Funkgerät bis zum Ende der Operation Tag und Nacht in Betrieb zu lassen.) Die Meldung erfüllte trotzdem eine wichtige Funktion: der Adrenalinschuß, den wir beim plötzlichen Klopfen an der Tür verspürten, ließ uns alle sogleich hellwach werden. Eine kalte Dusche und eine schnelle Rasur taten ein Übriges, und beim Frühstück diskutierte Sammi mit uns die Fragen, die einen sofortigen Beschluß benötigten.

Das erste Problem war die Wahl des richtigen Zeitpunktes. Da wir eine größere Gruppe Auswanderer fortschicken wollten, war es wichtig (um die Moral in der Bewegung nicht zu verletzen), daß die Leute aus allen Gegenden des Irak kamen – eine Sache, die sicher ein bis zwei Tage dauern würde. Andererseits sah ich ein, daß wir das

Flugzeug nicht zu lange im Flughafen halten konnten, ohne unerwünschte Fragen aufkommen zu lassen. Je früher wir starteten, desto besser. Der Donnerstag war soeben angebrochen; laut Sammis Berechnungen sollten die letzten Auswanderer Bagdad am späten Freitagmorgen erreichen – vorausgesetzt, daß wir sie sofort zusammenriefen. Ich beschloß, den voraussichtlichen Zeitpunkt des Abfluges auf Freitag nacht festzulegen und sofort mit dem Einsammeln der Leute aus dem ganzen Land zu beginnen.

Der zweite Beschluß, der jetzt getroffen werden mußte, betraf nicht nur die gegenwärtige »Fracht«, sondern die Zukunft unserer ganzen per Flugzeug beförderten Auswanderung. Bis jetzt wurde die Auswanderung aus dem Irak mit Hilfe dortiger Araber – seien es Lastwagenfahrer, Polizeioffiziere, Beamte in strategisch wichtigen Orten wie Grenzposten, Paß- und Dokumentenabteilung sowie Flughafen – durchgeführt. Der Grund ihrer Mithilfe war finanzieller Art, und wir taten alles Mögliche, damit sich die Sache für sie lohnte. Diesmal aber hatten wir das Gefühl, das Geheimnis sei zu groß, um jemandem außerhalb der Bewegung zu vertrauen; keine Geldsumme würde ausreichen, um uns vor Denunzianten zu schützen. Wir mußten also die ganze Aktion mit unseren eigenen Kräften verwirklichen.

Nachdem wir diese Grundregeln festgelegt hatten, machte ich mich mit Sammi auf den Weg zum Hotel, das wir, wie ich es mit den Piloten vereinbart hatte, um neun Uhr erreichten. Aber als ich in die Empfangshalle trat, waren sie nirgends zu sehen. Ebensowenig konnte ich sie im Speisesaal finden. Schließlich entdeckte ich sie auf ihrem Zimmer, noch im tiefsten Schlaf. Offenbar hatten sie die vergangene Nacht unter angenehmeren Umständen als ich selber verbracht und keinem Muezzin war es gelungen, sie in ihren süßen Träumen zu stören. Ich konnte sie nur mit Mühe aufwecken und schickte sie ins Badezimmer, während ich im Zimmer blieb, wiederum erstaunt über das schreckliche Durcheinander, das sie in so kurzer Zeit angerichtet hatten. Als Entschädigung für meine Wartezeit »amüsierte« ich mich, indem ich ihre persönlichen Sachen durchsuchte – Pässe, Brieftaschen, Scheckbücher und was sonst noch in und unter den Betten sowie in den Hosentaschen und offenen Koffern lag – und mir einige Einzelheiten, die mir später von Nutzen sein sollten, merkte. Diese Amerikaner waren sicherlich meisterhafte Piloten, doch hatten sie eine Menge zu lernen, wenn es um Sicherheitsfragen ging.

Das Frühstück verwandelte sich für Wessenberg und Mike, die über einen recht guten Appetit verfügten, in ein Festessen, während ich wie auf Kohlen saß, aus Angst, daß Sammi, der draußen im Wagen wartete, Aufmerksamkeit erregen würde und jemand sich nach seinem Tun erkundigen oder andere heikle Fragen stellen könnte. Aber da meine Begleiter die Absicht hatten, sich vollzufressen, nützte ich die Zeit aus, um ihnen meinen Einfall vorzulegen, mit den Einwanderern direkt vom Flugplatz aus zu starten. Ich erzählte auch über unsere nächtliche Expedition. Wessenberg zeigte mildes Interesse und bemerkte zwischen zwei Bissen, daß es noch einige technische Einzelheiten abzuklären gab – so zum Beispiel, welche Rollbahn für Abflüge benutzt würde. Ebenso unterstrich er die Tatsache, daß der Ort, wo das Flugzeug wenden mußte, um anschließend die Reisenden heimlich aufzunehmen, von der Windrichtung abhing. Obwohl er einverstanden war, selbst abzuklären, woher der Wind gewöhnlich um Mitternacht oder frühmorgens wehte, mochte er die Idee eines Abfluges von einer Ebene außerhalb der Stadt nicht gerne aufgeben.

Endlich konnte ich die beiden vom Tisch fortlotsen und begleitete sie zu Sammis Auto, um zum Flughafen zu fahren. Am Tage erwies sich die Reise weniger beänstigend als während der vorigen Nacht. Mit unseren Amerikanern im Rücksitz, fuhren wir nun ganz offen durch das Haupttor. Sammi blieb im Wagen, während die anderen den Terminal betraten und gänzlich unbefangen an den Polizisten, dem Reinigungspersonal und den Beamten vorbeigingen. Jeder von uns ging nun seiner eigenen Arbeit nach: Wessenberg suchte den Direktor des Flughafens auf, um verschiedene mit dem Abflug verbundene administrative und technische Fragen abzuklären. Mike und ich gingen zum Flugzeug, das nahe dem Rollbahnende abgestellt war, um – dem Anschein nach – gewisse Routinearbeiten vorzunehmen. Während Mike im Innern des Flugzeuges herumbastelte, versuchte ich einen genauen Plan des Flugplatzes aufzuzeichnen. Hoch oben im Cockpit sitzend, konnte ich sehen, daß der ganze Flugplatz mit Stacheldraht umzäunt war, was eigentlich kein richtiges Hindernis bedeutete.

Einen Schrecken bekam ich aber, als ich entlang der ganzen Südseite, jenseits der Hauptstraße, ein großes Armeelager entdeckte. Von meinem Aussichtspunkt konnte ich sehen, daß das Lager viele Gebäude und Zelte enthielt und nur so von Soldaten wimmelte. Auf der Westseite des Flughafens verlief ein Erdwall, auf dem eine Reihe Militärzelte aufgestellt waren. Ich vermutete, daß die Soldaten sich dort aufhielten, um den Palast des Regenten Abdul Illah, der sich in der Nähe befand, zu schützen. Alle Gebäude, die zum Flughafen gehörten – der Terminal, die Polizeistation, das Zollamt, die Büros der Fluggesellschaft, die Hangare, die Werkstätten und dergleichen –, befanden sich auf der Ostseite der Rollbahn, nahe dem Haupttor. Im Norden lag die schmale Straße, auf der wir in der vorigen Nacht gefahren waren, mit ihren Beduinenzelten und heulenden Hunden. Ich notierte auch, daß die Hauptrollbahn vom Terminal südwestlich verlief und fast das Armeelager erreichte.

Wessenberg kehrte vom Kontrollturm zurück, mit neuen Angaben, die unser Bild ergänzten. Die Hauptrollbahn konnte jederzeit, bei Tag oder Nacht, zum Starten benützt werden. Er hatte den Flugbehörden bereits mitgeteilt, daß er wahrscheinlich am Sonnabend nach Mitternacht abfliegen werde. Ich zeigte ihm meine Skizze und schlug vor, unsere Leute am entferntesten Ende der Rollbahn zu sammeln.

»Das scheint mir ganz vernünftig«, sagte Mike, der im allgemeinen das Reden Wessenberg überließ. »Gehen wir mal hin und sehen wir uns das Ding von der anderen Seite an.«

Wir sperrten das Flugzeug ab und begannen die Rollbahn entlangzuschlendern, was am hellichten Tage, am Hauptrollfeld des Bagdader Flughafens vielleicht nicht gerade das Klügste war. Doch zwischen den beiden Amerikanern empfand ich ein angenehmes, wenn auch vielleicht nicht logisches Gefühl der Sicherheit.

»Seht ihr auch, was ich sehe?« fragte auf einmal Wessenberg, als wir uns dem Ende der Rollbahn näherten. Wie nur hatte ich es nicht bemerkt? Gerade vor uns stand ein Wachhäuschen aus Beton, und als wir weiter gingen, entdeckten wir zwei Männer, die im Schatten ausgestreckt lagen und ihren Mittagsschlaf genossen. »Das ist das Ende«, dachte ich und der ganze Plan zerschlug sich vor meinen Augen. Dann sah ich etwas Eigentümliches – die zwei Männer, die ich für Wachen hielt, trugen eigentlich Zivilkleidung. Konnte es sich vielleicht nur um Passanten handeln, die hier ein wenig Schatten suchten, um sich vor der brennenden Hitze zu schützen? Ich konnte mich nicht enthalten, der Sache sofort auf den Grund zu gehen. Ohne mich mit meinen Begleitern zu beraten, näherte ich mich dem Nächstliegenden, weckte ihn mit einem wohlgezielten Tritt in den Hintern auf und schrie in meinem besten und autoritärsten Arabisch: »Hier schlaft ihr, anstatt Wache zu halten? Diese fremden Piloten werden euch vor ein Kriegsgericht bringen, weil ihr das Flugzeug nicht beschützt!«

»Effendi, seien Sie mir nicht böse! Ich bin kein Wächter«, antwortete er entrüstet, doch vorsichtig genug, um mich nicht noch mehr aufzubringen.

»Was tut ihr dann hier?« schimpfte ich weiter.

»Wir arbeiten dort an der Straße und sind hergekommen, um ein wenig auszuruhen.«

»Und wo sind die Wächter?«

»Hier gibt's keine Wächter, Effendi«, erklärte er.

»Erzähl mir keine Geschichten! Wozu ist denn das Wachhäuschen da, wenn es keine Wächter gibt?«

»Das ist noch aus dem Krieg. Jetzt gibt es keine Wächter mehr.«

»Nicht mal bei Nacht?« forschte ich weiter, den aggressiven Ton beibehaltend.

»Nachts auch nicht. Wirklich, Effendi, Sie müssen nicht böse sein.«

Nachdem ich den Piloten das Wichtigste dieses Wortwechsels übersetzt hatte, gingen wir weiter bis zum Ende der Rollbahn. Hier konnten wir bemerken, daß der Erdwall, der den Flughafen von den Militärzelten der Palastwache trennte, diesen auch die Sicht auf das Rollbahnende verstellte, so daß wir weiter entlang des Zaunes Richtung Hauptstraße spazieren konnten. Der Zaun, der nicht sehr sorgfältig errichtet war, sackte nicht weit vom Rollbahnende ab, und alles, was zu tun blieb, war, den Stacheldraht etwas herunterzudrücken und einfach darüberzuklettern. Wir blieben eine Weile da, um uns alles gut einzuprägen, bevor wir zum Terminal zurückschlenderten, ohne daß jemand das geringste Interesse an uns gezeigt hätte.

Als wir wieder im Wagen saßen, der sich wie ein glühender Ofen anfühlte, schlug ich vor, eine Rundfahrt um den Flughafen zu unternehmen, um die noch fehlenden Einzelheiten meiner Zeichnung zu ergänzen. Da die Piloten aber schon ganz erschöpft und allmählich schlechter Laune waren, gab ich nach und wies Sammi an, zum Hotel zurückzufahren. Auf halbem Weg begann Wessenberg sich über seine trockene Kehle zu beschweren, und als ich nicht sofort darauf reagierte, verlangte er geradewegs, wir sollten irgendwo anhalten, um ein kaltes Getränk, am besten natürlich ein alkoholisches, zu bekommen. Ich erklärte ihm zwar, daß die Moslems in Bagdad sehr darauf achteten, daß alkoholische Getränke nur in Touristenhotels und Nachtklubs verkauft werden, doch endlich fanden wir einen Verkaufsstand, wo es Bier gab. Sammi, der herausgesprungen war, um es zu holen, fand es zu warm, und da er zu wissen glaubte, daß die Amerikaner große Eiswürfelabnehmer waren, füllte er zwei Gläser mit Eis und goß das Bier langsam darüber. Als er ganz stolz unseren Piloten die Gläser anbot, lief Wessenbergs Gesicht dunkelrot an und gab einen Schwall von Schimpfworten und Flüchen über primitive Idioten, Wüstenlöcher und dergleichen von sich, die ich zum Teil nicht verstand und zum Teil nicht wiederholen möchte. Zum Glück waren Sammis Englischkenntnisse noch geringer als meine, denn sonst wäre ein Zusammenstoß schwer zu vermeiden gewesen;

die überspannten Nerven sowie die fürchterliche Hitze machten uns allen zu schaffen. So blieb er einfach sprachlos und verwundert stehen beim Anblick des Spektakels, das unser tobender Amerikaner darbot. Mike und ich taten alles, um den Piloten zu beruhigen. Ich riet Sammi, das Bier auszuschütten, und wir fuhren weiter zur Stadt. Wessenberg behielt einen verdrossenen Gesichtsausdruck, und wir sprachen nicht mehr über weitere Alternativpläne, um eventuell andere Startplätze zu erforschen. Aber obwohl nichts Verbindliches gesagte wurde, wußte ich, daß wir vom Flughafen starten würden. Jetzt hatten wir Hunderte von Einzelheiten festzulegen – alles bis Freitag Mitternacht.

Die Arbeit fing gleichzeitig auf mehreren Ebenen an: Wir mußten die fünfzig Auswanderungskandidaten zusammenbringen, Unterkünfte für diejenigen die nicht aus Bagdad kamen finden und Tel Aviv über unsere Pläne unterrichten. Als wir in Schaschas Haus zurückkamen, kamen mir Zweifel, ob wir den Aussagen des Bauarbeiters am Flugplatz, daß es nachts dort keine Wachen gab, wirklich glauben konnten. Was, wenn durch einen dummen Zufall doch ein Soldat, ein Polizist oder auch nur ein Liebespaar dort auftauchte? Dies führte mich zu einer unvermeidlichen Schlußfolgerung. Bis zu diesem Zeitpunkt hatten wir als Grundregel, die Auswanderung nicht mit Waffen zu verbinden. Das illegale Verlassen des Landes war schon ein schwerwiegendes Verbrechen genug, so daß die ganze Angelegenheit nicht durch den Besitz von Waffen noch mehr gefährdet werden durfte. Sollten wir aber dieses Mal auf frischer Tat ertappt werden, im Begriff, mit einem Flugzeug aus dem Irak zu fliehen, so würde dies so oder so einen tödlichen Ausgang haben: Hinrichtung durch öffentliches Erhängen auf den Straßen von Bagdad. Waren wir jedoch bewaffnet, so konnten wir jeden, der zufällig vorbeikam, überwältigen, ihn unter Waffendrohung daran hindern, die Behörden vor dem Abflug zu benachrichtigen, oder ihn sogar mit Gewalt ins Flugzeug mitnehmen und dann unseren Leuten in Palästina die Entscheidung überlassen, was mit ihm geschehen sollte.

Ich teilte diese Gedanken Yerach und Sammi mit und beide hüllten sich in tiefes Schweigen, da sie selber in einer solchen gefährlichen Frage nicht entscheiden konnten. »Wir haben doch die Kommandanten der Schurah für diesen Abend zu einer Sitzung bestellt«, sagte Yerach. »Laßt uns die Angelegenheit mit ihnen besprechen.«

Ich sah die Richtigkeit dieses Vorschlages ein, konnte aber das unangenehme – wenn auch unberechtigte – Gefühl nicht loswerden, daß gar kein Entschluß ein Fehlentschluß sein würde. Instinktiv schaute ich mir wieder die Skizze des Flughafens an, und wir begannen nochmals zusammen alle Einzelheiten zu analysieren. Bald sahen wir ein, daß wir auch ganz sicher sein mußten, ob der Zugang beim Ende der Rollbahn von der Hauptstraße her möglich war – und es gab nur einen Weg, das zu erfahren.

Wir stiegen also nochmals in Sammis Wagen, um von neuem den Weg zum Flugplatz einzuschlagen. Als er in Sicht kam, fuhren wir langsam die Hauptstraße entlang, bis wir das westliche Ende des Militärlagers erreichten. Dann wendete Sammi, fuhr entlang der Nordseite des Lagers zurück und hielt genau an der Stelle, wo es an den Flughafen grenzte, so daß das ganze Flugfeld vor uns ausgebreitet lag. Yerach und ich stiegen aus, überquerten die Straße, rutschten zu dem Erdwall hinunter und begannen an ihm entlangzuschlendern.

»Wenn wir jemandem begegnen, bleiben wir einfach stehen und pinkeln«, sagte ich – als ob diese Beschäftigung alles tarnen könnte. Yerach nickte, ganz so dumm war meine Idee wohl nicht. Als wir zu einer Stelle kamen, von der man die Hauptrollbahn übersehen konnte, blieben wir stehen, um den Stacheldrahtzaun zu untersuchen. Dann gingen wir weiter, bis zum Ende der Rollbahn und der Lücke im Zaun. Wir drehten um und kehrten zum Wagen zurück. Die ganze Prozedur dauerte nur einige Minuten, und niemand im Militärlager schien uns bemerkt zu haben.

»Nun?« erkundigte sich Sammi, während er den Wagen in Fahrt brachte und wir dem Stadtzentrum entgegeneilten.

»Eines ist sicher,« sagte ich im Spaß, »es gibt keine Hunde.« Ich war erleichtert, denn es hatte sich erwiesen, daß es möglich war, in den Flughafen von der Palastseite her einzudringen. »Jetzt haben wir einen klaren Aktionsplan«, fuhr ich fort.

Als wir Nachman Schinas Haus betraten, erwarteten uns dort zwölf junge Männer, die alle leitende Aufgaben in der Untergrundbewegung innehatten oder Kommandanten des bewaffneten Selbstschutzes waren. Keiner von ihnen wußte, warum diese außerordentliche Sitzung einberufen wurde, und mein Erscheinen wurde mit erstauntem Beifall begrüßt, denn sie hatten ja keine Ahnung, daß ich mich wieder in Bagdad aufhielt. Es dauerte eine ganze Weile, bis sich diese sonst hochdisziplinierten jungen Leute beruhigen konnten, und ich beschloß, ihnen die Einzelheiten unseres Planes vorläufig nicht zu enthüllen. Ich erklärte ihnen nur, daß wir vor einer außergewöhnlich kühnen Auswanderungsoperation stünden, daß sie zehn Autos beschaffen müßten, die von unseren besten Leuten gefahren werden sollten, und daß wir dazu noch einige Begleiter, die mit einem Revolver umzugehen wußten, brauchten. Alle diese Mitarbeiter mußten während der ganzen Operation jede andere Beschäftigung aufgeben und sich voll ihrer Aufgabe widmen.

Sie reagierten mit einem großen Protestgeschrei; einstimmig verlangten sie, daß sie selber die Aktion durchführen könnten. Zuerst wollte ich nichts davon hören; wenn etwas schiefging und sie verhaftet würden, würde es das Ende der zionistischen Bewegung im Irak bedeuten, und ich war nicht bereit, ein solches Risiko einzugehen. Wir diskutierten noch eine Weile darüber, doch die Jungen waren sich einig, daß es keinen anderen Weg gab. »Du hast uns immer beigebracht, daß der Kommandant alle Operationen persönlich zu leiten hat,« schrien sie, »und jetzt behauptest du, wir dürften uns nicht in Gefahr bringen!« Einen Augenblick lang dachte ich daran, den ganzen Plan fallenzulassen, doch schließlich gab ich nach. Ich befahl ihnen, die zehn Wagen für den nächsten Nachmittag um 15 Uhr, vollgetankt und in gutem Zustand, vorzubereiten. Die Zusammenkunft endete für mich mit größeren Befürchtungen als je zuvor, da der Einsatz jetzt viel höher und gefährlicher war.

Ich war rechtschaffen müde, als Sammi mich von der lärmenden Versammlung in das Kabarett fuhr, wo ich unsere Piloten treffen sollte. Das Kabarett lag in einem Rosengarten, mit bunten Lichtern, die an den Bäumen angebracht waren. Der frisch gegossene Rasen und der zarte Duft der Blumen, die die Hitze und Trockenheit des Bagdader Augustmonats lindern sollten, vergrößerten meine Erschöpfung noch. Die Piloten saßen vergnügt vor einem Getränk, das in meinen ungeübten Augen wie Whisky aussah. Ich begnügte mich mit einem Bier und versuchte, unverdächtig fröhlich auszusehen. Vor der Kulisse der lauten, schrägen Musik und der vollschlanken Bauchtänzerin, die aus ihrer engen, durchsichtigen Bekleidung herauszuquellen drohte, mußte ich den Piloten buchstäblich ins Ohr schreien, daß es mir gelungen sei, den Flughafen von der Hauptstraße her zu betreten, daß wir zehn Wagen zur Verfügung haben würden und daß Tel Aviv die genaue Stunde unseres Abfluges zu wissen wünschte.

»Toll«, sagte Wessenberg ganz aufrichtig, wenn auch ein wenig vom Trinken beeinflußt. »Und was ist mit dem Geld?«

»Kein Problem«, versicherte ich, »Tel Aviv hat bestätigt, daß euch die ganze Summe in Goldmünzen bei der Ankunft erwartet.«

Die Tänzerin beendete gerade ihren Auftritt, und die Musik hörte ebenfalls auf. Halb zufrieden und halb besorgt über die plötzlich eingetretene Stille – die Musik hatte uns doch ein wenig Vertraulichkeit ermöglicht – schaute ich mich um, die anderen Gäste betrachtend. Als mein Blick wieder auf Wessenberg fiel, sah ich, daß er schlagartig ernüchtert war.

»Sie machen wohl einen Spaß«, bellte er. »Wir hatten abgemacht, daß das Geld uns hier in Bagdad ausgezahlt wird, vor dem Start. Wenn ihr Leute euch gedacht habt, daß wir die Passagiere ohne vorherige Bezahlung befördern werden – dann können Sie ruhig alles vergessen, Freundchen!«

»Da muß es ein Mißverständnis geben«, protestierte ich, obwohl es mir unverständlich war, wie sich die beiden Seiten bei so klaren Bedingungen hatten irren können. »Unsere Leute haben es so verstanden, daß die Zahlung bei Lieferung stattfinden soll. Sie haben schon die Goldmünzen bereit liegen, genau wie Sie verlangten. Sie denken doch wohl nicht, es wäre mir möglich, hier in Bagdad Goldmünzen aufzutreiben?«

»Nichts da!« erwiderte er, als ob ich ihn zu überlisten versuchte. »Kein Geld – kein Flug!« Er gab mir sogar noch eine logische Erklärung für seinen Starrsinn: »Es wurde festgelegt, daß, wenn wir die Passagiere nicht auf dem vorgesehenen Platz, wo eure Leute uns erwarten, landen können, wir sie auf einem der offiziellen Flugplätze Palästinas absetzen und uns dann so schnell wie möglich dünn machen. Und was geschieht dann mit dem Geld?«

Ich versicherte ihm, daß er uns Glauben schenken dürfte und daß wir ihm das Geld, wohin immer er es auch wünsche, überweisen würden, doch er schüttelte den Kopf, außer sich, daß ich es wagte, seine besseren Gefühle anzusprechen.

»Hören Sie,« sagte er in einem unmißverständlich endgültigen Ton, »wir starten morgen nacht – mit oder ohne Ihre Passagiere. Wir können nicht länger hier bleiben. Im äußersten Fall wären wir bereit, das Geld hier zu bekommen und den Umtausch in Goldmünzen bis zur Ankunft in Palästina zu verschieben.«

Ich war wie betäubt. Sollte der ganze Plan zusammenbrechen? Würden diese zwei Glücksritter einfach abfliegen und mich meinem Schicksal überlassen, so daß ich – außer dem Fiasko für die jüdische Auswanderung und die Untergrundbewegung – auf unabsehbare Zeit gezwungen wäre, im Irak zu bleiben? Mein früheres Staunen über die Eile, mit welcher die Operation beschlossen wurde, schwenkte in eine rasende Wut um über die Hast, mit der sie zusammengeschustert wurde. Vielleicht war das Englisch meiner Kameraden im Mossad mangelhaft? Der Himmel wußte, was sie da wirklich unterschrieben hatten ...

Es war schon ungefähr elf Uhr abends, als ich Wessenberg bat, weiter im Kabarett zu warten, während ich einen Weg suchte, um die nötige Summe aufzutreiben. Ich rannte zu Sammis Wagen hinaus, erzählte ihm über die letzten Entwicklungen und machte ihm klar, daß ich bereit war, ihnen auf eigene Verantwortung die ganze Summe zu bezahlen – egal was man in Haifa beschlossen hatte. Konnte er mir bis zum nächsten Morgen 5 000 Pfund besorgen?

Stirnrunzelnd erklärte Sammi, er könne vielleicht einen Teil davon, jedoch nicht die ganze Summe aufbringen.

»Dann geh zur Bank und heb das Geld ab«, knurrte ich, »auch wenn das bedeutet, die persönlichen Gelder unserer Mitglieder anzurühren.«

»Mein lieber Freund«, erinnerte mich Sammi, und seine Stimme bebte vor Ungeduld, »morgen ist Freitag und die meisten Banken und Geschäfte sind geschlossen.« Das stimmte. Wie konnte ich nur vergessen, daß der Irak schließlich ein islamisches Land war?

Über meine Dummheit verärgert, war ich schon dabei, aufzugeben, als Sammi mir vorschlug, ich solle die Piloten im Kabarett weiter beschäftigen, während er nachsehen würde, wieviel Bargeld binnen 24 Stunden aufzubringen wäre »Ich werde mein Bestes tun«, versprach er, doch sein Ton war nicht sehr ermutigend.

Zurück im Kabarett, fand ich die Piloten in Gesellschaft zweier aufgetakelter Animierdamen, die sich kichernd und gurrend mit ihnen in gebrochenem Englisch unterhielten. Ich gesellte mich zu dem fröhlichen Quartett, doch Fröhlichkeit war an diesem Abend nicht meine starke Seite. Als sich die Damen endlich entschlossen, den Tisch zu verlassen, und Wessenberg sich nach dem Stand der Dinge erkundigte, war Sammi wieder da und konnte einen Teilerfolg melden. Es war ihm gelungen, die Hälfte der Summe zu finden, 2 500 irakische Dinar (laut damaligem Wert genau dieselbe Anzahl englische Pfund). Aber Wessenberg blieb hart – für ihn galt nur »Alles oder nichts«. Ich mußte es anders versuchen.

»Na schön«, seufzte ich, als ob ich kapitulieren würde. »Wenn Sie befürchten, daß unsere Leute in Palästina nicht Wort halten werden, dann bin ich bereit, Ihnen meine persönliche Garantie zur Verfügung zu stellen, obwohl ich ja sonst meine persönliche Angelegenheiten nicht mit denen der Organisation verbinde. Aber da ich fest davon überzeugt bin, daß es sich hier nur um ein Mißverständnis handelt, werde ich in diesem Fall eine Ausnahme machen.«

»Und welche Garantie können Sie anbieten?« erkundigte sich Wessenberg skeptisch, aber doch neugierig über meinen plötzlichen Umschwung.

»Ich werde Ihnen einen Scheck für die fehlende Hälfte der Summe geben. Sollten Sie innerhalb von zwei Wochen Ihre volle Bezahlung nicht erhalten, dann lösen Sie einfach den Scheck ein.«

»Das klingt schon besser«, grinste er, fügte aber gleich hinzu: »Über welche Bank reden wir eigentlich? Wo kann ich das Geld abheben?«

»Ich habe ein Konto bei der Chemical Bank of New York«, log ich schamlos.

»Mensch, das ist ja toll!« rief Wessenberg aus. »Ich habe ein Konto bei derselben Bank!«

Das rasche Durchstöbern des Durcheinanders im Hotelzimmer hatte sich gelohnt. Als vierundzwanzigjähriges Kibbuzmitglied, das keinen eigenen Groschen besaß, hatte ich an diesem Morgen im Hotel zum ersten Mal in meinem Leben den Namen dieser Bank entdeckt. Jetzt, nachdem ich ihn ausgesprochen hatte, sah ich, daß er wie eine Zauberformel wirkte: es entstand zwischen uns beiden Kunden derselben Bank ein magisches Band. Aber nun mußte ich auch den Scheck vorlegen. Mein Gesichtsausdruck verdüsterte sich, als ich »vergeblich« meine Taschen durchsuchte. »Wie dumm«, stöhnte ich, »ich glaube, ich habe mein Scheckbuch nicht mitgebracht!«

»Macht nichts«, sagte Wessenberg. »Ich gebe Ihnen einen meiner Schecks, und Sie schreiben einfach Ihre Kontonummer darauf.«

Das Ergebnis war wie vorgesehen: Ich grinste erleichert, wir schüttelten uns die Hände, er erhob sein Glas und ich erwischte schnell ein anderes, um anzustoßen. Als ich vorschlug, den Scheck im Wagen auszufüllen, um neugierigen Blicken zu entgehen, willigte er sofort ein.

Draußen in Sammis Auto, im Schein der Flamme von Wessenbergs Feuerzeug, schrieb ich unter Sammis verdutzten Augen meine »Kontonummer« auf einen Scheck über zehntausend Dollar. Meine Hand blieb fest, als ich die Fälschung unterschrieb. Kapitän Wessenberg kontrollierte sorgfälltig den Scheck, faltete ihn und steckte ihn hochzufrieden ein. »Also Jungens, worauf warten wir noch?« rief er, als Sammi den Wagen startete, um sie zurück ins Hotel zu fahren. »Jetzt heißt's sofort an die Arbeit gehen!«

Der Freitag begann mit dem Gefühl, daß unser Plan eine Eigendynamik entwickelt hatte und daß es kein Zurück mehr gab. Da, wo eigentlich mein Magen sein sollte, verspürte ich eine Leere; ich konnte nicht einmal an Essen denken. Während die anderen sich an den Frühstückstisch setzten, zog ich mich in eine stille Ecke zurück, um nochmals alle Dinge zu überdenken, die erledigt werden mußten. Insbesondere studierte ich die kleinen Einzelheiten, bei denen es – wie ich nur zu gut wußte – um Leben oder Tod gehen konnte. So wies ich zum Beispiel Sammi an, daß es den Auswanderern streng verboten sei, irgendwelches Gepäck mitzunehmen.

»Warum bist du so knauserig mit den persönlichen Sachen? Die wiegen doch fast nichts!« meinte er.

»Es muß jeder beide Hände frei haben, um so schnell wie möglich ins Flugzeug zu klettern«, erklärte ich. »Außerdem müssen sich alle bei den Händen halten, damit keiner am Weg zur Rollbahn in der Dunkelheit verlorengeht. Meinetwegen können sie so viele Schichten Kleider anziehen wie sie nur wünschen, aber die Hände müssen frei bleiben!«

Das Instruieren der Autofahrer und der Schutzbegleitung über alle Einzelheiten dauerte fast den ganzen Tag. Ich hatte den Abflug für 03.30 Uhr Bagdader Zeit festgesetzt und von den Fahrern verlangt, sie sollten in Abständen von fünf Minuten ankommen. Jeder Wagen hatte sechs bis sieben Menschen auf der Hauptstraße, bei der ›Naht‹ zwischen Flugplatz und Militärlager, aussteigen zu lassen. Dann hatte er einige Meilen westwärts zu fahren, um nachher bei Nacht umzukehren und bei der Naht zu warten – für den Fall, daß wir die Leute schnell evakuieren mußten. Ich schärfte den Fahrern auch ein, jedem einzelnen klarzumachen, daß der, welcher als letzter das Auto verließ, *nicht* die Tür zuschlagen dürfe, damit nicht die Soldaten in Alarm gerieten. Dem Kalender konnten wir entnehmen, daß um drei Uhr der Mond unterging; von dem Augenblick an, wo die Wagen ihre Scheinwerfer abschalten würden, würde es pechschwarz sein. Ich befahl deshalb den Fahrern, den Weg mehrmals bei Tageslicht zu fahren, um jede Straßenbiegung wie ihre eigene Tasche kennenzulernen.

Schließlich – im Gegensatz zu unserer sonst üblichen Praxis, den Auswanderern nichts im voraus über die Art der Reise nach Palästina zu sagen – beschloß ich, ihnen diesmal unseren Plan in allen Einzelheiten vorzulegen, ja sogar ihn einzuüben. Ich befürchtete, daß wir vor unvorhergesehenen Problemen stehen könnten, wenn die Jungen unvorbereitet von der Hauptstraße zum Rollfeld gebracht würden, ganz zu schweigen von der Panik, die ausbrechen konnte, wenn sie plötzlich ein Flugzeug erblickten, das mit großer Geschwindigkeit auf sie zukam. Wir mußten ihnen also zum Beispiel eindrillen, wie man sich in geduckter Stellung der Maschine von hinten näherte, um vor den Propellern sicher zu sein.

Schweigend traten die Schutzbegleiter ein. Ich spürte einen nostalgischen Stich, als ich Schneur, einen unseren Aktivisten aus Kirkuk im

Norden des Landes, sah, der nach Bagdad gekommen war, um eine Gruppe von neun jungen Leuten aus dem Norden zu begleiten, darunter seine eigene siebzehnjährige Schwester.

»Hast du auch die Oma mitgebracht?« rief ich durch den Raum, was ihm ein breites Lächeln und den anderen neugierige Blicke über den eher persönlichen Witz entlockte. Ungefähr vor einem halben Jahr hatte ich einen Monat in Kirkuk verbracht und in Schneurs Haus gewohnt. Meine Herberge war eher ungewöhnlich, denn wir hatten uns ganz besonderen Sicherheitsvorschriften zu fügen – Kirkuk war eben eine kleine Stadt –, und ich verbrachte den größten Teil der Zeit im Keller, dessen Zugang selbst der Familie untersagt war. So wenigstens glaubte ich, bis sich eines Nachmittags die Tür öffnete und eine ältere, zerbrechliche Dame langsam die Treppen herunterstieg. Zuerst dachte ich, mich zu verstecken, doch unsere Augen trafen sich, bevor ich mich vom Fleck rühren konnte. Sie schien genau zu wissen, daß ich hier unten versteckt war. Ihre Begrüßung – mit dem hebräischen Wort *Schalom* – zeigte mir, daß sie auch genau wußte, wer ich war.

»Ich höre, daß Sie meine Enkelin nach Jerusalem bringen wollen«, sagte sie unerwartet schroff, »und ich möchte Ihnen nur sagen, daß das nicht recht ist. Sie ist noch sehr jung, nur sechzehn, und wenn sie jetzt nicht hinfährt, kann sie es sicher in der Zukunft nachholen. Mir aber bleibt nicht mehr viel Zeit übrig, und wenn Sie mich jetzt nicht mitnehmen, so werde ich diese Welt verlassen, ohne Jerusalem gesehen zu haben. Bitte!« flehte sie mich buchstäblich an, und ihre Stimme ging in ein verschwörerisches Flüstern über: »Bitte, bitte, lassen Sie mich an Stelle meiner Enkelin hinfahren!«

Ich gab mir größte Mühe, ihr freundlich zu erklären, warum ich ihre Bitte nicht erfüllen könnte, und unterstrich dabei die Härte der Reise mehr als ihre Gefahren – um sie nicht zu beunruhigen. Doch es war umsonst! Sie schien fest entschlossen, die Heilige Stadt zu erreichen. Erst nach längeren Verhandlungen begnügte sie sich damit, von mir einen schriftlichen Segen zu erbitten. Ich versuchte ihr klarzumachen, daß ich kein Rabbiner war, aber ich schrieb ihr ihren Segen – in großen hebräischen Buchstaben. Sie faltete das Papier sorgfältig zusammen, schob es unter ihr Kopftuch, wo sie viele ähnliche Zettel als Amulette bei sich trug, und stieg die Treppe zur Kellertür langsam wieder hoch. Oben blieb sie stehen, um mir noch ein letztes Wort zu sagen: »Junger Mann,« warnte sie mich, »ich werde ein Auge auf meine Enkelin behalten, und wenn Sie sie rufen lassen, komme ich auch mit!«

Schneurs Großmutter erschien nicht an diesem Tag, doch die Erinnerung an diese Begegnung ließ mich für kurze Zeit meine Sorgen vergessen. Ich bat Schneur, sich dem Geleitschutz anzuschließen, und rief die Jungen zusammen. Ich zeigte ihnen den Plan, den ich gezeichnet hatte, und gab ihnen meine Anweisungen. Sie würden zuerst jede ankommende Gruppe, eine nach der anderen, zur Lücke im Drahtzaun begleiten. Dann würden sie sich als Wachen im Gelände verteilen. Zwei von ihnen sollten den Auswanderern beim Hinaufklettern in die Maschine behilflich sein.

»Was geschieht, wenn wir Militär begegnen?« fragte jemand zögernd. Die Frage war unangenehm, aber unumgänglich.

»Wir haben's satt, immer den Kampf zu vermeiden«, sagte Schneur mit fester Stimme. »Dieses Mal müssen wir handeln, komme was mag.«

Die anderen nickten energisch, und ich willigte ein. Wenn nur ein bis zwei Männer uns überraschen würden, sollte man sie überwältigen, um wie geplant weiterzumachen. Sollten wir hingegen schon am Anfang einer ganzen Truppe Soldaten begegnen, müßten unsere Leute sich zerstreuen und die Operation müßte abgebrochen werden. Nur wenn die Jungen schon dabei waren, das Flugzeug zu besteigen, sollte das Unternehmen um jeden Preis weitergeführt werden. Die Schutzbegleiter sollten dann das Nötige unternehmen, um jede Einmischung zu verhindern. Zum Schluß würden sie dann auch ins Flugzeug steigen, um zusammen mit uns nach Palästina zu fliegen.

Die Spannung dauerte den ganzen Tag an. Wir übten alle Einzelheiten wieder und wieder ein. Ein Zwischenfall hätte uns eine kurze Lachpause bieten können, doch war ich zu dieser Zeit viel zu angespannt, um den Humor zu genießen. Es handelte sich um eine Funkmeldung aus Tel Aviv, die Eliyahu Schina mir brachte und die eine Antwort auf meinen letzten Bericht war. Er überreichte sie mir wortlos. Als ich sie las, wurde ich rot vor Wut. Der Text lautete:

An: SCHAMMAI
Von: ARTZI
»Mach es den Piloten nochmals klar, daß sie in der Geldfrage nichts zu befürchten haben. Das Gold erwartet sie bei Ankunft. Das Gelände wurde von Steinen gereinigt und wie vereinbart gekennzeichnet. Wenn sie gezwungen sind, anderswo zu landen, werden wir das Geld wohin sie wünschen überweisen ... Erkläre ihnen, daß sie ein Geschäft mit anständigen Leuten machen, und versuche sie zu überzeugen. Gib ihnen nichts im voraus. Sollten sie den Start ver-

weigern, zeig ihnen die Hälfte der Summe, aber übergib ihnen in keinem Fall das Geld vor der Landung. Beachte, daß ihr fünfzig gegen zwei seid ...«

Ich wußte wirklich nicht, ob ich lachen oder toben sollte! Wenn ich auch den überflüssigen Rat, die Piloten davon zu überzeugen, daß wir anständige Menschen seien, begriff – was sollte ich aus der Bemerkung machen, daß wir fünfzig gegen zwei waren? Daß wir alle fünfzig in das Cockpit stürmen sollten und daß die Maschine von selbst fliegen würde? Oder dachte der Mossad vielleicht, daß *ich* auf einmal ein Flugzeug bedienen könnte?

Aber dies war nicht der Augenblick für Wutausbrüche. Ich biß die Zähne zusammen und faßte eine lakonische Antwort ab: »Abflug um 03.30« – den Rest konnte ich später noch loswerden.

Die letzten Anweisungen begannen um Mitternacht, schon an Ort und Stelle. Sammi und ich holten Schneur ab; wir fuhren zu dritt ins Regent Palace, um die Piloten abzuholen. Jeder von uns hatte einen Revolver für den Notfall. Auf dem Weg zum Flugplatz nahm ich das Banknotenbündel mit den 2 500 Dinar heraus, die Sammi zusammengebracht hatte, und hielt es Wessenberg hin.

»Halten Sie es ruhig noch solange fest«, nickte er.

»Wollen Sie es nicht einmal nachzählen?« fragte ich, erstaunt über diese Lässigkeit in einer Sache, die nur eine Nacht vorher so entscheidend für ihn war.

»Nicht nötig«, grinste er, »schließlich habe ich doch Ihren Scheck in der Tasche.«

Worauf auch ich lächeln mußte – vielleicht zum ersten Mal an diesem Tag.

Sammi ließ uns auf der Hauptstraße aussteigen und fuhr weiter in Richtung Westen, den Anweisungen gemäß, die von allen Fahrern befolgt werden sollten. Die Mondsichel, die bald verschwinden würde, befand sich am Horizont und beleuchtete uns noch den Weg. Die Stille ringsherum war so tief, daß ein Windstoß, der plötzlich die Bäume rüttelte, die Piloten richtig in Panik versetzte. Sobald sie sich beruhigt hatten, gingen wir zum Ende der Rollbahn. Ich zeigte ihnen die Stelle, wo unsere Leute ausgestreckt am Boden liegen würden.

»Seht ja zu, daß ihr sie nicht überfahrt«, flehte ich sie flüsternd an, was Wessenberg mit einem Brummen bestätigte. Als wir zur Hauptstraße zurückkehrten, wies ich auf das Wächterhäuschen, das mich noch immer beunruhigte, und befahl Schneur, er solle später kontrollieren, ob sich dort bei Nacht ein Soldat aufhielt.

»Und wenn ja?«, fragte er.

»Dann tötest du ihn«, zischte ich, selber ganz überrascht, daß mir diese Worte so leicht entschlüpften. »Nein«, verbesserte ich mich, »schlag ihn nieder und schlepp ihn zum Ende der Rollbahn, vielleicht nehmen wir ihn mit.«

Auf dem Rückweg zur Stadt waren die Witze verstummt; wir waren alle zusehends nervöser geworden und zogen es vor, schweigend zu fahren. Wir setzten die Piloten beim Hotel ab und erinnerten sie daran, daß ein Wagen sie um zwei Uhr nachts abholen würde. Darauf kehrten wir wieder zum Flugplatz zurück und übten zweimal den vorgesehenen Weg mit der Schutzgruppe. Zum Schluß blieb einer der Männer bei der Zaunlücke, während wir anderen uns unterhalb des Erdwalls zusammenkauerten, um die Wagen zu erwarten. Der Mond verschwand, die Dunkelheit umhüllte uns. Es herrschte eine schier erdrückende Stille.

Wir warteten eine Weile, die uns endlos erschien, bis ich ein dumpfes Motorengeräusch vernahm und sich am Horizont eine dunkle Form abzeichnete, die sich uns langsam näherte. Der erste Wagen war angekommen, seine Scheinwerfer waren aus. Als die jungen Leute ausstiegen, zitterte ich aus Angst, jemand könnte die Tür zuschlagen. Doch die vollkommene Stille wurde nur durch das Motorengeräusch gestört, als der Wagen fortfuhr. Ich faßte die erste Hand an und brachte die erste Gruppe bis zur Rollbahn. Die anderen Gruppen folgten planmäßig eine nach der anderen, in regelmäßigen Abständen, wie ein Uhrwerk. Alle – bis auf die letzte Gruppe, die einfach nicht erschien.

Genau zur verabredeten Zeit leuchteten die Scheinwerfer unserer C-46 am Ende der Rollbahn auf. Das Flugzeug kam langsam auf uns zu. Mein Herz schlug bis zum Hals. Die Maschine erreichte uns und wendete langsam; einige der jungen Leute, die gefährlich nahe der Rollbahn lagen, wären beinahe überrollt worden. Zum Glück wußten sie genau, was sie zu erwarten hatten, sonst wären sie noch in Panik geraten.

Das Flugzeug stand nun mit dem Heck zu uns, während die Scheinwerfer gegen den Kontrollturm gerichtet waren. Die Propeller drehten auf vollen Touren und machten einen Höllenlärm. Diese Tatsache hatte ich in meiner Planung übersehen, denn ich wollte jede Gruppe mit einer Kennummer aufrufen. Jetzt, nachdem mich der Lärm daran hinderte, mußte ich hin- und herrennen und jede Gruppe mit einer Handbewegung rufen, um sie zu der kleinen Einstiegsleiter zu führen. Die letzte Gruppe war immer noch nicht erschienen, und ich wußte, daß wir nicht länger warten konnten. Daß diese Gruppe von

Sammi selbst geleitet wurde, beunruhigte mich besonders; wenn Sammi sich verspätete, mußte sich etwas ganz Ernstes ereignet haben – ein Grund mehr, so schnell wie möglich forzukommen.

Als der letzte der jungen Leute ins Flugzeug hinaufkletterte, blickte ich wieder zum Erdwall herauf und sah plötzlich Sammis Gruppe, die sich uns geduckt in einer hin- und herschwankenden Kolonne näherte. Aus dem Innern des Flugzeuges machte mir einer der Gruppenleiter verzweifelte Zeichen, an Bord zu gehen. Ich begriff, daß die Piloten verlangten, die Flugzeugtür sofort zu schließen. Vielleicht wurden sie gerade vom Kontrollturm angefragt, warum sie nicht endlich starteten. Wenn ich heute daran zurückdenke, so glaube ich, daß zu dieser frühen Morgenstunde sich wahrscheinlich niemand um ums kümmerte. Doch damals hatte ich keine Zeit, die Lage logisch zu analysieren. Ich begann selber wild mit den Händen zu fuchteln, damit der Mann an der Tür verstehen sollte, daß die letzte Gruppe sich näherte. Da er nicht so weit sehen konnte, fuhr er fort, mir dringende Zeichen zu machen. Dieses stumme Theater dauerte noch einige Sekunden an, die uns allen wie Stunden erschienen. Dann erreichte der Gruppenführer die Leiter und begann hinaufzusteigen. Ich schob die übrigen Jungen in die Maschine, um dann als letzter hineinzuklettern. Der Gruppenleiter streckte mir die Arme entgegen.

Plötzlich dachte ich an den Revolver in meiner Tasche. Ich schaute zurück, um zu sehen, ob Schneur noch da war, sprang herunter und drückte ihm die Waffe in die Hand. Er umarmte mich mit ganzer Kraft und rief mir ins Ohr:

»Amo Yusuf, komm bald zu uns zurück!« Als ich mich aus seiner Umarmung löste, um die Leiter zu packen, sah ich ihn an. Vielleicht waren es nur der Staub und der Sand, den die Propeller aufwirbelten – doch ich könnte schwören, daß ich Tränen in seinen Augen sah.

Das Nächste, an das ich mich erinnere, war, daß wir in der Luft schwebten. Ich blieb eine Zeitlang mit geschlossenen Augen ruhig sitzen, und das Dröhnen der Motoren übte eine beruhigende Wirkung auf mich aus. Bald war ich jedoch wieder auf den Beinen, um die jungen Leute in der Kabine zu beruhigen und auch um mich zu erkundigen, warum Sammis Gruppe sich so verspätet hatte. Schulamit, die später Sammis Frau werden sollte, erklärte mir, daß eine Karawane von Kamelen die Straße blockiert habe und daß es einfach keine Möglichkeit gab, weiterzufahren, bis die Tiere den Weg freigaben. Ich konnte mir gut den armen Sammi vorstellen, zwischen den Kamelen eingeklemmt und vor Wut kochend. Ich hoffte nur, daß er sich jetzt richtig freuen konnte, daß alles so gut geklappt hatte.

Unsere Landung im Morgengrauen bei Yavniel, nach einem vierstündigen Flug, ging schnell und undramatisch vor sich – ohne britische Truppen, ohne Schießereien und ohne Aufregungen. Als das Flugzeug anhielt, sprang ich als erster heraus, von den zwei Piloten gefolgt. Ein Schwarm Mossad-Leute empfing uns, und einer von ihnen zeigte auf die Tasche, die er mit sich trug und die das versprochene Gold enthielt. Er war gerade im Begriff, sie Wessenberg zu überreichen, als ich mich zwischen die beiden hineinschob und ausdrücklich meinen Scheck zurückverlangte: »Ein Scheck für solch eine große Summe«, sagte ich, »muß mit Ehrfurcht behandelt werden.«

»Sie haben recht«, stimmte der Pilot mit einem Blick wahrer Reue zu und zog den gefalteten Scheck aus der Tasche, »ich bedaure unser kleines Mißverständnis.«

Wir schüttelten uns herzlich die Hände, und während die anderen sich zu ihren Autos begaben, wartete ich, bis Wessenberg und Mike wieder im Cockpit Platz nahmen, um sie mit dem Daumen-hoch-Zeichen zu grüßen, als sie ihre Propeller anwarfen und das Flugzeug zur Startposition brachten.

»Schammai, wir müssen hier weg!« rief einer meiner Kollegen.

Ich ging zum Wagen, gespannt, ob ich wohl jemals diese zwei Amerikaner wieder treffen würde. Ich hatte das Gefühl, daß dies für mich nur ein Anfang war.

Zwischenspiel im Libanon

Obwohl ich meinen Schlafbedarf einigermaßen nachgeholt hatte, bereitete mir das Aufstehen am nächsten Morgen einige Mühe. Ich fuhr dennoch gleich nach Tel Aviv, um meinen Bericht abzugeben und mit den Kollegen unseren Erfolg zu feiern.

Um das Programm festlicher zu gestalten, beschloß ich, die Reihenfolge der Tagesordnung zu ändern, und gönnte mir zuerst einmal ein reichhaltiges Frühstück in einem Kaffeehaus in der Nähe unseres Hauptquartiers. Dabei sah ich mir die Zeitungen an, um zu sehen, was sich in meiner Abwesenheit seit dem vergangenen Mittwoch ereignet hatte.

Es waren damals ungewöhnliche Tage, und wir erlebten die ersten Anzeichen einer politischen Lösung in der Palästinafrage. Eine der Zeitungen berichtete, daß die Mehrheit des UNSCOP (United Nations Special Committee on Palestine) sich zu einer Aufteilung des Landes in zwei Staaten – einen jüdischen und einen arabischen – geneigt zeigte. Sonst hatte sich wenig ereignet. Die Scharmützel zwischen der Haganah und den Engländern wurden immer häufiger und heftiger, doch dies waren nicht die einzigen Kriegshandlungen. Viel mehr hatte die Bevölkerung unter den blutigen Zusammenstößen zwischen den Juden und Arabern Palästinas zu leiden. Die Gewalttätigkeiten hatten schon die Intensität eines beginnenen Bürgerkrieges erreicht und es gab Tage, an denen man Dutzende von Toten und Verletzten zu verzeichnen hatte. Jeder arabische Angriff zog einen Gegenangriff, jeder Überfall eine Vergeltungsaktion nach sich, und es verging kaum ein Tag, an dem nicht Opfer zu beklagen waren.

Trotz des andauernden Blutvergießens auf den Straßen in den Städten und Dörfern Palästinas waren auch an diesem Tag die größten Schlagzeilen der illegalen Einwanderung gewidmet. Die Leiden der Einwanderer des Schiffes »Exodus 1947«, deren Widerstand gegen die Engländer ein totaler Hungerstreik war, wurde zu einer international bekannten »cause célèbre«. Nun hatten die Engländer die Flüchtlinge in die britische Zone, nach Hamburg, verschifft. Juden zu zwingen, nach dem Holocaust nach Deutschland zurückzukehren, war der Gipfel der Gefühllosigkeit, des Zynismus und der Provokation.

Für die Juden Palästinas gab es nichts Schlimmeres, als zusehen zu müssen, wie sich die britischen Marine- und Luftwaffeneinheiten auf hilflose Einwandererschiffe stürzten, um die Passagiere mit Gewalt in die Lager nach Zypern oder sogar zurück nach Deutschland zu deportieren. Der bloße Gedanke an diese Ereignisse genügte, um mich aus meiner selbstzufriedenen Stimmung herauszureißen. Ich bezahlte die Rechnung, ließ die Zeitung liegen und eilte rasch die Treppen zum Hauptquartier hinauf.

Vor genau fünf Tagen hatte mich Zafrira am selben Ort mit strafendem Blick und Vorwürfen wegen meiner Verspätung empfangen. Jetzt blickte sie mich freundlich an: »Wo stecken Sie nur, Schammai? Wir fingen schon an, uns Sorgen um Sie zu machen.«

Ich sagte, ich sei erschöpft, hütete mich aber, mein Frühstück zu erwähnen.

»Wir erhielten eine Meldung aus Berman, daß dort keinerlei Nachwirkungen zu beobachten seien und hier ebenfalls nicht. Wirklich eine großartige Leistung!«

Nach dieser Einführung erwartete ich nun einen Empfang, wie er sich für einen heimkehrenden Helden ziemt: ein anerkennendes Klopfen auf die Schulter, eine kleine Lobrede, ja vielleicht sogar einen Toast. Mosche aber begnügte sich mit einem Händeschütteln und einem kargen »Gut gemacht«, als befürchtete er, dem einmaligen Erlebnis mit überflüssigen Worten den Glanz zu nehmen. Dann ging er gleich zum Thema über. Der Mossad versprach sich viel davon, die heimlichen Flüge zu einem neuen Werkzeug für die illegale Einwanderung zu entwickeln. Doch trotz des ersten Erfolges war uns klar, daß diese Methode recht unsicher und von ungewisser Dauer sein würde. Aber sie konnte mit Erfolg benutzt werden – und nicht nur zu Einwanderungszwecken.

Tatsächlich waren diejenigen, die mit dem Einkauf von Waffen für die Haganah beauftragt waren, von unserer »kleinen« Neuerung begeistert – und bald würden sie sie für ihre eigenen Zwecke in Beschlag nehmen. Wir mußten jedoch einen Decknamen für das Unternehmen finden. Während es in den offiziellen Telegrammen und Briefen des Mossad mit den Anfangsbuchstaben des hebräischen Ausdrucks für Flugeinwanderung bezeichnet wurde, nannten wir es in unserer Sprache »Unternehmen Michaelberg«, ein Wortspiel, das aus den Namen unserer Piloten – Leo Wessenberg und Michael (Mike) – entstanden war.

Eine Auswirkung des ersten »Michaelberg-Unternehmens« war die schnelle Beilegung meines Streites mit dem Mossad. Im stillen

Einvernehmen wurde mein Rücktrittsschreiben vergessen, der Affenkäfig einem fähigeren Kameraden zur Anfertigung übergeben, und ich begann meinen täglichen Pendelverkehr zwischen dem Kibbuz und Tel Aviv, wo ich die meiste Zeit mit Besprechungen sowie dem Durchlesen von Telegrammen und Berichten verbrachte, um eine Wiederholung von »Michaelberg« vorzubereiten.

Ich dachte schon, ich wäre im Begriff, mich in einen bürokratischen, papierfressenden Beamten zu verwandeln, da bemerkte Karmil, er habe mir etwas zu sagen. Er lud mich ein, die Angelegenheit bei einer Tasse Tee auf osteuropäische Art zu besprechen. Nachdem er zuerst meine Neugierde erweckt hatte, beschloß er wohl, mich eine Weile zappeln zu lassen. Als ich den Raum betrat, holte er aus einer Schublade eine Keksschachtel hervor. Dann nahm er einen Apfel, schälte ihn, und gab die Schalen in den Tee hinein. Schließlich schnitt er den Apfel in dünne Scheiben, die er sorgfältig auf einer Serviette ausbreitete.

»Möchtest du etwas davon?« fragte er und wies auf die Apfelscheiben.

»Nein, danke. Ich bleibe bei den Keksen.«

Als er die Vorbereitungen beendet hatte, reinigte er sich die Hände, nahm mit zufriedener Miene einen Schluck Tee und fragte mich:

»Wie würde es dir gefallen, kurze Ferien im Libanon und in Syrien zu machen?«

Mosche hatte seine eigene Art, Vorschläge zu machen: Zuerst langweilte er einen fast zu Tode und ließ dann ganz plötzlich die Katze aus dem Sack. Diesmal aber hatte ich beschlossen, kein Erstaunen zu zeigen.

»Um was handelt es sich denn?« fragte ich gleichgültig.

»Wenn du bereit bist, hinzugehen, erzähl ich's dir«, neckte er mich. Doch als er meinen finsteren Gesichtsausdruck bemerkte, fing er an, mir die Angelegenheit zu erklären.

Wie jeder im Mossad bereits wußte, wurde einer unserer Leute, Akiwa Feinstein, im Libanon gefaßt und wegen des Versuchs, Juden nach Palästina zu schmuggeln, zu einer Haftstrafe von sechs Monaten verurteilt. Bei seiner Verhaftung führte Akiwa gefälschte syrische Ausweispapiere mit sich. Nach Ablauf seiner Freiheitsstrafe im Libanon wurde er an Syrien ausgeliefert, um wegen Urkundenfälschung vor Gericht gestellt zu werden. Mosche wollte sichergehen, daß Freisteins Fall korrekt behandelt würde, besonders weil vorgesehen war, unseren dortigen Geheimagenten Givoli heimkommen zu lassen. Zur Zeit gab es noch keinen Ersatz für ihn.

»Und warum gerade ich?« wehrte ich ab, in Befürchtung einer Mission, die mich von meiner Arbeit an der irakischen Front fernhalten würde.

»Wenn er vor Gericht kommt, was könnte ich für ihn tun? Oder soll das heißen, daß ihr mir nichts Besseres vorschlagen könnt? Ihr müßt euch meinetwegen nicht den Kopf zerbrechen. Ich wäre glücklich, in meinen Kibbuz zurückzukehren.«

Mosche spitzte vorwurfsvoll die Lippen.

»Manchmal wundere ich mich über dich, Schammai! Seit wann ist es belanglos, einem Kameraden in der Not zu helfen? Du weißt genau, daß wir alles Mögliche tun, jede Geldsume ausgeben und jedes Risiko eingehen, um einen unserer Agenten zu retten, und daß wir für diese Aufgabe nur die besten unserer Leute wählen.«

Er machte eine kleine Pause, um die Wirkung seiner Worte zu verstärken.

»Ich möchte, daß du eine Möglichkeit findest, um Akiwa zu besuchen, und prüfst, wie wir ihm helfen können, mit ihm eine Richtlinie für seine Verteidigung ausarbeitest und seinem Rechtsanwalt dementsprechende Anweisungen gibst. Diese Sache ist für uns von höchster Wichtigkeit und ich hoffe, du läßt uns nicht im Stich!«

»Und wenn du schon mal dort bist«, fuhr er jetzt fort, »könntest du dich umschauen, wie man die Auswanderung aus Syrien und dem Libanon vorantreiben könnte; sie ist letzthin auf den Nullpunkt gesunken. Ebenso möchte ich, daß du in Damaskus die »Herren der Wüste« ausfindig machst und endgültig aufklärst, wie sie mit uns stehen. Ich weiß, wie wichtig diese Frage auch für dich ist!«

Unsere Verbindungen mit den »Herren« hatten mich seit dem Fiasko im Irak sehr verärgert. Nachdem sie uns im Stich gelassen hatten, hielten sie es nicht einmal für nötig, sich irgendwie zu rechtfertigen. Dabei hatten sie eine recht ansehnliche Summe zurückbehalten und Mosche war natürlich daran interessiert, sie zurückzubekommen.

Aufrichtig gesagt, wurde mein Entschluß auch von schönen Kindheitserinnerungen an Besuche in Beirut und Damaskus beeinflußt. Als ich jetzt bei Mosche saß, kam mir alles wieder in den Sinn: Ich erinnerte mich, wie mir die syrische Hauptstadt – nach der langen Reise durch die öde und staubige Wüste – wie eine verzauberte Oase erschien – mit süßen, saftigen Früchten und kühlem Quellwasser. Ebenso erinnerte ich mich, wie ich mit meinem Vater den Baradafluß entlang oder durch die bunten Bazare der Stadt schlenderte. Wenn dazu noch die Erinnerung an Beirut kam, wo wir uns später auf dem Weg von Bagdad nach Palästina aufhielten, so verlockte es mich, den

Auftrag anzunehmen, besonders, da es sich um eine kurzfristige Operation, und nicht, wie im Irak, um ein einjähriges Unternehmen handelte.

»Wann muß ich fort?« lächelte ich verbindlich.

»Du sollst zuerst mit dem ›Michaelberg‹-Flugzeug nach Bagdad zurückfliegen«, sagte er.

»Hoffen wir nur, daß sich dieses Mal nicht dasselbe Mißgeschick wie in Italien wiederholt. Wenn jetzt nochmal etwas durchsickert, können wir die Sache vergessen!«

Das Mißgeschick, die Vereinbarung mit »meinen« Burschen, stand im Zusammenhang mit dem Beschluß, das »Michaelberg-Unternehmen« in eine Routineprozedur zu verwandeln. Nach dem Erfolg unseres ersten Fluges aus Bagdad beschloß der Mossad, einen ähnlichen aus Italien zu unternehmen, um die Flüchtlinge, die sich dort angesammelt hatten, nach Palästina zu bringen. Obwohl das Flugzeug von einem kleinen, entfernten Flugplatz gestartet war, sickerte die Nachricht durch, und die bekannte Zeitung »Corriere della Sera« veröffentlichte folgenden Bericht unter dem Titel

Faschisten oder illegale Juden fliegen mit einem mysteriösen Flugzeug

Gestern wurden zwei große Lastwagen in Sesto, in der Nähe von Neapel, gesehen. Aus einem stiegen ungefähr fünfzehn Leute aus. Den neugierigen Bewohnern, die sich ansammelten, erklärten die Fahrer, es handle sich um amerikanische Bürger, die sich auf einer Tour befänden. Etwas später erschien ein fremdes Flugzeug, das einige Male umherkreiste ... und auf einem verlassenen Flugplatz landete. Die geheimnisvolle Gruppe ging an Bord, und das Flugzeug startete in unbekannte Richtung.

Ironischerweise erwiesen sich die eher nachlässigen Zustände in Italien zu unserem Nachteil, denn unsere Emissäre achteten dadurch weniger auf die Sicherheitsregeln. So kam »Michaelberg« in die Schlagzeilen der italienischen Presse und mußte fast aufgegeben werden. Fast, weil die Leser des »Corriere della Sera« und sogar die britischen Agenten, die die Aufgabe hatten, die illegale jüdische Auswanderung zu verhindern, in dieser Nachricht nur eine phantasievolle Zeitungsente sahen. Noch ein Beweis, daß Gott den Armen beisteht!

Nach meiner Unterredung mit Mosche begann ich, unser Archiv zu studieren, um nach der Ankunft in Bagdad gut vorbereitet weiter nach

Beirut fahren zu können. Doch der Flug nach Bagdad sollte nie zustande kommen.

Nach den erfolgreichen Flügen aus dem Irak und Italien beschlossen »meine Burschen«, die alterprobte amerikanische Tradition des »freien Unternehmungsgeistes« wieder anzuwenden. Eines schönen Tages flogen sie auf eigene Faust nach Bagdad, natürlich ohne vorher den Mossad zu unterrichten und mich mitzunehmen. So geschah es, daß am 20. September 1947 – genau einen Monat nach unserem akrobatischen Abflug aus Haifa – Sammi, der zufällig über eine der Tigrisbrücken fuhr, zu seinem Erstaunen die zwei unternehmungslustigen Piloten erblickte, die ihm schweißgebadet und zu Fuß entgegenkamen. Er beschloß, entgegen allen Sicherheitsvorschriften, anzuhalten und sie mitzunehmen. Sie erzählten Sammi, ich hätte sie beauftragt, direkt nach Bagdad zu fliegen. Als dort niemand mit ihnen Kontakt aufnahm – so ihre Geschichte –, hätten sie beschlossen, eine Synagoge aufzusuchen in der Hoffnung, der Rabbiner würde seine Gläubigen über die Möglichkeit eines Fluges nach Palästina unterrichten, damit sie ihr Geschäft auf diese Weise verwirklichen könnten. Sie hatten zwar eine Synagoge gefunden, aber keinen Anklang – und als Sammi ihnen begegnete, waren sie richtig verzweifelt. Am nächsten Tag erhielten wir eine dringende Funkmeldung aus Bagdad, die lautete:

An: ARTZI
Von: BERMAN
»Piloten gestern nacht angekommen, doch konnten wir aus Zeitmangel die Fracht nicht vorbereiten.«

Völlig verblüfft funkten wir zurück, um nachzufragen, worum es sich eigentlich handle. Noch am selben Tag kam folgende Nachricht:

An: ARTZI
Von: BERMAN
»Die Piloten behaupten, sie hätten mit Euch und Schammai abgemacht, herzufliegen. Wir verstehen nicht, warum wir darüber nicht unterrichtet wurden. Die Fracht wird auf alle Fälle um drei Uhr morgens hiesige Zeit den Ort verlassen. Wenn nichts zu ihrem Empfang getan wird, seid Ihr verantwortlich.«

Diese Funkmeldung, die wir gegen 20.30 Uhr erhielten, versetzte uns in eine sehr schwierige Lage, denn die Engländer hatten zu gleicher Zeit ein Ausgangsverbot für die ganze Nacht verhängt, so daß wir uns nicht frei bewegen konnten, um die nötigen Vorbereitungen zu treffen. Aber als wir versuchten, Bagdad zu überzeugen, den Flug um 24 Stunden aufzuschieben, antworteten sie, es wäre schon zu spät. Da wir keine andere Wahl hatten, gelang es uns doch in knapp dreieinhalb Stunden, das Nötige zu veranlassen. Um 23.20 Uhr konnten wir folgende Nachricht nach Bagdad senden:

»Die Vorbereitungen sind beendet. Wünschen sichere Landung!«

Das Flugzeug startete, landete und setzte seine Passagiere ab. Diese dritte »Operation Michaelberg« erwies sich als die letzte – obwohl es uns schien, als gäbe es nichts Sichereres und Einfacheres. Wir mußten sie trotzdem stoppen, weil sich die Waffeneinkäufer der Haganah unsere Methode »angeeignet« hatten. Nur ungern muß ich andererseits gestehen, daß ich am Anfang etwas enttäuscht war, festzustellen, daß die Flüge aus dem Irak auch ohne meinen Einsatz reibungslos verliefen. Wie dem auch sei, es schien, als ob sich das Irak-Kapitel in meiner Karriere seinem Ende näherte – so daß ich nun versuchen sollte, etwas Positives im Libanon zu unternehmen.

Da gab es erst einmal eine Reihe Kleinigkeiten, die erledigt werden mußten. Ich sollte wieder mit meinem irakischen Paß reisen – unter dem Vorwand, daß ich in den Irak fahre. Das Problem war, daß nach den Stempeln ich zwar am 20. August Palästina verlassen hatte, doch ohne je ein anderes Land betreten oder verlassen zu haben. Ebenso war ich dem Paß entsprechend nie wieder nach Palästina zurückgekehrt. Die Iraker machten sich auch nicht die Mühe, die Pässe der »Michaelberg«-Mannschaft abzustempeln, sondern nur den Frachtbrief. Natürlich gab es keine Grenzbeamten, als wir um drei Uhr nachts vom Ende der Rollbahn verschwanden, und ebensowenig sah ich welche, als wir bei Morgengrauen in Yavniel erschienen!

Ich wurde also angewiesen, die Dienste eines gewissen Mosche Lichtenstein, eines Mossad-Mitarbeiters, in Anspruch zu nehmen. Seine große Spezialität war, solch wichtige Geräte wie Koffer mit Doppelboden, oder Ausweispapiere, die »nach Maß geschneidert« wurden, anzufertigen. Lichtenstein schien von meinem Problem wenig beeindruckt und schob mich kurzerhand ab, indem er sagte: »Morgen bekommen Sie ihren Paß mit einem wunderschönen Einreisevisum.«

In der Zwischenzeit hatte ich die gesamte Mossad-Dokumentation über Syrien und den Libanon gelesen, war aber leider davon nicht viel gescheiter geworden. Trotzdem hatte ich erfahren, daß »unser Mann in Damaskus«, ein syrischer Jude namens Eli Zagha, Kontakt zu den »Herren der Wüste« aufnehmen konnte; daß es außer ihm noch drei oder vier weitere Kontaktleute gab, die ich für meine Arbeit aufsuchen konnte, und daß mein Briefwechsel mit dem Mossad durch die Firma H. T. Transport Company, die einen Taxidienst zwischen Haifa und Beirut betrieb, durchzuführen war.

Jetzt mußte ich alle Namen, Anschriften und Telefonnummern, die ich aus Palästina mitnehmen sollte, sowie einen beträchtlichen Geldbetrag, der für meine zukünftigen Ausgaben bestimmt war, verbergen. Nach den üblichen Mossadvorschriften sollte ich das ganze Material in Kondome hineinstopfen, die ich dann in große Zahnpasta- und Rasiercremetuben schieben mußte. Um diese »Arbeitsgeräte« vorzubereiten, mußte ich zuerst eine Apotheke aufsuchen, um mir das »Rohmaterial« zu verschaffen. Errötend flüsterte ich dem Apotheker als scheues Kibbuzmitglied mein Ansinnen für Kondome diskret ins Ohr. Diese Bitte wurde mit vollem Verständnis empfangen, doch nicht so, als ich Zahnpasta kaufen wollte: ich verlangte die Marke Kolynos – natürlich ohne ihm zu erklären, ich sei im Begriff, eine Geheimmission in arabische Länder zu unternehmen! Darauf wurde der Apotheker wütend:

»Unsere eigenen, einheimischen Marken sind Ihnen nicht gut genug?« schrie er mich an. »Ein junger Mann wie Sie sollte auch ohne Importware auskommen!«

Als ich still und beschämt die Apotheke verließ, sagte er noch laut, damit es mir nicht entgehen sollte:

»Also diese Snobs, die hierzulande aufgetaucht sind!«

Glücklicherweise gab es in Tel Aviv noch genug andere Apotheken, und ich konnte alles, was ich benötigte – ohne hebräische Aufschriften – bekommen.

Das Datum der Abreise wurde auf den 7. Oktober festgesetzt. Ich sollte mit dem Bus oder Taxi fahren, zwei Reisemöglichkeiten, die von den Studenten der Amerikanischen Universität in Beirut am meisten benützt wurden, und auch von Touristen und Kaufleuten, die von Haifa nach Beirut reisten.

Am vorgesehenen Morgen verließ ich den Kibbuz zusammen mit Temima, die mich bis Haifa begleiten wollte, um nachher zurückzukehren. Als wir in Haifa ankamen, trafen wir vor der Reiseagentur eine Gruppe von erbosten Reisenden an – und wir erfuhren, daß alle Fahrzeuge nach Beirut an der Grenze aufgehalten und zurückgewiesen wurden. Die libanesische Regierung hatte aus »Sicherheitsgründen«

die Grenze zu Palästina gesperrt, weil der Rat der Arabischen Liga an diesem Tag seine Sitzung in Beirut eröffnen sollte. Das Hauptthema der Tagesordnung war das Palästinaproblem. Da eine große Anzahl von arabischen Staatsoberhäuptern wie auch der Großmufti von Jerusalem teilnehmen sollten, wurde vorsichtshalber beschlossen, die Grenze zu schließen. Wie wir sehen konnten, halfen die Proteste der Reisenden überhaupt nichts, und es schien mir sinnlos, dort weiter herumzustehen.

Deswegen schlug ich Temima vor, wir sollten die Zwangsverspätung als ein Zeichen ansehen, welches uns einen kleinen Urlaub ermöglichen würde. Ich war schon auf Temimas vorwurfsvollen Blick gefaßt, denn sie war höchst gewissenhaft, was ihre Arbeit anbetraf. Dieses Mal jedoch war sie sofort einverstanden, ihre Rückfahrt aufzuschieben, um mich bis zu meiner Abreise nicht alleinezulassen.

Wir mieteten daraufhin ein Zimmer im Carmel Court Hotel, wo ich vor einigen Wochen zum ersten Mal den »Michaelberg«-Piloten begegnete. Leider war ich überhaupt nicht in Urlaubsstimmung. Nachdem mich zuerst das »Michaelberg-Unternehmen« und dann die Vorbereitung für die Operation in Syrien und im Libanon gänzlich in Anspruch genommen hatten, wurde ich durch diesen plötzlichen Aufschub wiederum mit den harten Tatsachen der Gegenwart konfrontiert. Es schien mir, wir näherten uns zu gleicher Zeit auf drei Fronten einem kritischen Punkt: der Kampf zwischen Royal Navy und der geisterhaften Flotte der Einwanderungsschiffe, die nach Palästina wollten, der erwartete Beschluß der Vereinten Nationen über die politische Zukunft des Landes, und als letztes die Beziehungen zwischen Juden und Arabern in Palästina angesichts der Politik der arabischen Nachbarländer, deren Regierungen schon jetzt mit dem Säbel rasselten und einen regelrechten Krieg versprachen.

Was die Einwanderung betraf, so verwandelten sich die erfolglosen Versuche, die britische Blockade zu durchbrechen, in einen offenen Kampf für das Recht auf Einwanderung und für die Errichtung eines unabhängigen jüdischen Staates in Palästina. Dieser Kampf schien doch etwas erreicht zu haben, denn der britische Kolonialminister hatte der UNSCOP mitgeteilt, sein Land sei bereit, das Mandat über Palästina der UNO zurückzugeben und seine Militärkräfte aus Palästina abzuziehen. Doch blieb die Arabische Liga ihrerseits fest entschlossen, jede politische Lösung zu vereiteln. Um dies zu unterstreichen, schritt sie zu öffentlichen, direkten und indirekten Drohungen, den Nahen Osten durch Streiks und Demonstrationen in hellen Aufruhr zu versetzen. Zu diesem Zweck wurde der Rat der Liga in Beirut einberufen, und das war auch der Grund dafür, daß ich in Haifa stekkenblieb.

Die Schlagzeilen des nächsten Tages ließen keine Hoffnung auf bessere Reiseaussichten zu, besonders, da schon am ersten Tag die Erklärung der verschiedenen Konferenzteilnehmer nur aus unverhohlenen Kriegsdrohungen bestanden, sollten die Vereinten Nationen die Errichtung eines jüdischen Staates beschließen. Gleichzeitig erreichten verschiedene irreführende Gerüchte neue Gipfel. Eine Presseagentur verbreitete die Nachricht, die Ursache für die Schließung der Grenze sei die Befürchtung, britische Kommandos oder jüdische Terroristen könnten den Großmufti von Jerusalem entführen.

Mittags kaufte ich die arabische Tageszeitung und versuchte nochmals mein Glück beim Reisebüro, wo sich leider nichts geändert hatte. Verärgert ging ich von neuem ins Hotel zurück und bat Temima, nur noch einen Tag zu bleiben. Zu meinem Erstauen willigte sie sofort ein, wahrscheinlich weil sie sah, wie niedergeschlagen ich wegen der Reiseschwierigkeiten war.

Es gibt nichts Nervenaufreibenderes für jemanden, der sich auf eine mit Gefahren verbundene Mission vorbereitet, als eine immer wiederkehrende Verschiebung des festgelegten Termins. Man hat Tage und Wochen gearbeitet und sich auf den großen Tag vorbereitet, stundenlang versucht, solch entmutigende Fragen wie: »Wurde auch alles richtig vorbereitet?« und »Hat das alles auch einen Sinn?« zu vermeiden. Und gerade dann wird die Reise zuerst um einen Tag verschoben, dann um noch einen und wieder einen. Und mit jedem vergangenen Tag wächst die Unruhe.

Eine Weile versuchte ich, dem Ganzen zu entfliehen und blieb im Hotelzimmer sitzen, um die arabischen Tageszeitungen durchzusehen. Ich fand leider wenig Erfreuliches darin, bis plötzlich mein Blick auf ein Inserat fiel, das mir irgendwie unsinnig vorkam. Eine libanesische Fluggesellschaft bot die Flugroute Haifa-Beirut für einen eher bescheidenen Preis von zweieinhalb Palästina-Pfund an. Die Passagiere wurden gebeten, ihre Agenten, die Herren Shakib und Elias Hal, in der Kingsway 16 in Haifa aufzusuchen. Ich lachte vor Freude auf, eine solch einfache Lösung gefunden zu haben, und überlegte, ob ich auch wirklich so kurzerhand nach Beirut fliegen könnte. Wäre es denkbar, daß die Libanesen die Bodengrenze gesperrt und den Luftverkehr einfach übersehen hatten? Eigentlich waren solche Absurditäten nicht allzu ungewöhnlich in dieser Weltgegend.

»Was ist da so komisch?« fragte Temima und legte für einen Augenblick das Buch, in dem sie las, beiseite. Ich zeigte ihr das Inserat und sagte, es sei mir ein Witz in den Sinn gekommen: Es handelte sich dabei um einen Dorftrottel, der schreiend zur Polizeistation hereinstürzte und behauptete, er habe einen Dieb erwischt, den man sofort einsperrren sollte. »Wo ist der Dieb und was hast du in der Zwischenzeit mit ihm gemacht?« fragt der Polizist.

»Ich habe ihn mit den Füßen an einem Baum gebunden«, antwortete der Dorftrottel.

»Dummkopf!« lachte da der Polizist. »Wenn seine Hände frei sind, dann hat er sich wahrscheinlich schon losgemacht und ist längst verschwunden!«

Der Mann blieb einen Augenblick sprachlos stehen, sagte aber dann voller Zuversicht: »Das kann nicht sein. Wenn ich nicht daran dachte, dann hat er ebensowenig daran gedacht!«

Sie begaben sich also zusammen an Ort und Stelle – und siehe da, der Dieb stand dort noch immer am Baum angebunden!

In der Hoffnung, die libanesischen Behörden hätten einfach die Luftgrenze übersehen, wartete ich ungeduldig, bis die Reiseagentur Hal nach der üblichen, langen Mittelmeer-Siesta öffnete. Ich trat ein und erkundigte mich auf arabisch, wann ich den nächsten Flug nach Beirut nehmen könnte.

»Morgen nachmittag um drei«, lautete die eindeutige Antwort.

»Könnte ich bei Ihnen eine Flugkarte kaufen?« fragte ich weiter.

»Selbstverständlich, dazu bin ich doch da«, lächelte der Angestellte höflich.

So ergab es sich, daß ich binnen weniger Minuten mit einer Hin- und Rückflugkarte versehen war. Jetzt sah ich alles in einem anderen Licht.

Trotzdem gab es noch ein Hindernis zu überwinden.

Am nächsten Tag, bei der Paßkontrolle im kleinen Flughafen von Haifa, fragte mich der diensthabende Polizist die allgemein üblichen Fragen über meinen Wohnsitz usw., bevor er den Paß vorschriftsmäßig abstempelte. Er legte ihn aber beiseite und sagte, er würde mir den Paß bald zurückgeben. In der Zwischenzeit, meinte er, solle ich in der Flughafen-Cafeteria warten. Ich fühlte einen Stich im Herzen und dachte sofort an Moshe Lichtensteins Einreisevisum, beschloß aber, mich dennoch ganz ruhig und gleichgültig zu zeigen. Langsam betrat ich die Cafeteria, bestellte ein Bier und wartete scheinbar unbefangen, bis mein Flug ausgerufen wurde.

Beim Einsteigen ins Flugzeug stellte ich zu meinem Erstaunen fest, daß ich der einzige Passagier war. Ich dachte an die große Anzahl enttäuschter Reisender, die sicher begeistert wären, mitzufliegen, hätten sie nur das Inserat in den arabischen Zeitungen gelesen.

Die Maschine fuhr wie gewöhnlich zum Ende der Rollbahn, doch als die Motoren schon auf vollen Touren liefen, rollte das Flugzeug plötzlich langsam zum Terminal zurück, anstatt zu starten.

»Was ist denn los?« fragte ich den Steward.

»Der Kontrollturm hat uns befohlen zurückzufahren«, war die höfliche, aber nicht sehr aufschlußreiche Antwort.

Meine Phantasie begann sich zu entfalten, und ich war schon auf das Schlimmste vorbereitet, als ich durch das Fenster einen englischen Polizisten zum Flugzeug rennen sah. Die Maschine hielt an, der Steward öffnete die Tür und der Polizist kletterte die Leiter herauf. Aber statt mich zu verhaften, blickte er mich nur vorwurfsvoll an und sagte: »Sir, wie stellen Sie sich eigentlich vor, ohne Ihren Paß zu reisen?«

Tatsächlich hatte ich ganz vergessen, daß mein Paß bei der Kontrolle liegengeblieben war. Es vergingen einige Minuten, bis mein Herz wieder normal schlug und gleich darauf noch einmal rasend klopfte, als ich mir vorstellte, was mir in Beirut ohne Paß geschehen wäre.

Als einziger Passagier wurde ich in Beirut höchst freundlich empfangen, und jeder einzelne wollte sich meiner annehmen. Der Beamte bei der Paßkontrolle erkundigte sich, wo ich wohnen würde. Daraufhin bat ich ihn, mir ein gutes Hotel zu empfehlen.

»Zum Heiligen Georg«, sagte er. »Es ist das schönste und beste.«

»Sehr gut«, erwiderte ich zu seiner Genugtuung. »Schreiben Sie also zum ›Heiligen Georg‹!«

Er hatte gewiß nicht übertrieben. Am Ufer der blauen und ruhigen Beiruter Bucht gelegen, wirkte das Hotel überraschend schön.

Ebenso überraschend waren die Preise. Da ich aber die Absicht hatte, nur einige Tage zu bleiben, beschloß ich, eher verschwenderisch zu sein und ins beste Hotel der Stadt einzukehren.

Beirut war eine geschäftige, lebenssprühende Stadt mit einem aufsehenerregenden Hafen, voller Bars, bunt flimmernden Lichtern und Matrosen aus aller Herren Länder.

Nachdem ich es mir im ›Heiligen Georg‹ gemütlich gemacht hatte, begann ich, meine nächsten Schritte vorzubereiten. Ich plante die Einzelheiten meiner »neuen« Persönlichkeit – die eines reichen Touristen, der nach dem Libanon kam, um Urlaub zu machen. Ich versuchte mich schon dem neuen Charakter anzupassen, indem ich den Barman bat, mir eine Packung Players-Zigaretten zu bringen, dieselben, die mein Freund Yunis während unserer gemeinsamen Zeit in Bagdad unaufhörlich zu rauchen pflegte.

Bis zu diesem Augenblick hatte ich noch nie geraucht, und als auf den Kibbuzversammlungen das Budgetproblem erörtert wurde, hatte ich sogar verlangt, man solle das Rauchen verbieten – was als ungeheuerlicher Extremismus angesehen wurde.

Jetzt erinnerte ich mich aber an die Antwort, die Yunis mir gab, als ich ihn drängte, er solle das Rauchen aufgeben. Ein Mann, der im Untergrund tätig ist, muß rauchen, behauptete er, denn so hat er immer eine Ausrede, wenn er sich in einem Engpaß befindet: er kann die Aufmerksamkeit eines Polizisten mit einer Zigarette oder einem Feuerzeug ablenken und sich sogar hinter einer Rauchwolke verbergen. So kam es, daß ich meine erste Zigarette anzündete, in der Annahme, mein vornehmes Image würde durch das Rauchen einer feinen Zigarette in einem schicken Restaurant noch unterstrichen. Es schmeckte scheußlich. Zum Glück mußte ich nicht husten. Von diesem Zeitpunkt an habe ich noch weitere zwanzig Jahre geraucht.

Als die Sonne unterging und der rote Streifen am Horizont immer dunkler wurde, beschloß ich, meine Gedanken bei einem kleinen Spaziergang am reizenden Ufer des Beiruter Strandes zu ordnen. Seit einigen Tagen hegte ich die Absicht, mit keiner der vorgesehenen Kontaktpersonen Verbindung aufzunehmen, um mich zu vergewissern, daß ich nicht beschattet wurde. Trotzdem fand ich mich bald in dem Stadtviertel wieder, wo Frau Renée, eine unserer Verbindungspersonen, wohnte. Als ich seinerzeit meine Mossad- Kollegen gefragt hatte, wie ich eigentlich Frau Renée erkennen würde, hatten sie mir gesagt: »Du kannst dich nicht irren, denn sie hat den Umfang eines Turmes.«

In der Tat, als ich an ihrem Haus vorbeiging und verstohlen durch das Fenster in ihre Wohnung blickte, erkannte ich sie augenblicklich. Erstaunt über ihren Umfang, setzte ich meinen Spaziergang fort und kehrte dann langsam zum Hotel zurück. Als ich zum zweiten Mal an ihrer Wohnung vorbei ging, hörte ich ein unmißverständliches »Pssst!« und darauf eine Frauenstimme, die auf arabisch fragte: »Wen suchen Sie bitte?«

»Ich suche niemanden, ich gehe einfach spazieren«, antwortete ich.

»Sind Sie nicht der neue Mann?« drängte sie. »Kommen Sie schnell herein.«

Ich zögerte ein wenig und machte mir auch Gedanken darüber, ob es klug sei, so rasch Kontakt aufzunehmen.

»Stehen Sie nicht länger herum«, sagte sie. »Kommen Sie schnell!«

Ich gehorchte, konnte mich aber mit dem Gedanken nicht abfinden, daß Vorsicht, Tarnung, Deckname und alles, was zur Tätigkeit eines Geheimagenten auf Feindesboden gehört, einfach so fallengelassen wurde.

Als ich die Treppe hinunterstieg und ihre Wohnung betrat, löschte sie das Licht, wahrscheinlich um zu verhindern, daß jemand hereinschaute.

Trotzdem konnte ich noch feststellen, daß ein abgenützter, mit chinesischen Motiven bestickter Morgenrock ihren gewaltigen Körper umhüllte. In meiner naiven Kibbuzdenkart stellte ich mir vor, das wäre wohl das ›klassische Aussehen‹ einer Bordellmutter, und erwartete sogar, hinter dem Perlenvorhang einer Schar auffällig gekleideter Damen zu begegnen.

»Es war doch ausgemacht, daß Sie schon gestern kommen würden. Wo haben Sie die ganze Zeit gesteckt?« murrte sie.

Ich erzählte ihr von der Schließung der Grenze und erkundigte mich nach Givoli, doch dieser hatte in der Zwischenzeit Beirut schon verlassen.

»Machen Sie sich keine Sorgen«, beruhigte mich Frau Renée, »ich werde Ihnen alles erklären.«

Als sie sich erhob, um den Kaffee zu machen, bemerkte ich, wie sich ihre Fettpolster unter dem schmutzigen Hausrock bewegten. Es behagte mir nicht bei dem Gedanken, daß ich, wenn etwas schiefgehen sollte, ganz und gar von den Beziehungen dieser unappetitlichen Frau abhängig wäre.

Als sie mit dem Kaffee zurückkam, sagte sie, als ob sie meine Gedanken erraten hätte: »Welch ein Jammer, daß Akiwa Feinstein in Damaskus im Gefängnis sitzt, denn dort kenne ich niemanden, der Einfluß hätte. Hier dagegen kenne ich alle: Polizisten, Richter, Minister«, rühmte sie sich, ohne in der fast gänzlichen Dunkelheit meinen skeptischen Gesichtsausdruck bemerken zu können. »Ich kann sie alle nur so um meinen Finger wickeln«, sagte sie und spielte dabei mit ihrem Ring.

»Was wir unternehmen müßten, wäre, die Regierung zu veranlassen, Akiwa aus Syrien zurückzufordern, und zwar um ihn hier weiterhin zu vernehmen. Einmal hier, wäre es ein Kinderspiel, ihm aus der Patsche zu helfen.«

»Wenn es tatsächlich so wäre«, fragte ich, »wie kam es dann, daß er gerade hier in Beirut eingesperrt wurde? Warum wurde er hier gefoltert und zu einem halben Jahr Kerker verurteilt?«

»Das alles geschah, weil man sich weder mit mir beraten, noch meine Hilfe in Anspruch genommen hatte«, antwortete sie entrüstet. »Jeder meinte, er wisse es besser als der andere – und Akiwa ist derjenige, der jetzt dafür büßen muß.«

Wieder im Hotel, war ich zutiefst niedergeschlagen, zweifellos als

Folge meiner Begegnung mit Renée. In den folgenden Tagen wurde ich immer mehr von der Zwangsidee erfaßt, ich müßte mehr für meine Tarnung tun und mein Aussehen und Benehmen dementsprechend besser pflegen, da sich die kriegerische Stimmung auf der Straße steigerte und die Zeitungen zu einer regelrechten Kriegspsychose hetzten. Der Brief, den ich am 16. Oktober nach Tel Aviv sandte, lautete:

»Die Stimmung hier ist Aufruhr. Die Zeitungen sind voll von Greuelpropaganda und erwecken den Eindruck, der Krieg hätte schon begonnen. Täglich wird über den baldigen Einsatz von Armee-Einheiten berichtet. Es liegen Meldungen vor, die Juden Palästinas würden aus den Siedlungen flüchten und ihr Hab und Gut zurücklassen. Ebenso veröffentlichen die Zeitungen die Haßreden des Fawzi Kaukji[1] und anderer, die versprechen ›in Kürze in Tel Aviv Kaffee zu trinken‹, und von den Arabern Palästinas verlangen, sie sollen sich gedulden, denn ›bald werden sie die verhaßten Fratzen loswerden.‹«

Um diesen Brief abzuschicken, machte ich mich vorsichtig auf den Weg zur H. T. Transport Company, die mir als Verbindungsstelle mit Tel Aviv dienen sollte, um den Leiter der Firma kennenzulernen. Ich gab zwar vor, ich wäre gekommen, um »meine Rückkehr nach Hause« in den Irak vorzubereiten, doch während wir auf den Laufburschen warteten, der wie üblich Kaffee, kaltes Wasser und Gebäck vom benachbarten Kaffeehaus brachte, schlug ich vor, das Büro solle sich mit der Bearbeitung der Auswanderungsformalitäten für Juden befassen, die den Irak mit einem Touristenvisum verlassen würden. Ich bot einen Preis von 25 Palästina-Pfund pro Person und dies wurde bereitwillig angenommen.

Diese Einrichtung sollte den irakischen Juden eine neue, wenn auch beschränkte Möglichkeit bieten, aus dem Irak auszuwandern. Grundsätzlich war es möglich, ein Ausreisevisum für den Libanon zu erhalten, sei es für eine ärztliche Behandlung oder zur Kur. Natürlich war das nicht einfach, denn solche Pässe kosteten ein kleines Vermögen an Bestechungsgeldern und wurden außerdem nur für Einzelpersonen und nicht für Familien ausgestellt. Wer einen solchen Paß erhielt, mußte dazu noch eine Kaution bei der Regierung als Garantie für seine Rückkehr hinterlegen. In einem solchen Dokument wurde zusätz-

[1] Chef der illegalen Freischärler in Palästina, der sogenannten »Arabischen Befreiungsarmee«.

lich der Hinweis »Nur für den Libanon gültig« oder »Dieser Paß ist für Palästina nicht gültig«, vermerkt.

Keine dieser Einschränkungen bildete aber das eigentliche Hindernis für die jüdische Auswanderung via Libanon. Das Problem bestand darin, daß das ganze Verbindungsnetz das wir für die Auswanderung über Beirut seinerzeit errichtet hatten, nach Akiwas Festnahme auseinanderfiel. »Berman« wurde angehalten, keine »Touristen« mehr nach »Ruthie« zu schicken. Jetzt aber glaubte ich, in der H. T. Transport Company eine passende und vertrauenswürdige Adresse für unsere irakischen »Touristen« gefunden zu haben, und hoffte, daß meine Kameraden in Bagdad von ihr auch Gebrauch machen würden.

Dies war aber nur ein Teil meiner Mission. Meine nächste Aufgabe bestand darin, nach Damaskus zu fahren, um mich dem Feinstein-Prozess zu widmen und Kontakt mit den »Herren der Wüste« aufzunehmen. Die Fahrt von Beirut nach Damaskus hätte eine kurze und einfache Angelegenheit sein können, denn es gab einen regelmäßigen Taxidienst, der die zwei Hauptstädte verband. Die Grenze zwischen beiden Ländern war eher symbolisch: jeder, der einen syrischen oder libanesischen Ausweis besaß, konnte sie ohne Reisepaß überschreiten. Dasselbe galt auch für den Besitzer eines fremden Passes, der mit einem Einreisevisum für eines der beiden Länder versehen war. Doch hatte er sich einer zeitraubenden Prozedur zu unterziehen und dem Grenzposten mehr oder weniger genaue Angaben über Zweck und Ziel seiner Reise anzugeben. Paßnummer und Name wurden im Grenzpostenregister eingetragen und nachher die Pässe abgestempelt oder auch nicht.

Ich lernte diese Einzelheiten schon bei meiner ersten Reise nach Damaskus kennen, als ein junger und gewissenhafter Offizier meine Personalien genau eintrug.

Da ich annahm, ich würde diesen Weg öfters benutzen, befürchtete ich, das häufige Hin und Her würde die Aufmerksamkeit der Behörden auf mich lenken. Deswegen begann ich sogleich, die Rückkehr nach Beirut vorsichtig zu planen. Zuerst kaufte ich alle möglichen Zeitungen und Zeitschriften, deren Schlagzeilen interessant schienen. Dann begann ich mich mit den anderen Reisenden zu unterhalten und meinen Lesestoff großzügig in das Gespräch mit einzubeziehen. Sobald wir uns der Grenze näherten, fiel ich in einen tiefen Schlaf. Als das Taxi beim Grenzposten hielt und der Beamte die Ausweise verlangte, schlief ich trotz seiner wiederholten Aufforderungen, mich auszuweisen, weiter, bis mich endlich einer meiner Mitfahrer bemitleidend in Schutz nahm und für mich bürgte.

»Lassen Sie ihn doch«, bat er den Grenzbeamten, »sehen Sie denn nicht, daß er einfach erschöpft ist? Jedenfalls gibt es mit ihm keine Schwierigkeiten – er ist doch einer von uns!«

Diese Methode erwies sich als besonders wirksam, bis auf eine einzige Ausnahme, schon fast am Ende meiner Mission, als sich die Grenzkontrolle auf der syrischen Seite besonders streng zeigte. Um mich vor unerwarteten Überraschungen zu schützen, vermied ich es, zweimal im selben Hotel zu wohnen. Natürlich zwang mich das, so oft ich von Beirut nach Damaskus oder umgekehrt reiste, meine Personalien wieder in jedem Hotel einzutragen. Ich nahm aber an, daß die bis zur letzten Einzelheit ausgefüllten Formulare in irgendeinem dunklen Winkel des Polizeiministeriums oder des Geheimdienstes herumlagen und staubig wurden, ohne daß jemand sich die Mühe machte, sie zu sortieren oder zu vergleichen. Das Ergebnis war, daß ich die meisten Hotels von Beirut und Damaskus kannte, von den teuersten und den exklusivsten bis zu den einfachsten und volkstümlichsten.

Auf meiner ersten Damaskusreise suchte ich gleich Eli Zagha auf, der Akiwa Feinsteins Angelegenheit betreute und auch die Verbindung mit den »Herren der Wüste« herstellen konnte. Durch ihn erreichte ich den dortigen Rechtsanwalt Munir Assas, der Akiwas Fall übernommen hatte, und mit dem ich die Richtlinien für die Verteidigung sowie das Honorar festlegen sollte. Er behauptete, er habe die Verteidigung Akiwas aus politischen und moralischen Gründen übernommen, da er sich als Gegner der Regierung betrachtete – was ihn aber nicht hinderte, einen ungeheuren Betrag für seine Dienste zu verlangen.

Ich bat Assas, mir einen Besuch bei Akiwa im Gefängnis zu ermöglichen und erfuhr, daß dies keine einfache Sache sei, da eine Besuchserlaubnis nur an Familienmitglieder erteilt werde.

»Sicherlich werden Sie nicht behaupten wollen, daß Sie ein kürzlich aus Palästina angereistes Familienmitglied sind! Sonst könnte ich gleich auch Ihre Verteidigung übernehmen, natürlich zum selben Honorar wie für Akiwa«, sagte er sarkastisch.

Als ich aber nachdrücklich darauf bestand, er solle eine Möglichkeit finden, willigte er schließlich ein und versprach, mich am nächsten Tag ins Gefängnis mitzunehmen.

»Wie werde ich hineinkommen?« fragte ich ein wenig besorgt.

»Verlassen Sie sich auf mich«, lautete die kurze Antwort.

»Wir treffen uns morgen.«

Am nächsten Tag begaben wir uns zusammen zum Hauptgefängnis und Assas erklärte mir, er würde mich als seinen Assistenten vorstellen. Ich sah, wie die Wächter Assas höflich und mit Ehrfurcht begrüßten. Sie riefen zum inneren Tor, daß »Maître Assas« angekommen sei und beorderten gleichzeitig, man solle »Akiwa aus Palästina« bringen. Daraufhin öffnete sich das schwere Eisentor, Assas ging hinein und ich folgte ihm mit seiner Aktenmappe unter dem Arm.

Das Eisentor knirschte und schlug mit einem dumpfen Knall zu. Ich konnte deutlich hören, wie der große, schwere Schlüssel dreimal im Schloß umgedreht wurde. Ein Schauer überlief mich, als ich nach dem ›Maître‹ den Raum betrat, der für die Rechtsanwälte bestimmt war. Einige Minuten später erschien Akiwa, dem ich noch nie begegnet war, aber über den ich schon vieles gehört hatte, war er doch als einer der besten und kühnsten Mitarbeiter des Mossad bekannt. Aufgrund des Bildes, das man mir in Tel Aviv gezeigt hatte, erkannte ich ihn sofort. Er war klein, kräftig gebaut und hatte einen großen Schnurrbart. Sein Aussehen zeugte von Stolz und Selbstvertrauen; und wären nicht die Sträflingsuniform – ein loses Hemd, sackähnliche Hosen und Holzpantinen an den Füßen – sowie der Wächter an der Eingangstür gewesen, hätte man Akiwa für eine der wichtigsten Persönlichkeiten von Damaskus halten können.

Nachdem Assas einige Worte mit ihm gewechselt hatte, entnahm er seiner Mappe Papier und Feder und überreichte sie mir mit der lauten Anweisung: »Selim, schreiben Sie alles auf, was er sagt!«

Darauf begab er sich zur Tür, nahm ein Päckchen Zigaretten aus seiner Tasche und bot dem Wächter eine an. Gleichzeitig begann er, sich lebhaft mit ihm zu unterhalten, wobei er Sorge trug, sich zwischen mich und den Wächter zu stellen. Dies war offensichtlich der passende Augenblick, um mit Akiwa zu sprechen und ihn zu ermutigen; ich war jedoch so nervös, daß ich ihm kaum zuflüstern konnte, alle Kameraden vom Mossad würden ihm ihre besten Wünsche senden. Akiwa begriff sofort, wer dieser neue Assistent war – und nun fing er an, mich zu ermutigen:

»Hab' keine Sorge,« sagte er leise, »ich fühle mich wohl. Eli Zagha sorgt dafür, daß ich zu essen bekomme, und der Rechtsanwalt tut seine Arbeit.«

Der Rest der flüsternden Unterredung war der Verteidigung beim Prozeß gewidmet. Ich versprach ihm, daß Eli Zagha jeden Betrag für alles, was Akiwa benötigte, erhalten würde und er sich auch um den weiteren Verlauf des Verfahrens kümmern würde. Als ich sicher war, daß der Wächter nicht zu uns herübersah, drückte ich ihm ein Bündel Banknoten in die Hand, das sofort zwischen den Falten seiner Sträflingskleidung verschwand.

Schließlich begann Assas scheinbar ungeduldig zu werden. »Komm schon Selim, wir können nicht den ganzen Tag hier verbringen!«

Wir verließen Akiwa und kehrten zum Eingangstor zurück. Der Schlüssel wurde wieder dreimal im Schloß umgedreht. Das Knirschen des schweren Tores erklang erneut und wir waren draußen, wieder auf den Straßen von Damaskus, die mir jetzt wie der Höhepunkt der Freiheit und Sicherheit schienen.

Ich sah Akiwa bis zum Gerichtsverfahren nicht mehr. Doch als der Prozeß anfing, kam ich jedesmal nach Damaskus und nahm an allen Sitzungen teil. Ich besprach die Sache jedesmal mit Assas und besuchte Akiwa. Es war das mindeste, was ich für ihn tun konnte – außer zu hoffen, daß wir ihn am Ende freibekommen würden.

Es war schon spät im Oktober, als es mir gelang, ein Treffen mit den »Herren der Wüste« zu vereinbaren. Ich erwartete es mit Ungeduld, ganz besessen davon, endlich herauszufinden, warum dieses Unternehmen, das sich so vielversprechend angebahnt hatte, ein so tragisches Ende nehmen mußte, begleitet von Betrug und Enttäuschung.

Nach einer ruhigen Fahrt von Beirut nach Damaskus übernachtete ich in einem einfachen Hotel und bemühte mich, pünktlich zur Unterredung mit Emir Scha'alan zu erscheinen, den ich zum letzten Mal in Bagdad gesehen hatte. Wir trafen uns im idyllisch gelegenen Kaffeehaus Qasr Schamia, das sich in Dummar, einem Vorort Bagdads, befand. Der Emir saß zwischen seinen zwei Adjutanten, Kuzbari-Brüdern, beide nach Pariser Mode gekleidet. Ein flinker Diener brachte uns kleine Tassen mit süßem Schwarztee und eine Narghilehpfeife für den Emir, der mit sichtlichem Genuß den Rauch durch das Mundstück einsog, um mir dieselbe Wonne anzubieten. Noch bevor ich höflich ablehnen konnte, war schon der Diener mit einer zweiten Narghilehpfeife da, die er still und eifrig bediente. Er sog erst einige Male am Mundstück, bis er die Kohlen entfachte und das Wasser zu sprudeln begann, damit ein so vornehmer Gast wie ich sofort mit dem Rauchen anfangen konnte. Wenn man in Betracht zieht, daß meine Raucherkarriere vor nur sehr kurzer Zeit begonnen hatte und ich den scharfen Virginiatabak nicht vertrug, schien mir der Geschmack der türkischen Narghileh eher säuerlich. Trotzdem, der Höflichkeit wegen und auch um mich symbolisch auf derselben Ebene wie meine Gastgeber zu bewegen, paffte ich wie ein erfahrener Narghilehraucher, bis ich tatsächlich einen Brechreiz verspürte und nur noch mit dem Pfeifenkopf herumspielte.

Endlich zog sich der Diener zurück, und ich eröffnete das Gespräch mit der Bemerkung, ich befände mich zufällig in Damaskus, auf dem Heimweg nach Bagdad, und wollte auf keinen Fall die Gelegenheit versäumen, meine Freunde zu begrüßen.

»Friede und Allahs Segen seien mit Euch«, erwiderte Machmud Kuzbari, dem ich zum ersten Mal begegnete, und der von nun an mein Gesprächspartner sein sollte, wobei ihm der Emir nur ab und zu mit einem Kopfnicken beistimmte.

»Sicherlich möchten Sie wissen, was eigentlich in Bagdad geschehen ist?« ergriff Machmud die Initiative, um jedem Angriff meinerseits zuvorzukommen.

»Ich muß Ihnen gestehen«, unterbrach ich ihn zornig, obwohl ich mir vorgenommen hatte, ruhig und sachlich zu bleiben, »ich kann bis zum heutigen Tag nicht begreifen, was geschehen ist, obwohl ich viel darüber nachgedacht habe. Eigentlich fällt es mir immer noch schwer, zu glauben, daß so etwas wirklich vorkommen konnte. Ist das Ihre Auffassung von Ehre, meine Herren? Einfach so, ohne jede Erklärung zu verschwinden und uns mit hundertzwanzig Menschen im Stich zu lassen, wobei alle in Lebensgefahr schwebten? Wir wurden schwer benachteiligt und dazu noch beleidigt. Einfach unverständlich!«

»Ihr Zorn ist wohl berechtigt«, versuchte Machmud meinen Ärger zu beschwichtigen, indem er sich anscheinend voller Verständnis zeigte.

»Deswegen sind wir froh, daß sie herkamen, und wir Ihnen die Sache erklären können. Die Wahrheit ist, daß wir eine schreckliche Tragödie verhüten konnten.«

Meine Miene ließ wohl mein Mißtrauen und meine Ungeduld erkennen, denn ich sah ihm seine Bestürzung an, bevor er mit den Erklärungen fortfuhr.

»Erinnern Sie sich, daß wir damals die Abreise um einen Tag verschieben wollten? Der Anlaß dafür waren gewisse Gerüchte, die uns erreicht hatten und die wir aufklären mußten. Ein guter Freund hatte uns berichtet, daß die irakischen Behörden über den wahren Grund unseres Aufenthaltes in Bagdad im Bilde waren, und daß sie beabsichtigten, eine Militäreinheit zu beauftragen, um unsere Abreise zu verhindern. Nicht, daß wir vor diesem Gesindel Angst hätten. Wären wir allein gewesen, so hätten wir ihnen eine Lektion erteilt, die sie nicht so schnell vergessen hätten. Wir waren aber um Ihre Leute besorgt. Stellen Sie sich nur vor, was geschehen wäre, wenn einer von ihnen getötet worden wäre, nachdem wir uns für das Heil aller verpflichtet hatten. Was hätten Sie von uns gedacht?«

»Wenn das so war, warum haben Sie dann nicht jemanden zurückgelassen, der uns die Sache hätte erklären können? Und warum haben Sie seit damals nicht versucht, uns Bescheid zu geben?«

»Hätten wir etwas zu verheimlichen und wäre das Gewissen des Emirs nicht rein gewesen, glauben Sie, wir hätten uns jetzt mit Ihnen getroffen?« erwiderte er mit solchem Pathos, daß ich mich einen Augenblick lang fragte, ob wir vielleicht doch im Unrecht seien und sie umsonst beschuldigt hätten.

Der Diener erschien wieder, diesmal mit einer Schale voll reifer Birnen und rot leuchtender Äpfeln, die mich an die schmackhaften Früchte erinnerten, die ich als Kind mit meinen Eltern in Damaskus gegessen hatte, und plötzlich überkam mich ein sehnsüchtiges Gefühl.

»Und was soll nun geschehen?« fragte ich, die Vorwürfe beseite lassend.

»Wir haben dieses Problem bereits gelöst, darauf können Sie sich verlassen!« sagte er, und der Emir stimmte ihm mit einem Kopfnicken zu. Das Gespräch dauerte noch eine Weile, doch wir erörterten die Vergangenheit nicht weiter und fingen an, die Zukunft zu planen. Am 4. November faßte ich das Ergebnis des Gesprächs in einem Brief zusammen:

»Habe mit den ›Herren der Wüste‹ Kontakt aufgenommen. Sie sind bereit, weiter mit uns zu arbeiten und auch ihre Schulden zu begleichen. Bin mit ihnen zu einem Einverständnis gekommen, wonach wir ihnen den vollen Preis bei Erhalt der ersten Sendung zahlen werden, um nachher ihre Schulden in Raten bei den nächsten Sendungen allmählich abzuziehen. Am Wochenende werden sie alle Vorbereitungen beendet haben und werde ich mit ihnen ein Datum für ein Treffen in Bagdad vereinbaren ... Auf der ersten Fahrt werden sie 25 Kisten (Einwanderer) der festesten Art mit den Knöpfen (Soldaten) von Evri (jordanische Armee) transportieren. Der Preis pro Kiste beträgt 55 Palästina-Pfund, und ich willigte ein, sie hier zu zahlen. Bitte sendet mir den entsprechenden Betrag in den nächsten Tagen, um das Geschäft zu gegebener Zeit abzuwickeln.«

Ich traf die »Herren« erst Mitte November wieder und wurde nochmals mit Versprechungen abgespeist. Auch forderten sie einen Vorschuß, den ich aber unverzüglich verweigerte. Einige Tage später trafen wir uns zum dritten und letzten Mal und am 26. November sandte ich folgende kurze Meldung nach Tel Aviv:

»... Die ›Herren der Wüste‹ sind ohne Zweifel nichts wert. Um die Arbeit aufzunehmen, verlangen sie wieder ›ein wenig‹ Geld – es ist aber klar, daß nichts daraus werden wird.«

Jahre später fand ich in den Archiven des Britischen Außenamtes eine Beschreibung von Emir Scha'alan, die vom britischen Konsul in Damaskus stammte. Darin zeichnete sich ein ganz anderes Bild des Wüstenprinzen, der mich in Bagdad so beeindruckt hatte, ab:

»Er verbringt den größten Teil seiner Zeit in den Kabaretts von Damaskus und gibt viel Geld aus. Erfreut sich vieler Anhänger (bei seinem Stamm) in Ruala. Hat seinen Vetter und Rivalen auf verräterische Weise ... im April 1935 ermordet. Seine politische Treue wird von seiner Tasche oder Eitelkeit bestimmt – und manchmal von beiden. Ist selbst auch käuflich.«

Bei meiner Unerfahrenheit war ich ein großes Risiko eingegangen, als ich so plötzlich die Verhandlungen mit einem Mann abbrach, der ohne Gewissensbisse seinen eigenen Verwandten ermordet hatte. Wir hatten zwar einen großen Geldbetrag abzuschreiben, den wir seinerzeit den »Herren der Wüste« vorgestreckt hatten – doch wurden wir wenigstens nicht verleitet, noch mehr gutes Geld zu verschwenden.

Als ich Ende November nach Beirut zurückkam, war ich so enttäuscht und betroffen vom Abbruch der Beziehungen zu Scha'alan und den Kuzbaris, daß ich der bevorstehenden Abstimmung der Vereinten Nationen über die Teilung Palästinas in einen jüdischen und einen arabischen Staat so gut wie keine Beachtung schenkte. Am Vorabend des 29. November 1947 begann ich die Vorzeichen des sich nähernden Dramas zu bemerken. Im letzten Augenblick brachten alle Abendzeitungen eine Sonderausgabe mit Berichten über die letzten Versuche der arabischen Delegierten, die hinter den Kulissen versuchten, die Verhandlungen zu vereiteln. Ebenso gaben sie die wütenden Reden der arabischen Vertreter wieder, sowie ihre unverschleierten Drohungen, den Teilungsprozeß, wenn nötig, durch eine militärische Intervention zu verhindern.

Ich hatte mich noch nie so einsam und verloren gefühlt wie an diesem Abend. Es war mir nicht klar, ob sich die Teilung des Landes zu unserem Vorteil oder Nachteil auswirken würde. Einerseits würde es bedeuten, daß in Palästina ein jüdischer Staat neben einem arabischen entstehen würde, wobei nicht einmal Jerusalem uns gehören würde.

Andererseits, wenn die Teilungsresolution nicht durchkäme, würden die Briten weiter in Palästina regieren, und das inmitten einer unaufhörlichen Eskalation der Kämpfe zwischen Juden und Arabern.

Je länger ich über diese paradoxe Lage nachdachte, ohne mit jemanden darüber sprechen zu können, verdüsterte sich meine Stimmung. Um mich abzulenken, ging ich ins Kino – doch ohne Erfolg. Wieder im Hotel, schlief ich mit einem Buch in der Hand ein, bis mich am nächsten Morgen lauter Tumult, der von der Straße herzukommen schien, weckte.

Durch das Fenster gewahrte ich mehrere Dutzend junger Männer, die in der Straßenmitte marschierten, kampflustig mit den Armen fuchtelten und dabei mit aller Kraft brüllten. Das einzige, was ich verstehen konnte, war der Ruf »Palästina, Palästina«, und das war Grund genug, mein Interesse zu wecken. Ich versuchte vom Zimmer aus die Schlagzeilen der Zeitungen am gegenüberliegenden Zeitungskiosk zu lesen, konnte sie aber der Entfernung wegen nicht entziffern. Ich sah nur, daß das Titelblatt mit einem schwarzen Trauerrand versehen war, und begriff plötzlich, daß dies für uns wahrscheinlich eine erfreuliche Nachricht war. Meine Stimmung besserte sich erheblich und ich war voller Hoffnung. Ich wusch und rasierte mich, zog mich schnell an und rannte die Treppe hinunter, um die Zeitungen zu kaufen. Was immer die guten Nachrichten auch waren, ich wollte sie im Kaffeehaus bei einem gemütlichen Frühstück gebührend feiern.

Die Neuigkeiten waren selbstverständlich die Beschlüsse der UNO- Vollversammlung, mit denen die Teilungsresolution angenommen wurde. Das Ergebnis versetzte das schöne, ruhige und elegante Beirut in ein wildes Durcheinander. Wagen mit Lautsprechern rasten durch die Stadt und riefen zu einer Massendemonstration für drei Uhr nachmittags auf, die auf dem Platz der Märtyrer in Beirut stattfinden sollte. Menschenmengen versammelten sich vor den Zeitungsständen, und ab und zu las jemand die Nachrichten laut vor, für diejenigen, die nicht lesen konnten oder zu weit entfernt standen. Restaurants und Kaffeehäuser hatten ihre Radioapparate auf volle Lautstärke gestellt, und man hörte abwechselnd Militärmärsche und Gebete. Als sich die Stunde der Massenkundgebung näherte, schloß ich mich auch der Menge an, die zum Treffpunkt hinströmte, fest überzeugt, daß dies zur Stunde der sicherste Ort in Beirut war. Kurz darauf hörte ich zusammen mit vielen Tausenden die Hetzreden, die aus den Lautsprechern ertönten.

Dann setzte sich die riesige Menschenmenge langsam in Bewegung, während sie die Worte der Anführer wiederholte: »Falastin biladna / W'al yahud klabna« (Palästina ist unser Land, und die Juden sind unsere Hunde), riefen Tausende von Stimmen, und nur von Zeit zu Zeit gab es Unterbrechungen wie »Nieder mit dem Zionismus« und »Tötet die Juden!«.

Trotz allem verlief die Prozession geordnet und relativ friedlich. Vor dem Auseinandergehen wurde uns mitgeteilt, daß ein allgemeiner Streik für den nächsten Tag angesetzt sei und daß eine neue Demonstration morgens um zehn vor dem Innenministerium stattfinden sollte.

Im Hotel erblickte ich Philip, einen meiner engsten Mitarbeiter im Libanon, der in der Lobby saß und sich auffallend beunruhigt zeigte. Philip war sicherlich der reizendste Schmuggler, dem ich je begegnet bin, und während meines kurzen Aufenthaltes im Libanon wurden wir gute Freunde.

»Wo haben Sie die ganze Zeit gesteckt?« fragte er fast schreiend.

»Kommen Sie,« sagte ich, »gehen wir etwas essen«, und stieß ihn schnell hinaus, aus Angst, das Personal und die Gäste würden seine Nervosität bemerken. Wir entfernten uns mit einem gezwungenen Lächeln, um bei den Passanten keinen Verdacht zu erwecken. Nun fragte ich voller Besorgnis: »Was ist denn geschehen, Philip, daß Sie so außer sich sind?«

»Sie haben ja keine Ahnung, welche Sorgen ich mir Ihretwegen machte. Ich bin mehr als zehn Mal im Hotel gewesen, und jedesmal sagte man mir, sie wären schon früh fortgegangen und noch nicht zurückgekommen. Ich war überzeugt, es sei Ihnen etwas Schlimmes zugestoßen!«

»Philip, nehmen Sie sich doch zusammen und reden Sie nicht so laut!« flüsterte ich und fühlte mich jetzt irgendwie sicherer als während des ganzen Tages.

»Haben Sie sich eigentlich vorgestellt, was Ihnen alles hätte geschehen können, wenn Sie an einem solchen Tag wie heute einfach herumschlendern?« schalt er mich. »Ich kam, um Sie zu mir einzuladen, oder um Ihnen vorzuschlagen, bei Ihnen zu bleiben, falls etwas geschehen würde. Und was sehe ich? Sie treiben sich in der Stadt herum, mitten im größten Aufruhr!«

»Weder bin ich herumspaziert«, sagte ich ruhig, »noch handelt es sich um einen Aufruhr. Ich habe an der Demonstration teilgenommen, und ich kann Ihnen sagen, dies war der sicherste Ort in Beirut!«

Philip blieb wie erstarrt stehen, faßte mich am Arm und krächzte: »Mein Gott, Sie sind ja verrückt!«

Es war nicht möglich, den armen Mann zu überzeugen, er ließ sich kaum beruhigen.

Ich nahm Philips Einladung, bei ihm zu wohnen, bis sich die Gemüter beruhigten, nicht an; und seinen Vorschlag, mit mir zu meinem Schutz im Hotel zu bleiben, auch nicht. Im Gegenteil, aufgrund meiner neuen Erfahrung beteiligte ich mich auch am nächsten Tag an der Massendemonstration. Je länger ich aber inmitten der aufgebrachten Menschenmenge weilte, desto mehr wurde mir bewußt, daß sich der ordentliche Verlauf der Demonstration des vorigen Tages nicht wiederholen würde. Eine Gruppe besonders aktiver Jugendlicher umringte das Innenministerium und versuchte immer wieder, die Menge unter ihre Kontrolle zu bringen. Ich näherte mich ihnen und hörte ihre Rufe: »Alle mit nach Wadi Jamil!« – damit war das jüdische Viertel gemeint. Eine einzelne Stimme mahnte zur Vorsicht und erinnerte daran, daß die Behörden die Demonstration nur gestatten würden, solange sie friedlich und ruhig verlaufen würde. Doch sie wurde von der des jungen Gruppenführers überschrieen, der seine Anhänger mit der Bemerkung anspornte: »Alkuhuma Ma'ana« – ›Die Regierung ist mit uns!‹

Die lärmende Gruppe bewegte sich in Richtung des jüdischen Viertels und riß einen großen Teil der Masse mit sich. Von der Strömung erfaßt, wurde auch ich mitgezogen und es war mir klar, daß es am Ziel zu Ausschreitungen kommen würde. Doch plötzlich standen wir vor der berittenen Polizei, die uns mit ihren Knüppeln bedrohte und »Zurück, zurück!« schrie. Ich brauchte kein weiteres Überzeugungsmittel und der größte Teil der aufgehetzten Menge auch nicht. Von den Polizisten zurückgedrängt, fand sie sich wieder am Demonstrationsplatz ein, wo die Reden weitergeführt wurden.

Plötzlich brach eine hohe Mauer unter dem Gewicht der darauf sitzenden Demonstranten zusammen, und fast wäre auch ich verletzt worden.

Als die Reden beendet waren, begann sich die Demonstration durch die Straßen Beiruts zu bewegen. Wir marschierten an den ausländischen Botschaften vorbei, und die Menge beschimpfte sie. Bald begann sie auch Steine zu werfen, und ich hatte allmählich genug von diesem Abenteuer und verließ bei der nächsten Gelegenheit das »Schlachtfeld«.

Am selben Tag berichteten die Korrespondenten der Reuter-Presseagentur im Libanon, daß zehntausend Studenten an der Kundgebung teilgenommen hätten und Steine auf das amerikanische Informationsbüro und auf die französische Botschaft geworfen hätten. Die »Palestine Post« (heute die ›Jerusalem Post‹) zitierte offizielle Quellen, die bestätigten, daß die Regierung entsprechende Schritte unternommen habe, um das jüdische Viertel von Beirut zu schützen, indem sie rundherum bewaffnete Wächter aufstellte. In der Tat kann auch ich bestätigen, daß die Maßnahmen in diesem Fall wirksam waren – was nicht von anderen Gegenden behauptet werden konnte. Nachrichten über Provokationen und Judenverfolgungen in der Provinz wie auch in Syrien, wo die Lage noch ernster war, häuften sich immer mehr. In Aleppo wurden Juden mißhandelt, Dutzende von Geschäften und Wohnungen geplündert und die alte, historische Synagoge angezündet. Gerüchte verbreiteten sich, wonach acht Juden während dieser Unruhen umgebracht wurden, was die Flucht unzähliger syrischer Juden zur Folge hatte. In Damaskus war die Gefahr am schlimmsten, da dort die Kundgebungen zusehends gewalttätiger wurden, und das jüdische Wohnviertel blieb nur durch Zufall oder höhere Vorsehung verschont. Anscheinend stießen die Demonstranten, bevor sie das Viertel erreichten, auf eine Gruppe Kommunisten, worauf eine Schlägerei ausbrach, die Tote und Verletzte forderte, bis es der Polizei gelang, die Angreifer zu vertreiben.

Diese Ereignisse verstärkten meinen Vorsatz, neue Wege zur Auswanderung der libanesischen Juden, wie auch für die große Anzahl der Juden, die vom Irak und Syrien in den Libanon flüchteten, zu finden. Mir schien, es wäre am einfachsten, die guten Dienste meines Schmugglerfreundes Philip in Anspruch zu nehmen, der wegen seiner guten Beziehungen zu Polizei und Armeeoffizieren bekannt war. Deshalb schrieb ich am 6. Dezember nach Tel Aviv:

> »Habe mit Philip beschlossen, eine Versuchsladung zu senden. Sein Plan ist, einen Wagen mit hiesigen Knöpfen (Polizisten) in Begleitung einer Krone (Major) zu gebrauchen. Der Preis wäre 20 Palästina-Pfund für große und 10 für kleine Maße. Wir haben jetzt günstige Gelegenheiten und könnten in großem Maßstab arbeiten. Die erste Sendung wird mit 10 ›Arbeitern‹ unternommen …«

Bevor wir den Versuch jedoch starteten, wollte ich mich vergewissern, wie das ganze Unternehmen vor sich gehen sollte. Philip nahm mich also auf eine Erkundungstour in die Grenzgegend mit, und ich war von Philips Beziehungen und von der Ehrfurcht, die ihm von allen Kontrollposten entgegengebracht wurde, beeindruckt. Überzeugt, daß der Plan gut sei, stimmte ich der Sache zu und der erste Transport fuhr am 21. Dezember ab, wobei alle Leute wohlbehütet ankamen.

Hocherfreut über den Erfolg, begann ich, andere Gruppen vorzubereiten, bis mich eine unverständliche Meldung aus Tel Aviv erreichte: »Weitere Verladungen vorläufig aufhalten!«

Die Bemerkung »vorläufig« schien mir albern, denn in einigen Tagen sollte ich ja sowieso nach Tel Aviv zurückkehren. Nachdem ich mich jetzt drei Monate abgehetzt hatte, schien mir meine Arbeit nur Kummer und Enttäuschung zu bringen, da fast alle meine Versuche, die Einwanderung nach Palästina zu fördern, in einer Sackgasse endeten. Die »Herren der Wüste« waren Betrüger, und jetzt, wo es schien, ich hätte einen Weg über die Grenze gefunden, befahl man mir »vorläufig« alles aufzuhalten.

Meine Enttäuschung und mein Ärger wuchsen, als ich erfuhr, daß Akiwa Feinsteins Gerichtsverfahren in einer Katastrophe endete.

Das Urteil sollte am Samstag, dem 27. Dezember, gefällt werden. Einen Tag früher machte ich mich auf den Weg nach Damaskus, um der letzten Sitzung beizuwohnen in der Hoffnung, ich würde dann mit Akiwa seine Freilassung feiern können. Ich setzte mich ins Taxi, wie gewöhnlich mit einem Haufen Zeitschriften ausgerüstet, die ich meinen Mitfahrern großzügig anbot. Dann tat ich, als ob ich einschlafen würde. Doch die Methode, die sich unzählige Mal bewährt hatte, ließ mich nun im Stich: Der Grenzwächter schüttelte und rüttelte mich so lange, bis mir kein anderer Ausweg blieb, als »aufzuwachen«. Jetzt wurde ich mit allen Passagieren zur Grenzwache gebracht. Auf dem Weg begann ich mir Gedanken zu machen, ob das Ganze nicht eine Falle sei, ob mein Hin- und Herreisen nicht übertrieben war und ob mein fortwährender Hotelwechsel nicht auch dazu beigetragen hätte. Ich konzentrierte mich auf meine nächsten Erklärungen und erwog die Möglichkeit, stumm zu bleiben und die Fragen nicht zu beantworten. Doch als ich in Erwartung des Schlimmsten das Grenzbüro betrat, bemerkte ich, daß die Beamten die Passagiere nur aufforderten, ihre Impfzeugnisse gegen Cholera vorzuweisen. In Syrien war nämlich wieder eine dieser regelmäßig vorkommenden Epidemien ausgebrochen und die Behörden hatten beschlossen, jedem den Zutritt zu verbieten, der keinen Impfschein vorlegen konnte. Kaum hatte ich mich beruhigt, als mir einfiel, daß ich ein solches Dokument nicht besaß.

Als alle meine Bitten und Schmeicheleien zu keinem Resultat führten, erklärte ich dem Major, ich wolle noch am selben Tag nach Bagdad weiterreisen und beabsichtige nicht, in Damaskus zu bleiben. Er blieb aber fest, und so versuchte ich es auf eine andere Weise: »Herr Major«, wandte ich mich flüsternd, in einem mitleiderregenden Ton an ihn, »vielleicht sehen Sie trotzdem eine Möglichkeit mir zu helfen. Bitte, bitte!«

Gleichzeitig steckte ich demonstrativ meine Hand in die Brusttasche, wo sich gewöhnlich die Brieftasche befindet. Als ich aber seinen drohenden Blick sah, erkannte ich sofort, daß meine Geste ein Fehler war.

»Was haben Sie gesagt?« knurrte er.

»Nichts, gar nichts. Ich dachte mir nur ...«

»Was dachten Sie sich?«

»Ich dachte mir, daß ich vielleicht die Impfung in Damaskus erledigen könnte, doch ich sehe, daß dies wahrscheinlich nicht möglich sein wird.«

»Sie sehen richtig. Und jetzt machen Sie sich aus dem Staub. Und lassen Sie sich hier nicht mehr blicken!«

Ich kehrte ganz niedergeschlagen nach Beirut zurück. Wie würde ich dastehen, wenn ich dem Mossad berichtete, daß ich Akiwas Gerichtsverfahren wegen einer Choleraimpfung verfehlt hatte? Ich würde zum Gespött des ganzen Mossad werden! Schließlich war ich in erster Linie hergeschickt worden, um dem Prozeß beizuwohnen. Und jetzt steckte ich in Beirut und kam nicht weiter!

Am nächsten Morgen weckte mich das laute Geschrei der Taxifahrer, die ihre Dienste anboten, um nach Tripolis, einer Stadt unweit der syrischen Grenze, zu fahren. Als ich mir die Landkarte ins Gedächtnis rief, begriff ich, daß Tripolis sich nicht sehr weit von der syrischen Stadt Homs befand. Und von dort aus nach Damaskus schien mir die Entfernung nicht allzu groß. Natürlich in der Annahme, die syrischen Behörden würden sich mit der Anwendung der Anticholera-Aktion auf der Hauptstraße zwischen Beirut und Damaskus begnügen.

Es lohnte sich, den langen Umweg über den Norden auszuprobieren. Ich packte schnell meine Sachen, eilte zum nächsten Taxi, dessen Fahrer aus voller Kehle »Tripolis, Tripolis« schrie – und schon war ich auf dem Wege gen Norden. Die Landschaft längs der Küste war besonders schön, mit den hohen Bergen im Osten und dem blauen Meer im Westen.

In Tripolis wechselte ich mein Transportmittel und bestieg einen Bus, mit dem ich über die Grenze fuhr, ohne daß mich jemand im geringsten belästigte. Dort nahm ich einen anderen Bus nach Damaskus. Es war ein alter Kasten, der nur keuchend vorwärts kam und überall, auch im kleinsten Nest, anhielt. Anstatt der gewöhnlichen, zweistündigen Reise, erreichte ich Damaskus erst am späten Abend, völlig erschöpft nach der elfstündigen Fahrt. Im Hotel stürzte ich zum Telefon, um Akiwas Verteidiger anzurufen. Nun erfuhr ich die grausame Nachricht: Akiwa wurde für schuldig befunden und zu drei Jahren Zuchthaus verurteilt, die höchste Strafe, die für sein Vergehen vorgesehen war. Alle unsere Hoffnungen, die sein Verteidiger Assas bei uns geweckt hatte, daß Akiwa mit einer leichten Strafe oder sogar einem Freispruch davonkommen würde, wurden somit zunichte gemacht. Ich machte Assas klar, wie sehr ich mich ärgerte und versuchte gar nicht, meinen Zorn zu verbergen.

»Es tut mir leid« sagte er, »ich habe alles, was in meiner Macht stand, getan. Wenn man aber die heutige politische Atmosphäre in Beirut in Betracht zieht, so muß man einsehen, daß ein Freispruch nicht möglich gewesen wäre. Im Gegenteil, wir hatten Glück, daß er nicht noch als Fälscher verurteilt wurde, sonst wäre die Strafe noch härter ausgefallen.«

»Ich will Akiwa morgen besuchen«, erklärte ich schroff.

»Ich bin nicht sicher, ob das empfehlenswert ist«, mahnte er vorsichtig. »Die Umstände sind nicht sehr günstig.«

»Ich bestehe darauf«, war meine entschlossene Antwort.

»In Ordnung«, sagte er nach einer kurzen Pause. »Ich komme Sie vor zwölf holen.«

Wir trafen Akiwa im Wartezimmer des Gefängnisses und ich konnte die Ehrfurcht, die ihm seine Wächter und Mitgefangenen entgegenbrachten, erneut beobachten. Als er mich erblickte, kniff er die Augen verwundert zusammen und fragte: »Wann bist du herausgekommen?«

»Wo heraus?« fragte ich.

»Wurdest du denn gestern im Gerichtssaal nicht verhaftet?«

Als er an meiner Miene erkannte, daß ich keine Ahnung hatte, wovon die Rede war, erzählte er mir, daß die Polizei am Tage zuvor, kurz vor Beginn der Sitzung, alle Leute, die sich im Gerichtssaal befanden, verhaftet hatte, um sie über die Gründe ihrer Anwesenheit zu verhören.

»Nachher gab die Polizei bekannt, sie hätte drei Spione aus Palästina verhaftet. Ich war sicher, du wärst einer von diesen; und da ich dich gestern nicht im Saal sah, war ich überzeugt, deine Lage sei viel schlechter als die meine.«

Erstaunt, wie ich auf so wunderliche Art der Gefahr entronnen war, erzählte ich Akiwa von meinen Schwierigkeiten an der Grenze. Dann erkundigte ich mich, ob er es für sinnvoll hielte, Widerspruch einzulegen. Er schüttelte den Kopf und sagte: »Hier kann niemand mehr helfen!« Er schien sich mit seinem Schicksal abgefunden zu haben, denn er fuhr fort: »Ich bin ein Opfer der Entstehung unseres Staates – und das ist alles. Mach dir keine Sorgen. Ich werde damit schon fertig!«

Meine Augen wurden feucht und das Sprechen fiel mir schwer – denn mir war jetzt bewußt, daß ich einen echten Nationalhelden vor mir hatte. Ich überreichte Akiwa ein Bündel Banknoten und sagte ihm, ich würde auch bei Eli Zagha Geld für den Notfall hinterlegen.[1]

Das Ende des Prozesses bedeutete auch das Ende meiner Mission und ich buchte für den 2. Januar einen Flug nach Haifa. Vorher wählte ich aus der jüdischen Gemeinde noch einen jungen Mann aus, der unsere Interessen wahren und die verschiedenen Anfragen aus Palästina beantworten sollte, bis ein neuer Delegierter kam. Er beschloß, mich zu einer richtigen Abschiedsparty einzuladen und das Neue Jahr in einem besonders teueren Nachtlokal zu feiern. Ich hielt nicht viel von einem solch bürgerlichen Zeitvertreib, doch mein Gastgeber wurde so zudringlich, daß ich letzten Endes einwilligte.

So feierte ich die Ankunft des Jahres 1948 auf eine recht surrealistische Weise; mit einem Champagnerglas in der Hand, einer französischen Tänzerin an meiner Seite, und einem Geigentrio, das von Tisch zu Tisch zog und gegen gute Belohnung besondere musikalische Wünsche erfüllte. Als sich die Musiker unserem Tisch näherten, bat ich um Griegs ›Solveigslied‹. Ich hatte diese Melodie vom ersten Augenblick an geliebt, als mein Lehrer sie mir auf der Ziehharmonika vorspielte – und trotz der norwegischen Herkunft des Liedes hatte ich mir immer irgendwie vorgestellt, es wäre ein typischer jüdischer Gefühlserguß. Ich dachte, solch ein Lied würde mich nicht verraten und war außerdem der Meinung, das Trio würde diese Melodie überhaupt nicht kennen. Doch kaum hatte ich meinen Wunsch geäußert, begannen die drei Zigeuner das Lied zu spielen, mit geschlossenen Augen und schaukelndem Körper, um der Melodie eine dramatischere Wirkung zu verleihen. Beim Anhören dieser lyrischen Klänge, die, zusammen mit der aufgelockerten Wirkung des Champagners, mein Gemüt erschütterten, bekam ich Heimweh und meine Augen füllten sich mit Tränen. Doch bald wurde ich nüchtern, im Bewußtsein, wie ernst die Lage zu Hause war, besonders in Haifa, meinem nächsten Reiseziel.

Der Bürgerkrieg war nun mit ganzer Kraft ausgebrochen. Vor einigen Tagen waren zwei Handgranaten auf arabische Tagelöhner geworfen worden, die vor den Toren der Ölraffinerien Haifas standen. Dabei wurden vier Leute getötet und vierundzwanzig verletzt. Dieser Angriff, der anscheinend von Splittergruppen Irgun Zwai Leumis ausgeführt wurde, die unter Menachem Begins Leitung stand, vereitelte

[1] Akiwa mußte die ganze Strafe absitzen und kehrte erst Mitte 1950 heim.

die Bemühungen der nationalen und lokalen jüdischen Behörden in Haifa, eine relative Ruhe aufrecht zu erhalten.

Die Folge war eine nicht endende Kettenreaktion von Gewalttaten und Vergeltungsaktionen. Zweitausend arabische Arbeiter der Raffinerien griffen die vierhundert jüdischen Angestellten mit Eisenstangen, Äxten und Arbeitsgeräten an. 39 Juden wurden dabei auf brutalste Weise ermordet und sieben weitere schwer verwundet, während die Soldaten der Arabischen Transjordanischen Legion – die sich in Palästina unter britischem Kommando aufhielten – ganz passiv zuschauten und in einigen Fällen die Versuche, die Opfer zu retten, sogar vereitelten. In der folgenden Nacht drang eine Haganah-Einheit in zwei arabische Viertel ein, um eine Vergeltungsaktion gegen mehrere der Anführer zu führen, die die jüdischen Raffineriearbeiter niedergemetzelt hatten.

Das Echo dieser Ereignisse hatte Beirut erreicht und ich mußte annehmen, daß das tägliche Leben in Haifa schwer davon betroffen war. Ich begab mich deshalb zur Hauptpost in Beirut und ging das Risiko eines Telefongespräches mit dem Mossad ein, um zu verlangen, man solle mich vom Flughafen abholen.

Bei der Landung sah ich jedoch kein einziges bekanntes Gesicht. Ein Taxi der Schakib- und Elias-Hal-Reiseagentur, die mir von meiner ersten Fahrt nach Beirut in guter Erinnerung war, wollte mich mitnehmen. Ich bedankte mich und erklärte, man würde mich abholen, in der Meinung, daß bald jemand erscheinen würde. Die Zeit verging, doch niemand zeigte sich, und der Flugplatz wurde leer. Schließlich kam ein Polizist, um sich über meine Anwesenheit im menschenleeren Terminal zu erkundigen. Ich beruhigte ihn und wiederholte, daß bald ein Wagen kommen müßte, um mich zu holen. Doch es geschah nichts, und ich erkannte allmählich, daß es keinen Sinn hatte, länger zu warten.

Die einzigen Taxifahrer, die sich noch am Flughafen befanden, waren Araber, und da ich keine andere Wahl hatte, näherte ich mich endlich einem von ihnen und verlangte auf arabisch, er möge mich zur Stadt fahren.

»In welches Stadtviertel?« erkundigte er sich vorsichtig. »Sie wissen doch, daß die Lage in Haifa jetzt ziemlich heikel ist.«

Ich erinnerte mich jetzt, was ich über die Teilung der unteren Stadt gehört hatte. Das Hafenviertel war jetzt in einen jüdischen und einen arabischen Abschnitt geteilt, während die Kingsway, die eigentliche Hauptstraße, zu zwei Drittel arabisch und zu einem Drittel jüdisch blieb – mit dem jüdischen Sektor in der Mitte eingeschlossen und von Stacheldrahtbarrikaden umgeben. Ebenso erinnerte ich mich, von schweren Auseinandersetzungen zwischen den verschiedenen Stadtteilen gehört zu haben und von dem bitteren Los, das diejenigen Juden erwartete, die das Unglück hatten, sich plötzlich im arabischen Teil zu befinden.

Selbstverständlich machte sich mein Chauffeur dieselben Gedanken über seine persönliche Sicherheit.

»Zur Kingsway«, sagte ich, aber da er genauso klug war wie ich, wollte er zuerst die Hausnummer wissen.

»Ich erinnere mich nicht«, stammelte ich, »aber ich werde das Haus wiedererkennen. Fahren Sie nur langsam, ich zeige es Ihnen.«

Unterwegs erkundigte ich mich über die Lage in Haifa. Wie es zu erwarten war, hielt er eine lange Rede über die Barbarei der Juden, die Ausschreitungen, deren sie sich schuldig gemacht hatten, und die Notwendigkeit, ihnen eine Lektion zu erteilen.

Inzwischen befanden wir uns auf der Kingsway und er begann sich mit wachsender Beunruhigung zu erkundigen, wann wir unser Ziel erreicht hätten.

»Noch ein wenig weiter«, redete ich ihm gut zu, bis ich die Stacheldrahtsperre erblicken konnte, die den arabischen vom jüdischen Teil trennte.

»Noch ein klein wenig«, wiederholte ich, spürte aber, daß sein Unwillen größer wurde. Jetzt hatten wir den Zaun fast erreicht.

»Stop«, rief ich, sprang mit meinem Koffer heraus, drückte ihm noch schnell einen Geldschein in die Hand und floh durch den Stacheldrahtzaun in den jüdischen Sektor.

»Hol dich der Teufel«, hörte ich ihn fluchen. Er wendete, gab Gas und machte sich mit quietschenden Reifen aus dem Staub.

Ich begab mich zu Fuß zum Mossad. Aber auch der Ehrenempfang, der mich dort erwartete, konnte meinen Zorn nicht besänftigen.

»Warum war niemand am Flughafen?« tobte ich. »Wie dachtet ihr euch eigentlich, daß ich herkommen würde?«

»Seit den Ereignissen bei den Raffinerien ist es äußerst schwer, Treibstoff zu bekommen«, erklärte mir ein Kollege. »Wir waren uns allerdings sicher, Schammai, daß Du es schaffen würdest – und wir haben uns nicht getäuscht!«

Es war wahrscheinlich als Kompliment gemeint, doch ich antwortete darauf mit einem sehr unhöflichen Fluch, obwohl ich die Logik ihres Entschlusses einsehen mußte.

Obwohl meine Abwesenheit weniger als drei Monate gedauert hatte, war ich in ein völlig anderes Land heimgekehrt, in ein Land, das in einen Kampf auf Leben und Tod verwickelt war.

Kriegswirren

Jeder Beduine wird es Ihnen bestätigen: die Wüste ist trügerisch! Sie erreichen einen reißenden Strom, dessen Gewässer tosend durch die Wüste brausen, und Sie glauben, der Fluß würde das ganze Jahr hindurch fließen. Dann kommt der Frühling und der graubraune Boden wird mit unzähligen, vielfarbigen Blumen bedeckt. Doch der Strom versickert allmählich, die letzten Wassertropfen werden von der unbarmherzigen Erde aufgesaugt, und das Wasser verschwindet, als wäre es nie dagewesen. Die Wüste gewinnt die Oberhand, und so weit das Auge reicht, herrschen Dürre und Trostlosigkeit.

So erschien mir die Lage im Januar 1948, als ich aus dem Libanon zurückkehrte. Die Einwanderung aus dem Irak, die ich mir als einen ständig fließenden Strom vorgestellt hatte, – besonders nach den »Michaelberg«-Flügen und den kühnen Zwei-Lastwagen-Konvois, der im Oktober siebenundsiebzig Leute brachte – kam nun zu einem völligen Stillstand. Eine ausführliche Erklärung bekam ich von Sammi, der die Gruppe der siebenundsiebzig begleitet hatte und nun seine Rückkehr nach Bagdad aus zwei schwerwiegenden Gründen aufschob: erstens war er frisch verlobt mit einer jungen Frau aus Basra, die mit unserem ersten »Michaelberg«-Flug nach Palästina kam, und zweitens fehlten ihm die entsprechenden irakischen Dokumente, um wieder legal in den Irak einzureisen. Wir konnten ihn jetzt nicht mehr mit dem Lastwagen hineinschmuggeln, wie wir es seinerzeit mit allen unseren Emissären taten. Die Wüstenstraße nach Osten wurde nur noch selten von Lastwagen befahren, und außerdem waren die Kontrollen verschärft worden.

Sammi blieb also in Palästina und wurde zum Orakel, was die Einwanderung aus dem Irak anbetraf. Er erklärte mir, daß die Unruhen, die der Teilungsbeschluß der Vereinten Nationen verursacht hatte, sowie die Kriegsvorbereitungen der arabischen Staaten und der Truppenaufmarsch in der Wüste dem Mossad die Weiterführung der Einwanderung durch die Wüste unmöglich machten. Das war auch die Erklärung für die mir damals unbegreifliche Anweisung: »Weitere Verladungen vorläufig aufhalten.«

Seit dem Konvoi der siebenundsiebzig Einwanderer, die Sammi im Oktober herüberbrachte, hatte keiner von unseren Leuten den Irak verlassen. Allerdings erreichte am 28. Dezember eine Gruppe von 30 Juden das Land, nachdem sie sich auf eigene Faust einem Schmuggler anvertraut hatten. Die Erscheinung der »wilden Einwanderung«, wie wir sie nannten, war weder neu noch sehr verbreitet. Sie wurde von denjenigen unternommen, die nach Palästina wollten, jedoch keine Ahnung von der zionistischen Untergrundbewegung hatten oder keine Kontakte zu ihr unterhielten. Andere wiederum waren des Wartens müde oder mit den Prioritäten der Bewegung nicht einverstanden – wie zum Beispiel das Vorrecht der Abreise für die, die von den Behörden verfolgt wurden. Ihre Bemühungen waren hie und da erfolgreich, denn gewöhnlich entdeckten auch sie irakische Polizeioffiziere oder andere Beamte, die für teures Geld bereit waren, Pässe und Ausreisevisa auszustellen. Es fehlte nie an Schmugglern, die einem zuerst das Geld abnahmen, und nachher ihr Versprechen hielten – oder auch nicht. Der Bedarf an Schmugglern wuchs zusammen mit der Häufigkeit der »wilden Einwanderung«, besonders als feststand, daß es dem Mossad nicht mehr gelang, seine Auswanderungsmöglichkeiten beizubehalten. Die ungeheuren Preise vermochten die fliehenden Juden nicht aufzuhalten, und trotz des Risikos waren sie mehr und mehr bereit, sich auf unbekannte Schmuggler einzulassen und nicht erprobte Fluchtwege zu benutzen.

Eine Gruppe von dreißig Leuten, die im Dezember 1947 aus dem Irak ankam, war außergewöhnlich, was sowohl die Anzahl der Flüchtlinge, als auch den Schmuggler selbst betraf, der ein irakischer Jude namens Ezekiel Maschiach war. Als mir Sammi seinen Namen nannte, nickte ich, denn ich kannte den Mann. Ich war ihm Anfang 1947 begegnet, nachdem der Mossad eine merkwürdige Botschaft vom Kibbuz Beit Ha'arava[1] am Nordufer des Toten Meeres erhalten hatte. Der Kibbuz teilte uns mit, eine verdächtige Gruppe von Menschen, die behaupteten, Einwanderer zu sein, hätte den Jordan überquert und sei ohne jegliche Vorsichtsmaßnahme am hellichten Tag in den Kibbuz hineinmarschiert.

Von dieser ungewöhnlichen Erscheinung ganz aus der Fassung gebracht, hatten die Kibbuzleute »die Eindringlinge« auf höflichste Weise eingesperrt und vom Mossad dringend verlangt, die Sache zu

[1] Nach dem UNO-Teilungsplan befand sich der Kibbuz in dem Teil des Landes, welcher dem jüdischen Staat nicht angehören sollte. Kurz vor der Unabhängigkeitserklärung wurde er deswegen von seinen Siedlern verlassen und von den Jordaniern völlig zerstört.

übernehmen. Ich fuhr mit Temima zum Kibbuz und stellte schon auf den ersten Blick fest, daß es sich tatsächlich um echte Einwanderer aus dem Irak handelte.

In einem Bericht an den Mossad und an unsere Leute in Bagdad beschrieb ich Maschiach folgendermaßen: »Ich habe den Eindruck, daß es sich um einen Mann mit Durchsetzungsvermögen handelt ... Ich glaube aber, daß sein Unternehmen unsere Operationsmöglichkeiten gefährdet, weil er nicht vorsichtig genug ist ... Die Reise dauerte viel zu lange, da er seine Treffpunkte nicht koordiniert hatte. Die Gruppe wechselte viermal das Fahrzeug und kam schließlich in jordanischen Luxusautos an. Er bekam 200 Palästina-Pfund pro Person.«

Trotz seiner Nachlässigkeit schlug ich dem Mossad ein Treffen mit Maschiach vor, um zukünftige gemeinsame Aktionen vorzubereiten. Ein solches Treffen fand jedoch meines Wissens nie statt. Ich selbst ließ die Sache aus zwei Gründen fallen: erstens wegen meinem Groll, den ich gegen den Mossad hegte, und zweitens, weil ich mit der »Michaelberg«-Operation und danach mit den Vorbereitungen der Libanonreise beschäftigt war.

Jetzt, da ich wieder daheim war und Maschiachs Namen hörte, wurde ich richtig wütend, daß er sein Amateurunternehmen weiterführen konnte, während wir wie gelähmt dastanden. So wütend, daß ich eine dringende Besprechung mit der Leitung des Mossad verlangte: »Halten Sie es nicht für eine Schande, daß wir hier herumsitzen und uns gegenseitig unsere Bedenken darlegen und unsere Möglichkeiten abschätzen, während ein kleiner mickriger Draufgänger wie Maschiach eine Gruppe von 30 Personen herbringt?«

»Wie gewöhnlich übertreibst du!« warf mir Mosche Karmil vor. »Du weißt genau, daß wir unser Möglichstes tun.«

»Das ist leicht zu behaupten! Als ich einen Weg entdeckte, um die Einwanderer durch den Libanon hereinzubringen, habt ihr mir befohlen, die Sache ›vorläufig‹ aufzuhalten. Jetzt stelle ich fest, daß die ganze Einwanderung aus dem Irak zum Stillstand gekommen ist. Wir könnten ebensogut das ganze Unternehmen aufgeben und jeden sich selbst überlassen!«

»Das Vakuum, das wir durch unsere Zurückhaltung und durch den Entschluß, nur auf verantwortungsvolle Art und Weise vorzugehen, geschaffen haben, wird von selbständigen Schmugglern ausgefüllt – und das ist noch gefährlicher«, fügte Sammi hinzu.

»Schammai«, rief ein eifriger Verteidiger von Mosche Karmil, »bist du wirklich bereit, die Verantwortung zu übernehmen und Menschenleben aufs Spiel zu setzen, indem du jetzt Leute durch die Wüste schickst, wo es gegenwärtig von Mujaheddins[1] und Einheiten der arabischen Armeen nur so wimmelt? Hast du die vielen Berichte über die Truppenkonzentrationen nicht gelesen? Weißt du, was einem, der ihnen in die Hände fällt, bevorsteht? Bist du bereit, so etwas auf dein Gewissen zu nehmen?«

Die Frage war natürlich gerechtfertigt, doch mußten wir uns andererseits fragen, ob wir, ohne irgendetwas zu unternehmen, abseits stehen durften.

»Meiner Meinung nach ist die Frage, die der Krieg und der Holocaust in Europa aufwirft, nicht, ob wir das Recht haben, Menschenleben der Gefahr auszusetzen, sondern ob wir das Recht haben, weitere Rettungsaktionen zu unterlassen, um Risiken zu vermeiden.«

Es herrschte nun eine nachdenkliche Stille, alle Blicke senkten sich und ein jeder begann, entweder seine Fingernägel oder die Spitzen seiner Schuhe zu betrachten.

»Ich glaube nicht, daß wir irgendeine Wahl haben«, unterbrach ich schließlich die düstere Stimmung. »Die Lage wird sich nur verschlechtern, und wir müssen etwas unternehmen – es sei denn, wir geben alles auf!«

Niemand hatte etwas zu erwidern, und nach dieser Besprechung wurde tatsächlich eine Funkbotschaft nach Bagdad durchgegeben, mit der Anweisung, die »Lieferungen« wieder aufzunehmen, unter der Bedingung, daß die Gruppen nicht mehr als fünfzehn Männer zählen sollten und alle bewaffnet sein müßten.

Aber trotz der guten Absichten war diese Botschaft wie ein letzter Atemzug, denn keine einzige Gruppe wurde mehr durch die Wüste befördert. Einige Tage später wurde Jumah – einer der beiden Fahrer, die den Lastwagen, der in der Wüste verunglückt war, gelenkt hatten, zusammen mit einigen seiner Kumpanen festgenommen. Sie wurden zwar mit einer Ladung geschmuggelten Zuckers erwischt, doch warf ihnen die Polizei vor, sie würden auch Juden herausschmuggeln, so daß sie von nun an für uns nicht mehr für diese Aktionen in Betracht kamen. Sogar Ezekiel Maschiach verließ das Geschäft, aber das Schlimmste war, daß die letzte Gruppe der »wilden« Einwanderung, die die Wüste durchqueren wollte, gefaßt wurde.

Vielleicht ist der Ausdruck »Gruppe« übertrieben, denn es handelte sich eigentlich nur um zwei Personen, Abraham Keduri Alafi, einen

[1] Freiwillige aus arabischen Staaten, die nach Palästina geschickt wurden, um dort zu kämpfen und die lokale arabische Bevölkerung zu Terrorakten anzuspornen, solange die Briten sich noch dort befanden und die arabischen Armeen nicht angreifen würden.

24jährigen Junggesellen und Naji Yosef Menachem, einen 35jährigen Familienvater. Einige Tage, nachdem die beiden Bagdad verlassen hatten, kehrte der arabische Schmuggler zu Alafis Haus mit dessen Gebettuch, dem »Talit« und Gebetsriemen, den »Tefilin«, zurück. Er wollte damit beweisen, daß die zwei heil an ihrem Bestimmungsort angekommen seien, um so den Rest der Bezahlung zu erhalten. Er behauptete, er habe die beiden Männer bis zur Brücke über den Jordan am Fuße der Golanhöhen geführt.

Zur gleichen Zeit erhielten wir aber vom Nachrichtendienst der Haganah die Meldung, daß zwei Juden, die versucht hätten, den Jordan zu überqueren, von Arabern in der Nähe des Kibbuzes ›Beit Ha'arava‹ festgenommen wurden. Ihr Vorwand, sie wären gekommen, um Handel mit Schafherden zu treiben, war nicht sehr glaubwürdig, insbesondere da man vier Schichten Kleider und dazu noch Pyjamas unter ihrer arabischen Tracht entdeckte.

Alafi und Menachem wurden zu Fawzi Kaukjis Hauptquartier in Jericho gebracht und verschwanden spurlos. Einige Wochen nach diesen Ereignissen erschien bei einer der beiden Familien in Bagdad ein irakischer Offizier, der mit den Mujaheddins verbündet war, um Geld mit dem Versprechen zu erpressen, man würde beide Männer den Juden in Palästina übergeben. Leider war dies das Ende der Angelegenheit, und wir konnten lediglich vermuten, daß sie von Kaukjis Leuten ermordet wurden. Wie einst Mose durften sie das Gelobte Land nur erblicken, aber nicht betreten – und bis zum heutigen Tage kennt niemand ihre Grabstätte.

So schien es nun, daß Razzuk unsere einzige und letzte Hoffnung wäre, weitere Einwanderer nach Palästina zu bringen. Razzuk war ein Assyrer, der sich mit Warentransporten per Lastwagen von Bagdad nach Haifa und zurück sein Brot verdiente. Er arbeitete schon eine Weile mit uns zusammen.

Er brachte auf jeder seiner Fahrten nach Palästina einige Burschen mit, die er im Wagen hinter der Ware zu verstecken pflegte. Er war auch einverstanden, unsere Emissäre in entgegengesetzter Richtung mitzunehmen. Einige Monate vorher kam Yunis auf die Idee, unsere Arbeit zu erleichtern, indem wir Razzuk zur Anschaffung eines größeren Lastwagens verhelfen sollten, in den ein kleines und gutverstecktes Abteil eingebaut werden sollte, so daß man verhältnismäßig bequem 10-12 Passagiere verstecken und mitnehmen könnte. Der Auftrag, ein solches Abteil einzubauen, wurde einer Firma in Tel Aviv übergeben. Da die Arbeit länger als vorgesehen dauerte, war es schon Mitte Februar 1948, als Razzuk endlich seinen Wagen in Empfang nehmen konnte. Er fuhr zu diesem Zweck mit seinem alten Wagen von Bagdad nach Tel Aviv und überquerte die einzige noch bestehende Brücke über den Jordan, die Allenbybrücke in der Nähe von Beit Ha'arava. Dort wurde er auch untergebracht, während man seinen Lastwagen nach Tel Aviv brachte. Hier stellte man fest, daß sich der Wagen in einem sehr schlechten Zustand befand. Der Motor mußte entweder überholt oder ersetzt werden. Ich begab mich deshalb nach Beit Ha'arava, um mit Razzuk alle Einzelheiten zu besprechen.

Eine solche Fahrt – von Tel Aviv nach Beit Ha'arava via Jerusalem – war keine einfache Reise mehr. Sogar wir, die Mossad-Leute, die gänzlich von den Einwanderungsfragen in Anspruch genommen wurden, konnten den nicht offiziell erklärten, aber mörderischen Krieg, der rings um uns tobte, nicht mehr ignorieren. Allein im Dezember 1947, im ersten Monat nach dem Teilungsbeschluß der Vereinten Nationen, wurden 216 Juden bei Zusammenstößen oder anderen Gewalttätigkeiten von Arabern umgebracht und 389 verletzt. Im Januar 1948, während ich krampfhaft versuchte, Mittel und Wege zu finden, um noch eine Handvoll Juden aus dem Irak herauszuschaffen, waren schon alle jüdischen Siedlungen in Palästina schweren Angriffen ausgesetzt. Besonders gefährdet war auch der Verkehr zwischen den verschiedenen Städten, und als ich am 1. März nach Jerusalem fuhr, sah der Bus eher wie ein Panzer aus. Seitenwände und Fenster waren mit Metallplatten bedeckt, die kleine Öffnungen hatten, um einen Gewehrlauf hindurchzuschieben. Die Windschutzscheibe wurde durch eine Stahlplatte ersetzt, und nur ein schmaler Spalt ermöglichte dem Fahrer die Sicht auf die Straße. Als ich in Tel Aviv ausstieg, empfing mich Mosche Karmil, der uns vor jeder Reise, ob nah oder fern, zu verabschieden pflegte. In einer Papiertüte brachte er frische Brötchen, ein Päckchen Halva und einige Orangen mit.

»Mosche«, sagte ich erstaunt, »du bringst Vorräte, als ob ich mich für den Auszug aus Ägypten vorbereiten würde! Ich fahre zu meiner Schwester nach Jerusalem und bin sicher, sie wird mich reichlich verwöhnen!«

»Heutzutage gleicht jede Reise dem Auszug aus Ägypten«, sagte er und drängte mir die Tüte auf. »Nimm, du könntest es vielleicht gebrauchen.«

Und recht hatte er, denn an diesem Tag erreichten wir weder Jerusalem, noch kehrten wir nach Tel Aviv zurück. Der Bus machte sich auf den Weg zum Kibbuz Hulda, einem Treffpunkt für Dutzende von Wagen, die von dort aus in Konvois nach Jerusalem fuhren. Es waren darunter gepanzerte Busse, schwerbeladene Lastwagen mit Mehlsäkken und verschiedenen Nahrungsmitteln für die belagerte Bevölkerung in Jerusalem, sowie eine Anzahl von Kleinlastwagen, welche die bewaffnete Begleitmannschaft mitführten.

Einige Kilometer vor Hulda hielt ein britischer Offizier den Konvoi an und teilte dem Fahrer des Leitwagens mit, daß die Straße weiter oben mit Minen und Hindernissen übersät sei. Da wir keinen anderen Ausweg hatten, kehrte der ganze Konvoi um, und wir fuhren zurück, um es am nächsten Tag nochmals zu versuchen. Frühmorgens, nachdem wir eine unruhige Nacht auf den harten, nackten Sitzen des Busses verbracht hatten, wiederholte sich die Zeremonie der Befehle und Gegenbefehle, bis die Leiter des Konvois endlich zufrieden waren und das Zeichen zur Abfahrt gaben. Doch kurz darauf kam der Konvoi zum Stillstand. Die Tür des Busses öffnete sich, ein Mann der Begleitmannschaft schaute herein und sagte: »Waffen bereit halten!«

In wenigen Sekunden wurde das eingebaute Waffenversteck geleert, Teile von Maschinengewehren unter den Hemden hervorgezogen, zusammengesetzt und geladen, ebenso verschiedene andere Waffen. Dann wurde es still. Der Motor startete wieder und wir setzten unseren Weg fort Richtung Engpaß Bab-al-Wad, wo die Auffahrt nach Jerusalem durch die Höhen Judäas beginnt. Wieder blieben wir stehen.

»Die Straße ist blockiert«, erklärte einer der Reisenden, der etwas zu wissen glaubte, doch einige Minuten später fuhren wir weiter. Und dann begann es: Mit ohrenbetäubendem Lärm ging ein Hagel von Geschossen auf uns nieder. Die Schießscharten wurden geöffnet und die Maschinengewehre erwiderten das Feuer. Draußen hörte man wildes Geschrei, und wir sahen, daß einer der Wagen getroffen und fahruntüchtig gemacht worden war. Durch den schrecklichen Lärm hindurch hörten wir unsere Verteidiger schreien: »Vorwärts! Fahrt um ihn herum! Weitermachen, weitermachen!« Jetzt befanden wir uns im Zentrum des Hinterhaltes, und ich konnte das dumpfe Einschlagen der Kugeln auf den Metallplatten vernehmen. Plötzlich ertönte ein furchtbarer Schrei in unserem eigenen Bus: »Hilfe, Hilfe, ich bin getroffen!«

Die Kugeln drangen durch das ungeschützte Dach ein und richteten die Passagiere übel zu. Ich warf einen besorgten Blick um mich und sah eine junge Frau, deren Gesicht völlig mit Blut bedeckt war. Lea Rakov hieß sie; ich hatte mich während der Fahrt des vorigen Tages mit ihr unterhalten. Zufällig fuhr sie auch nach Beit Ha'arava. Nun saß sie da, auf ihrem Sitz zusammengesunken und tödlich getroffen. Vor Entsetzen gelähmt, starrte ich sie an, bis ich eine Hand auf meiner

Schulter spürte und eine Stimme hörte, die sagte: »Kamerad, bist du bereit zu helfen?«

Ich nickte verwirrt, meinen Blick noch immer auf das Mädchen gerichtet.

»Ziehst du es vor, zu schießen oder den Verwundeten zu helfen?«

Plötzlich wurde mir klar, daß ich einen Entschluß fassen mußte, wie ich zu handeln hatte, ob ich töten oder retten sollte. »Ich werde schießen«, hörte ich mich entschlossen antworten.

Und das tat ich auch – mit Wut und mit Abscheu, doch vor allem mit Enttäuschung, denn ich wußte, wie wirkungslos meine Schüsse waren. Die Angreifer hatten sich hinter den Felsblöcken, die die Straße säumten, gut versteckt, so daß ich sie durch die Schießscharten kaum sehen konnte. Das Feuer nahm allmählich ab, bis wir nur noch das Dröhnen der Motoren und das Klagen der Verletzten hörten. Langsam wand sich der Konvoi den Berg hinauf.

Vor der Einfahrt nach Jerusalem blieben wir stehen, um die Opfer zu zählen. Lea Rakov war tot. Viele andere waren verwundet, unter ihnen auch ein streitsüchtiger Mann, der vor der Abfahrt aus Hulda fest darauf beharrte, ich solle ihm meinen Sitzplatz geben, unter dem Vorwand, daß er zuerst eingestiegen sei. Ohne etwas einzuwenden, tauschte ich den Platz mit ihm, da meines Erachtens alle Plätze gleich gut waren. Nun war ich dabei, dem Sanitäter zu helfen, ihn auf einer Tragbahre hinauszubringen. Wäre er nicht so starrköpfig gewesen, so würde er *mich* jetzt hinaustragen.

Am nächsten Tag ging es weiter nach Beit Ha'arava und diesmal verlief die Reise reibungslos, da ich per Anhalter mit einem Lastwagen des Kaliwerkes am Toten Meer fuhr. Die Hauptaktionäre der Kaliwerke waren meistens Engländer, und die Mandatsregierung bemühte sich, den Weg zum Toten Meer offenzuhalten, um ihre Interessen zu wahren. Außerdem war dies die einzige Straße, die Jerusalem mit dem Osten verband, und die Araber waren genauso daran interessiert, sie offenzuhalten, weil sie selbst sie auch benutzten. Als ich Razzuk traf, brachte ich ihn nach Jerusalem, wo wir uns einem anderen Konvoi anschlossen, um nach Tel Aviv zu fahren. Natürlich hatte ich Razzuk über die Gefahren unserer Fahrt aufgeklärt, doch es ereignete sich nichts Außergewöhnliches – dank der Haganah, die den Weg vorübergehend »gereinigt« hatte –, so daß unser Konvoi reibungslos hindurchfuhr. Als ich endlich Razzuk sagte, daß wir in Tel Aviv angelangt seien, warf er mir einen vorwurfsvollen Blick zu und meinte: »Ach, Yusuf, Sie wollten mich also nur erschrecken – um mich dann auszulachen!«

»Nein, Razzuk«, sagte ich betrübt, »leider gibt es keinen Grund zum Lachen!«

Die Ironie der ganzen Geschichte aber war, nachdem wir unser Leben buchstäblich aufs Spiel gesetzt hatten, um Razzuk zu seinem Wagen nach Tel Aviv zu bringen, daß unser Unternehmen wieder gestoppt wurde. Als es zu entscheiden galt, wie die Sache weiterzuführen sei, überflutete uns der Nachrichtendienst der Haganah mit neuen Meldungen über den Aufmarsch der arabischen Kräfte längs der Hauptstraßen Transjordaniens und dem Jordan entlang. Unter diesen Umständen war klar, daß jeder Transportwagen aufgehalten und gründlich durchsucht werden würde, bevor er nach Palästina weiterfahren konnte, was das Überqueren der Grenze unmöglich machte. Selbst wenn ein Lastwagen durchgekommen wäre, hätten wir noch immer die Frage lösen müssen, wie wir die Einwanderer vom Toten Meer zur Küste bringen sollten. Ich mußte einsehen, daß die Chancen sehr gering waren. Das einzig Vernünftige war also, Razzuk auf dem Luftweg heimzuschicken und den Lastwagen einstweilen hierzulassen. Vor unseren Augen verschwand damit auch die letzte Möglichkeit, die Einwanderung aus dem Irak aufrechtzuerhalten. Es kam uns vor, als ob dieser letzte Tropfen Hoffnung in der wasserdurstigen Wüste versickern würde.

Allerdings sandte der Mossad Sammi am 10. März in den Irak zurück. Er sollte dort als Koordinator der illegalen Auswanderung weiter tätig sein. Das Problem seines Reisepasses wurde gelöst, indem er meinen erhielt und das Bild ausgewechselt wurde. Wieder in Bagdad, widmete sich Sammi der Wiederaufnahme von Kontakten zu Personen, die Schlüsselpositionen bei der Grenzpolizei und am Flughafen innehatten. In der Vergangenheit war es uns gelungen, einige Leute mit falschen oder zum Teil »verbesserten« Pässen herauszuschmuggeln, indem sie neue, nicht-jüdische Namen erhielten und in fiktive »Familien« gruppiert wurden, um auf diese Weise mit einem einzigen Reisedokument fliehen zu können. Selbstverständlich hatte die Methode ihre Grenzen, und dazu verschlangen die Bestechungsgelder ungeheure Summen. Deshalb diente sie uns nur als Notlösung für besonders wichtige Fälle, wo es um Tod und Leben ging; zum Beispiel für Leute, die von der Polizei verfolgt wurden. Jetzt schien uns dies die einzige Möglichkeit, irgend jemanden noch herauszubringen. Kurz nach Sammis Rückkehr konnten einzelne Personen den Irak verlassen, meistens an Bord von ägyptischen Flugzeugen, die in Lydda zwischenlandeten. Dies war aber keineswegs das Ende ihres Abenteuers oder der Schwierigkeiten, die mit dieser »Ausreise« verbunden waren. Die Briten betrachteten es sogar noch jetzt, kurz bevor sie das Land verlassen sollten, als ihre Pflicht, jegliche jüdische Einwanderung zu verhindern. Selbst die Fahrt zum Flughafen, der außerhalb von Tel Aviv lag, war längst keine Routinefahrt mehr, und wir konnten ihn nur mit gepanzerten Wagen und bewaffnetem Geleitpersonal erreichen.

Wenn eine Gruppe – die gewöhnlich aus zwei Paaren bestand – erwartet wurde, begab ich mich in einem gepanzerten Wagen zum Flughafen, um die Neuankömmlinge abzuholen. Diese Arbeit bereitete mir große Genugtuung, da sich unter den Einwanderern die leitenden Mitglieder unserer Bewegung befanden. Ich war glücklich, sie bei ihrem ersten Schritt in die Freiheit begrüßen zu dürfen. Doch dieser erste Schritt ging manchmal schief. Die erste »Ladung«, die Ende März ankam, bestand aus vier Personen, denen man genaue Anweisungen gegeben hatte, wie sie sich bei ihrer Ankunft in Palästina zu verhalten hätten. Es schien allerdings, daß sie in ihrem Freudentaumel die Anweisungen einfach vergaßen. Bei der Paßkontrolle gaben sie sich zwar richtig als irakische Christen aus, doch als man sie nach ihrem Bestimmungsort fragte, antworteten sie freudig »Tel Aviv«!

Der britische Beamte lächelte unter seinem buschigen Schnurrbart und versuchte ihnen in fast unverständlichem Englisch klarzumachen, daß es für einen Iraker momentan absolut nicht empfehlenswert wäre, nach Tel Aviv zu fahren. Zögen sie nicht lieber Jaffa oder Jerusalem vor?

»Nein«, antwortete Giora, der Wortführer der Gruppe war, »wir fahren nach Tel Aviv!«

Eine Anzahl arabischer Flughafenbeamte gesellte sich nun zu dem englischen Kollegen und versuchte die vier Passagiere auf arabisch zu überzeugen, daß die Juden sie dort einfach abschlachten würden!

»Wir wollen nach Tel Aviv«, war Gioras unerschütterliche Antwort.

Ich stand in ihrer Nähe, anscheinend in eine Zeitung vertieft, doch verfolgte ich aufmerksam jedes Wort und hörte mit wachsender Besorgnis ihren Erklärungen zu. Ich versuchte ihnen Zeichen zu machen, doch betrachteten sie meine Mimik mit unverständlichem Staunen.

Giora sah plötzlich ein, daß er sich in eine Situation hineinmanövriert hatte, aus welcher er keinen Ausweg fand. Weder konnte er die Fahrt in einen arabischen Sektor annehmen, noch durfte er seine Erklärungen ändern oder angeben, daß er und seine Kameraden Juden waren. So blieb ihm nichts anderes übrig, als weiter auf seinem scheinbar unvernünftigen Standpunkt zu beharren und als Araber nach Tel Aviv fahren zu wollen!

Zu meinem Erstaunen und zu meiner großen Erleichterung zuckte der britische Beamte endlich resigniert mit den Achseln, stempelte die Pässe ab und ließ sie gehen. Schließlich hatte er sein Äußerstes getan, um das Leben dieser vier Iraker zu retten, deren Eigensinn genauso groß wie ihre Dummheit war. Das erste Hindernis war überwunden! Als sie jedoch das Abfertigungsgebäude verließen, umzingelte sie eine Meute arabischer Gepäckträger und Taxichauffeure, die lauthals ihre Dienste anboten. Ich befürchtete nun andere Szenen und Schwierigkeiten, konnte sie aber nicht direkt ansprechen, ohne mich selbst zu gefährden. Deshalb lief ich schnell zu Schimon Levy, dessen Familie das Flughafenhotel besaß. Ich bat ihn, die Gruppe so schnell wie möglich für kurze Zeit in Sicherheit zu bringen. Schimon nickte mir zu, ging ihnen nach und brüllte sie nach bester englischer Feldwebelart an: »Ihr da, folgt mir sofort die Treppen hinauf!«

Giora und seine Kameraden waren überzeugt, noch einen schroffen englischen Beamten vor sich zu haben und wollte ihm erklären, daß sie soeben alle Formalitäten erledigt hatten!

»Ich habe gesagt, die Treppe hinauf – aber sofort!« schnauzte Schimon sie in einem Ton an, der keinen Widerspruch duldete. Da er selbst nicht wußte, was weiter mit ihnen anzufangen sei, sagte er: »Ihr könnt Euch im Flughafenhotel eintragen und hierbleiben!«

Giora aber blieb hartnäckig: »Nein, wir wollen nach Tel Aviv!«

»Bleibt hier sitzen und rührt euch nicht!« schrie Schimon sie wieder an und rannte ganz aufgebracht zu mir zurück.

»Deine Freunde müssen Vollidioten sein«, klagte er. »Was immer ich ihnen sage, die Antwort ist nein!«

Ich kritzelte schnell einen Zettel mit den Worten: »Willkommen! Tut alles, was der Mann Euch sagt« – unterschrieben »Amu Yusuf«.

Das wirkte. Als er ihnen den Zettel brachte, folgten sie sofort seinen Anweisungen. Kurz darauf führte er sie durch eine Hintertür in die Küche, und von dort zu dem gepanzerten Wagen, den ich bereitgestellt hatte. Nun stand der Reise nach Tel Aviv nichts mehr im Wege.

Ein anderes Mal brachte uns ein Neueinwanderer eine Tube mit Rasiercreme mit, die ihm von der Untergrundbewegung übergeben worden war und unsere Korrespondenz enthielt. Als er mich von weitem im Wartesaal erblickte, zog er die Tube aus dem Handgepäck, fuchtelte mit ihr herum und schrie aus voller Kehle: »Amu Yusuf, Sammi bat mich, dir dies zu übergeben!«

Vergebens versuchte ich, ihm durch Zeichen zu bedeuten, er solle den Mund halten. Er fuhr einfach fort, laut zu schreien, und fügte noch hinzu: »Sammi sagte, es sei sehr wichtig!«

Es blieb mir nichts anderes übrig, als zu verschwinden in der Hoffnung, er würde sich inzwischen beruhigen.

Zum Glück bildeten solche Zwischenfälle eher die Ausnahme, denn Sammi bereitete die Auswanderer sehr gründlich auf die Ausreise vor, und sie waren alle in der harten Schule der Untergrundbewegung ausgebildet.

Wenn auch solche Versehen ab und zu vorkamen, wurde die ausgestandene Angst schnell vergessen, sobald ich mich zu den Einwanderern setzte und mit ihnen auf der Fahrt nach Tel Aviv plauderte. Ich hörte die letzten Nachrichten aus Bagdad und bekam Grüße von Freunden und Bekannten. Doch am 2. April mußten wir auch diese letzte Möglichkeit aufgeben. Wir funkten nach Bagdad:

An: BERMAN
Von: ARTZI
»Die vier sind heil in Lydda angekommen. Die Straße von Lydda nach Tel Aviv ist abgeschnitten, und sie sind vorläufig dort geblieben.«

Drei Tage später funkten wir wieder:

An: BERMAN
Von: ARTZI
»1. Juden verlassen zeitweilig Flughafen von Lydda. Für die kommenden Tage bleibt es ausgeschlossen über Lydda zu fahren.
2. Bis auf weiteres sollen keine Leute mehr nach Lydda geschickt werden.«

Eine Wiederaufnahme dieser Transporte hat nie mehr stattgefunden, und das Tor vom Osten nach Palästina blieb den Juden aus dem Irak von nun an verschlossen.

All dies ereignete sich zu einer Zeit, in der die Lebensaussichten für diese Juden noch düsterer waren als für diejenigen, die sich in anderen arabischen Ländern befanden. Die Erinnerung an den schrecklichen »Farhoud« (Pogrom) hatte sich tief in ihre Seelen eingeprägt, und jetzt verstärkten sich im ganzen Land die Gerüchte, daß sich dergleichen bald wiederholen könnte.

Seit dem Rückzug der Alliierten im Jahre 1945 hatte der Irak weder Ruhe noch Stabilität gekannt. Es schien, als ob das ganze Land in zwei

Extreme gerissen wurde: einerseits Raschid Alis Pro-Nazi-Partei, die nicht die leiseste Spur von britischem Einfluß duldete, und andererseits die kommunistische Partei, die für illegal erklärt wurde und dadurch gezwungen war unterzutauchen, aber dennoch einflußreich blieb. Letztere erfreute sich auch der Unterstützung einer Anzahl jüdischer Intellektueller, die nach dem Pogrom von deren kosmopolitischen Anschauungen angezogen wurden. Tatsächlich stammte eine Anzahl führender Ideologen der kommunistischen Partei aus den Reihen dieser Neubekehrten.

Niemand verstand es besser als die Kommunisten, das Elend der zunehmenden Arbeitslosigkeit und des Hungers auszunützen, das sich in den letzten Jahren durch wiederholte Dürreperioden noch verschärft hatte. Es gelang ihnen, in die verschiedenen Schichten der Gesellschaft einzudringen, so daß sie schon 1947 riesige Massendemonstrationen organisieren und das Land durch Streiks zum Stillstand bringen konnten. Die wirtschaftlichen und administrativen Verwaltungszentren, der öffentliche Staatsapparat, die Industrie und vor allem das Riesenunternehmen der Irak-Petroleumgesellschaft wurden auf diese Weise lahmgelegt. Die Versuche der Regierung, die Streiks zu brechen, führten unvermeidlich zu Unruhen und schürten das Feuer noch mehr.

Es gab trotzdem einen Punkt, in dem sich die ehrgeizigen Kommunisten und die enttäuschten Nazianhänger einig waren, und zwar in dem unnachgiebigen und lärmenden Kampf gegen den besonderen Status der Briten im Irak.

Im Jahre 1930, noch bevor der Irak seine volle Souveränität erreichte, wurde ein 20jähriges Abkommen unterzeichnet, das den Engländern einen Vorzugsstatus in verschiedenen Bereichen einräumte und als Basis zur Errichtung der »Iraq Petroleum Company« diente. Diese entwickelte sich zu einem gewaltigen wirtschaftlichen Konzern, der, wie man meinte, den Reichtum des Landes hinauspumpte und deshalb Gegenstand eines anschwellenden Hasses im Irak wurde.

Die wirtschaftliche Krise nach dem Krieg und die antibritische Stimmung hinterließen entsprechend tiefe Spuren im politischen Leben des Landes. Korruption in den Staats- und Lokalverwaltungen sowie Zusammenstöße zwischen den verschiedenen Stämmen und Völkergruppen waren an der Tagesordnung, eine Regierung fiel nach der anderen, bis sich endlich Saleh Jabrs Regierung an die Engländer um Hilfe wandte in der Hoffnung, so das allgemeine Leid lindern zu können.

Die Briten willigten zwar ein, doch wurde ihre Hilfe von der Unterzeichnung eines neuen Abkommens abhängig gemacht, da sich das bestehende seinem Ende näherte. Die Art und Weise, wie die britische Regierung bei jeder Verhandlungsetappe die Iraker manipulierte, war alles andere als diskret. Um die erwünschten Ziele zu erreichen, übertrafen sie sich in der Kunst der »Gastlichkeit«. Der Regent, die führenden Minister und sogar die Journalisten wurden großzügig eingeladen, um sie rascher weich zu kriegen. Trotzdem gab London erst im August 1947 die eingefrorenen irakischen Devisenreserven wieder frei, um die Einfuhr von Lebensmitteln und anderen lebenswichtigen Gütern zu ermöglichen. Auch mußte der Irak mit der Festlegung der Einzelheiten des Vertrages bis November warten, um das Recht auf Anleihen und andere Vergütungen zu erhalten.

»Ende November schien endlich alles zur Unterzeichnung des neuen Vertrages bereit zu sein«, schrieb der britische Historiker Stephen Longrigg in seinem Buch »Der Irak von 1900 bis 1950« – alles außer der öffentlichen Meinung, deren Stimmung von den heftigen Protesten von links und rechts stark beeinflußt war. Als die Regierung den sich nähernden Sturm wahrnahm, griff sie den Teilungsbeschluß der Vereinten Nationen für Palästina, der bereits zu Demonstrationen und Unruhen in Syrien und Libanon geführt hatte, als idealen Vorwand zur Ablenkung der öffentlichen Meinung auf. Es wurden im ganzen Lande Schalter zur Registrierung von Mujaheddins eröffnet – Freiwillige zum »Jihad«, dem heiligen Krieg gegen die zionistischen Ungläubigen in Palästina. Gleichzeitig wurde der »Bund zur Verteidigung Palästinas« gegründet, der hauptsächlich für Propagandazwecke dienen sollte. Die eingeschüchterten und bedrohten irakischen Juden wurden gezwungen, dieser Organisation große Geldsummen zu spenden. Allerdings bemühte sich die Regierung trotz ihrer ständigen Hetze gegen die Juden, Ausschreitungen gegen diese zu verhindern – aus Angst, daß einmal losgelassen, sich die bösen Geister ebenso gegen das Regime wenden könnten.

Wie erhofft, stellte sich das irakische Volk sofort hinter seine »mutige« Regierung, die zum Jihad-Kampf gegen Palästina aufrief. Der Widerstand gegen den Vertrag mit Großbritannien wurde vergessen. Durch den Umschwung ermutigt, fühlte sich die Regierung Ende Dezember stark genug, die Unterzeichnung des Vertrages zu vollziehen. Eine Delegation, vom Ministerpräsidenten Saleh Jabr geführt, begab sich nach London, und am 15. Januar 1948 trat das Portsmouth-Abkommen, das nach dem Unterzeichnungsort benannt wurde, in Kraft. Die Politiker jubelten, Abdul Illah und König Georg VI. sandten sich gegenseitig Glückwunschtelegramme, während Jabr und seine Mitarbeiter sich nach den Anstrengungen einige Ruhetage gönnten und ihren Aufenthalt in Großbritannien dementsprechend verlängerten. Wegen der Entfernung konnten sie den Pulsschlag der Massen zu Hause nicht fühlen und auch den sofortigen Meinungsumschwung der Bevölkerung nicht ahnen. Als die Unterzeichnung und die Bedingungen des neuen Vertrages bekannt wurden, überflutete Bagdad ein Strom von Protesten. Die Wut der Menge wurde augenblicklich vom Bündnis der Faschisten und Kommunisten ausgenützt, um ihre Macht über die verbitterten Massen und deren Kundgebungen weiterhin ausüben zu können. Die Straßen füllten sich immer wieder mit Demonstranten, und es kam zu regelrechten Straßenkämpfen mit der Polizei, die Dutzende von Toten und Hunderte von Verletzten forderten. Saleh Jabr – inzwischen nach Bagdad zurückgekehrt, um die Lage wieder unter Kontrolle zu bringen – war gezwungen zurückzutreten. Er mußte sogar fliehen, um sein Leben zu retten.

Jetzt erschienen neue Parolen, wie zum Beispiel die Forderung nach einer Agrarreform und nach der Freilassung der politischen Häftlinge. Am lautesten aber waren die Rufe, welche die Bestrafung der Verantwortlichen für die Korruption der Regierung sowie für die schamlose Kapitulation des Irak gegenüber Großbritannien forderten.

Um aus dieser gefährlichen Lage herauszukommen, wandten die Behörden wieder das alterprobte Rezept der Judenhetze an, und die Verteidigung Palästinas vor der zionistischen Gefahr wurde nochmals hochgespielt. Unter die Demonstranten gegen den Portsmouth-Vertrag wurden Agenten der Regierung gemischt, die anti-jüdische Parolen ausriefen. Die Polizei fing an zu schießen, einige Demonstranten wurden getötet und viele andere verletzt. Aus der versammelten Menge erschollen Stimmen, die behaupteten, Juden würden vom Dach des Hakak-Warenhauses schießen – und ein jeder wußte, daß Hakak Jude war. Im Nu wandte sich die Menschenmenge gegen das Warenhaus, das vollständig ausgeplündert und zerstört wurde.

Die Regierung, die nach Saleh Jabrs Rücktritt an die Macht kam, begann langsam die Kontrolle über das Land und die Ereignisse wiederzugewinnen. Der Regent gab bekannt, daß der Portsmouth-Vertrag nicht ratifiziert würde, wenn nicht weitgehende Änderungen vorgenommen würden. Währenddessen trieben die Nachrichten aus Palästina die Menschenmengen wieder auf die Straßen, und sie verlangten einen Krieg zur Rettung der arabischen Ehre. Die Regierung beugte sich also »dem Willen des Volkes« und irakische Militäreinheiten wurden an die Front gesandt. Vorerst schickte man die Soldaten nach Transjordanien, wo sie entlang der Grenze zu Palästina warten sollten, bis das britische Mandat offiziell am 15. Mai 1948 zu Ende ging. Gleichzeitig wurden Tausende von Mujaheddins direkt nach Palästina geschickt und Fawzi Kaukjis »Arabischer Befreiungsarmee« unterstellt.

Die Abreise der irakischen Soldaten nach Transjordanien und die der Mujaheddins nach Palästina entflammte die Gemüter und verstärkte das Verlangen nach einer Bestrafung der Zionisten, was genau der Absicht der Behörden entsprach. Kurz darauf konnte überall der Ruf »Tötet die Juden!« vernommen werden. Vergessen waren inzwischen der Portsmouth-Vertrag, die Nahrungsmittelknappheit, die Korruption der Regierung und die Agrarreform. Als sich der 15. Mai näherte, wurden die Funknachrichten, die uns aus Bagdad erreichten, immer häufiger und betrübender. Am 5. Mai kam folgende Meldung:

An: ARTZI
Von: BERMAN
»Vorige Woche gab es eine Reihe von Zwischenfällen, bei denen Juden angegriffen und beschuldigt wurden, Gift zu streuen. Die Polizei führte Hausdurchsuchungen und Verhaftungen durch, wobei elf Juden in Internierungslager verschleppt wurden... Unter ihnen befinden sich Lehrer, Rechtsanwälte sowie die Redaktion der jüdischen Tageszeitung ›Barid al-Yom‹. Soweit wir die Lage beurteilen können, ist dies nur ein Teil einer weitverbreiteten Aktion ...«

Selbst wenige Stunden vor der Proklamierung des Staates Israel blieb die Stimmung unserer Leute in Bagdad düster, denn die Befürchtungen vor den möglichen Reaktionen im Irak überschatteten alles andere – wie wir aus der Funkbotschaft vom 13. Mai entnehmen konnten:

An: ARTZI
Von: BERMAN
»Die Spannung hält weiter an, und wir leben in Angst und Sorge. Die Juden werden höchstwahrscheinlich an diesem Freitag und am Wochenende nicht zur Arbeit gehen. Viele, die in arabischen Vierteln leben, haben ihre Wohnungen verlassen und sind ins Ghetto geflüchtet. Wir treffen Vorsichtsmaßnahmen und versuchen mit den Organisationen der jüdischen Gemeinde in Verbindung zu treten.«

Der wichtigste Punkt dieser Meldung war die Nachricht über den Versuch, mit den offiziellen Gremien der irakischen jüdischen Gemeinde Kontakt aufzunehmen. Bis jetzt gab es sozusagen keine Verbindung – geschweige denn eine Zusammenarbeit – zwischen den jüdischen Gemeindeinstitutionen und der zionistischen Untergrundbewegung im Irak. Im Gegenteil, die Leitung der jüdischen Gemeinde Bagdads hatte beschlossen, die Untergrundbewegung zu ignorieren und betrachtete die Emissäre aus Palästina als Eindringlinge, deren Einmischung nur Unglück bringen könnte. Allerdings nahmen diese Unstimmigkeiten nie die Gestalt einer Konfrontation an, und in manchen Städten, besonders im Norden des Landes, in der kurdischen Gegend, gab es eine gute Zusammenarbeit zwischen der Untergrundbewegung und der jüdischen Gemeinde. Doch in Bagdad und im Süden hatte sich bisher niemand eine solche Zusammenarbeit erhoffen können. Jetzt aber, angesichts der letzten Entwicklungen, gequält von den grausamen Erinnerungen des »Farhoud« und ihrer Verantwortung den jüdischen Mitbürgern gegenüber bewußt, erkannten die Gemeindevorsteher die Rolle der Untergrundbewegung an und waren sogar zu Treffen mit den Emissären aus Palästina bereit. Die Folge war, daß, als Ben Gurion am 14. Mai 1948 den Staat Israel ausrief, die Selbstverteidigungsorganisation der irakisch-zionistischen Untergrundbewegung in allen jüdischen Wohnvierteln der meisten Städte ihre Verteidigungsposition einnahm. Ein ganzes Bewachungs- und Rundgangsystem wurde ausgearbeitet und eine Anzahl von einfachen aber zweckmäßigen Waffen angeschafft, darunter Revolver und Handgranaten sowie Messer, Eisenstangen und Steine, um im Notfall jüdisches Leben und Eigentum zu schützen.

Zum ersten Mal seit dem »Farhoud« konnten die Juden im Irak zuversichtlich sein, daß, sollten sie nochmals angegriffen werden, die Angreifer auch dementsprechend empfangen werden würden.

Es ist nicht ausgeschlossen, daß die Anführer und Randalierer von diesen Vorbereitungen Wind bekamen und dadurch ihre Kampflust gedämpft wurde. Eines aber ist sicher – seit diesem Augenblick wurde die zionistische Untergrundbewegung zum zentralen und vielleicht auch einflußreichsten Faktor der jüdischen Gemeinde des Irak.

Freitag, der 14. Mai 1948, war ein Tag voller Spannung und Gerüchte im Irak. Während sich die Militärkonvois westwärts bewegten, bangten die Juden um das Los des neuerstandenen Staates, welches sich von nun an unwiderruflich mit ihrem eigenen Los verband. Viele verschlossen an diesem warmen Frühlingsnachmittag ihre Geschäfte vor neugierigen Blicken und versammelten sich in den Kellern um den Radioapparat, um die von Störungen begleitete historische Sendung aus Tel Aviv zu empfangen. Als man David Ben Gurions Stimme hörte, die die Errichtung ›eines Jüdischen Staates in Palästina, den

Staat Israel proklamierte, fanden sich viele des Hauses Jakob, die wieder einmal an den Strömen von Babylon saßen und weinten – vor Freude, aber auch aus Angst, denn einerseits fühlten sie sich bevorzugt, diese Stunde miterleben zu dürfen, und andererseits in einer Falle gefangen. An diesem Freitagabend kehrten die Juden früher als üblich, still und bedrückt aus ihren Synagogen zurück.

Am nächsten Morgen erhielten wir folgende besorgniserregende Funkmeldung aus Bagdad:

An: ARTZI
Von: BERMAN
»1. Ausnahmezustand im ganzen Land verhängt.
2. Er scheint vor allem gegen uns und die Kommunisten gerichtet zu sein.
3. Seit gestern wurde die Polizei und Geheimpolizei in Alarmbereitschaft versetzt.
4. Wegen der heiklen Situation und den Informationen, die uns aus offiziellen Quellen erreichten, befinden auch wir uns seit gestern nacht im Alarmzustand. Unsere Leute haben heute ihre Verteidigungspositionen eingenommen.«

Am selben Tag überschritten die irakischen Truppen, die in Transjordanien stationiert waren, die Grenze nach Palästina. Radio Bagdad teilte seinen Hörern in jubelnden Tönen mit, daß die große irakische Armee die Städte Tulkarem, Nablus und Jenin »erobert« hätte. Die Wahrheit war, daß es überhaupt keinen Widerstand gegen die sogenannten »Eroberer« gab, da sich diese Orte in dem Teil Palästinas befanden, der für einen arabischen Staat vorgesehen war, und dort gar keine Juden lebten. Auch wurden die irakischen Truppen von der dortigen Bevölkerung freundlich empfangen.

Obwohl der erste Schuß noch nicht gefallen war, benutzte die irakische Regierung die gespannte Lage als Vorwand zur Verhängung des Ausnahmezustandes. Jetzt konnte sie ihre Gegner mit eiserner Faust anpacken und auf die gesetzlichen Regeln verzichten. Bald fiel das gesamte Justizwesen in die Hände der Militärgerichte, die Urteile ohne jegliche Berufungsmöglichkeit fällten. Eine strenge Pressezensur wurde eingeführt, Streiks und Demonstrationen wurden verboten, die Bürgerrechte aufgehoben und im Süden des Landes Internierungslager errichtet.

Jetzt, wo die üblichen Normen für Gerichtsverfahren nicht mehr in Kraft waren, konnte ein jeder verhaftet, verhört oder gefoltert werden, und es genügte ein Gerücht, eine falsche Angabe oder eine Verleumdung, um für lange Zeit in Haft zu bleiben. Dieser Zustand brachte selbstverständlich ein blühendes Bestechungsgeschäft mit sich, denn die Leute waren bereit, jeden Preis für ihre Freiheit zu zahlen; was die korrupte Polizei andererseits dazu anspornte, immer mehr Menschen zu verhaften und zu beschuldigen. Dabei bot die Zahlung der Schmiergelder überhaupt keine Garantie für eine Befreiung oder die Aufhebung der Strafe. Zahlreiche Familien wurden auf diese Weise ruiniert, während ihre Angehörigen weiter im Gefängnis saßen.

Selbstverständlich waren die Juden die ersten Opfer dieser Zustände. Die niederträchtigsten Beschuldigungen waren sogenannte »Beweise«. Dabei handelte es sich um Postsäcke, die als »Beweismaterial« dienten.

Bis zum Ende des britischen Mandates über Palästina hatte es normale Postbeziehungen zwischen beiden Ländern gegeben und die Familien konnten in Kontakt bleiben. Doch als die britische Herrschaft sich ihrem Ende zuneigte, häuften die Engländer die Post, die für den Irak bestimmt war, in neun großen Säcken an und beschlossen, sie direkt den irakischen Behörden zu übergeben. Am 20. Mai erfuhren wir, daß diese Säcke zum Zensor des irakischen Verteidigungsministeriums gelangt waren, unter dem Vorwand, daß sie »Beweise« für Kontakte mit dem Feind enthielten. Hunderte von Juden wurden daraufhin eingesperrt. Es war absurd: Allein die Tatsache, daß die Angeklagten Briefe aus einem Land erhielten, das inzwischen zum »Feind« erklärt wurde (der Irak hatte den Teilungsbeschluß Palästinas abgelehnt und mit einer Kriegserklärung geantwortet), genügte, um sie als Verräter abzustempeln. Je mehr Namen in diesen Briefen erschienen, desto mehr Leute wurden verhaftet. Und da sich jeder Jude in seinen Briefen über das Befinden seiner Brüder, Schwestern, Onkel, Tanten, Nachbarn und Freunde erkundigte, füllten sich die Gefängnisse bald mit »Spionen, die auf frischer Tat ertappt wurden«, weil sie Briefverbindungen mit dem »Feind« aufrecht erhielten.

Das Schlimmste aber stand noch bevor, als in der neuen irakischen Regierung Sadiq-al-Bassam, ein offenkundiger Nazi und Antisemit, zum neuen Verteidigungsminister ernannt wurde. Sein Eintritt in die Regierung zur Zeit des Ausnahmezustandes wurde von den Juden mit Recht als eine besonders schwere Bedrohung empfunden. Tatsächlich wurde kurz darauf das Strafgesetz geändert, so daß der Zionismus nebst dem Kommunismus für ungesetzlich erklärt wurde und jeder, der solch sündhafte Anschauungen vertrat oder nur duldete, mit langen Freiheitsstrafen, Zwangsarbeit und sogar Todesstrafe zu rechnen hatte. Die Juden waren entsetzt, denn aus Erfahrung wußten sie, daß für die Umwelt der Unterschied zwischen Judentum und Zionismus sowieso verschwommen war, was sich jetzt noch verschärfte, insbesondere, da ein Mann wie Bassam den Ton angab. Wie um zu bekräftigen, daß die schlimmsten Befürchtungen nicht übertrieben waren, wurde das Gerichtsverfahren gegen Schafiq Addas, einen typisch assimilierten Juden, der dem Zionismus nie das leiseste Interesse entgegengebracht hatte, angestrengt. Als tüchtiger Geschäftsmann pflegte er sich seiner arabischen Partner wie auch seiner engen Verbindungen zur oberen Schicht der offiziellen irakischen Gesellschaft zu rühmen. Man erzählte sogar, daß der Regent, so oft er in Basra weilte, sein Haus besuchte. Ab und zu hatten ihn die Zeitungen beschuldigt, ein Kommunist oder ein Zionist oder sogar beides zu sein, doch niemand schenkte diesen Meldungen Glauben. Sogar nach seiner Verhaftung meinten die meisten, daß es sich um ein Mißverständnis handle oder man ihn mit jemand anderem verwechselt hätte. Dennoch wurde Addas mit Absicht zum ersten Opfer des neuen Gesetzes, welches den Kommunismus und den Zionismus als strafrechtliche Vergehen hinstellte. Er wurde beschuldigt, subversive kommunistische Tätigkeiten finanziell unterstützt und kommunistische Demonstrationen organisiert zu haben. Weiter habe er sich an zionistischen Komplotten beteiligt und »zionistischen jüdischen Banden« (volkstümlicher Ausdruck für die jüdische Untergrundbewegung) Waffen verschafft. Über zwanzig Zeugen beschrieben seine Taten auf eine Art und Weise, die selbst Schecherezade beschämt hätte. Als es zur Verteidigung kam, erklärte der Vorsitzende des Militärgerichtes den Fall für so eindeutig, daß es keinen Sinn mehr habe, die Zeit des Gerichtes mit zusätzlichen Zeugenaussagen zu vergeuden. Die Verteidiger von Addas, unter ihnen die berühmten Rechtsanwälte des Irak, traten sogleich aus Protest zurück – was das Gerichtsverfahren noch erleichterte und beschleunigte.

Am Ende der dritten Sitzung befand das Gericht Addas in allen Anklagepunkten für schuldig, und er wurde zum Tod durch den Strang verurteilt. Der Regent bestätigte persönlich das Urteil und am Morgen des 23. September wurde Addas am Galgen, der vor seinem eigenen Haus in Basra errichtet wurde, gehängt. Tausende strömten herbei, um der Hinrichtung beizuwohnen und sie mit Tanz, Gesang und Freudenschreien zu feiern. Besonders makaber war die Tatsache, daß, nachdem Addas für tot erklärt und vom Galgen heruntergeholt wurde, die Menschenmenge so laut und bedrohlich zu protestieren begann, daß man ihn wieder hinaufzog, um den schauerlichen Akt zu verlängern. Gleichzeitig erhoben sich Stimmen, die verlangten, man solle die Leiche an einen Jeep befestigen und sie durch die Straßen Basras schleifen, doch weigerte sich der Gouverneur, darauf einzugehen. Bei dieser Gelegenheit muß erwähnt werden, daß zehn Jahre später, am 14. Mai 1958, der Regent, der auch Addas Urteil bestätigt hatte, hingerichtet wurde, und seine Leiche mit Jubel und Gesang durch die Straßen von Bagdad geschleift wurde.

Der Prozeß und die Hinrichtung von Schafiq Addas bildeten zu jener Zeit den Höhepunkt der Judenverfolgung im Irak. Die ganze Angelegenheit wurde mit einer solchen Grausamkeit ausgeführt, daß viele Iraker das Gefühl hatten, sie wären zu weit gegangen. Jedenfalls wurde Verteidigungsminister Bassam vier Tage nach der Vollstrekkung des Urteils gezwungen, zurückzutreten. Nach seinem Rücktritt wurde dieser Regierungsstil zwar etwas gemildert, im wesentlichen traten aber keinerlei Änderungen ein. Der Ausnahmezustand blieb in Kraft, die Abänderungen des Strafgesetzes wurden nicht rückgängig gemacht, die Verhaftungen, Folterungen und Erpressungen gingen weiter und nahmen sogar zu, nachdem die Öffentlichkeit von der Niederlage der irakischen Armee in Palästina erfahren hatte.

Aus jüdischer Perspektive wurde Schafiq Addas Gerichtsverfahren zu einem Wendepunkt in der Geschichte der jüdischen Gemeinde des Irak, so wie der Dreyfusprozeß das Leben der Juden in Europa veränderte. Sogar was die Einzelheiten anbetrifft, kann man Vergleiche ziehen: die Wahl eines Juden als Sündenbock für ein demütigendes Militärdebakel, ein krasser Mißbrauch der Rechtsnormen und vor allem das Gebrüll einer aufgehetzten Menschenmenge, die den »Tod der Juden« forderte.

Es ist also kein Wunder, wenn Addas Prozeß sowie alles, was mit den Juden des Irak in den Jahren 1948 und 1949 geschah, zu ihrer Identifizierung mit dem Zionismus führte. Sogar die Intellektuellen, die sich früher in jeder Hinsicht als Iraker betrachteten, mußten jetzt zugeben, daß die Feindseligkeit den Juden gegenüber nicht nur bei den Armen und Ungebildeten oder nur bei gewissen isolierten Gesellschaftsgruppen vorhanden war, sondern in allen sozialen Schichten des Landes vorkam.

»Schafiq Addas verkörpert alle Juden im Irak«, bemerkte einer dieser enttäuschten Intellektuellen, »und wir alle sind von seinem Tod betroffen.«

Dieser Schlag bedeutete den Anfang meiner eigenen Odyssee nach Osten, und alle darauffolgenden Geschehnisse hatten ihren Ursprung in diesen Ereignissen.

Intermezzo in Paris

Am Morgen des 14. Mai 1948, dem Tag, an dem der Staat Israel entstand, verließ ich zum zweiten Mal den Mossad und erklärte Mosche Karmil, daß ich einer Militärkampfeinheit beitreten wolle.

»Du weißt doch, daß ich bereits letzten Februar in den Wehrdienst eingetreten bin«, erinnerte ich ihn, »Doch sooft ich einrücken wollte, fandest du einen neuen Trick, um mich im Mossad zu behalten. Jetzt, wo wirklich Krieg ist, hat es keinen Sinn, länger hierzubleiben.«

»Warum denn nicht?« fragte Mosche, als ob ich eine ketzerische Ansicht geäußert hätte.

»Weil ich hier eben nichts vollbringe«, klagte ich, »während die Armee dringend Soldaten braucht!«

»Und was schlägst du eigentlich vor hinsichtlich unserer Arbeit in den arabischen Ländern?« fuhr er fort. »Einfach alles vergessen und unsere Emissäre dort verkümmern lassen?«

Ich antwortete nicht. »Wir werden darüber noch sprechen, vielleicht Anfang nächster Woche«, vertröstete er mich. Als er aber meinen ärgerlichen Blick bemerkte, erklärte er: »Es wird vielleicht ein längeres Gespräch werden, und dazu haben wir heute keine Zeit. Ich muß jetzt zum Museum, wo Ben Gurion die Staatsgründung ausrufen wird. Ich schlage dir vor, mich zu begleiten.«

»Wenn du nichts dagegen hast, werde ich darauf verzichten. Ich bin jetzt nicht in Stimmung für Zeremonien und Proklamationen«, entschuldigte ich mich und kehrte schlechtgelaunt geradewegs zu meinem Kibbuz zurück.

Bis zum heutigen Tage kann ich mir nicht verzeihen, diese Gelegenheit verpaßt zu haben, um voller Stolz sagen zu können: »Ich war auch dabei«.

Doch die feierliche Erregung über die Gründung des Staates wurde von den damaligen Ereignissen und den Sorgen und Bedenken so sehr überschattet, daß ich einfach nicht in Stimmung war, um an Feiern teilzunehmen.

Am selben Tag erreichte uns die Nachricht, daß der ganze Etzion-Block, eine Gruppe von Kibbuzim, im Kampf gegen die Transjordanische Armee unterlag. Nach einem erbitterten Kampf, der viele das

Leben kostete, gerieten die restlichen 260 Mitglieder in Gefangenschaft und wurden nach Jordanien verschleppt.

Wir hörten ebenfalls, daß der Kibbuz Beit Ha'arava, unsere Empfangsstation für Einwanderer aus dem Irak, die über die Wüste ins Land kamen, auf Befehl der Haganah evakuiert wurde, um seine Einwohner vor dem gleichen Los zu bewahren. Die Straße nach Jerusalem war völlig blockiert, und die Stadt selbst befand sich unter fortwährendem Beschuß der Arabischen Legion.

Der Staat Israel dagegen besaß kein einziges wirkliches Artilleriegeschütz, denn bis zur Unabhängigkeit war die britische Mandatsregierung bemüht, unsere Selbstschutzversuche zu verhindern. Es war uns zwar gelungen, im Untergrund Kleinwaffen und Munition herzustellen, jedoch hatten wir keine Kanonen, Panzer oder Kampfflugzeuge. Nur in den letzten Monaten konnten wir, dank unserer »Michaelbergmethode«, die von der Haganah übernommen wurde, mittelgroße Waffen wie Maschinengewehre und Mörser vom Ausland einschmuggeln.

Wir machten uns aber keine Illusionen und wußten genau, daß am 14. Mai, wenn das britische Mandat offiziell um Mitternacht ablief, wir auf einen konzentrierten Angriff der gutgerüsteten Armeen der umliegenden Staaten gefaßt sein mußten. Die Arabische Legion Transjordaniens, die unter britischem Kommando stand und in Palästina selbst als Teil des britischen Heeres stationiert war, wurde angewiesen, das Land zusammen mit den britischen Truppen zu verlassen. Doch die arabischen Soldaten der Legion blieben an Ort und Stelle oder kehrten einfach einige Stunden später zu ihren früheren Stellungen zurück und begannen den Kampf auf dem ihnen wohlbekannten Gelände. Der ägyptischen Armee gelang es sogar, noch vor dem Abzug der Engländer am 15. Mai einige strategisch wichtige Stellungen einzunehmen.

Zugunsten der Ägypter muß gesagt werden, daß wenigstens sie den »Spielregeln« treu blieben und sich die Mühe machten, uns den Krieg zu erklären. In den Archiven der Vereinten Nationen befindet sich ein Telegramm des ägyptischen Außenministers Achmed Khaschaba Pascha an den Präsidenten des Sicherheitsrates. In diesem Telegramm vom 15. Mai 1948 wird erklärt, daß die »ägyptischen Streitkräfte begonnen haben, nach Palästina vorzurücken, um für Ordnung und Sicherheit Sorge zu tragen, da das Land den zionistischen Terrorbanden ausgeliefert ist«.

Die anderen Staaten, die uns überfielen – Syrien, Transjordanien, Irak und Libanon – machten sich nicht einmal die Mühe, uns den

Krieg zu erklären und griffen den neugeborenen Staat Israel offen an.

Unter diesen Umständen war es kein Wunder, daß die meisten Militärexperten der Welt der Meinung waren, Israel mit seiner Bevölkerung von nur 650 000 Seelen hätte nach den schon vorangegangenen monatelangen kostspieligen Kriegsoperationen keine Chance, einem Blitzkrieg zu widerstehen.

Dieser Meinung war auch der britische Generalstabschef, Feldmarschall Montgomery, der berühmte »Monty«, bekannt durch seinen Kampf in Nordafrika im zweiten Weltkrieg, wo er die deutsche Armee zurückschlug. Fünf reguläre, gut ausgerüstete Armeen griffen einen zahlenmäßig kleineren und schlecht ausgerüsteten Gegner an.

Sogar Präsident Truman, ein treuer Förderer der Errichtung eines jüdischen Staates, ließ sich von der pessimistischen Anschauung der Experten beeinflussen und riet deshalb der jüdischen Führung in Palästina, auf die Proklamierung des Staates zu verzichten. Auch in Palästina gab es Leute, die es für politisch ungeschickt hielten, unter solchen Bedingungen die Unabhängigkeit auszurufen; und nur dank Ben Gurions Drängen entstand schließlich der Staat. Er war überzeugt, daß ein Aufschub der Verwirklichung des zweitausendjährigen Traumes das Risiko vergrößerte, diese historische Gelegenheit zu verpassen. Auch meinte er, daß die Motivierung der kleinen jüdischen Gemeinde sowie ihrer Kämpfer ihnen gestatten würde, ihre Unterlegenheit zu kompensieren, allerdings unter schweren Verlusten an Menschenleben. In einer so kleinen Gesellschaft, wo fast jeder jeden kannte und die Anzahl der Toten und Verletzten noch vor dem Ausbruch der Kämpfe bemerkenswert hoch war, verbreitete sich ein Gefühl der Bedrücktheit und des Bangens um die Zukunft.

Um mich auf meine nächste Unterredung mit Mosche Karmil vorzubereiten, begann ich eine Zusammenfassung über Fragen, die ich in den letzten Monaten behandelt hatte, und auch über meine Warnungen diesbezüglich, auszuarbeiten. Während meine Kollegen eher geneigt waren, das Ende der Mossadoperationen zu feiern - schließlich hatten wir jetzt einen souveränen Staat, so daß ein Hereinschmuggeln der Einwanderer ins Land sich erübrigte – fühlte ich mich ängstlicher und enttäuschter als je zuvor. Noch im vergangenen März hatte ich dem Mossad ein ausführliches Memorandum über das »Dilemma der Juden in den arabischen Ländern« übergeben, worin ich folgendes bemerkte:

> »Sobald wir die politische Unabhängigkeit erreicht haben, wird das Problem der Einwanderung aus der europäischen Diaspora gelöst

sein. Dasselbe kann aber nicht von den Ländern des Nahen Ostens behauptet werden, wo sich die Lage der Juden mit jedem Tag zusehends verschlimmert... Die einzige voraussichtliche Möglichkeit, in Zukunft aus diesen Ländern auszuwandern, wird nur mit Hilfe einer Untergrundbewegung möglich sein...«

Jetzt, da wir unsere Unabhängigkeit gewonnen hatten und das allgemeine Gefühl herrschte, wir hätten damit auch die Frage der Einwanderung aus der Diaspora gelöst, fühlte ich mich dafür verantwortlich, die Juden in den arabischen Ländern nicht ihrem Schicksal zu überlassen. In diesem Sinne knüpfte ich meine Begründung an das frühere Memorandum an, um die gegenwärtige Lage zu analysieren:

»Nachdem die arabischen Armeen ganz offen gegen uns in den Krieg traten, möchte ich auf die Lage der Juden in den arabischen Ländern hinweisen. Bei verschiedenen Gelegenheiten haben die Vertreter der arabischen Staaten erklärt, daß sie Vergeltungsmaßnahmen gegen die dort lebenden Juden ergreifen werden, sollte der Staat Israel Wirklichkeit werden.[1] Die Nachrichten über Angriffe ... Verhaftungen und dergleichen, die in den letzten Tagen vorkamen, erhöhen die Wahrscheinlichkeit einer Vergeltung, und wir müssen annehmen, daß, wenn es uns gelingen sollte, die arabischen Armeen zu schlagen, sich diese Vermutungen in Tatsachen verwandeln. Meiner Meinung nach ist es unbedingt erforderlich, die mißliche Lage dieser Juden als einen Teil unseres heutigen Kampfes anzusehen. Die Araber betrachten sie sowieso als zu uns gehörend. Die Nichtbeachtung dieser Realität wird ihr Los noch erschweren...«

Ich konnte mir keine bessere Argumentation zugunsten der Juden des Irak vorstellen, als ihr Schicksal mit dem unseren gleichzustellen.

Als ich einige Tage später in unserem Büro darauf wartete, daß mein Memorandum getippt würde, erklang plötzlich Fliegeralarm, gefolgt von einem dumpfen Dröhnen. Es waren wieder ägyptische Flugzeuge, die schon vor zwei Tagen Tel Aviv bombardiert hatten. Dieses Mal aber war ihr Ziel die Autobus-Zentralstation, die sich in der Nähe unseres Amtes befand. Etwas später erfuhren wir, daß fünfzig Personen

[1] So drohte zum Beispiel Heichal Pascha, der ägyptische Vertreter bei den Vereinten Nationen, daß, »wenn die Organisation den Teilungsvorschlag annehmen würde, sie die Verantwortung für schwere Unruhen und Massaker zahlreicher Juden tragen müsse... In allen arabischen Staaten würden Unruhen entstehen, die zu einem Krieg zwischen beiden Rassen führen könnten... Die vorgeschlagene Lösung

getötet und Dutzende verletzt wurden. Doch noch bevor wir diese entmutigende Statistik vernahmen, konnte ich die rasenden Wagen beobachten, welche die Verwundeten in die Spitäler fuhren und meine Stimmung schlug wieder um. Das Warten hatte lange genug gedauert. Ich beschloß, mein Memorandum auf Mosches Tisch zu legen, um dann den Mossad endgültig zu verlassen und mich sogleich bei einer Kampfeinheit zu melden.

Doch Mosche sah die Angelegenheit anders. Nachdem er meine Analyse gelesen hatte, ließ er mich dringend zu sich rufen und übergab mir ein Bündel Papiere, vor allem Funkmeldungen der letzten Tage, die aus dem Irak kamen. Ich wußte genau, was sie enthielten, denn ich hatte die Meldungen der letzten Tage, die von Angst und Aufwiegeleien, von willkürlichen Verhaftungen und von Menschen, die ins Gefängnis oder ins Konzentrationslager eingesperrt wurden, sowie von verleumderischen Anschuldigungen, die Juden würden Quellen und Flüsse vergiften, berichteten, regelmäßig verfolgt. Und da mir bekannt war, daß Mosche wie der Friseur aus der Geschichte handelte, der seinen Kunden von haarsträubenden Morden und Schandtaten berichtete, bevor er mit Rasieren und Haareschneiden anfing – denn so waren die Haare schon »vorbereitet« – wußte ich, daß diese Meldungen mich »vorbereiten« und »erweichen« sollten, bevor er mir seinen Vorschlag unterbreitete. Ich wußte auch genau, worum es ging und worauf er hinaus wollte.

»Hast du vielleicht die Absicht, mich nach Bagdad zu schicken?« fragte ich, eher müde als verdrossen. »Was für einen Sinn hätte das, Mosche? Was könnte ich unter diesen Umständen schon tun?«

»Das können wir nur dann erfahren, wenn du dort sein wirst«, sagte er freundlich. Als er aber meinen verstimmten Ausdruck bemerkte, versuchte er es mit einer anderen Taktik: »Ich möchte dir einige interessante Analysen, die ich letztens gelesen habe, zeigen.«

Er begann einige Papiere aus einem Ordner herauszuziehen, und ich sah, daß es meine eigenen Berichte waren.

»Hier ist ein treffender Abschnitt«, sagte Mosche und fing an, mich zu zitieren: »...Sogar als der Krieg seinen Höhepunkt erreichte

könnte das Leben einer Million Juden, die in den Moslemstaaten leben, gefährden.«
Der Vertreter des Irak, Fadhil Jamali, war spitzfindiger in seiner Argumentation und in der Wahl seiner Worte, als er vor der Teilung warnte, die im Irak »...religiöse Vorurteile und Haß hervorrufen wird und zu Chaos und Unruhen nicht nur in Palästina, sondern auch in den Nachbarländern führen wird...« – eine anders abgefaßte Botschaft, die aber dieselben Drohungen enthielt.

(gemeint war der Zweite Weltkrieg), wurde alles mögliche getan, um unsere Brüder (in Europa) zu unterstützen. Viele unserer Kameraden gaben ihr Leben dafür, obwohl alle wußten, daß die Möglichkeiten, jemanden zu retten, fast null waren ... Da wir schon jetzt Leute im Irak haben, die dort tätig sind, übernehmen wir eine gewaltige Verantwortung ...«

»Soll ich fortfahren?« fragte Mosche.

Ich senkte meinen Blick und antwortete nicht.

»Du wirst es dir nie verzeihen können, wenn du nicht hinfährst«, hörte ich seine heisere Stimme sagen. »Keiner von uns wird es sich verzeihen können.«

Diese Worte trafen mich – und Mosche wußte das nur allzugut. Die Zweifel, ob wir nicht doch noch Juden aus den Krallen der Nazis hätten retten können, verfolgten uns noch immer. Jetzt standen wir vor einer neuen, ähnlichen Krise.

»Für wie lange soll ich dieses Mal hinfahren?« fragte ich.

»Ich glaube nicht, daß es allzulange sein wird«, versuchte er mich zu trösten. »Triff dich mit den Leuten, berate dich mit ihnen und bereite einen Aktionsplan vor. In der Zwischenzeit werden wir Nachfolger für die dort befindlichen Emissäre aussuchen. Du selbst hast vorgeschlagen, sie unter den Einwanderern aus dem Irak zu wählen, und das scheint mir eine gute Idee. Jeder andere praktische Vorschlag in dieser Sache ist mehr als willkommen.«

»Das alles klingt schön und gut«, meinte ich bitter, »doch es löst nicht das Hauptproblem, nämlich: wie wir die Juden aus dem Irak herausbringen sollen. Wenn wir keinen Weg finden, sie schnell zu retten – seien es auch nur wenige am Anfang –, dann werden alle Emissäre der Welt nichts nützen, und das ganze Unternehmen geht zugrunde.«

Mosche widersprach mir nicht. »Nun«, sagte er, »du hast alles vermerkt, was abzuklären ist«. Er nahm einen Bleistift und unterstrich einige Abschnitte meines Berichtes. »Ich befürworte deinen Vorschlag, Leute wieder auf dem Luftweg herauszubringen, und bin bereit, zu prüfen, ob Möglichkeiten bestehen, unsere »Michaelberg«-Flüge wieder aufzunehmen. Was die Idee betrifft, Auswanderer per Schiff aus Basra zu befördern, so muß ich gestehen, daß sie mir fast undurchführbar erscheint, ich werde sie aber in Betracht ziehen.

Nachdem die Einwanderung aus Europa nun legal geworden ist, werden diejenigen, die bisher dort mit uns gearbeitet haben, froh sein, die Summen, an die sie sich gewöhnt haben, auch weiter einzukassieren. Wenn es dir also Spaß macht, darüber nachzudenken, so ist es in Ordnung. Vorerst geh' aber und packe deine Koffer!«

Einige Tage später konnte ich Mosche mitteilen, daß ich einen Mitarbeiter gefunden hätte, der bereit sei, mit mir nach Bagdad zu fahren und dort nach meiner Rückkehr zu bleiben. Es handelte sich um Ya'akov Sitton, ein Mitglied meines Kibuzzes. Da er in Syrien geboren war, konnte er eine glaubhafte Tarnung annehmen. Er hatte sich freiwillig gemeldet, mich nach Bagdad zu begleiten und zu meinem großen Erstaunen wurde sein Antrag von den Kibbuzmitgliedern aufs herzlichste begrüßt.

Bei der Generalversammlung des Kibuzzes, wo diese Angelegenheit besprochen wurde, war man der Meinung, daß der Kibbuz mich nicht für immer den »Klauen« des Mossad überlassen könnte. Der Vorschlag, Ya'adov solle mich ersetzen, wurde von der Generalversammlung genehmigt.

Jetzt mußte noch das Problem gelöst werden, wie wir Bagdad erreichen sollten. Es war klar, daß der Landweg nicht mehr in Frage kam, und von Tel Aviv konnte man nicht nach Bagdad fliegen. Eigentlich war es fast unmöglich geworden, von Tel Aviv aus in irgendein anderes Land zu fliegen. Unsere einzige Verbindung mit der Außenwelt war die über Sde Dov, einen kleinen Flugplatz im Norden von Tel Aviv, wo ab und zu Flugzeuge aus Europa landeten. Es gab dort keine planmäßigen Linienflüge und selbstverständlich keine Flüge in die arabischen Nachbarländer.

Angesichts dieser Schwierigkeiten mußten wir zuerst nach Europa gelangen und von dort aus versuchen, Bagdad zu erreichen. Dafür brauchten wir aber entsprechende Pässe sowie eine Anzahl Einreisevisa. Und dies war für einen Bürger unseres jungen Staates momentan nicht leicht zu bekommen. Mosche tat zwar alles, was in seiner Macht stand, um die Sache zu beschleunigen, aber Israel hatte andere Prioritäten, was auch begreiflich war, befanden wir uns doch im Kriegszustand.

Trotz meiner Abneigung gegen Verspätungen und meiner Bereitschaft, den Kibbuz, meine Familie und Temima wieder zu verlassen, mußte ich jetzt viel länger auf meine Abreise warten als letztes Mal.

Es war der 29. Juni 1948, als wir endlich zwei »verbesserte« irakische Pässe erhielten und uns mit einem gecharterten Flugzeug nach Frankreich begaben. Wegen der gefährlichen Kriegslage war zu dieser Zeit keine reguläre Fluggesellschaft bereit, nach Israel zu fliegen; und die israelische Fluggesellschaft El-Al war noch nicht gegründet.

Bei einer Zwischenlandung in Rom ließ uns der Pilot ohne jegliche Gewissensbisse im Stich, weil er inzwischen einen besseren Geschäftsauftrag erhalten hatte. Da wir nicht über italienische Einreisevisa verfügten, durften wir die Flughalle nicht verlassen und mußten uns dort 24 Stunden gedulden, bis der Pilot zurückkam und uns weiterbeförderte. Als wir endlich unser Ziel erreichten, waren wir erschöpft und mißmutig. Doch der erste Blick auf Paris verbesserte unsere schlechte Laune sofort. Nachdem wir mehrere Jahre mit Kampf, Krieg und Unruhen gelebt hatten, waren wir fasziniert von der Stadt und ihrer Schönheit. Sie strömte ein Gefühl von Stabilität und normalem Leben aus, das uns besonders nahe ging. Wir spürten in uns ein herrliches Gefühl der Sorglosigkeit, und als Entschädigung für die unangenehme Nacht, die wir im Flughafen von Rom verbringen mußten, buchten wir ein Zimmer in einem teuren Hotel, wo wir das Abendessen im luxuriösen Speisesaal genossen. Wir nahmen alle Vorschläge des Oberkellners freudig an: Weißwein, Rotwein, drei volle Gänge, Nachspeise und Kaffee.

Am nächsten Tag erwartete uns eine böse Überraschung: Wir bemerkten, daß wir an einem einzigen Abend unser gesamtes Wochenbudget ausgegeben hatten und Ya'akov, ein Mann der Prinzipien, fand unser Vorgehen unverzeihlich und hörte nicht auf, sich zu beklagen.

Es war seine erste Reise ins Ausland, und sogar zu Hause verließ er den Kibbuz nur sehr selten. Im Grunde genommen kam er schnurstracks aus dem kleinen Kollektivdorf in der Nähe von Rechovot auf die Pariser Boulevards und glaubte natürlich, daß dieselben Normen für beide Orte galten. An diesem Morgen stand er wie gewöhnlich früh auf und nachdem er sich gewaschen und angekleidet hatte, brachte er sein Bett mit derselben Sorgfalt in Ordnung wie zu Hause. Als ich aufwachte und sein Meisterwerk sah, vermutete ich, daß die Unkenntnis der Grundregeln sowie eine gewisse Naivität sein Benehmen beeinflußten, und beschloß, ihn aufzuklären.

»Ya'akov, in einem Hotel brauchst Du Dein Bett nicht selbst in Ordnung zu bringen, dafür gibt es ein Stubenmädchen«, sagte ich behutsam genug, um ihn nicht zu verärgern.

»Ich brauche niemanden, der mir mein Bett macht«, sagte er hartnäckig.

»Aber in einem Hotel tut man sowas nicht!«

»Für mich ist es eine Sache des Prinzips«, antwortete er trocken. »Ich brauche keinen Diener für Dinge, die ich selber erledigen kann!«

Da ich nicht die Absicht hatte, mit ihm zu streiten, stand ich auf und ging ins Badezimmer, doch nicht bevor ich wie nebenbei bemerkte:

»Tue was du willst. Bedenke aber, daß, wenn das Stubenmädchen kommt und sieht, daß nur ein Bett benutzt wurde, wird sie zweifellos annehmen, wir beide hätten die Nacht im selben Bett verbracht.«

Als ich aus dem Badezimmer zurückkam, befand sich Ya'akovs Bett in einem wilden Durcheinander. Der Puritaner in ihm hatte offensichtlich die Oberhand über den Verfechter des Egalitarismus gewonnen.

Nachdem wir in ein bescheideneres Hotel gezogen waren, begaben wir uns zum Pariser Mossad-Büro, das sich in der Lido-Passage befand. Dort wimmelte es nur so von Menschen aller Rassen und Hautfarben. Der Ort war ideal für das Hauptquartier des Mossad. Im Amt selbst herrschte eine hektische Aktivität. Beamte, die hin- und herrannten, Schreibmaschinen, die klapperten, und Telefongespräche im Hintergrund, die mit verschiedenen Hauptstädten Europas und geheimnisvollen Orten in den Vereinigten Staaten geführt wurden. Der Grund dieses Tumultes war einfach: Waffen zu erwerben und sie nach Israel zu schicken. Es schien, als ob der »Mossad für illegale Einwanderung« gänzlich zum Waffengeschäft übergegangen sei.

Das war wohlüberlegt, denn die Vereinigten Staaten wie auch fast alle anderen Länder mit Ausnahme der Tschechoslowakei hatten ein Waffenembargo für den Nahen Osten verhängt. Allerdings traf dieser Beschluß Israel allein, weil unsere Armee erst kurz vorher aus dem Untergrund auftauchen konnte, während sich die arabischen Staaten schon längst auf ihren Angriff vorbereitet hatten. Außerdem – und im Gegensatz zu allen Erwartungen, daß sich durch die Entstehung des Staates die Notwendigkeit der illegalen Einwanderung erübrigen würde – stellte sich heraus, daß sich in einem Paragraphen des Waffenstillstandsabkommens, welches uns von den Vereinten Nationen im Juli aufgezwungen wurde, ein Vorbehalt befand, der die Einwanderung von jungen Leuten nach Israel untersagte, um das Kräfteverhältnis zwischen den Parteien nicht zu stören. Das bedeutete, daß jeder, dessen Alter dem Militärdienst entsprach, und der nach Israel kommen wollte, die guten Dienste und erprobten Methoden des Mossad in Anspruch nehmen mußte.

Bald wurde uns klar, daß wir ein fast unüberwindliches Hindernis vor uns hatten. Wir mußten alle unsere Kräfte einsetzen, um die Aufmerksamkeit der Leitung des Mossad auf unsere Probleme zu lenken. Natürlich wurden Ya'akov und ich herzlichst begrüßt und willkommen geheißen, doch gleich darauf gab man uns zu verstehen, daß unsere Mission nicht ganz an der Spitze der Mossadprioritäten stand.

Das Büro wurde von Oskar geleitet, dem ich zuvor nie begegnet war, und hätte ich nicht gewußt, daß ich mich beim Sitz des Mossad für illegale Einwanderung befand, so hätte ich nie vermutet, daß der Mann, der mir gegenübersaß, sich mit illegalen Aktionen beschäftigte. Mit seiner tadellosen Kleidung und seinem schütteren, doch feingekämmten Haar sah Oskar eher wie ein vornehmer Herr aus. Nur die Tränensäcke unter seinen Augen, die Erschöpfung und eine gewisse Traurigkeit verrieten, deuteten an, welch schwerwiegende Verantwortung er zu tragen hatte.

Ich versicherte Oskar, daß wir ihn so wenig wie möglich in Anspruch nehmen wollten, und das einzige, was er für uns zu tun hätte, wäre, uns so schnell wie möglich nach Bagdad zu befördern. Dabei erschwerten unsere Pässe die Sache, da man aus ihnen ersehen konnte, daß ihre Inhaber Palästina, seit dem 15. Mai ein »feindliches Land«, besucht hatten. Jetzt, wo der Ausnahmezustand in Kraft war, würde wahrscheinlich jeder, der den Irak mit solchen Papieren betrat, direkt in die Hände der Geheimpolizei fallen. Wir hatten ursprünglich die Absicht gehabt, in Basra zu landen, wo die Untergrundbewegung ein »festes Abkommen« mit einem Beamten der Paßkontrolle hatte. Doch noch bevor wir Israel verließen, erhielt der Mossad eine dringende Meldung, die uns vor einer Landung in Basra warnte. Dagegen war der Beamte mit der Landung ›von Schammai allein am Bagdader Flughafen einverstanden, aber nicht bereit, das Risiko einer Landung von zwei Personen auf sich zu nehmen‹.

Jetzt galt es also, das Problem, auf welchem Weg Ya'akov in den Irak gelangen sollte, zu lösen. In der Hoffnung, irgendwie diese Schwierigkeit zu überwinden, bat ich Oskar, für uns beide einen Flug nach Bagdad zu arrangieren.

»Unter einer Bedingung«, unterstrich er. »Ohne jede Zwischenlandung in einem arabischen Staat. Ich nehme an, daß es euch so oder so gelingen wird, in den Irak hineinzukommen – doch mit euren Pässen würde jede Landung in einem anderen arabischen Staat euer Ende bedeuten.«

Ich war damit einverstanden, mußte aber einige Tage später feststellen, daß keiner der Flüge nach dem Irak diesen Voraussetzungen entsprach.

»Wie wäre es, wenn wir über den Iran fliegen würden?« erkundigte ich mich.

»Gibt es denn einen Flug nach Bagdad via Iran?« fragte Oskar verwundert.

»Das war nur eine andere Ausdrucksweise«, sagte ich ironisch. »Was ich meinte, war, nach dem Iran zu fliegen und von dort die Grenze zum Irak illegal zu passieren.«

»Weshalb dieser Weg?«

»Eben weil der Iran kein arabischer Staat ist und auch nicht Krieg gegen uns führt. Ist das in Ordnung?«

Er sah mich verdutzt an und fragte: »Meinst du das im Ernst?«

Jetzt war ich mir plötzlich selbst nicht mehr im klaren. Durch die verworrene politische Entwicklung dieser Tage war der Iran für uns alle eine unerforschtes Land. Obwohl ein Moslemstaat, war er trotzdem kein arabischer Staat, und ich wußte selbst nicht, wie er uns gegenüber eingestellt war. Doch ich neigte eher zu der Annahme, daß die Palästinastempel in unseren irakischen Pässen für die dortige Grenzpolizei nicht von Bedeutung sein würden.

Oskar schlug vor, jedenfalls zum iranischen Konsulat zu gehen und dort zu versuchen, Einreisevisa zu bekommen, was wir dann auch sofort taten. Dabei wurden wir mit der iranischen Verschleppungstaktik bekannt, die ich später besser kennenlernen sollte. Wenn ein Iraner Ihnen lächelnd höflich sagt: »Wir werden unser Bestes tun, kommen Sie bitte morgen zurück« – so bedeutet das, daß Ihr Anliegen, was immer es auch sei, hoffnungslos ist.

Heute weiß ich genau, daß ich recht hatte, was die Palästinavisa in unseren Pässen anbetraf, die für die Iraner keinerlei Schwierigkeiten darstellten. Unser Problem waren nicht die Palästinastempel, sondern die Pässe selbst. Wenn man die Spannungen zwischen dem Iran und dem Irak betrachtet, die schon seit mehreren Jahrhunderten bestehen, kann man leicht verstehen, warum die höfliche Antwort nur eine Ausrede war. Damals waren wir noch naiv und verließen das Konsulat in zuversichtlicher Stimmung, nicht ahnend, daß wir die Visa nie erhalten würden.

Als wir schließlich die Lage richtig beurteilen konnten, bat ich Oskar, auf sein Veto, was eine eventuelle Zwischenlandung in einem arabischen Land betraf, zu verzichten – doch er wollte nichts davon hören. Daraufhin ersuchte ich ihn, uns wenigstens andere Pässe zu verschaffen und er versprach, sich zu bemühen. Außerdem versicherte man mir, daß sich gewisse Leute auf diskretem Weg um die Mitwirkung des iranischen Konsuls bemühten, so daß wir uns »überhaupt keine Sorgen« machen sollten. Das war leicht zu sagen, doch ich war enttäuscht. Ich sah mich wie ein fünftes Rad am schwerbeladenen Mossadwagen und fragte mich, ob es nicht vernünftiger wäre, heimzukehren, wo ich wenigstens als Soldat meine Pflicht erfüllen könnte.

Während ich mich im Mossad-Büro nützlich zu machen versuchte, hatte ich einen Einblick in die Akte der »B'richah« (wörtlich: die Flucht) bekommen. Hier wurde der illegale, aber andauernde Aufbruch der jüdischen Überlebenden der Todeslager, die mittellos und ohne Ausweispapiere ganz Europa durchquerten, um die Schiffe zu erreichen, die sie nach Israel bringen würden, dargestellt. Das stärkte von neuem mein Vertrauen in die geistige Kraft des Menschen, und ich fragte mich, warum wir nicht die Flucht der Juden aus dem Irak über ein »Übergangsland« organisieren könnten.

Ein Blick auf die Landkarte des Nahen Ostens genügte, um zu sehen, was ich schon längst wußte, nämlich, daß diese Idee nicht sehr vielversprechend war. Die Nachbarn des Irak waren alle Moslemländer: Syrien, Jordanien, Saudi-Arabien und Kuwait im Süden und im Westen. Nur die Türkei im Norden und der Iran im Osten waren keine arabischen Länder. Die Türkei kam als Zwischenstation zur Beförderung der Juden aus zwei schwerwiegenden Gründen nicht in Frage. Einerseits würde eine Flucht über die Hochgebirgsstraßen ein fast unüberwindliches Hindernis darstellen, während andererseits die Grenze zu weit von den Hauptzentren der jüdischen Bevölkerung entfernt war, was eine Durchquerung des Landes erfordern würde.

Also blieb nur der Iran. Die irakisch-iranische Grenze beginnt im Norden in der gebirgigen Gegend von Kurdistan. Je südlicher man kommt, desto flacher wird das Gelände. Die Landesgrenze endet in der Mitte des Schatt-el-Arab, der breiten Wasserstraße, wo Euphrat und Tigris zusammenfließen. Hier, auf diesem Grenzabschnitt, wikkeln sich seit unendlichen Zeiten allerlei Schmuggelgeschäfte und heimliche Grenzüberquerungen ab. Ich selbst hatte einmal, als ich noch im Irak tätig war, diese Grenze vom Irak in den Iran und zurück überschritten, und ich nahm an, daß sich seit damals nicht viel an den dortigen Verhältnissen geändert hatte.

Ich konnte mich noch genau an alle Einzelheiten erinnern: Ich wurde damals von Basra zu einer seichten, mit Palmen bedeckten Bucht gebracht, wo der Schmuggler sein »Hauptquartier« hatte. Sein Unternehmen glich einem Fährdienst. Wenn einige »Passagiere« in seiner Palmenbucht eintrafen und das Geld ausbezahlt war, holte der Schmuggler sein Boot aus dem Versteck zwischen den Palmen heraus, bat die »Passagiere« einzusteigen und begann über den Kanal zum Reich des Schahs hinüberzurudern. Ich mußte an die Gruselgeschichten denken, die man über die Haifische, die es dort angeblich gab, erzählte. Tatsächlich hatte ich öfters Leute in Basra gesehen, denen ein Arm oder ein Bein fehlte, und ich erinnerte mich an die geflüsterte Erklärung: »Haie«.

Doch uns erwartete ein anderes Schicksal. Nachdem wir schon halbwegs über den Kanal gerudert waren, entdeckte uns ein Schnellboot der iranischen Grenzpolizei, das sich mit rasender Geschwindigkeit näherte. Mit seinen letzten Kräften ruderte unser Mann bis fast an das iranische Ufer, und alle Passagiere sprangen aus dem Boot, um zu entfliehen. Natürlich folgte ich ihnen, doch es war sinnlos. Die Polizei holte uns alle ein, und da ich der einzige war, der eine andere Kleidung trug, nahm sie an, daß ich die Hauptperson sei, und verhaftete mich sogleich.

Unter anderen Umständen wäre ich wahrscheinlich längst vor Angst gestorben, doch wußte ich, daß die dortige Polizei leicht bestechlich war. Da ich kein Persisch sprach, dauerte es eine Weile, bis ich mich mit den Polizisten verständigen konnte, doch mittels Gebärden gelang es mir, ihnen zu erklären, daß ich nicht mehr besaß, als das, was man in meinen Taschen gefunden hatte, und ich ihnen deshalb auch nicht mehr anbieten konnte. Schließlich begnügten sich die Polizisten damit, und ich wurde auf freien Fuß gesetzt. Einige Tage später unternahm ich die Rückreise, die so ruhig vor sich ging, daß ich zu der Schlußfolgerung kam, diese Art der Grenzüberschreitung stelle kein Risiko dar.

Wenn ich zurückdenke, so erinnere ich mich an meine Überraschung, als ich entdeckte, daß zu jener Zeit die Juden im Iran überhaupt nicht verfolgt wurden. Im Gegenteil, die zionistische Aktivität wie auch das Studium der hebräischen Sprache waren durchaus legal. Nach meinem langen Untergrundaufenthalt im Irak spürte ich den Segen der Freiheit besonders. Ich konnte ruhig auf den Straßen von Abadan und Khorramschahr gehen, ohne mich immerfort beängstigt umblicken zu müssen. Ich konnte mit meinen Freunden ganz offen und in normalem Ton Hebräisch sprechen und mit ihnen sogar hebräische Lieder auf der Straße singen!

All das kam mir jetzt, hier in Paris, wieder in den Sinn, und plötzlich sah ich ein, daß unser eigentliches Problem darin bestand, daß wir die neue Lage nicht in Betracht zogen. Bis jetzt hatten wir den Irak als eine Durchgangsstation für die jüdische Auswanderung aus dem Iran angesehen, weil er Palästina näher lag. Wenn es uns aber gelingen würde, Juden in entgegengesetzter Richtung über die Grenze zu bringen, wären sie, sogar wenn sie für eine Weile im Iran steckenbleiben sollten, doch halbwegs gerettet.

Selbstzufrieden begab ich mich zu Yosef Barpal, der sich damals in Paris befand. Wegen seiner besonderen Stellung im Mossad war ich bestrebt, seine Zustimmung für meine Vorschläge einzuholen. Da er viel älter als die meisten von uns war, betrachteten wir ihn als den »weisen Mann des Mossad«. Als ich ihm meine Ideen unterbreitete, sagte er vorerst nichts. Ich versuchte, seine Reaktion von seinem Gesichtsausdruck abzulesen, doch seine Augen, die mich durch die dikken Gläser seiner schweren Brille anblickten, verrieten nichts. Mit einer Hand fuhr er sich über die kahle Stelle auf seinem Kopf und mit der anderen drehte er seinen Füllfederhalter hin und her. Schließlich sagte er mit tiefer, väterlicher Stimme: »Schön, Schammai, das ist ein guter Einfall. Besprich ihn mit den Kameraden, wenn du in Bagdad ankommst.«

»Wie ich sehe, scheinst du davon nicht sehr beeindruckt zu sein«, bemerkte ich grimmig. »Vielleicht ist es nicht die ideale Lösung. Doch welche andere gibt es denn? Die Wüstenroute ist gesperrt. Luft- und Seeweg sind ausgeschlossen. Was bleibt dann noch übrig? Warum ist die ›B'richah‹ aus Europa möglich, und nicht aus dem Irak?«

»Eben weil der Irak nicht solche Nachbarn wie Holland und Dänemark hat«, sagte er etwas gereizt, doch bald wurde er wieder sanfter. »Hör mal, Schammai, du bist ein unternehmungslustiger junger Mann, und das ist gut«, fuhr er gönnerhaft fort. »Ich bewundere deine Arbeit und schätze es, daß du jeden Tag mit neuen Ideen und frischen Forderungen kommst, doch mußt du nicht das Leid der ganzen Welt auf deinen Schultern tragen. Du bist bereit, in den Irak zu fahren, und das allein ist schon sehr viel. Deine Anwesenheit wird die Leute dort ermutigen. Das ist eine wichtige moralische Stütze, ganz gleich, wie viele Juden du herausschmuggeln kannst. Es gibt Zeiten, wo es am wichtigsten ist, durchzuhalten und den Mut nicht zu verlieren.«

Ich hatte viel ehrgeizigere Pläne und verließ Barpals Zimmer aufgebracht und voller Groll. Später versuchte ich, meine Gedanken anderen Mitarbeitern zu unterbreiten, doch alles, was ich erzielte, war ein mitfühlendes Lächeln oder ein flüchtiges Kopfnicken, bevor sie sich wieder ihren eigenen Angelegenheiten widmeten. Schließlich hatte ich genug davon und ließ die Sache einfach fallen - bis ich den Abt wieder traf.

Es war Anfang 1948, als mich Mosche Karmil bat, mich um den Abt Glasberg, der damals Palästina besuchte, zu kümmern und ihn herumzuführen. Das war meine erste Begegnung mit ihm. Mosche erklärte mir, daß es sich um einen französischen Priester handle, der sehr viel für die illegale Einwanderung nach Palästina getan habe. Ich hörte die beiden unter sich Russisch sprechen und nahm an, daß der Abt sehr vielsprachig war. Als ich ihn zum Wagen begleitete, fragte ich ihn in meinem gebrochenen Französisch, ob er auch Englisch spreche. »Nein«, lautete seine Antwort. »Ich spreche kein Englisch und ich liebe diese Sprache nicht. Wir können hingegen Jiddisch sprechen.«

»Es tut mir leid«, erwiderte ich, »ich kann kein einziges Wort Jiddisch.«

»Wie kommt es, daß ein Jude kein Jiddisch spricht?«

»Wie kommt es, daß ein französischer Priester Jiddisch spricht?« dachte ich, vermied es aber, die Frage zu stellen. Statt dessen erklärte ich ihm, daß ich im Irak geboren war und daß die Juden der arabischen Länder kein Jiddisch sprechen, das eine europäische Sprache ist.

»Es tut mir leid«, antwortete er verlegen, »das wußte ich nicht.«

Nun konnte ich meine Neugierde nicht mehr beherrschen und fragte: »Und wie kommt es, daß Sie Jiddisch verstehen?«

»Sie werden vielleicht lachen, aber Jiddisch ist für mich ›Mame Loschen‹, meine Muttersprache«, sagte er, ohne mit der Wimper zu zucken.

Ich vermutete, daß er einen Witz machen wollte und sicher seine guten Gründe hatte, meiner Frage auszuweichen, worauf ich auch Rücksicht nahm. Ich lenkte nun das Gespräch in eine andere Richtung, und während der vielen Stunden, die wir zusammen verbrachten, erzählte ich ihm über das Leben im Kibbuz, meine Mission im Irak und das ›Zwischenspiel‹ im Libanon. Erst nach seiner Abfahrt hörte ich von Mosche, daß seine Erklärung überhaupt kein Witz gewesen war und daß er tatsächlich Jiddisch sprach.

Alexander Glasberg war 1902 als Kind jüdischer Eltern in Jitomir, einer Stadt in der Ukraine, geboren. Er besuchte die »Cheder«, die traditionelle jüdische Schule, wo er auch Hebräischkenntnisse erwarb, doch seine Muttersprache war Jiddisch. An irgendeinem Wendepunkt seines Lebens trat er zum Katholizismus über und wanderte 1932 nach Frankreich aus. Dort besuchte er ein theologisches Priesterseminar in Paris, um gleich danach zum Priester ordiniert zu werden. Im September 1939 wurde er zum Hilfsgeistlichen von Moulins, einer kleinen Stadt in der Nähe von Paris, ernannt. Nach dem Überfall der Deutschen wurde er nach Lyon versetzt und zum Vikar ernannt.

Glasberg setzte seine Kraft und Energie für die vielen Flüchtlinge ein, welche die Gegend durchstreiften, und nahm auch immer engere Kontakte zur französischen Widerstandsbewegung (›Résistance‹) auf. Bitter war das Los der Franzosen unter der deutschen Besetzung, doch am meisten hatten die Juden darunter zu leiden, die systematisch verfolgt, verschleppt oder niedergemetzelt wurden. Bald setzte Glasberg sein ganzes Dasein und seine Energie für die Rettung der Juden ein. Besonders aktiv war er bei der Rettung jüdischer Kinder, die er in Kirchen oder bei christlichen Familien versteckte, um sie dann später in Sicherheit zu bringen. Unter anderem gelang es ihm, im letzten Augenblick 108 jüdische Kinder aus der Stadt Venissieux zu retten, die mit ihren Eltern schon auf dem Wege zu einem Nazi-Todeslager waren. Sogar als die Deutschen im November 1942 Lyon besetzten, führte er seine Rettungsaktionen mit unerschütterlichem Mut und großer Kühnheit fort. In Abwesenheit zum Tode verurteilt, verschwand er in der ›Résistance‹, wo er bis Kriegsende tätig war.

Als ich Glasbergs Bekanntschaft machte, war er mit hohen französichen Orden ausgezeichnet und Vize-Präsident der Landesorganisation der französischen Widerstandskämpfer. Nach Kriegsende kehrte er nach Paris zurück, wo er das »Centre d'orientation sociale des étrangers« gründete, ein Hilfswerk für Flüchtlinge aus Spanien und Portugal sowie für diejenigen, die durch den Eisernen Vorhang fliehen konnten. Mit einer kleinen, treuen Helfersgruppe arbeitete er unermüdlich daran, das Los der zahlreichen Opfer aus diesen Ländern zu lindern. Sein Wirken brachte ihn auch in enge Verbindung mit verschiedenen sozialistischen Persönlichkeiten Frankreichs, und bald begann er, sich für Israel zu interessieren und kam mit den Mossadleuten aus Paris in Kontakt, denen er oft seine Dienste zur Verfügung stellte.

Im Jahre 1948 besuchte Glasberg das Heilige Land, und so begegneten wir uns zum ersten Mal. Tief bewegt von seinem Besuch, wurde er bei seiner Rückkehr nach Frankreich ein heißer Verfechter des Zionismus, eifrig bemüht, mitzuhelfen, wo immer er nur konnte. Er wurde auch Stammgast des Pariser Mossad, wo ich ihn zufällig traf, gerade als ich schon bereit war, alles stehen und liegen zu lassen und nach Hause zu fahren.

Der Abt begrüßte mich so herzlich, daß man glauben konnte, wir wären langjährige Freunde.

»Schammai«, rief er laut, »was tut ein Asiate wie Sie hier in Paris?«

»Ich bin auf dem Weg nach Bagdad«, sagte ich, wie um mich zu rechtfertigen, daß ich so weit von der Front entfernt war.

»Und warum haben Sie dann kein Lebenszeichen von sich gegeben?«

»Ich wollte Sie nicht stören«, sagte ich, da mir nichts Besseres einfiel.

»Mich stören? Unsinn! Ich möchte Sie einladen, mich morgen zu besuchen und mir zu erzählen, was mit den Juden im Orient infolge der Kriege, die ihr dort führt, geschieht. Kommen Sie zum Mittagessen!«

Die Kanzlei des Abtes befand sich in der Nähe der berühmten »Les Halles«, damals der Großhandelsmarkt von Paris, der wie ein Magnet auf die Touristen wirkte. In dieser Gegend gab es viele Restaurants, darunter aber einige, die nur den echten französichen Feinschmekkern bekannt waren, und zu einem solchen nahm mich Glasberg am nächsten Tag mit. Offensichtlich war dies nicht sein erster Besuch, denn kaum waren wir eingetreten, erschien schon der Besitzer, um ihn zu begrüßen und uns dann in eine angenehme, ruhige Ecke zu führen.

Der Abt studierte die Speisekarte gründlich und beriet sich mit dem Kellner über die beste Wahl. Dann wurde die Weinkarte gebracht, und ich stellte fest, wie ernst er die richtige Wahl des Weines nahm. Der Kellermeister erschien mit der Flasche, entfernte den Korken und goß dem Abt ein wenig Wein ein. Glasberg erhob sein Glas und nippte langsam daran, um schließlich nach einigen andachtsvollen Sekunden das Urteil auszusprechen: »C'est bon!«

Nun wurde der Wein in beide Gläser eingeschenkt und der Abt erhob das seinige, doch ich kam ihm zuvor: »A votre santé!«

»L'chaim« Zum Wohl!, antwortete der Abt mit einem schalkhaften Augenzwinkern. »Also, erzählen Sie mir jetzt mal, was eigentlich in Ihrem Orient vorgeht und welche Pläne Sie haben!«

Ich war nicht in der Lage, ihm ein ausführliches Bild über das, was sich in allen arabischen Ländern abspielte, zu geben, und begnügte mich damit, ihm über den Irak zu berichten. Ich erzählte ihm von den Unruhen, dem Ausnahmezustand und dem Terror, dem die Juden ausgesetzt waren. Ich berichtete von den Postsäcken aus Palästina, den darauffolgenden Verhaftungen und von der fortwährenden Angst, eingesperrt, verschleppt, ermordet oder zum Tode verurteilt zu werden.

»Und welche Aussichten gibt es, eure Leute herzuholen?« fragte er.

»Keine«, erwiderte ich.

»Keine? Wie ist das möglich?«

Ich berichtete ihm über das Wenige, was wir unternehmen konnten, bevor der Flughafen Lydda in die Hände der Araber gefallen war, und über unsere erfolglose Suche nach Mitteln und Wegen, die Blockade zu durchbrechen.

»Wenn das so ist, wozu fahren Sie denn dann hin?« wollte er berechtigterweise wissen.

»Um mit unseren Leuten zusammen zu sein und sie zu ermutigen. Schließlich können wir sie nicht im Stich lassen!«

»Das klingt ja ganz nobel«, meinte Glasberg spöttisch, »genug ist es aber nicht! Gibt es nicht trotzdem etwas, was man unternehmen oder wenigstens versuchen könnte?«

Ein peinliches Schweigen folgte diesen Worten.

»Also?« drängte Glasberg, als spürte er, daß ich ihm etwas verheimlichte.

»Ich habe an etwas gedacht«, sagte ich leise. »Vielleicht wäre es möglich, Juden aus dem Irak in den Iran einzuschmuggeln und nachher einen Weg zu suchen, um sie nach Israel zu bringen, eventuell über Europa.«

Kaum hatte ich diese Worte herausgebracht, da tat es mir schon leid nochmals dieselben Gedanken vorgebracht zu haben, die schon vorher von jedem zurückgewiesen wurden.

»Schammai, das ist eine großartige Idee!« rief er, »ein ganz wunderbarer Einfall!«

Durch seine dicken Brillengläser konnte ich bemerken, wie seine Augen plötzlich glänzten. Mit seinen dicken Fingern strich er sich über das graue Haar, und ich spürte förmlich, wie sich seine Gedanken überstürzten.

»Es gibt noch einige unbeantwortete Fragen«, fügte ich hinzu, durch sein Lob in Verlegenheit gebracht. »Zuerst müssen wir die Leute in den Iran hineinschmuggeln, doch ich glaube, das wird nicht allzu schwierig sein. Das Hauptproblem ist nur, ob der Iran bereit sein wird, unsere Leute als Flüchtlinge zu behandeln und sie nicht über die Grenze abzuschieben. Zweitens müssen wir Mittel und Wege finden, um die Auswanderer einige Zeit im Iran zu beherbergen, bis wir sie weiterbefördern können, und drittens ...« Hier hielt ich plötzlich inne, denn ich merkte, daß ich im Begriff war, eine innere Angelegenheit des Mossad preiszugeben.

»Also?« drängte Glasberg weiter und schien eher besorgt als neugierig zu sein. Unsere Blicke trafen sich und ich spürte, daß ich ihm wirklich vertrauen konnte. »Also, um die Wahrheit zu sagen, meine Kollegen sind von dieser Idee nicht sehr entzückt.«

»Wollen Sie behaupten, daß der Mossad dagegen ist?«

»Eigentlich nicht dagegen, sie glauben einfach nicht daran!«

»Da begehen sie einen Riesenfehler!« sagte er mit einer solchen Überzeugung, daß ich mich fragte, ob er etwa über Informationen verfügte, die dem Mossad nicht bekannt waren.

»Wir könnten Hilfe von der IRO bekommen«, versicherte er mir. Er meinte damit die »International Refugee Organisation« der Vereinten Nationen. »Ich arbeite schon seit geraumer Zeit mit ihnen zusammen und bin sicher, den Flüchtlingsstatus für eure Leute bekommen zu können. In diesem Fall können die Iraner sie nicht zurückschicken. Außerdem wird die IRO sicherlich Flüchtlingslager für sie eröffnen – dafür ist die Organisation doch da. Ich sage Ihnen, ich bin bereit, in den Iran zu fahren und Ihre Idee an Ort und Stelle für die IRO zu untersuchen!«

Seine Selbstsicherheit und seine Begeisterung steckten auch mich an.

»Und ich habe noch eine andere Idee«, fuhr er fort, »die allerdings noch nachzuprüfen wäre. Wir könnten auch Hilfe von den Assyrern, die im Iran leben, bekommen. Wissen Sie, wer die Assyrer sind?«

»Ja, ich erinnere mich, wie die Iraker sie unterdrückt haben und wie sie im Jahre 1933 niedergemetzelt wurden.«

»Dann kennen Sie nur die halbe Geschichte«, erklärte er. »Seit dem Zweiten Weltkrieg hat sich die Lage der Assyrer im Iran sehr verschlechtert, da man sie als Verräter betrachtet, die mit den Russen zusammengearbeitet haben – und heute möchten sie in den Irak zurück. Ich habe dort gut Verbindungen mit den Oberhäuptern ihrer Kirche und sie haben einige Klöster entlang der irakischen Grenze, die uns von Nutzen sein könnten. Es lohnt sich, die Sache näher anzusehen.«

»Unbedingt«, stimmte ich ihm zu.

»Und wenn Sie nichts dagegen haben, möchte ich die ganze Angelegenheit mit Oskar und Barpal besprechen. Ich bin überzeugt, sie werden ihre Meinung ändern!«

»Einverstanden«, beeilte ich mich zu sagen, in der Hoffnung, man würde ihm mehr Gehör schenken als mir. Doch damals hatte ich mir nicht vorgestellt, daß er solche Wunder im Mossad vollbringen würde. Er vertrat die Idee der Auswanderung durch den Iran mit einer solchen Begeisterung, daß es im Mossad zu einer dramatischen Wendung kam, was die Idee – und mich selbst als ihren Urheber – betraf.

Bald begannen wir, uns mit der finanziellen Seite des Problems zu beschäftigen, und Barpal erörterte es mit einigen Mitgliedern der Politischen Kommission des Jüdischen Weltkongresses. Er schlug einen Plan zur Rettung von fünfzehntausend Juden vor und verlangte zu diesem Zweck eine Unterstützung von 4-5 Millionen US-Dollar. Obwohl auf dieser Tagung kein Entschluß gefaßt wurde, erhielt ich auf Grund dieser einleitenden Besprechungen die Erlaubnis, zweihundert Leute vom Irak in den Iran hinüberzubringen.

Jetzt hatte ich endlich das Gefühl, daß ich wenigstens nicht mit leeren Händen nach Bagdad kommen würde: Ich bekam die Erlaubnis, einen ›Probetransport‹ zu organisieren, hatte die moralische Unterstützung Glasbergs, und das Verhalten des Mossad mir und meinen Vorschlägen gegenüber hatte sich grundsätzlich geändert. Das einzige Problem, das blieb, war, wie ich hinkommen sollte. Beim iranischen Konsulat wurden wir weiterhin mit großer Höflichkeit, freundlichem Lächeln und Versprechungen empfangen, doch bekamen wir kein Visum. Ende Juli war meine Geduld zu Ende, und ich verlangte einen sofortigen Beschluß: entweder nach Bagdad fahren oder heimkehren. Das Ultimatum verfehlte seine Wirkung nicht, denn endlich begann man sich zu bemühen, etwas auf die Beine zu stellen. Oskars »Spezialisten für Dokumente« waren der Meinung, wir sollten die irakischen Pässe aufgeben. Am 8. August wurde Mosche Karmil benachrichtigt, daß Ya'akov Sitton und ich mit französischen Pässen, die Oskars Leute liefern sollten, nach Bagdad fliegen würden. Unsere Abreise wurde für den 23. August festgelegt. Doch im letzten Augenblick gab es wieder einen Aufschub. Ich war so verärgert über die nachlässige Art, mit der die Angelegenheit behandelt wurde, daß ich alle Einzelheiten in einem bissigen Brief an Tel Aviv zusammenfaßte:

»Erst nachdem Oskar weggefahren war, hatte ich Gelegenheit, den Reisepaß, der für mich angefertigt wurde, anzusehen und mußte feststellen, daß er nicht mehr gültig war. Ein neuer Paß wurde binnen 24 Stunden vorbereitet, doch wies auch dieser Nachlässigkeiten auf. Vor seiner Abfahrt hatte Oskar einen Empfehlungsbrief für mich bekommen, damit ich ein Einreisevisum für den Iran erhalten sollte. Er hinterließ aber keine Angaben, wo sich dieser Brief befindet oder wer ihn für mich geschrieben hatte. Nur durch einen glücklichen Zufall bekam ich einen anderen Brief – aber selbstverständlich ist es schon zu spät, heute noch das Visum zu erhalten. Sollte es mir morgen früh gelingen, könnte ich den morgigen Flug noch erreichen – wenn nicht, bedeutet das eine weitere Verzögerung von einer Woche.«

Natürlich konnte ich das iranische Visum am nächsten Tag nicht rechtzeitig bekommen und mußte so noch eine ganze Woche in Paris bleiben. Am 31. August, zwei volle Monate nach meiner Ankunft in Paris, flog ich endlich allein nach Teheran. Anfangs hieß es, Ya'akov würde eine Woche später folgen, wenn man seine Papiere vorbereitet hatte. Doch daraus wurde nichts.

Nachdem er drei Monate in Paris gewartet hatte, beschloß er, das einzig Vernünftige zu tun, nämlich das Ziel zu ändern und nach Nordafrika zu fahren, um dort mit der zionistischen Jugendbewegung zu arbeiten. Der Abt dagegen sollte sich mir in Teheran mit seiner Sekretärin anschließen.

Nach Zwischenlandungen in Rom und Istanbul erreichte ich Teheran in bester Verfassung. Bei der Paßkontrolle legte ich zuversichtlich meinen neuen französisch-marokkanischen Paß vor (Marokko war damals ein französisches Protektorat).

Selim Hillel, alias Schlomo Hillel, alias Amu Yusuf, wurde über Nacht zu Maurice Perez, einem Vertreter der »Gasoline« und »Sitex« Gesellschaften, zweier französischer Firmen, deren Büros sich in der Rue du 4 Septembre in Paris befanden. Der Direktor dieser Gesellschaften, Emmanuel Racine, ein Veteran der französischen Résistance, ernannte mich aufgrund einer Bitte seines Freundes Alexander Glasberg zu seinem Vertreter im Nahen Osten.

Ich besaß noch mehrere Identitäten und Reisepässe in meinem Leben, doch nie wieder hat mir ein Paß so lange und so treu gedient, wie dieser französisch-marokkanische Ausweis. Nie wieder fühlte ich mich so sicher wie unter dem Decknamen des unternehmungslustigen und energischen Maurice Perez in Teheran.

Maurice Perez fliegt nach Teheran

Im Vergleich zu Paris war Teheran eine kleine, unelegante Stadt, wie die meisten anderen im Nahen Osten auch. Ich hatte sie mir wie Bagdad vorgestellt - doch sie hatte keine Ähnlichkeit mit der Stadt meiner Kindheit, vor allem in bezug auf die Umgebung. Im Gegensatz zu der flachen, grau-braunen Wüste, die Bagdad umgibt, wird Teheran von hohen Bergen eingefaßt. Anstatt des trägen Flusses, der Bagdad in zwei Hälften teilt und als Kennzeichen der Stadt bekannt ist, wird Teheran von einem pfeilgeraden, breiten Boulevard durchquert. Als ich mich wunderte, eine so lange geradlinige Verkehrsader in einer altertümlichen Stadt zu entdecken, erzählte man mir, daß der Linealboulevard gar nicht alt sei und daß er seinen Namen mit Recht verdiene. Er war auf Grund eines Beschlusses von Reza Pahlewi, dem Schah von Persien, entstanden. Es hieß, der Kaiser wollte der Stadt einen modernen Anblick verleihen und deshalb verlange er Bleistift und Lineal. Daraufhin nahm er den Stadtplan, zeichnete eine gerade Linie, welche die Stadt durchschnitt – und alles, was sich in diesem Bereich befand, wurde zerstört. Da es bekannt war, daß man dem Schah am besten nicht widersprach, wurde sein Befehl in einigen Tagen aufs genaueste durchgeführt. So entstand der Teheraner Boulevard.

Am meisten beeindruckte mich der ältere Teil der Stadt, wo sich der riesige Basar befand, über welchen sich eine Kuppel wölbte, die die Käufer vor den heißen Sonnenstrahlen schützte, so daß der Markt sogar im Hochsommer kühl war.

Bei meinem ersten Besuch im Basar, nachdem sich mein Geruchssinn vom Ansturm der verschiedenen Düfte erholt und meine Augen an das Halbdunkel gewöhnt hatten, blieb ich vor Staunen und Bewunderung mit offenem Mund stehen. Der Anblick der unzähligen Perserteppiche, die nachlässig und mannshoch aufgestapelt waren, entzückte mich ohnegleichen mit ihren vielen Farben und herrlichen Mustern. Gleichzeitig empfand ich es fast als eine Beleidigung zu sehen, mit welcher Gleichgültigkeit solche wunderschönen Kunstwerke gehandhabt wurden.

Von Anfang an wirkte Teheran vielversprechend auf mich. Nach den untätigen Wochen, die ich in Paris vergeudet hatte, war es ein wohltuendes Gefühl, meine ganze Aufmerksamkeit jetzt der Suche nach neuen Möglichkeiten zu widmen, um endlich eine effektive Arbeit unternehmen zu können.

Selbstverständlich benutzte ich die ersten Tage, um neue Kontakte mit einer ganzen Reihe von Persönlichkeiten zu knüpfen. Ich erfuhr, daß sich zwei Israelis in offizieller Stellung in Teheran befanden, während zwei andere, die schon seit längerer Zeit dort lebten, im kommerziellen Bereich tätig waren. Unter den ersten befand sich Eliyahu Ben-Yitzhak, der offizielle Vertreter des Jüdischen Nationalfonds. Seine finanzielle Hilfe wurde später die Grundlage meines ganzen Wirkens.

Mein engster Mitarbeiter in Teheran war aber Dov Adiv, ein paläsinensischer Jude. Er war in Polen geboren und wanderte im Jahre 1936 als Vierzehnjähriger nach Palästina aus. Als ausgesprochener Individualist konnte er sich nie in das Gemeinschaftsleben des Kibbuzes einfügen, dem er nach Abschluß des Gymnasiums beigetreten war. Er entschloß sich daher, in den Ölraffinerien von Haifa zu arbeiten. Während des Zweiten Weltkrieges wurde er nach Abadan versetzt, wo er die automatischen Werke der großen Raffinerien betreute. Nach Kriegsende siedelte er nach Teheran über, wo er sich als Geschäftsmann betätigte und Helen, die Tochter eines gewissen Professors Dr. Asch, heiratete, der auf der Flucht vor den Nazis den Iran erreicht hatte.

Dov war ungefähr in meinem Alter, hatte blondes Haar und scharfe blaue Augen, die eine Mischung von Heiterkeit und Intelligenz ausstrahlten. Wir trafen uns in seiner kleinen Reiseagentur, der »Iran-Trans«, wo er mich herzlichst empfing und mir versprach, alles zu tun, um mir behilflich zu sein.

»Ich bin sicher, daß ich eine Menge tun kann«, sagte er nicht gerade bescheiden. »Ich kenne die hiesigen Verhältnisse und habe gute Verbindungen zu vielen einflußreichen Leuten. Meine Agentur und ich selbst stehen dir gänzlich zur Verfügung.«

Schon auf den ersten Blick hatte ich den Eindruck, daß seine positive Selbsteinschätzung gerechtfertigt war. Er erweckte sofort mein ganzes Vertrauen, und ich beschloß, ihm meine Pläne anzuvertrauen. Sogleich, an Ort und Stelle, begann er seine Tätigkeit, indem er Zimmer für den Abt und seine Sekretärin im besten Hotel Teherans, dem Park Hotel, reservierte. Zögernd erkundigte ich mich nach dem Preis und erklärte ihm, daß mein Budget, milde ausgedrückt, eher bescheiden sei. Er wies mich zurecht und sagte, daß man eine so bedeutende Persönlichkeit in keinem anderen Hotel unterbringen könnte. Seine Begeisterung war ansteckend und ich hatte das Gefühl, wir würden zusammen noch vieles erreichen.

Nachdem ich die Israelis in Teheran ausfindig gemacht hatte, beschloß ich, noch vor Glasbergs Ankunft die Leiter der jüdischen Gemeinde aufzusuchen, insbesondere diejenigen, die aus dem Irak stammten und sich schon seit längerer Zeit im Iran befanden. Ich vermutete, daß sie über gute Beziehungen zu den Behörden verfügen würden. Ich nahm auch an, daß sie die Verbindungen mit ihren Familienmitgliedern im Irak aufrechterhielten und deshalb vertrauenswürdige Schmuggler, die sich zwischen den zwei Staaten »betätigten«, gut kannten. Was ich eigentlich brauchte, waren Schmuggler, denen man auch Menschenleben anvertrauen konnte.

Als Dov mir den Namen Mualem Zion Edri nannte, nickte ich, denn ich kannte den Mann. Doch ich war erstaunt, zu hören, daß er nun in Teheran ansässig sei. Mualem Zion war in Bagdad geboren, hatte sich dem Studium der Religion gewidmet und war nach Khorramschahr, einer iranischen Stadt am Schatt-el-Arab, gezogen, um dort bei der jüdischen Gemeinde als Lehrer und ritueller Schlächter für das koschere Fleisch zu amtieren. Gleichzeitig begann er sich mit dem Handel abzugeben, und in kurzer Zeit genoß er den Ruf eines Mannes von Rang, Vermögen und Beziehungen beiderseits der Grenze. Zur Zeit meiner Tätigkeit im Irak war ich ihm während meines kurzen Besuches in Khorramschahr zum ersten Mal begegnet. Nach unserem Treffen war ich überzeugt, daß sein guter Ruf berechtigt war. Sein Haus in Khorramschahr mit dem üppigen grünen Garten, den reichverzierten Möbeln, den Dienstboten und anderen Kostbarkeiten zeugte von einem Mann mit Vermögen und bedeutendem Einfluß.

Mualem Zions Wohnung in Teheran war viel bescheidener, doch trotzdem geräumig und gemütlich. Sein Empfangszimmer war mit wunderschönen persischen Teppichen ausgestattet, mit großen kostbaren Blumenvasen, Samowars, Serviertabletts, silbernen Kannen – alle mit persischen Motiven und Figuren verziert. Das Dienstmädchen brachte kaltes Rosenwasser und als ich langsam daran nippte, bekam ich den Eindruck, daß kein weiteres Personal vorhanden war. Auch keine anderen Besucher waren da. Mualem Zion hatte offensichtlich beschlossen, seine Tätigkeit zu verringern, und dies war der Grund, warum er nach Teheran gezogen war. Von Dov hatte ich aber gehört, daß er noch immer ein sehr aktiver Mann sei und seine Beziehungen so verzweigt und einflußreich waren, wie eh und je. Ebenfalls versicherte mir Dov, daß Mualem weiter dem Zionismus treu ergeben sei. Ich begann unser Gespräch, indem ich ihn daran erinnerte, daß ich vor einigen Jahren die Ehre gehabt hätte, ihm in Khorramschahr zu begegnen, aber nicht sicher sei, ob er sich meiner entsinnen würde.

»Selbstverständlich erinnere ich mich an Sie«, sagte er, »nur daß Sie damals nicht Maurice hießen!«

»Ja, natürlich«, murmelte ich etwas verlegen wegen meiner vielen Identitäten. »Damals nannten mich die Kameraden in der Bewegung Yusuf.«

»Nicht Yusuf, sondern Amu Yusuf«, verbesserte er mich, als ob er damit beweisen wollte, daß sein Gedächtnis ihn nicht im Stich ließ.

»Mualem Zion, ich bin gekommen, um Ihren Rat und Ihre Hilfe zu erbitten.«

»Ich weiß, daß der Krieg in Israel schwer ist«, unterbrach er mich sogleich, »und ihr benötigt sicher finanzielle Hilfe. Doch zu meinem Bedauern waren die Geschäfte, besonders für uns Juden, letzthin sehr schwach. Außerdem unterstützen wir die Juden aus dem Irak, die hier Zuflucht gesucht haben und ihr Unterhalt stellt eine schwere Last für unsere kleine Gemeinde dar.«

»Ich bin nicht gekommen, um Geld zu verlangen«, erklärte ich. »Wir müssen Juden aus dem Irak so rasch wie möglich über die Grenze schmuggeln, und ich hoffte, Sie könnten mir einen Vertrauensmann empfehlen, der sie herüberschaffen würde.«

Jetzt verfinsterte sich sein Blick, und ich begriff, daß ich einen Fehler begangen hatte, indem ich die Sache so offen darstellte. Seine abschlägige Antwort ließ nicht auf sich warten.

»Ich habe überhaupt keine Verbindungen zu den »Katsajtzia«[1] und kenne keinen einzigen«, sagte er mürrisch. Doch als er meine Enttäuschung wahrnahm, fügte er schnell hinzu: »Ich schlage Ihnen vor, mit Salman, dem Chauffeur, zu sprechen. Ich glaube, er kann Ihnen helfen.«

»Wer ist dieser Salman?« fragte ich mit Bedenken. »Mualem Zion, ich bin zu Ihnen gekommen, weil ich die Hilfe eines ernsten Mannes brauche, dem ich volles Vertrauen schenken kann.«

»Keine Sorge«, versicherte er mir. »Er ist einer von uns!« Diese letzten Worte wurden in Hebräisch gesprochen, wie es in der Mundart der irakischen Juden Brauch war. »Sie können ihm vertrauen und ich bin sicher, daß er Ihnen helfen wird.«

[1] ein geläufiger türkischer Ausdruck, der im Irak und Iran gebraucht wird und »Schmuggler« bedeutet

Als ich hörte, wie er das Wort »sicher« betonte, verstand ich, daß dieses Kapitel abgeschlossen war, und ich kam auf seine frühere Bemerkung zurück, die mich neugierig gemacht hatte. »Sagen Sie bitte, wer sind diese Flüchtlinge aus dem Irak, von denen Sie vorher sprachen? Wann sind sie hergekommen?«

»Sie sind im Laufe der vergangenen Monate in kleinen Gruppen nach Teheran gelangt,« erklärte er, »und meistens Leute, die hier Verwandte haben und also kein Problem darstellen. Doch letztens ist eine Anzahl jüdischer Kommunisten herübergekommen, die keine Verwandten im Irak haben. Wir tun alles, um ihnen zu helfen, denn sollten sie von den Behörden erwischt werden, befürchten wir eine sofortige Auslieferung an den Irak, wo man sie sicher einsperren wird. Sie können nicht arbeiten und ihr Versteck kaum verlassen. Wir versorgen sie mit Nahrung und Kleidung, doch ich weiß wirklich nicht, wie lange wir das noch tun können. Der Winter steht vor der Tür, und es erwarten sie noch große Schwierigkeiten.«

Plötzlich hellte sich sein Gesicht auf, als hätte er soeben eine Lösung gefunden. »Sie könnten sie doch nach Israel mitnehmen«, schlug er vor. »Sie sind doch immer so erpicht darauf, Leute hinüberzubringen?«

Natürlich war ich bestrebt, Juden, die verfolgt wurden, nach Israel zu bringen. Doch hier mußte ich ihm erklären, daß, wenn es sich um Kommunisten handelte, ich nicht sicher sei, ob sie überhaupt nach Palästina einwandern wollten. »Wissen Sie, die Kommunisten im Irak waren dem Zionismus gegenüber sehr feindlich eingestellt. Sie haßten uns, und wenn sie nur konnten, schädigten sie uns!«

Mualem Zion unterdrückte ein Lachen, als er sagte: »Heute hat sich alles geändert, mein Sohn, heute werden sie Ihnen dankbar sein, wenn Sie sie mitnehmen. Heute spielen sie nicht mehr die wichtigen Herren. Sie leben versteckt und fürchten sich sogar, ihre Nasenspitze zu zeigen. Sie laufen fortwährend Gefahr, verhaftet zu werden, weil sie illegal das Land betreten haben und Kommunisten sind. Aus dem Irak flohen sie, weil sie dort als Juden und Kommunisten verfolgt wurden. Die Ironie ihres Schicksals ist, daß man sie im Irak zu gleicher Zeit als Anhänger des Zionismus betrachtet, den sie, wie sie mir sagen, so sehr verachten. Sehen Sie doch, was mit dem armen Schafiq Addas[1] geschieht«, fuhr er fort. »Er hat sich immer als ein echter, hundertprozentiger Iraker betrachtet, seine Geschäftspartner und Freunde waren nur Araber, doch das hat ihm nichts genützt, und keiner von ihnen

[1] Schafiq Addas wurde zu dieser Zeit verurteilt – Siehe Kapitel 5

hat ein gutes Wort für ihn eingelegt. Jetzt sehen auch die jüdischen Kommunisten ein, daß sie im Irak nichts zu suchen haben, und Tatsache ist, daß sie von dort fliehen. Und an wen wenden sie sich in der Not? An ihre arabischen Freunde? Oder an die hiesigen Kommunisten? Nein, sie kommen zu ihren jüdischen Brüdern, die sie verstecken und sie unterstützen. Sie sehen also, mein Sohn, wenn es Ihnen gelingen wird, sie hier herauszubringen, werden sie Ihnen sicherlich auf Knien danken, denn nur in Israel werden sie als Kommunisten leben können!«

Seine Erklärungen waren logisch, doch selbst wenn ich es gewollt hätte, gab es vorläufig keine Möglichkeit, diese Flüchtlinge nach Israel zu befördern. Meine ersten Einwanderer nach Israel hatte ich am 16. September weggeschickt – zwei Wochen nach meiner Ankunft im Iran – mit der Hoffnung, daß genau wie die Schwalbe den Frühling verkündet, auch diese ›Schwalbe‹ den Anfang einer großen Einwanderung verheißen würde. Sie war ein sehr einfacher Fall – eine Krankenschwester mittleren Alters, die in den Iran mit einem gültigen Pass eingereist war, der aber demnächst ablief und nicht in Teheran verlängert werden konnte. Ich machte die Bekanntschaft des italienischen Konsuls, mit dem ich mich gut anfreundete. Als das Problem der Krankenschwester auftauchte, bat ich ihn, ihr aus humanitären Gründen ein Visum auszustellen, mit der Versicherung, daß unsere Leute in Rom sich um sie kümmern und sie sofort nach Israel weiterschicken würden. Seine Bereitschaft zu helfen, erweckte bei mir die Hoffnung, vielleicht auch in Zukunft diesen Weg benützen zu können. Gleichzeitig bot sich mir nun die Gelegenheit, den ersten Bericht über meine Tätigkeit nach Paris zu senden:

»Zweifelsohne gibt es hier viele Möglichkeiten zu agieren … und wir könnten sehr leicht eine Anzahl von einigen Dutzenden im Monat erreichen … Mehrere Flüchtlinge aus dem Irak befinden sich bereits in Teheran und ein ständiger, wenn auch beschränkter Fluß, findet statt.«

Meine Darlegung stützte sich auf Mualem Zions Bericht über die Flüchtlinge, die aus dem Irak gekommen waren, sowie auf »Salman, den Chauffeur«, den ich inzwischen getroffen hatte, und der mir die endgültige Gewißheit gab, daß es möglich sei, die Grenze vom Irak in den Iran ohne große Schwierigkeiten zu passieren. Die Frage war jedoch, ob die Iraner bereit sein würden, den Leuten den Flüchtlingsstatus zu gewähren und uns zu erlauben, ihre Überführung nach Israel zu organisieren.

Meiner Meinung nach befand sich hier der Kern des Problems, den Abt Glasberg mit Hilfe seiner assyrischen Freunde zu lösen hoffte. Nach seiner Ankunft in Teheran begannen wir sofort, die assyrische Verbindung näher zu untersuchen. Glasberg erschien mit seiner reizenden Sekretärin Nino Weil, die seit den Tagen der Résistance und bis zu seinem Tode als seine treue und begeisterte Mitarbeiterin tätig war.

Nino, ein zartes Geschöpf, dessen Blick eine scharfe Intelligenz verriet, stammte aus dem Elsaß. Sie war die Tochter eines assimilierten jüdischen Vaters und einer christlichen Mutter, wurde selbst als Christin erzogen und hatte keine blasse Ahnung von jüdischen Bräuchen und Sitten, was unserem seltsamen Trio eine noch markantere Prägung verlieh.

Unsere erste Begegnung fand in der assyrischen Kirche statt, wo wir mit Monseigneur Thuma, einem zuvorkommenden, höflichen Mann, zusammentrafen. Glasberg stellte mich als seinen persönlichen Berater vor, vermied es jedoch, den wahren Zweck unserer Mission zu enthüllen. Er begnügte sich damit, zu erklären, daß Paris von den schwierigen Verhältnissen der assyrischen Kirche und von der Lage der Klöster, die sich entlang der Grenze befanden, gehört habe. Er sagte, daß er wissen wolle, ob Assyrer über die Grenze nach dem Irak geflohen wären. Wie zu erwarten war, antwortete Thuma vorsichtig und ausweichend, doch nach längerem Zureden machte er schließlich den Vorschlag, daß wir selbst die Klöster besuchen sollten, um ein genaues Bild von der Lage zu bekommen. Zu diesem Zweck empfahl er uns einen assyrischen Taxifahrer, der auch ein wenig französisch sprach.

Einige Tage danach machten wir uns alle drei im Taxi des assyrischen Chauffeurs auf den Weg zur Grenze. Die erste Schwierigkeit, die es zu überwinden galt, waren die schlechten iranischen Straßen, die offensichtlich seit dem Ende des Zweiten Weltkrieges nicht mehr instandgehalten wurden. Nach abenteuerlicher Fahrt, holperte der Wagen endlich durch die Stadt Hamadan, wo wir uns gleich um einen Tisch versammelten, um die Spezialitäten des Ortes zu kosten – denn der Abt war nicht der Mann, der auf eine Mahlzeit verzichten wollte.

»Im Park-Hotel in Teheran gibt es nur europäische Küche«, beklagte sich der Abt, um seine Feinschmeckerleidenschaft irgendwie zu rechtfertigen. »Sie halten uns für Snobs.«

Nachdem er sich mit unserem Chauffeur beraten hatte, bestellte Glasberg ›Tschello Kebab‹, bestehend aus einem Berg von weißem Reis, der mit Butter, rohem Eidotter sowie Spießchen mit Fleischkügelchen, Lamm- und Rehfleischstückchen (die Rehe wurden in den umgebenden Bergen gejagt) aufgetragen wurde. Begleitet wurde die Speise von einer dicken Flüssigkeit, ›Dog-ab-ali‹ genannt und in eiskalten Flaschen serviert, einer Art Joghurt, mit Wasser oder Sprudelwasser gemischt. Aber hier zog Glasberg eine Grenze. Er ordnete an, daß alle Wodka trinken sollten. »Das ist aus hygienischen Gründen sehr wichtig«, sage er im vollsten Ernst.

Erst am späten Nachmittag erreichten wir Kermanschah, die Hauptstadt des Bezirkes, und kurz darauf unser Endziel, das assyrische Kloster. Die Mönche des Klosters wie auch die Priester der Umgebung erwarteten uns schon seit Stunden zusammen mit Kindern verschiedenen Alters aus der assyrischen Gemeinde. Als wir in unserer zerknitterten und staubigen Kleidung aus dem Wagen stiegen, wurden wir mit einer kurzen Begrüßungsansprache empfangen und aufgefordert, zwischen den zwei Reihen der begeisterten Kinder hindurchzuschreiten.

Der Abt ging voran, von Nino und von mir gefolgt, während sich die Kinder um uns drängten und uns, zum Zeichen der Verehrung, die Hände küßten. Instinktiv wußte ich, daß ich das nicht zulassen durfte, denn früher oder später würde meine wahre Identität bekannt werden, und ich wollte vermeiden, unter Vorspiegelung falscher Tatsachen meine Hände von den Kindern küssen zu lassen. Deshalb unternahm ich komplizierte Manöver und begrüßte jedes Kind, das sich mir näherte, mit Kopfstreicheln und Schulterklopfen, so daß meine Hände nie zum Küssen frei waren.

Nachdem wir uns gewaschen, erfrischt und für das festliche Mahl zurechtgemacht hatten, begaben wir uns in den Speisesaal. Rings um die Tische, auf denen verschiedene Speisen – und zu Glasbergs Freude auch Wodkaflaschen – standen, saßen die Persönlichkeiten der assyrischen Gemeinde, die geduldig auf uns warteten. Als wir eintraten, standen sie alle auf und klatschten uns freudig zu, bis wir unsere Plätze einnahmen. Nach dieser Huldigung folgten Reden auf französisch, die von Glasberg kurz erwidert wurden, wobei er sich bei unseren Gastgebern für den herzlichen Empfang bedankte und die Hoffnung aussprach, ihre Probleme und Bedürfnisse während unseres Aufenthaltes kennenzulernen. Dann wurde das Tischgebet gesprochen und zu meinem Erstaunen verstand ich fast alles, da es auf Aramäisch vorgetragen wurde.

Das Festessen endete spät, und die Nacht war schon fortgeschritten, als jedem von uns eine kleine Zelle angewiesen wurde, deren Einrichtung aus einem eisernen Bett, einem wackligen Tisch mit einem Stuhl und einem Waschbecken bestand. Über dem Bett hing ein hölzernes

Kruzifix, und die Wände waren mit Bildern, die Jesus als Kind darstellten, geschmückt. Obwohl ich erschöpft war, konnte ich nicht einschlafen. Das flackernde Licht der Petroleumlampe warf seltsame Schatten auf Wände und Zimmerdecke, und es schien mir, als würde ich an einer surrealistischen Theatervorstellung teilnehmen. Hier lag ich an der Grenze zwischen Iran und Irak in einer Mönchszelle eines assyrisch-katholischen Klosters, getarnt als Berater eines katholischen Priesters, der als Jude zur Welt gekommen war. War dies nur ein Traum oder war es Wirklichkeit? Sollten diese Assyrer wirklich das fehlende Glied in der Kette sein, das uns helfen würde, Juden aus dem Irak nach Israel zu bringen?

Diese Gedanken erweckten in mir ein Gefühl des »déja-vu«, des schon Erlebten – und es kam mir in den Sinn, daß die Assyrer schon früher einmal mit der Judenauswanderung aus dem Irak verbunden waren, oder wenigstens mit der Auswanderung meiner eigenen Familie nach Palästina.

Im August 1933, kurz nach dem fürchterlichen Massaker an den Assyrern im Norden des Landes, marschierte die irakische Armee in einer Siegesparade durch die Straßen Bagdads. Dieses Ereignis war ausschlaggebend für den Entschluß meines Vaters, auszuwandern. Wir beobachteten die Militärparade durch einen Spalt der verriegelten Fensterläden unseres Hauses, das an der Ecke der Al-Raschid-Straße, der Hauptverkehrsader von Bagdad, stand. Eine Militärkapelle eröffnete den Umzug, gefolgt von Soldaten mit Gewehren und Feldkanonen, die von Maultieren gezogen wurden. Unheimlicher als die Parade selbst war jedoch das Gebrüll der Menschenmassen, die »Lang lebe Ghazi« riefen, denn Ghazi war der Kronprinz, ein leidenschaftlicher Nationalist, der das Massaker unterstützt hatte.

Als sich mein Vater den Siegeszug durch die geschlossenen Fensterläden ansah und das Gebrüll hörte, sagte er: »Wenn die Iraker den Christen so etwas antun und die Welt dabei stumm bleibt und nicht reagiert, was haben wir dann zu erwarten? Für uns gibt es hier keine Zukunft mehr!«

Ich war damals zehn Jahre alt, das jüngste Kind unter sieben Söhnen und vier Töchtern, und obwohl es seltsam klingt, war ich über den Entschluß meines Vaters froh.

In der Hoffnung, die Sache zu beschleunigen, rannte ich zu meinem Vater, küßte seine Hand zum Zeichen der Ehrfurcht und fragte ihn: »Papa, fahren wir nach Palästina? Wann geht es los?«

»Mit Gottes Hilfe werden wir alle fahren«, antwortete er zögernder, als ich erwartete. »Am besten ist es, nicht darüber zu reden. Ich möchte nicht, daß jemand von uns darüber spricht, denn die Wände haben Ohren!«

Wie die meisten jüdischen Familien im Irak war auch unsere traditionell eingestellt, und wir betrachteten uns als die Nachfolger der aus Judäa stammenden Einwohner, die von den Babyloniern ins Exil verschleppt wurden. Diese Verbannung fand im Jahre 586 v. Chr. statt, als der erste Tempel in Jerusalem zerstört wurde, oder vielleicht schon elf Jahre früher, als König Nebukadnezar »...ganz Jerusalem fortführte und alle Obersten und Kriegsleute, zehntausend Gefangene und alle Zimmerleute und Schmiede; er ließ nichts übrig als die Ärmsten des Landes...« (2. Könige 24,14). Wir waren demzufolge die Erben einer Gemeinde, die dem Land Israel treu geblieben war, im Sinne der Trauerklage unserer Vorfahren: »Vergesse ich dich, Jerusalem, so verdorre meine Rechte...« (Psalm 137,5).

Unter den Mitgliedern dieser Gemeinde, die dem Zionismus naturgemäß ergeben waren, zählte meine Familie zu den wenigen, deren Bande mit Palästina tatsächlich konkreter Art waren. Die Hebräisch-Lehrer, die in den zwanziger Jahren nach Bagdad kamen, waren stets in unserem Haus zu Gast. Wir studierten Hebräisch und lasen Bücher und Zeitungen aus Palästina; mein Bruder Eliyahu war einer der Gründer der »Zionistischen Achiewer Gesellschaft«. Trotz allem wurde bis 1930 der Gedanke einer Auswanderung nach Palästina nicht ernstlich erwogen. Wir führten ein gemütliches Leben. Das Geschäft meines Vaters entwickelte sich zufriedenstellend, und als meine Brüder ihr Studium beendet hatten, machten sie sich auf den Weg in die verschiedenen Handelszentren der Welt – nach Indien, Japan und England, um dort die Interessen der Familienfirma zu fördern. Die Zentrale dieses Netzes befand sich weiterhin unter der Leitung meines Vaters in Bagdad, und es schien, als würde alles für immer so bleiben.

Nach Jahrhunderten fremder Herrschaft erhielt jedoch der Irak im Herbst 1932 seine volle Unabhängigkeit. Die Briten, die das Land im Jahre 1917 besetzten, waren die letzten in einer langen Reihe fremder Eroberer. Diese neue Periode der Souveränität verhieß aber der jüdischen Gemeinde nichts Gutes.

Bis zu diesem Zeitpunkt waren die Juden zwar öfters Ziel von Schikanen und Belästigungen seitens der arabischen Bevölkerung – Kinder wurden auf dem Schulweg verprügelt, ältere Leute beschimpft und beleidigt. Von Zeit zu Zeit fanden auch gewalttätige antizionistische Demonstrationen statt, die bald in Angriffe gegen alle Juden ausarteten. Weil der Unterschied zwischen Zionismus und Judentum den aufgebrachten Massen wenig sagte, aber weil die Briten auf die Mitarbeit der Juden, hauptsächlich auf wirtschaftlichem und finanziellem Gebiet, angewiesen waren, hielten sie diese Ausbrüche in Schranken. In dem Augenblick aber, wo der Irak seine Unabhängigkeit erlangte, begann sich alles zu ändern. Die wilde Begeisterung bei den Unabhängigkeitsfeiern erinnerte die Juden an ihre prekäre Lage innerhalb des irakischen Staates, und sie begannen sich Gedanken zu machen, ob das unabhängige arabische Regime weiter bereit sein würde, jüdischen Bürgern den nötigen Schutz zu gewähren. Diese Bedenken führten allmählich zu einem allgemeinen Angstgefühl. Die Verbreitung der nationalistischen Stimmung, die Propaganda für die panarabische Idee sowie die andauernden Zusammenstöße zwischen Juden und Arabern in Palästina steigerten dieses Angstgefühl der jüdischen Bevölkerung, und ihre Befürchtungen nahmen mehr und mehr zu.

Kurz danach machte sich ein anderes Alarmsignal bemerkbar. Hitlers Machtübernahme im Jahre 1933 wurde von der irakischen Presse mit ausgesprochener Begeisterung begrüßt. Zwei Elemente des Nationalsozialismus standen den Irakern besonders nah: die anti-britische Einstellung und der Antisemitismus. Letzterer, in der virulenten Form, die Hitler bevorzugte, faßte schnell Fuß im Irak und wurde vom deutschen Botschafter Fritz Grobba besonders eifrig propagiert, so daß er dadurch zu einer sehr angesehenen Persönlichkeit im Kreise der Regierung und der Intellektuellen wurde.

Mein Bruder Eliyahu war der erste unserer Familie, der einsah, daß es für ihn keine Zukunft mehr im Irak gab. Mitte 1933 beschloß er, nach Palästina zu gehen, um in einer Landwirtschaftsschule zu studieren. Das war kein leichter Entschluß, besonders, weil unsere Eltern ihn anflehten, nicht fortzugehen.

»Wenn du den Juden dort helfen willst, fang an zu arbeiten, wie deine Brüder« wurde ihm immer wieder gesagt. »Werde ein Mann, stehe auf deinen eigenen Füßen, um wirtschaftlich unabhängig zu sein – dann kannst du ihnen helfen, soviel du willst. Warum bestehst du darauf, dein Leben zugrunde zu richten?«

Eliyahu hielt aber an seinen Anschauungen fest und antwortete, daß er kein Interesse am Geschäftsleben hätte. Ihm war es wichtig, ein jüdisches Heim in Palästina aufzubauen. Nach vielen Zankereien, Tränen und Wutanfällen tat er, was er tun wollte: Eines schönen Nachmittags verließ er, nur mit einem kleinen Koffer in der Hand, das Elternhaus. Kaum einen Monat später fanden im Norden des Irak die Greueltaten gegen die Assyrer statt – gewissermaßen das Ereignis, das mich zu guter Letzt in diese schmale, unheimliche Zelle eines Klosters an der iranisch-irakischen Grenze geführt hatte. Seit Generationen lebten die Assyrer in der Berggegend, nahe der iranischen, irakischen, syrischen und türkischen Grenze. Ihr Ursprung ist mehr Mythos als Geschichte. Einige betrachten sich als direkte Nachfolger der alten Assyrer. Andere sehen ihren Ursprung in den Stämmen, die in das Gebirge des Nordens flohen, als die Mongolen im 13. Jahrhundert die Gegend überrannten.

Heute sind die Assyrer eine kleine christliche Gemeinde, die ihre Gebete in derselben syrisch-aramäischen Mundart vorbringen, die schon den alten Babyloniern vor Jahrtausenden geläufig war.

Diese christliche Gruppe war ringsum von Moslems umgeben: Türken, Kurden, Perser und Araber, die sich zwar oft untereinander bekämpften, aber stets alle diesen ungewöhnlichen Christen feindlich gesinnt waren. Deshalb war das Leben der Assyrer nie sehr glücklich gewesen. Unterdrückungen, Verfolgungen, Kriege, Massaker und Greueltaten waren ihr ständiges Los. Vom Schicksal gezwungen mit dem Schwert zu leben, wurden sie harte, erbarmungslose Kämpfer.

Mit dem Ausbruch des Ersten Weltkrieges verschlechterten sich ihre Lebensbedingungen drastisch, da die Türkei, die von den christlichen Staaten angegriffen wurde, den Krieg als eine Art »Jihad«, heiligen Krieg gegen die »ungläubigen« Christen, betrachtete. Bald kam es zu Zusammenstößen zwischen den türkischen Behörden und ihren assyrischen Untergebenen, die sich allmählich zu einem Aufstand erhoben. Einige Historiker behaupten, daß die Russen (und wahrscheinlich auch die Engländer) den Aufstand unterstützten und eine assyrische Autonomie oder sogar einen unabhängigen Staat versprachen. Doch der Aufstand kam die Assyrer teuer zu stehen. Anfangs gelang es ihnen, eine Anzahl Angriffe der Regierungstruppen, die von Kurden-Einheiten unterstützt wurden, zurückzuschlagen. Kurz darauf wurden sie aber belagert und mußten sich bei eisiger Kälte einen Weg über die schneebedeckten Gipfel bahnen, um die ganze Gemeinde, die ungefähr siebzigtausend Seelen zählte, in den Iran hinüberzuführen. Für kurze Zeit erfreuten sie sich der Hilfe der Russen, die sie mit Waffen für ihre Verteidigung ausrüsteten. Nach der bolschewistischen Revolution trat Rußland aus dem Krieg aus, und die Engländer übernahmen das Mandat über den Irak. Sie gewährten den Assyrern ihre Protektion und brachten die Überlebenden, 35 - 40 000, in den Irak zurück. Gleichzeitig schufen sie Kampfeinheiten, die ausschließlich aus Assyrern bestanden und setzten sie bei Aufständen im Innern des Landes oder bei Grenzzusammenstößen mit den Türken ein. Die Engländer wußten genau die Loyalität und den Eifer der Assyrer auszunützen, um ihnen ein »gemeinsames Schicksal« vorzutäuschen. Das ging sogar so weit, daß sie die Assyrer als ihre »kleinsten Verbündeten« bezeichneten. Sie weckten Hoffnungen auf eine endgültige Ansiedlung der Assyrer in der Berggegend im Norden des Irak. Doch diese Illusionen gingen verloren, als das Britische Mandat über den Irak sich seinem Ende näherte. Obwohl sich der Englisch-Irakische Vertrag von 1930 auf den Status der verschiedenen Minderheiten, einschließlich der Assyrer, bezog, mußten diese bald feststellen, daß ihre Loyalität nur mit sehr unklaren Versprechungen belohnt wurde. Als sie schließlich einsahen, daß sie im unabhängigen Irak nicht willkommen waren, und daraufhin versuchten, in die Türkei zurückzukehren, wurden sie von den Türken mit Maschinengewehrfeuer empfangen. Sie versuchten auch nach Syrien zu gelangen, in der Hoffnung, die französischen Behörden, die das Mandat über Syrien hatten, würden ihnen den Eintritt gestatten, doch wurden sie sofort zurückgewiesen. Am 4. August 1933 stießen einige Assyrer, denen der Eintritt nach Syrien verweigert worden war, mit einer Einheit der irakischen Armee in der Nähe der türkischen Grenze zusammen. Nach einem Schußwechsel ging die irakische Armee zu einem regelrechten Angriff auf die Assyrer der ganzen Gegend über. Im Rahmen dieser Aktion wurden die vierhundert assyrischen Einwohner der Stadt Smayil aufgefordert, sich bei der Polizei zu melden und ihre persönlichen Waffen abzuliefern. Gleich darauf wurden sie im Hof dieser Polizeistation kaltblütig erschossen.

Das war der Anfang eines Massenmordes, bei dem Soldaten wehrlose Einwohner niedermetzelten, während die Kurden zusammen mit den Arabern alles plünderten, was ihnen in den Weg kam. Das Massaker dauerte tagelang an und forderte Hunderte von Toten und Verletzten, und Tausende wurden obdachlos.

Im Unruheherd des Nahen Ostens war so ein Vorfall nichts Außergewöhnliches, aber die irakische Reaktion darauf war nur ein Vorspiel für das, was noch zu erwarten war. Nicht nur, daß die Mörder nie vor Gericht gestellt wurden; sie wurden sogar von Kronprinz Ghazi mit einem Orden ausgezeichnet. General Bakr Side, bekannt für seinen Sadismus und seinen Haß gegenüber den Assyrern und anderen Minderheiten, wurde befördert und mit dem Titel »Pascha« belohnt. Die von ihm begangenen Massaker wurden mit großen Militärparaden gefeiert und von jubelnden Menschenmengen begleitet. Die Antwort der Weltmeinung und der politischen Institutionen war nicht weniger beunruhigend: Im Oktober drückte der Völkerbund sein Bedauern über die »übermäßigen und ungerechtfertigten Mittel« aus, die vom Irak gegen die Assyrer angewendet wurden. Ein Ausschuß, der aus Vertretern von Großbritannien, Frankreich, Italien, Dänemark, Mexiko und Spanien zusammengesetzt war, hatte die Aufgabe, eine Zufluchtsstätte für die Assyrer zu suchen. Der Ausschuß tagte einige Male, und es wurden auch Vorschläge erörtert, doch es kam nie etwas Konkretes zustande.

Die Assyrer blieben weiter zwischen dem Iran, dem Irak, Syrien und dem Süden der UdSSR verstreut, wo sie von einer Gegend zur anderen zogen und ihre Wunden zu heilen versuchten.

Ungefähr drei Wochen nach dem Blutbad erhielten die Minoritäten des Irak noch einen weiteren Schlag. Am 8. September starb König Feisal I., und sein Sohn Ghazi bestieg den Thron. Der neue König, ein radikaler Nationalist und Anhänger der Nazis, war als korrupt, hitzköpfig und unverantwortlich bekannt. Seine Thronbesteigung verstärkte den Beschluß meines Vaters, den Irak zu verlassen und nach Palästina auszuwandern. Dieser Gedanke, der nach dem schrecklichen Gemetzel unter den Assyrern auftauchte, reifte in weniger als einem Monat zu einem festen Entschluß.

Jetzt, fünfzehn Jahre später, im September 1948, lag ich in einer engen Klosterzelle auf einem harten Bett in der Nähe von Kermanschah und meine Wege kreuzten sich wieder mit denen der Assyrer. Sie selbst waren auf der Suche nach neuen Möglichkeiten, ihre Leute aus dem Iran in den Irak hereinzuschmuggeln – und ich hoffte, mit ihrer Hilfe unsere Leute in die entgegengesetzte Richtung zu bringen. Soll man sich da wundern, daß ich in dieser Nacht kein Auge zutun konnte?

Am nächsten Morgen verließ ich mein Zimmer zur Frühstückszeit, ohne mir bewußt zu machen, daß die religiösen Vorschriften streng waren und man mich schon vorher zur Frühmesse erwartet hatte.

»Wir haben Sie heute morgen vermißt, Herr Perez«, begrüßte mich der Prior in einem unmißverständlich vorwurfsvollen Ton.

»Ich habe diese Nacht nicht gut geschlafen«, versuchte ich mich zu rechtfertigen.

Nach dem Frühstück verließen wir das Kloster, um einige assyrische Institutionen zu besuchen. Wir streiften durch die Gegend und kamen dabei an einen der vielen Flüsse, deren Wasser auch im Hochsommer eiskalt blieb, und in denen es von Fischen wimmelte. Die Mönche benutzten einfache Angelruten und machten reiche Beute. Auf dem Rückweg ins Kloster fuhren wir durch Kermanschah, wo uns Moslemkinder nachrannten, spöttisch »Misihian! Misihian!«

(Christen, Christen) riefen und beim Anblick des Abts Gesichter schnitten, als ob sie sich vor Ekel übergeben müßten. Glasberg schaute sich die Szene mit einem belustigten Lächeln an. Als ich mich neben ihm befand, flüsterte ich ihm zu: »Ich sehe, es ist manchmal fast so schwer ein Christ zu sein, wie es schwer ist ein Jude zu sein!«

»Wissen Sie, Maurice«, antwortete er in einem halb ernsten, halb heiteren Ton, »am schwersten ist es, beides zu sein!«

Doch sofort wurde er wieder ernst und fragte mich: »Wie fühlen Sie sich?«

»Recht unbehaglich«, mußte ich zugeben.

»Das kann ich mir gut vorstellen!« sagte er mitfühlend. »Gedulden Sie sich nur noch ein wenig!«

Als wir das Kloster erreichten, ging ich schnurstracks in meine Zelle, um Unannehmlichkeiten zu vermeiden, und ließ Glasberg und Nino mit dem Prior allein. Nach kaum einer halben Stunde erschien einer der Mönche und lud mich ein, mich zu ihnen zu gesellen.

»Ich habe dem Prior alles erklärt«, beruhigte mich Glasberg mit tröstender Stimme, »und Sie müssen an den Gebeten nicht teilnehmen. Am Nachmittag können Sie sich mit ihm zusammensetzen, und er wird Ihnen alles über seine Arbeit erzählen. Sie können ihm vollstes Vertrauen schenken. Ich habe ihm versprochen, dem Kloster ein Lastauto zu kaufen, das die jüdischen Flüchtlinge aus dem Irak holen soll, so oft sie erscheinen werden, und daß es während der übrigen Zeit zu ihrer eigenen Verfügung stehen wird. Ich bin sicher, Sie sind damit einverstanden.«

»Selbstverständlich«, sagte ich, obwohl meine Antwort eine unverfrorene Lüge war. Denn ich war in Wirklichkeit nicht besonders begeistert von dieser Abmachung; umso mehr, nachdem ich am Nachmittag eine Unterredung mit dem Prior hatte und meine Zweifel, ob wir den Lastwagen je benutzen könnten, noch größer wurden. Der Grund dafür waren die schlechten Beziehungen, die zwischen den Assyrern und ihren Nachbarn herrschten, so daß sie nur assyrische Schmuggler in Anspruch nahmen, die beiderseits der Grenze in den assyrischen Dörfern wohnten. Diese assyrischen Schmuggler hatten aber keine Möglichkeit, bis zu den größeren Städten des Irak wie Bagdad, Mossul und Basra zu gelangen, wo die meisten Juden lebten. Ich mußte einsehen, daß wir uns von Seiten der Assyrer nicht viel erhoffen konnten, und ein Gefühl der Enttäuschung überkam mich. Trotzdem war ich erleichtert über die Bestätigung unserer Vermutung, daß es möglich sei, hier, im Zentrum des Landes wie auch im Süden, die Grenze zu passieren.

Wie es sich später herausstellte, war das Lastauto eine gute Investition, wenn auch nur des guten Willens wegen, da kein einziger jüdischer Flüchtling den Lastwagen je benutzte. Denn einige Monate später wurde ich dank der Redlichkeit und des Mutes des Priors von einem wahren Unheil errettet. Solche Taten rechtschaffener Menschen, die einem in der Not zur Seite stehen, können nicht mit Geld aufgewogen werden.

Es ist jedoch noch zu früh, meiner Erzählung vorzugreifen, denn damals war ich erst auf dem Wege, Erkundigungen einzuziehen. Sobald wir nach Teheran zurückkehrten, versuchte ich mir ein klares Bild der Lage zu machen, um die Möglichkeiten einer Aktion via Iran beurteilen zu können. Vor allem wußte ich nun, daß es möglich war, die Grenze zu passieren, was mir auch von »Salman, dem Chauffeur« bestätigt wurde. Deshalb schien mir das Hauptproblem nicht darin zu bestehen, wie unsere Leute nach dem Iran zu bringen wären, sondern wie wir sie aus dem Iran nach Israel befördern könnten. Eine Möglichkeit war der illegale Weg, zum Beispiel mit der »Michaelberg-Methode«, doch schien mir dies zu unsicher. Der beste Weg war sicher, mit der Regierung zu einem Einverständnis zu gelangen, demnach sie die Juden als Flüchtlinge anerkennen sollte. Leider waren aber die Aussichten, ein solches Abkommen zu erreichen, sehr gering. Als Glasberg in Teheran eintraf, erzählte er mir, daß seine Hoffnung, die IRO zu bewegen, die Leute als Flüchtlinge anzuerkennen, nicht in Erfüllung gegangen war; und zwar aus juristischen Gründen, die mit der Gründungsurkunde der Organisation zusammenhingen. Unter diesen Umständen konnte man sicherlich keinen anderen Standpunkt von den Iranern erwarten.

Während ich alle Möglichkeiten abwägte, fiel mir ein, daß wir eigentlich auf eine formelle Vereinbarung verzichten und uns mit einem stillen Einvernehmen begnügen könnten, so daß die irakischen Flüchtlinge nicht über die Grenze zurückgeschoben würden, da sie sich nur auf der Durchreise befanden und so schnell wie möglich weiter nach Europa gebracht werden sollten. Als ich mit Glasberg darüber sprach, sah er die Vorteile einer solchen Abmachung ein.

»Mein Mitwirken an diesem Plan wird die Anschaffung von französischen Einreisevisa sein«, bot er sich an, da viele seiner Freunde aus der Résistance jetzt hohe Regierungsposten bekleideten, insbesondere im Innenministerium. »Ich werde ihnen meine persönliche Garantie geben, daß keiner der Flüchtlinge in Frankreich bleiben wird – und mein Wort ist noch immer etwas wert!«

»Wenn das möglich wäre«, schwärmte ich, »so müßten sie nicht einmal nach Frankreich kommen. Was wir brauchen, ist eine Fluggesellschaft, die mit uns zusammenarbeitet und die Leute nach Israel fliegt.«

Später geschah es auch so; doch in den Anfangsetappen erwies sich Glasbergs Einfluß, die Einreisevisa zu verschaffen, als ausschlaggebend. Zuerst dachte ich daran, die guten Dienste des italienischen Konsuls in Anspruch zu nehmen, der so viel Verständnis gezeigt hatte. Bald mußte ich aber einsehen, daß diese Möglichkeit sehr beschränkt war, denn der Konsul verhielt sich zurückhaltend, sobald er hörte, daß es sich um eine größere Anzahl Einreisevisa handelte. Außerdem war seine Urteilskraft der Lage nicht immer gewachsen. Bei einem meiner Besuche im Konsulat sagte er mir zu meinem Erstaunen und zu meiner Enttäuschung, daß er beschlossen habe, kein Visum mehr für irakische Juden auszustellen. Als Begründung erzählte er, daß die Iraker letzthin einem Mitglied einer italienischen Handelsdelegation, der Jude war, das Einreisevisum verweigert hätten – und der empörte Konsul beschloß, als Vergeltung, den irakischen Juden die Einreise nach Italien zu verweigern. Es dauerte lange, bis ich ihm endlich klarmachen konnte, warum sein Vergeltungsplan unter diesen Umständen überhaupt nicht angebracht war.

Wir waren also nur auf Glasbergs Hilfe und seine Beziehungen zu hochgestellten Persönlichkeiten angewiesen. Mitte Oktober kehrte er mit einer Liste von 250 Personen, die ein Einreisevisum erhalten sollten, nach Frankreich zurück. Ich selbst stellte diese Liste zusammen und ließ meiner Einbildung freien Lauf. Ich konnte natürlich im vorhinein nicht ahnen, wer abreisen würde und wem es gelingen sollte, nach dem Iran herüberzukommen. Deshalb wählte ich aufs Geratewohl eine ganze Reihe Namen, die ich dann zu Familien vereinigte. Nachher stellte sich heraus, daß das kein Problem war, weil die Flüchtlinge sowieso ohne irgendwelche Papiere ankamen. Das Gegenteil wurde später zu unserer Aufgabe: Familien zu bilden, die zu den Vermerken auf den Visa passen würden. Natürlich mußten die Visa von einem passenden Reisedokument begleitet sein, so daß ich anfangs unsere Leute mit irakischen Pässen wegschickte, deren Gültigkeit bereits abgelaufen war, und deshalb »leicht verbessert« wurden. Da sich der irakische Konsul weigerte, die abgelaufenen Pässe zu verlängern, erfand ich ein Verfahren, ihn zu umgehen. Mit Hilfe einer einfachen Methode wurde eine recht überzeugende Kopie des irakischen Konsularstempels angefertigt, mit der ich die Dokumente abstempelte. Mein Stempel war zwar kein Kunstwerk, doch weder die französischen und italienischen noch die iranischen Behörden, die diese

Pässe zu Gesicht bekamen, haben sich je wegen der ungewohnten Verschwommenheit des irakischen Konsularstempels beschwert. Das erlaubte einem kleinen Strom von Auswanderern, nach Europa zu gelangen, was in der Amtssprache des Mossad ›Schammais Arrangement‹ genannt wurde. Allerdings war das eine viel zu begrenzte Lösung, da sie als Bedingung einen irakischen Reisepaß voraussetzte, wie alt er auch sein mochte.

Zu diesem Zeitpunkt tauchte Zion Esri auf. Esri war ein Jude mittleren Alters und hochgebildet. Er beherrschte perfekt Französisch und hatte ausgedehnte Verbindungen zur Polizei, da er als Dolmetscher jahrelang in ihren Reihen tätig gewesen war. Außerdem war Esri ein überzeugter Zionist und gerne bereit, uns in jeder Hinsicht zu helfen. Es gelang ihm, mit einer Reihe von hohen Polizeioffizieren zu einem Einverständnis zu gelangen, so daß die Flüchtlinge, die ankamen, sich melden und erklären sollten, daß sie wegen der Verfolgung aus dem Irak geflüchtet waren. Daraufhin sollten sie vor Gericht gestellt und wegen illegaler Einreise mit einer symbolischen Buße bestraft werden. Wenn sie ein Einreisevisum für ein anderes Land vorzeigen könnten, würde ihnen gestattet werden, den Iran zu verlassen.

Diese Abmachung war mehr, als ich je hätte erhoffen können. Ich beschloß, die Vereinbarung sofort auszuprobieren. Doch wir verfügten vorläufig noch über keine Kandidaten, denn der Grenzübergang aus dem Irak hatte noch nicht begonnen, da wir die Kontakte zu unseren Leuten dort noch nicht aufgenommen hatten.

Jetzt erinnerte ich mich an mein Gespräch mit Mualem Zion und an die jüdischen Kommunisten, die sich in Teheran versteckt hielten, so daß ich mich entschloß, sie aufzusuchen. Es handelte sich um sieben Personen, die alle sehr gebildet waren. Ihr Kommunismus entsprang einer rein idealistischen Weltanschauung, doch nun konnte man ihre große Enttäuschung feststellen.

»Das Leben im Irak ist heutzutage unmöglich geworden«, erklärte mir einer dieser jungen Männer. »Nach dem Pogrom von 1941 seid ihr Zionisten zu der Schlußfolgerung gekommen, daß die Juden im Irak keine Zukunft haben und die einzige Lösung Palästina wäre. Nach unserer Anschauung hingegen ist eine Änderung der Lebensqualität im Irak erforderlich, und zwar durch einen Regimewechsel.«

»Wenn dem so ist«, fragte ich, »warum fahrt ihr dann nicht in den Irak zurück? Oder wollt ihr hier warten, bis jemand das Regime ändern wird?«

»Gehen wir jetzt zurück«, fiel ein anderer mit zorniger Stimme ein, »werden wir von den Irakern gehängt werden!«

»Dann bleibt euch nichts anderes übrig, als nach Rußland zu gehen! Warum zieht ihr nicht dorthin?«

»Nach Rußland? Was reden Sie da eigentlich? Wir sind doch Juden!« brauste ein anderer auf. Und ein vierter fügte noch hinzu: »Die wollen uns dort gar nicht haben, und die Galgen sind bei denen genauso vorbereitet wie im Irak!«

Ich konnte ihre schwere Enttäuschung fühlen und bot ihnen meine Hilfe an, sollten sie bereit sein, nach Israel auszuwandern. Sie waren sofort damit einverstanden; doch als ich ihnen unseren Operationsplan darlegte, nämlich daß sie sich bei der Polizei melden und dort erklären sollten, sie wären aus dem Irak geflüchtet, blieb ihnen vor Verblüffung die Sprache weg. Endlich nahm sich einer von ihnen zusammen und sagte mir voller Empörung: »Maurice, wir dachten, Sie wären ein wirklicher Freund und beabsichtigten, uns zu helfen. Jetzt müssen wir aber einsehen, daß Sie uns zugrunde richten wollen. Seitdem wir in Teheran sind, haben wir es noch nie gewagt, unser Versteck zu verlassen. Und jetzt kommen Sie und verlangen, wir sollen uns selbst ausliefern? Und was geschieht, wenn die Polizei nicht nach ihrem Plan vorgehen wird?«

»Ich gebe zu, daß da ein gewisses Risiko besteht, doch wenn ihr weiter hier versteckt bleibt, ist das auch ein Risiko. Der Unterschied besteht aber darin, daß von dem Augenblick an, wo ihr einverstanden seid, euch bei der Polizei zu melden, wir für eure Sicherheit verantwortlich sein werden!«

»Mit anderen Worten, Sie wollen uns als Versuchskaninchen für Ihre zionistischen Pläne benutzen?« erwiderte einer empört.

»Es tut mir wirklich leid, wenn ihr das so auffaßt«, sagte ich. »Bei uns werden Menschen nie als Versuchskaninchen angesehen. Wenn es notwendig ist, ein Wagnis einzugehen – und im allgemeinen gibt es immer eins –, so betrachten wir das als eine Pionierarbeit. Solltet ihr bereit sein, euch dieser Gefahr auszusetzen, so werden wir euch als Pioniere betrachten und ich glaube, daß wir es schaffen werden. Solltet ihr damit nicht einverstanden sein, dann bleiben wir trotzdem gute Freunde.«

Als sie schließlich mit Zion Esri auf die Polizeistation gingen, wartete ich draußen, halbtot vor Angst. Ich zündete eine Zigarette nach der anderen an, und als sie wieder erschienen, hatte ich schon eine ganze Packung zu Ende geraucht. Der erste und entscheidende Versuch war reibungslos verlaufen. Die sieben Flüchtlinge mußten eine Buße zahlen, und man befahl ihnen, den Iran sofort zu verlassen, doch wegen der üblichen iranischen Bürokratie dauerte es noch eine ganze

Weile, bis sie die nötigen Papiere erhielten, um das Land verlassen zu können.

Inzwischen versuchte ich, direkte Verbindung mit der Untergrundbewegung im Irak aufzunehmen, um mit der Überführung von Flüchtlingen in den Iran beginnen zu können.

Während ich mit Abt Glasberg die Grundlagen für eine Überführung der Leute vorbereitete, meldeten unsere Agenten in Bagdad dem Mossad eine Verschlechterung der dortigen Lage:

»Dutzende junger Menschen wurden wegen der Briefe, die aus Israel kamen, verhaftet und in Internierungslager gesperrt... Ein Teil der Bibliothek wurde von der Polizei beschlagnahmt. In Mossul wurde eine ganze Familie verhaftet, darunter der Leiter unserer dortigen Abteilung. Die Lage verschlechtert sich zusehends...
Wir müssen uns jetzt auf eine einzige und sofortige Lösung konzentrieren.«

Unglücklicherweise, so unglaublich es auch klingen mag, wurde Bagdad nie davon benachrichtigt, daß mein Aufenthalt in Teheran gerade dem Zweck diente, die Flucht der Juden aus dem Irak vorzubereiten. Allem Anschein nach hatten unsere Leute in Paris es nicht der Mühe wert gefunden, meine Vorschläge, Pläne und sogar den Grund meiner Reise nach Teheran den Mitgliedern unserer Bewegung im Irak mitzuteilen. Mir blieb dieses »Versehen« gänzlich unbekannt, und erst im November gelang es mir endlich, ihnen einen Brief durch einen unserer Leute aus Abaan zu schicken. Erst jetzt erfuhren sie, was eigentlich vor sich ging, und ihre Reaktion war vorauszusehen:

An: ARTZI
Von: BERMAN
»...Schammai berichtete uns über die Vorgänge in Teheran und die Möglichkeit, unbeschränkt Leute aus dem Iran nach Israel zu befördern. Gleichfalls forderte er uns auf, ihm so schnell wie möglich Auswanderer zu schicken.
1. Laßt uns wissen, ob diese Möglichkeit durchführbar ist, so daß wir Leute nach dem Iran schicken können.
2. Wir können nicht begreifen, warum Ihr das verheimlicht habt...«

Die verblüffende Antwort auf diese Funkmeldung kam gleich am Tage darauf aus Tel Aviv:

»1. Wir haben von Schammai nichts über unbegrenzte Möglichkeiten gehört, daß Leute aus dem Goldman[1] hergeschickt werden sollen. 2. Werden Schammai um Aufklärung bitten.«

Entsprechend der goldenen Regel der Bürokratie, wonach Kritik mit Gegenkritik beantwortet werden muß, bemerkte die Mitteilung weiter:

»3. Eurer Botschaft gemäß, habt Ihr die Möglichkeit, Leute nach Goldman zu schicken. Wie kommt es, daß Ihr bis heute nichts dergleichen getan habt?«

Das war natürlich eine ganz merkwürdige Beschwerde, denn unsere Leute in Bagdad wurden nie angewiesen, Leute nach Teheran zu schicken. Sie hätten außerdem nie auf einen solchen Gedanken kommen können, weil bis dahin kein Grund bestand, den Iran als ein Durchgangsland zur Auswanderung nach Israel anzusehen.

Was die Unkenntnis des Mossad in dieser Hinsicht betrifft, muß erwähnt werden, daß ungefähr einen Monat vor diesem Briefwechsel zwischen Bagdad und Tel Aviv Yosef Barpal einen ausführlichen Bericht an das Hauptquartier in Israel gesandt hatte, wo er ausdrücklich folgendes betonte:

»Der Abt ist von seiner Reise zurückgekehrt. Laut beiliegendem Bericht können wöchentlich mindestens hundert Auswanderer herausgebracht werden. Es ist unerlässlich, einen Verwalter nach Goldman zu senden, um die verschiedenen Tätigkeiten zu koordinieren, sowie eine zweite Person, die sich mit der Auswanderung beschäftigen soll, und einen Radiotechniker.«

Der wichtigste Teil dieses Berichtes jedoch, daß wir »hundert Auswanderer wöchentlich herausbringen können«, wurde nie nach Bagdad weitergeleitet.

Als ich schon jede Hoffnung, eine normale gegenseitige Verbindung mit Bagdad herzustellen, aufgegeben hatte, beschloß ich, Schmuggler über die Grenze zu senden und ihnen schriftliche Anweisungen an unsere Bewegung mitzugeben, daß sie Auswanderer mit meinen Schmugglern in den Iran schicken sollten.

»Salman, der Chauffeur« empfahl mir zwei vertrauenswürdige und erfahrene Schmuggler, die noch dazu den Vorteil hatten, Besitzer

[1] Mossad-Codenamen für Teheran und den Iran im allgemeinen.

eines Motorbootes zu sein, mit dem sie leicht den Schatt-el-Arab zwischen Abadan und Basra überqueren konnten. Wir setzten einen Preis fest, und ich übergab ihnen einen kurzen Brief an die Zweigstelle in Bagdad. Darin berichtete ich, daß die Boten Freunde von mir seien, und bat darum, mir mit ihnen »Warenmuster« zurückzuschikken. Am 28. November erhielt Tel Aviv folgende Funkmeldung:

An: ARTZI
Von: BERMAN
»Bitte Schammai zu melden, daß seine zwei Vertreter angekommen sind und wir morgen Leute auf Probefahrt senden werden.«

Alles klappte nun genauestens, und einige Tage später konnte ich Paris melden, daß ich »zwei Muster« erhalten hatte, und bat sie, Bagdad zu unterrichten.

Ich erinnere mich nicht mehr, wer diese zwei ›Muster‹ waren und habe keine Ahnung, was nach ihrer Ankunft in Israel mit ihnen geschah. Wären wir weniger von dem täglichen Druck in Anspruch genommen gewesen, und hätten wir ein klareres Gefühl gehabt, daß wir im Begriffe waren, Geschichte zu machen, so hätten wir sicherlich mehr über diese zwei Vorboten gewußt, welche den Weg für eine jüdische Auswanderung aus dem Irak über den Nahen Osten eröffneten.

Ende November meldete mir Bagdad, sie würden Sammi und einen Funktechniker mit einem kleinen Reserve-Funkapparat nach Teheran schicken. Der Beschluß, den Sender herüberzuschicken, war höchst gefährlich, aber auch äußerst wichtig, denn wir alle waren zu diesem Zeitpunkt fest überzeugt, daß ohne direkte Verbindung zwischen Bagdad und Teheran es nicht möglich sein würde, die Operation weiterzuführen.

Mitte Dezember überschritten Sammi und der Funktechniker Eliyahu Schina die Grenze nach Abadan, wo wir uns trafen und zusammen die Ankunft des Radiosenders erwarteten, der am nächsten Tag ankommen sollte. Dies wurde von einem Schmuggler erledigt, der sich zwar teuer bezahlen ließ, aber besonders gute Verbindungen zu Polizeioffizieren beiderseits der Grenze hatte, denen er schon im voraus hohe Bestechungsgelder gezahlt hatte. Für uns stellte der Radiosender einen lebenswichtigen Faktor dar, so daß die Geldfrage in diesem Fall keine Rolle spielte.

Am nächsten Abend trafen wir uns in Ya'akov Eitans Haus, der Leiter unserer Bewegung in Abadan war, um unseren Mann samt dem kostbaren Sender zu erwarten. Unser Schmuggler verspätete sich, und wir zählten die Minuten, während die Erregung und Ungewißheit immer unerträglicher wurden. Ich ging im Zimmer auf und ab und sah ununterbrochen auf meine Uhr. Sammi versuchte die Spannung etwas zu mildern, indem er uns erzählte, wie er den Schmuggler überredet hatte, diese Arbeit anzunehmen. Sammi hatte ihm gesagt, er solle sehr sorgfältig mit dem Paket umgehen, da es sich um einen ganz großen Krug handle, der mit einer ganz besonderen Arznei gefüllt war, welche ein Menschenleben retten sollte.

Es war nach Mitternacht, als unser Schmuggler endlich erschien und wir alle erleichtert aufatmen konnten. Wir feierten seine Ankunft mit süßem, starkem Tee und feinem Gebäck, das Ya'akovs Mutter vorbereitet hatte.

Es herrschte eine Jubelstimmung, aber unser Schmuggler schien uns irgendwie verlegen, so daß Sammi anfing ihn auszufragen. Nun begann er sich zu rechtfertigen:

»Ich hoffe, Ihr nehmt es mir nicht übel, aber ich habe im letzten Augenblick beschlossen, den Polizeioffizieren nicht die Wahrheit über den Inhalt des Paketes zu sagen. Ich befürchtete, sie würden noch glauben, ich versuche Schnaps herüberzuschmuggeln – und das wäre natürlich sehr schlimm gewesen! Also habe ich ihnen gesagt, ich würde einen Radioapparat transportieren!«

»Ein Radio«, wiederholte Sammi und brach in ein Gelächter aus, das uns alle mitriß. Nur aus Höflichkeit vermieden wir es, unseren Mann zu fragen, ob er einfach auf gut Glück seine Erklärung gewählt hatte, oder ob er den Inhalt untersucht hatte. Wie dem auch sei – es erinnerte mich an meinen Mathematiklehrer, der uns bewies, wie zwei Fehler zu einer richtigen Antwort führen können. Ich beschloß, dieselbe Story bei der inneren Zollkontrolle zu gebrauchen, die den Schmuggel aus dem Süden des Landes nach Teheran verhindern sollte.

Am nächsten Tag suchten wir ein Radiogeschäft auf, das Freunden von Ya'akov gehörte, und baten um einen großen Karton und einen Brief an den Teheraner Hauptsitz der RCA Gesellschaft, in welchem verlangt wurde, das Radio gründlich zu untersuchen, da sich die Besitzer über starke Empfangsstörungen beschwerten. Es gelang mir auch, ein Kennzeichen der Marke RCA von einem der Radioapparate zu entfernen und es auf unseren Sender aufzukleben. Nun verpackten wir den Apparat in der RCA Schachtel und ich begab mich mit dem Brief zum Flughafen der benachbarten Stadt Ahwaz, wo ich einen Flug nach Teheran gebucht hatte. Außer der großen Packung hatte ich noch ein kleines Paket mit mir, das unseren Funk-Codeschlüssel und einige Kristalle, die zur Instandhaltung des Apparates dienten, enthielt.

Als mich der Zöllner nach dem Inhalt des Kartons fragte, zog ich ruhig und selbstsicher den Brief aus der Tasche und übergab ihn dem Beamten. Er sah ihn an, doch schien er nicht sehr beeindruckt zu sein, entweder weil er nicht der Mann war, der alles, was er las, glaubte, oder weil er nicht lesen konnte. Jedenfalls bestand er darauf, daß ich den Karton öffnen solle. Als ich mich bückte, um dies zu tun, war ich sicher, daß mein Herzklopfen selbst durch die dicke Winterkleidung, die ich trug, zu hören war. Doch die Untersuchung ging ganz ruhig vor sich und als der Zöllner sich überzeugt hatte, daß es sich wirklich um ein Radio handelte, durfte ich den Karton wieder zuschnüren. Um sicherzugehen, daß dies auch das Ende der Prozedur bedeutete, und bevor ich noch die Hand ausstreckte, um das kleine Päckchen zurückzunehmen, holte ich einen größeren Geldschein aus der Tasche und sagte dem Beamten, in meinem besten Persisch (das ich erstaunlich schnell aufgeschnappt hatte): »Mögen Ihre Hände nie ermüden!«

Natürlich war er froh, das kleine Paket gegen eine große Banknote einzutauschen, während ich nun plötzlich den Schweiß, der mir den Rücken herunterlief, spürte, trotz der bitteren Kälte, die zu dieser Jahreszeit herrschte.

Als ich Dov Aviv in Teheran nach meiner Rückkehr traf und ihm höchstzufrieden über den Verlauf der Dinge erzählte, lächelte er spöttisch und sagte: »Du Dummkopf, wann wirst du endlich lernen, daß man das Geld vorher gibt und nicht, nachdem alles schon vorüber ist. Du hättest dir ja die ganze Aufregung ersparen können!«

Nachdem wir den Sender erhielten, mußten wir eine dazu passende Antenne auf Dovs Dach bauen und gleichzeitig darauf achtgeben, daß sie nicht auffiel. Nach einigen Fehlgriffen, die trotz Dovs Erfahrung auf diesem Gebiet nicht vermieden werden konnten, wurde die Verbindung mit Bagdad am 26. Januar 1949 endlich hergestellt und wir konnten uns eines ausgezeichneten Empfangs erfreuen.

Ich überredete Sammi, mit mir in Teheran zu bleiben, damit wir weiter zusammenarbeiten konnten, insbesondere, da seine Anwesenheit in Bagdad nicht mehr erforderlich war. Einige Polizeioffiziere, mit denen er in enger Verbindung stand, wurden inzwischen verhaftet, und es war anzunehmen, daß die Spuren früher oder später zu ihm führen würden. Eigentlich wollte er nach Israel zurückkehren, doch als ich ihm meine Pläne unterbreitete, nahm er meinen Vorschlag an. Vorerst kehrte er aber nach Bagdad zurück, um dort seine Angelegenheiten zu ordnen. Ich nutzte die Gelegenheit, durch ihn eine Mitteilung direkt nach Tel Aviv zu senden:

»Nachdem ich drei Monate lang meine Zeit hier vergeudet hatte, traf ich endlich mit Sammi in Goldman zusammen. Es gibt hier gute Aussichten für uns. In einer einzigen Woche wurden im Süden 15 Menschen über die Grenze (über den Schatt-el-Arab) befördert, und dies nur als Versuch. Die gleichen Möglichkeiten bestehen im Zentrum des Landes (in der Gegend von Quasr-Schirin und Khanakin). Doch ohne genügend Mitarbeiter, um das ganze Unternehmen organisieren zu können, werden wir unser Geld verschwenden, ohne irgendwelche Resultate zu erzielen. Wenn Ihr nicht die Möglichkeit habt, sofort fünf Leute herzuschicken, hat es keinen Zweck, mit der Vorarbeit zu beginnen. Und wie stellt Ihr Euch eigentlich vor, daß ich hier ohne finanzielle Hilfe weiterarbeiten kann?...«

Es muß hier betont werden, daß ich meine Pläne ohne Eliyahu Ben-Yitzhaks Hilfe wahrscheinlich nie hätte ausarbeiten können. Eliyahu war ein gebürtiger Iraner aus der Stadt Mesched, der schon als Kind nach Palästina kam und dort später eine ganze Reihe von öffentlichen Ämtern bekleidete. In Teheran befand er sich schon seit einem Jahr als Vertreter des Jüdischen Nationalfonds. Er war einer der Israelis, die ich sofort nach meiner Ankunft aufgesucht hatte, doch seine Hilfe nahm ich erst später, als uns schon eine enge Freundschaft verband, in Anspruch. Zu diesem Zeitpunkt stand ich vor einem schweren finanziellen Problem, da der Mossad in Paris und Tel Aviv mir schon seit geraumer Zeit kein Geld mehr geschickt hatte; sei es aus technischen Gründen oder aus Mangel an Vertrauen, daß es mir gelingen würde, den Iran in eine Zwischenstation für die Auswanderung aus dem Irak zu verwandeln.

Natürlich drängte ich fortwährend, doch als sich der Strom der Auswanderer, die nach Teheran kamen, ständig vergrößerte und meine wiederholten Hilferufe unbeantwortet blieben, wandte ich mich in meiner Verzweiflung an Ben-Yitzhak und bat ihn, mir mit den Geldern des Jüdischen Nationalfonds auszuhelfen.

»Maurice«, antwortete er zurückhaltend, »wir sind zwar gute Freunde, aber ich kann dir trotzdem keine Gelder des Nationalfonds ohne eine offizielle Genehmigung geben. Es ist doch nicht mein Privatgeld!«

»Kein Problem, ich besitze diese Genehmigung!«

»Du hast die Erlaubnis des Jüdischen Nationalfonds?«

»Nein, aber ich bin im Besitz einer Vollmachtsurkunde der Regierung Israels und hoffe, daß diese dir nicht weniger wert ist, als die Erlaubnis des Nationalfonds.«

Eliyahu sah mich ungläubig an, bevor er fortfuhr: »Was meinst du mit Vollmachtsurkunde? Ich rede von einem formellen Dokument. Es handelt sich hier nicht um persönliches Vertrauen; ich kenne dich nur zu gut und weiß, daß du ein ehrlicher Mensch bist. Doch wenn es sich um öffentliches Geld handelt, kann man auf Formalitäten eben nicht verzichten.«

Ich zog den Briefumschlag aus meiner Tasche, in dem sich ein Brief mit der Überschrift »Provisorische Regierung des Staates Israel, Gesandschaft Paris« befand und darunter folgende Bescheinigung:

»An alle, die es angeht.
Der Träger dieser Urkunde, Schammai, befindet sich in unserem Auftrag in einer wichtigen Mission. Wir werden für jede Hilfe, die ihm zur Erfüllung seines Auftrages gewährt wird, dankbar sein.
Hochachtungsvoll«

Die Unterschrift war zwar beeindruckend, doch unleserlich. Es war Oskars Unterschrift, der mir den Brief für einen solchen Fall, wie den heutigen, mitgegeben hatte. Ben-Yitzhak studierte eine Zeitlang seinen Inhalt und fragte mich schließlich mißtrauisch: »Und wer ist dieser Schammai?«

»Das bin ich«, war meine stolze Antwort.

Nach einer Weile fragte er wieder, doch diesmal in einem anderen Ton: »Maurice, bist Du auch wirklich überzeugt, daß das in Ordnung ist?«

»Eliyahu, du weißt genau, daß ich nie etwas unternehmen würde, das deine Position irgendwie gefährden könnte«, versicherte ich ihm. »Sooft ich von dir Geld bekommen werde, melde ich es gleich, damit man dem jüdischen Nationalfonds die Summe in Israel zurückzahlen soll.«

»Wirst du mir eine Quittung geben?«

»Selbstverständlich.«

»Und wie wirst du unterschreiben?«

»Schammai – im Auftrag der Regierung Israels.«

Er blinzelte, als ob er sich nochmals den schweren Entschluß überlegen wolle, dann aber wich die Spannung aus seinen Zügen und er fragte mich in geschäftlichem Ton: »Wieviel brauchst du jetzt?«

Ich nannte ihm die Summe, bekam einen Scheck und unterschrieb ihm eine Quittung. Sooft ich von nun an Geldsorgen hatte, besuchte ich Eliyahu Ben-Yitzhak und wurde immer mit dem Nötigen versorgt.

Man könnte diese eher zweifelhafte Prozedur vielleicht rechtfertigen, indem man betont, das alles zu einem höheren Zweck, um Menschenleben zu retten, geschah. Zurückblickend muß ich aber zugeben, daß es eine unverantwortliche Einstellung war, die an Betrug grenzte. Doch damals hatten wir noch kein Verständnis für eine geregelte und formelle Administration, was das öffentliche Leben anbetraf, da vorher sowieso alles im Geheimen durchgeführt wurde. Es fiel mir nie ein, den Formalitäten den Vorrang zu geben, bevor etwas zur Rettung von Menschenleben unternommen werden konnte. Immer, wenn ich von Ben-Yitzhak Geld bekam, benachrichtigte ich Paris und verlangte, daß der Mossad in Israel dem Jüdischen Nationalfonds die entsprechende Summe überweisen solle. Es wurde mir versichert, daß dies auch geschehe, doch wußte ich nicht, wie schnell es getan wurde. Jedenfalls, einige Monate später, als Ben-Yitzhak die sich in der Zwischenzeit angesammelten Quittungen mit der Unterschrift »Schammai – im Auftrag der Regierung Israels« seinem Hauptamt zuschickte, brach die Hölle los. Die Beamten des Jüdischen Nationalfonds, die keinen Sinn für Humor hatten, ließen sich nicht von meinem Titel beeindrucken, so daß ich letzten Endes folgende Mitteilung nach Israel senden mußte:

An: ARTZI
Von: BERMAN
»Der hiesige Vertreter des Jüdischen Nationalfonds hat von seinem Zentralbüro telegraphische Anweisungen erhalten, mir kein Geld mehr zur Verfügung zu stellen. Demnach werde ich Teheran bald aus finanziellen Gründen verlassen müssen.«

In einem darauffolgenden Brief warf ich die Frage nochmals auf:

»Was die Geldfrage betrifft, so habe ich Euch wiederholt gebeten, mit dem JNF zu einem gegenseitigen Einvernehmen zu gelangen, um es mir zu ermöglichen, die nötigen Beträge zu erhalten. ... Warum antwortet Ihr nicht? ... Wollt Ihr meine Geduld auf die Probe stellen oder Geld sparen?«

Der Kummer mit dem Geld, das ich vom JNF erhalten hatte, verfolgte mich noch lange. Sogar später, als die Sache im Prinzip schon geregelt war, brachen frische Unstimmigkeiten über den Wechselkurs aus, nach welchem die Abrechnung der Anzahlungen kalkuliert werden sollte. Starrköpfige Buchhalter bekämpften sich gegenseitig und ich mußte immer wieder die Einzelheiten meines Abkommens mit Ben-Yitzhak erklären sowie die Wechselkurse, die damals bei den verschiedenen Transaktionen gültig waren.

Doch trotz des Ärgers mit dem Geld konnten wir im Dezember 1948 ungefähr 40 Leute aus dem Irak über die Grenze holen. Nicht weniger beeindruckend war die Tatsache, daß es uns gelang, die ersten Juden, die den Iran ohne Dokumente betreten hatten, nach Israel fortzuschicken. Es handelte sich dabei um die sieben Kommunisten, die seit meiner Ankunft in Teheran versteckt gewesen waren. Die Meldung aus Tel Aviv, die ihre Ankunft in Marseille bestätigte, wich diesmal sogar vom trockenen Amtsstil ab und endete mit »Herzlichen Glückwunsch«. Oskar sandte mir Ende Dezember einen langen Brief, worin er die monatelang andauernden Mißverständnisse und meine Enttäuschungen gutzumachen versuchte und mir Mut und Zuversicht für die Zukunft wünschte: »Wir verfolgen Deine Arbeit mit großem Interesse und verstehen Deine Beschwerden, daß bis jetzt nicht genug unternommen wurde. Es gibt gute Aussichten, die Lage zu verbessern und Deine Tätigkeit weiter auszubauen. Auch möchte ich Dir versichern, daß ich persönlich voller Bewunderung bin über das, was Dir bis jetzt unter solch schweren Bedingungen gelungen ist. Ich kann Dir ebenso bekräftigen, daß Deine Leistungen von allen unseren Kameraden mit höchster Anerkennung begrüßt werden. Wir sind bereit, jede nötige Summe hier einzuzahlen, damit sie Dir dort zur Verfügung steht.«

Zuletzt kam sozusagen die Krönung: »Zusätzliche Emissäre stehen bereit, um beim Unternehmen im Irak und Iran mitzuarbeiten.«

Oskars Brief trug das Datum vom 31. Dezember, und ich betrachtete es als ein symbolisches Zeichen, dem neuen Jahr zuversichtlich entgegensehen zu können. Alle meine Forderungen wurden angenommen, meine Tätigkeit geschätzt und gewürdigt, und die Idee der Auswanderung über den Osten erfreute sich jetzt voller Unterstützung und finanzieller Hilfe.

Trotzdem war ich zu dieser Zeit nicht besonders glücklich. Im Gegenteil, ich fühlte mich eher wie ein Bergsteiger, der mit Mühe und Not den hohen Gipfel erreicht hat, um dann zu entdecken, daß ihn noch höhere und steilere Berge erwarten. Ich stand jetzt vor der eigentlichen Probe, denn wir mußten herausfinden, ob das Licht, das ich so klar zu sehen glaubte, nur ein Produkt meiner Phantasie war, oder ein fernes Zeichen, daß wir uns endlich dem Ende des Tunnels näherten.

Arbeiter in einer jüdischen Untergrundwaffenfabrik; ganz links Temima, die spätere Frau des Autors.

Die El-Raschid-Straße in Bagdad in der Gegend von Bab-el-Adschah (1937).

Operation Michaelberg: Die Maschine, die den Autor und jüdische Immigranten von Bagdad nach Palästina gebracht hat, ist in einem Melonenfeld gelandet (1947).

Ein *Guffa* (typische alte Rundbootfähre) überquert den Tigris.

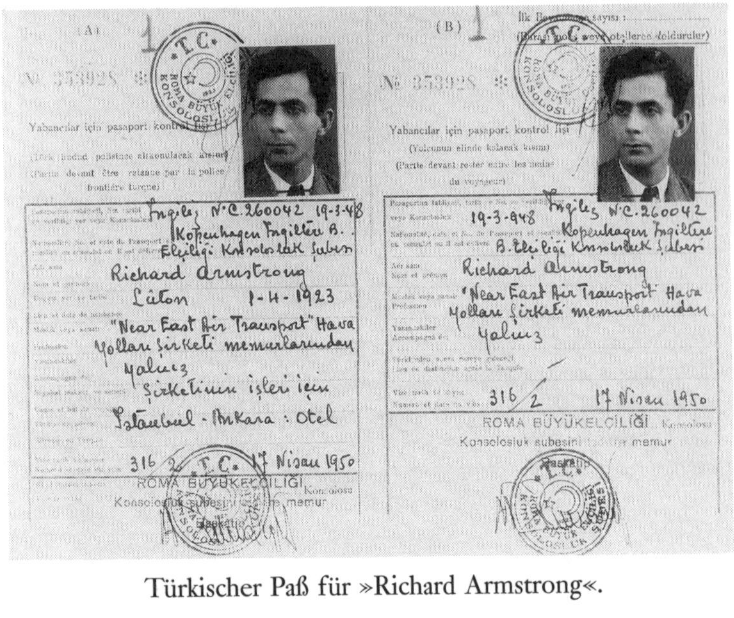

(A)

No 353928

Yabancılar için pasaport kontrol fişi

Richard Armstrong

"Near East Air Transport" Hava Yolları Şirketi memurlarından

ROMA BÜYÜKELÇİLİĞİ Konsolosu

Konsolosluk şubesini idare memur

(B)

No 353928

Yabancılar için pasaport kontrol fişi

Richard Armstrong

"Near East Air Transport" Hava Yolları Şirketi memurlarından

ROMA BÜYÜKELÇİLİĞİ Konsolosu

Konsolosluk şubesini idare memur

Türkischer Paß für »Richard Armstrong«.

Vor einer Synagoge in Bagdad stehen Tausende von Juden an, die nach Israel auswandern wollen.

Der Autor in den 80er Jahren.

»Werden diese Gebeine leben?«

(Hesekiel 37,3)

Ende 1948 versuchten wir mit Verzweiflung eine Bresche in die sich immer enger schließenden Mauern zu schlagen, die das irakische Judentum zu erdrücken drohten. Die politischen Spannungen im Irak nahmen so sehr zu, daß der Strom der Juden, die von dort flüchten wollten, ständig anwuchs.

Unter den ersten, die sich über die Grenze wagten, befanden sich Mitglieder der zionistischen Jugendbewegung, die schon immer von einer Einwanderung nach Palästina geträumt hatten. Durch den mutigen Kampf und Sieg der jungen israelischen Nation über die angreifenden arabischen Armeen wurde ihre Begeisterung jetzt noch mehr angespornt. Andere wiederum wurden zur Flucht gezwungen. Entweder waren sie beim Versuch, das Land illegal zu verlassen, erwischt worden und befanden sich nun gegen Kaution auf freiem Fuß, oder sie hatten für die Verhafteten eine Kaution hinterlegt, so daß wir sie zusammen mit den Angeklagten retten mußten. Zu dieser Gruppe von ›Verbrechern‹ gehörten auch diejenigen, deren Namen in den Briefen erwähnt waren, die vor dem 15. Mai aus Palästina gesandt wurden. Es gab darunter auch eine Anzahl höherer jüdischer Staatsbeamter, für die man Schauprozesse vorbereitete, nach dem selben Muster, wie es bei Shafiq Addas Prozeß angewendet wurde. Doch vor allem waren es die einfachen Juden, die beschlossen hatten, den Irak zu verlassen. Was sie in Zukunft erwartete, konnten sie nach Betrachten der Ereignisse des vergangenen Jahres leicht voraussehen. Die Straßendemonstrationen und der Ruf »Tod den Juden«, die wiederholten Verhaftungen, Folterungen und Erpressungen, sowie Schafiq Addas sogenanntes »Gerichtsverfahren«, das doch nur eine grausame Farce war, ließen nichts Gutes erahnen. Der Ausnahmezustand, der am 15. Mai infolge der irakischen Beteiligung am Kriege in Palästina verhängt wurde, verwandelte sich in ein Instrument des Terrors. Trotz der Macht, der sich Muzahim-al-Paschichs Regierung erfreute, war sie unfähig, sich mit den schweren wirtschaftlichen Problemen auseinanderzusetzen, die den Irak abermals lahmzulegen drohten.

Der Beschluß, die irakische Armee nach Palästina zu schicken, bedeutete eine große finanzielle Belastung, wobei über vierzig Prozent des Staatsbudgets für Kriegskosten ausgegeben wurden. Zu guter Letzt nahm der Krieg auch noch einen schlimmen Verlauf. Nach den begeisterten Siegesmeldungen der ersten Tage, die von einem »Aufmarsch der Truppen in den Vororten von Tel Aviv« sprachen, begannen nun Gerüchte nach Bagdad durchzusickern, die das Gegenteil berichteten und von ernsten Rückschlägen erzählten. Nach dem ersten Waffenstillstand vom 11. Juni 1948 stellte das irakische Expeditionskorps seine Tätigkeit ein. Die Regierung zog es vor, die Truppen so weit wie möglich von Bagdad fernzuhalten, denn sie befürchtete, daß ihre Rückkehr die Unruhen im Lande noch verstärken würde. Selbstverständlich konnte eine solche Lösung auf die Dauer nicht wirksam sein. Ende 1948 brachen in Bagdad wieder Unruhen aus, und heftige Demonstrationen fanden statt, bei denen eine »Wiederaufnahme der Kämpfe« verlangt wurde. Der Beschluß, die Armee weiter in Palästina zu lassen, war aus zwei Gründen gefährlich: Einerseits, weil dies den Irak an den Rand des Ruins zu treiben drohte, und andererseits, weil es die Unruheherde im Innern des Landes wieder aufflakkern ließ. Infolgedessen fiel am 6. Januar 1949 die Regierung des Muzahim-al-Paschachi, und der alte Fuchs Nuri Said wurde berufen, eine neue Regierung zu bilden. Obwohl Nuri Said bei der Ausarbeitung des Portsmouth-Vertrages eine der Hauptrollen gespielt hatte, schienen inzwischen sein Anteil daran und die darauffolgende Krise gänzlich vergessen zu sein. Um die öffentliche Meinung von seiner zweifelhaften Vergangenheit sowie von den aktuellen Schwierigkeiten abzulenken, griff er nach zwei altbewährten und bekannten Mitteln:

Das erste war die Idee des »Fruchtbaren Halbmonds«, die dem Irak einen Ausgang zum Mittelmeer ermöglichen sollte. Das zweite war die Jagd auf Kommunisten und Juden; der beste Weg, durch Ablenkung jedes politische Ziel zu erreichen.

Es begann mit der Veröffentlichung der Todesurteile, die gegen ungefähr dreißig Juden gefällt wurden. In Wirklichkeit handelte es sich dabei um Leute, die den Irak schon längst verlassen hatten. Der Trick wirkte so überzeugend, daß Israels Außenminister Mosche Scharett dem Irak drohte, wenn sich Berichte über die Hinrichtung der Juden bewahrheiten sollten, würde Israel dies als einen Kriegsakt betrachten und dementsprechend reagieren. Erst nach einer gründlichen Untersuchung, bei der auch unsere Verbindungsleute in Bagdad hinzugezogen wurden, stellte es sich heraus, daß bis zu diesem Zeitpunkt noch keine Hinrichtungen stattgefunden hatten. Doch die Verhaftungen, Folterungen, brutalen Verhöre und Verurteilungen wegen zionistischer Tätigkeit nahmen merklich zu. Bald darauf wurden vier kommunistische Aktivisten gehängt. Es wurde immer deutlicher, daß es nur eine Sache der Zeit war, bis jeder Vorwand genügen würde, um einen Juden hinzurichten.

In dieser immer feindlicher werdenden Umgebung, war es begreiflich, daß die Anzahl der Auswanderungsanwärter immer größer wurde, trotz der harten und gefährlichen Reise, die ihnen bevorstanden. Gefahren gab es auf jedem Schritt und Tritt. Die Handhabung unserer Operationen war nicht lückenlos und litt unter einem großen Nachteil: Unser »Einverständnis« mit der Polizei galt ausschließlich für Teheran. Unter den ersten Flüchtlingsgruppen war eine, die aus vier Jungen bestand. Sie wurden Mitte Januar 1949 auf dem Wege von Khorramschahr nach Ahwaz beim Besteigen des Zuges nach Teheran verhaftet. Anfangs befürchteten wir, man würde sie in den Irak zurückschicken. Nach zwei Monaten gelang es uns schließlich, die ganze Gruppe gegen Kaution freizubekommen und sie nach Teheran zu bringen. Als dann eine zweite Gruppe, die aus zwei Mädchen bestand, am Bahnhof von Ahwaz festgenommen wurde, eilte Sammi hin, um sich persönlich um die Angelegenheit zu kümmern – und dies, obwohl er selbst sich illegal im Iran aufhielt und noch dazu kein Wort Persisch sprach.

Als ich ihn später fragte, wie es ihm gelungen sei, die beiden Mädchen freizubekommen, zuckte er mit den Achseln und erklärte mir, es wäre überhaupt nicht nötig, die Sprache zu beherrschen. Er hatte einfach die Hand des Polizeioffiziers mit einem Bündel Banknoten »gestreichelt« und alle humanitären Argumente wurden an Ort und Stelle richtig verstanden.

Wir hatten alle Hände voll zu tun. Und das nicht nur mit unseren eigenen Flüchtlingen, sondern auch mit solchen, die auf eigene Faust Teheran erreichten und sich einfach bei uns meldeten, da sie über unsere Arbeit Bescheid wußten. Natürlich wurden sie alle willkommen geheißen, doch bald ergaben sich neue Schwierigkeiten. Die Zahl der Flüchtlinge aus dem Irak stieg immer noch ständig an. Die Ausreisedokumente, die uns die Iraner lieferten, reichten nicht aus, da die verschiedenen Prozeduren länger als vorgesehen dauerten. Dies brachte ein Problem mit sich, das ich nicht vorausgesehen hatte, nämlich die Frage des vorübergehenden Aufenthaltes der Flüchtlinge in Teheran. Die Schwierigkeit bestand darin, diejenigen, die auf ihre Ausreisepapiere warteten, zu beherbergen. Doch der Winter war mit Schneestürmen und eisiger Kälte hereingebrochen und unsere Flüchtlinge waren weder daran gewöhnt noch darauf vorbereitet. Außerdem hatten wir es nicht nur mit jungen, kräftigen Leuten zu tun, sondern auch mit ganzen Familien, Säuglingen und Greisen.

Anfangs bestellte ich für alle Neuankömmlinge Hotelzimmer. Hätte ich aber so weitergemacht, wären in einigen Tagen alle Hotels in Teheran überfüllt gewesen. Ich beriet mich deshalb mit Dov Adiv, Zion Esri und seinem Sohn Meir, der übrigens später, in den siebziger Jahren, Israels Botschafter in Teheran wurde. Alle waren der Meinung, ich hätte mich in eine unmögliche Lage hineinmanövriert.

Als ich sie jedoch um eine Lösung bat, waren sie ratlos. Sie behaupteten, es sei unmöglich, die Formalitäten zu beschleunigen und entsprechend Unterkünfte zu finden. Ihre Schlußfolgerung war einfach: ich sollte den Flüchtlingsstrom irgendwie verlangsamen. Dies wies ich sofort zurück, doch sie beharrten darauf, daß die einzige Alternative ein vorläufiger Stillstand der ganzen Operation sei.

»Und was wäre, wenn wir uns in eine jüdische Institution einquartierten?«, fragte ich.

»Erstens gibt es außer den Synagogen nur sehr wenige«, erklärte mir Zion Ezri, »und wenn wir uns dort niederließen, würde dies alle Blicke auf uns ziehen und zu einem Aufruhr führen. Das ist das Letzte, was wir brauchen können.« »Es gibt nur eine einzige Institution, wo man nicht Gefahr läuft, hinausgeworfen zu werden, wenn man einmal drinnen ist«, sagte Dov Adiv zynisch, »und das ist der Friedhof.«

Ich beschloß, diese letzte Bemerkung zu ignorieren, und bat ihn, mir ein Treffen mit den Führern der jüdischen Gemeinde Teherans zu arrangieren.

»Das wird Dir nicht viel helfen«, sagte er unwirsch, »doch wenn Du es unbedingt willst, so werde ich dafür sorgen.«

Meine Begegnung mit der Leitung der jüdischen Gemeinde fand im Hause von Mussa Tov Pastur statt, der sich als der Führer der zionistischen Bewegung des Iran betrachtete. Genau wie Dov mir diese Herren beschrieben hatte, waren sie alle angenehme und rechtschaffene Menschen, doch etwas phantasielos und auch ängstlich, unser Unternehmen könnte möglicherweise der jüdischen Gemeinde in Teheran schaden.

Ich schilderte ihnen ausführlich und leidenschaftlich das Los des irakischen Judentums, doch zum Schluß erklärten sie mir, daß sie leider auch nicht wüßten, wo man unsere Flüchtlinge beherbergen könnte.

Sollte das wirklich das Ende sein? Sollte ich jetzt, nach all der mühsamen Arbeit, unseren Leuten in Tel Aviv, Paris und Bagdad mitteilen müssen, daß keine Flüchtlinge mehr gerettet werden könnten, weil wir nicht wüßten, wo wir sie unterbringen sollten?

Da erinnerte ich mich plötzlich an Dovs sarkastische Bemerkung und ich hörte mich tatsächlich sagen: »Es gibt einen Ort, wo wir die Flüchtlinge unterbringen könnten, ohne jemanden zu stören!«

»Und wo wäre dieser Ort?« fragte Mussa Tov neugierig.

»Auf dem alten Friedhof in der Nähe von Teheran«, war meine Antwort, und im selben Augenblick war ich selbst erstaunt, daß ich es gewagt hatte, einen solchen Vorschlag zu machen.

Eine peinliche Stille herrschte im Raum, bis einer der Gemeindeführer in einem gekränkten Ton das Wort ergriff: »Herr Perez, sind Sie gekommen, um uns zu beleidigen? Wir haben Ihnen doch in allem Ernst die Lage beschrieben!«

»Sie haben mich mißverstanden«, sagte ich »ich möchte niemanden beleidigen. Ich bin jedoch sicher, daß die heiligen Seelen der Verstorbenen, die ihre letzte Ruhestätte auf diesem geweihten Boden gefunden haben, es als besondere Ehre empfinden würden, mitzuhelfen, das Leben anderer Juden zu retten!«

Wieder herrschte Stille.

»Wissen Sie denn, wie kalt es im Winter hier ist?« erkundigte sich schließlich einer der Herren.

»Und wie hoch der Schnee sein kann?« fügte ein anderer hinzu. »Wo wollen Sie die Leute unterbringen, damit sie sich nicht zu Tode frieren?«

»Sicher gibt es dort eine Leichenhalle«, antwortete ich. »Wir könnten sie so einrichten, daß sie unseren Bedürfnissen entspricht, und auch Heizkörper installieren.«

»Werden Ihre Leute denn einverstanden sein, sich in einer Leichenhalle aufzuhalten? Wer könnte an einem solchen Ort schlafen?«

»Ich bin fest überzeugt, sie würden eine Leichenhalle über dem Erdboden Gräbern unter dem Erdboden vorziehen!« sagte ich bissig, doch mit der Absicht, ihnen die Dringlichkeit der Lage klarzumachen.

Nochmals blieb es still im Raum und jeder hing seinen Gedanken nach. Der erste, der das Wort ergriff, war Mussa Tov.

»Wissen Sie, was ›Bahaschtia‹, der Name des Friedhofes, bedeutet?« fragte er.

»Nein«, gab ich zu. »Ist es vielleicht der Name der Ortschaft, in der sich der Friedhof befindet?«

»Bahaschtia bedeutet Paradies«, sagte er mit einem ermutigenden Lächeln. »Und das ist ein gutes Omen. Was mich betrifft, so sind Sie willkommen und können den Friedhof benutzen. Ich wünsche Ihnen viel Erfolg!«

Die anderen Herren folgten seinem Beispiel und wir gingen in bestem Einverständnis auseinander.

Am nächsten Morgen fing ich sofort mit der Arbeit an, den Friedhof in eine Herberge zu verwandeln. Er wurde gereinigt und gesäubert, die Fenster wurden verschalt, Heiz- und Kochöfen aufgestellt, so daß in wenigen Tagen der jüdische Friedhof Teherans in ein Durchgangslager verwandelt wurde, wo mehrere tausend Menschen in den nächsten zwölf Monaten eine provisorische Unterkunft auf ihrem Weg nach Israel fanden. Kurze Zeit nach der entscheidenden Unterredung in Mussa Tovs Haus befanden sich schon Hunderte von »Einwohnern« im »Paradies«, und wir mußten die Quartiere ständig erweitern und neue anbauen, die als Schlafstellen, Kochgelegenheiten und sanitäre Einrichtungen dienen sollten. Die Aufgaben zur Instandhaltung der Herberge waren so vielfältig und häuften sich täglich so sehr, daß ich wahrscheinlich diese Pflicht überhaupt nicht übernommen hätte, hätte ich von Anfang an geahnt, was sie mit sich bringen würde.

Ich beschloß, mich hauptsächlich der Anschaffung von Nahrungsmitteln, Wolldecken und Kleidung zu widmen, und für ärztliche Hilfe zu sorgen.

Aufgrund der Strapazen der Reise und des drastischen Klimawechsels benötigten viele der Flüchtlinge sofortige ärztliche Hilfe.

Außer der Sorge um ihr körperliches Wohlbefinden, mußten wir uns auch um das tägliche Leben der Auswanderer kümmern, so daß ich mit der Organisierung von Studiengruppen und Sportaktivitäten voll beschäftigt war – wobei mir Ya'akov Sofer, ein irakischer Jude, der viele Jahre in Palästina gelebt hatte, sehr behilflich war. Trotz seiner unermüdlichen Hilfe, die uns enge Freunde werden ließ, war ich gezwungen, alle meine freien Stunden im Lager zu verbringen, in erster Linie, um die Moral der Auswanderer zu heben. Ich nahm deshalb auch aktiv Anteil an allen gesellschaftlichen Tätigkeiten, vom Volleyball – wir hatten dafür ein Terrain in der Nähe der Gräber vorbereitet – bis zum Chorgesang. Sehr oft blieb ich mit den ungeduldigen Auswanderern zusammen, die wochenlang auf ihre Ausreise warten mußten, ohne über das Abreisedatum Bescheid zu wissen. Ich besprach mit ihnen die Lage und versuchte, sie zu beruhigen. Oft verbrachte ich mit ihnen die langen Winterabende in der Leichenhalle, wo sie alle in Wolldecken gehüllt um den Heizofen saßen und die monotonen, traurigen Wanderlieder der Beduinen sangen.

Meistens aber gelang es uns, die Moral und Disziplin aufrechtzuerhalten. Besonders lustig ging es an den Tagen der Polizeikontrolle zu. Die Polizisten kamen zusammen mit einem Fotographen ins Lager, um die Anwärter auf die Ausreisebewilligung zu fotographieren und zu kontrollieren. Für diese Prozedur mußten wir versuchen, unsere Leute den Daten anzupassen, die in den Visen vermerkt waren, die uns das französische Konsulat erteilt hatte. Je nach Bedarf verwandelten wir Mädchen zu Jungen und umgekehrt, änderten das Alter vieler Flüchtlinge und sogar ihr Aussehen, so daß wir bei jedem Polizeibesuch eine Art Mini-Purimfest[1] im Lande der Königin Esther und ihres Vetters Mordochai veranstalteten. Alle machten freudig mit, und der ›Bahaschtia‹-Friedhof wurde auf diese Weise sicherlich der fröhlichste Friedhof des Nahen Ostens!

Gleichzeitig beschäftigten sich meine Gedanken mit der symbolischen Bedeutung des wieder zu neuem Leben erweckten jüdischen Friedhofes in Teheran, wo Kinder spielten und hebräische Lieder sangen, und junge Leute ihre Befreiung aus dem Irak mit Tänzen feierten. Die Vision des Tales der trockenen Gebeine, wie sie uns die Bibel lehrt, kam mir in den Sinn:

> »...Und siehe, da rauschte es, als ich weissagte, und siehe, es regte sich, und die Gebeine rückten zusammen, Gebein zu Gebein. Und ich sah, und siehe, es wuchsen Sehnen und Fleisch darauf, und sie wurden mit Haut überzogen... Da kam der Odem in sie, und sie wurden wieder lebendig und stellten sich auf ihre Füße, ein überaus großes Heer... So spricht Gott, der Herr: Siehe, ich will die Kinder Israel herausholen aus den Heiden, wohin sie gezogen sind, und will sie von überall her sammeln und wieder in ihr Land bringen...« (Hesekiel 37, 7-10.21)

Der Druck, der die irakischen Juden zur Flucht trieb, wuchs von Tag zu Tag. Sobald wir unser Lager aufgebaut hatten und mit den Bedingungen des Grenzüberganges bei Schatt-el-Arab im Süden einigermaßen zufrieden waren, beschlossen wir, zu versuchen, im Norden eine zusätzliche Fluchtroute zu eröffnen. Sie sollte über Khanakin im Irak und Quasr-Schirin im Iran, ungefähr 200 Kilometer westlich von Kermanschah, führen. Ich begab mich zu diesem Zweck nach Quasr-Schirin, um mich mit unseren Verbindungsmännern aus dem Irak zu

[1] Ein Feiertag zum Gedenken an die Errettung der Juden Persiens und Mediens von der ihnen drohenden Vernichtung. Nach volkstümlichem Brauch finden kostümierte Paraden und Feiern statt.

treffen und mit ihnen alle nötigen Maßnahmen und Beschlüsse zu besprechen. Bei dieser Gelegenheit übergab ich auch dem Kloster in Kermanschah den versprochenen Kleinlastwagen. Die Reise unternahm ich zusammen mit Benik Pinchasi, einem klugen und energischen jungen Mann, der sich als guter Chauffeur, Begleiter und Reiseführer zugleich erwiesen hatte. Benik wurde in Russisch-Armenien in einer Familie geboren, die dem Iran entstammte und dorthin wieder zurückwanderte, als er noch ein Kind war. Er sprach einige Sprachen und kannte alle kleinen Einzelheiten des täglichen Lebens im Iran genau – und das war gut, denn bald sollte ich auf seine Begabung und seine guten Einfälle angewiesen sein.

Für die Reise nach Kermanschah, die im September, als ich sie mit Glasberg und Nino unternahm, acht Stunden gedauert hatte, brauchten wir jetzt wegen des schlechten Wetters zwei volle Tage. Kilometerweit war es unmöglich, den richtigen Weg zu erkennen, und oft waren wir nicht sicher, ob wir uns noch auf der Landstraße befanden. Dazu kam noch das Problem unserer Windschutzscheibe, die sich fortwährend mit einer Eisschicht bedeckte und die Sicht behinderte. Wir mußten alle paar Minuten anhalten und das Eis mit einem Messer von der Windschutzscheibe kratzen oder sogar Wodka daraufschütten, damit es schmolz – letztere Prozedur mit einem schweren Gefühl der Aufopferung. Beniks lauter Protest wegen der Verschwendung des Getränks half ihm nicht, denn ich zog es vor, die Windschutzscheibe zu verwöhnen statt den Chauffeur.

Nach einem äußerst anstrengenden Tag machten wir in Kazwin, ungefähr auf halbem Weg zwischen Teheran und Hamadan, halt und übernachteten in einem Hotel, dessen armenischer Besitzer ein guter Bekannter von Benik war.

Am nächsten Tag kamen wir auch nicht schneller vorwärts, und am Nachmittag, als wir uns schon in der Nähe von Kermanschah befanden, hielt uns die Polizei an und teilte uns mit, daß sich Straßenräuber in der Umgebung aufhielten, und es ratsamer sei, nicht vor Sonnenaufgang weiterzufahren.

Da wir keine andere Wahl hatten, hielten wir auf Anraten der Polizei beim nächsten »Tschai Huneh« an. »Tschai Huneh« bedeutet Teehaus, ist aber eher eine Art Kneipe oder Raststätte. Wir gedachten dort den Morgen zu erwarten. Es war eine der vielen Lehmhütten, die man entlang der iranischen Landstraßen findet und wo der Reisende seinen Hunger stillen und sich ausruhen kann.

An diesem Abend war das Haus voll mit Menschen, darunter einige Reisende wie wir, sowie Bauern aus der Umgebung, Hausierer und

Schmuggler jeder Sorte. Die meisten trugen ein schweres, warmes Kamelhaargewand über Schichten von vielfarbigen Lumpen, und alle hatten eine breite Schärpe, aus welcher ein Dolch herauslugte, eine obligatorische Waffe für jeden respektablen Mann, der sein Leben in dieser Weltgegend schätzte.

Wir traten ein und setzten uns auf die Holzklötze, die sich in einer Ecke des Raumes befanden. Der Besitzer kam mit einem Kupfertablett, beladen mit kleinen Tassen voll starken süßen Tees, der uns nach der fürchterlichen Kälte wieder belebte.

Dem Brauch entsprechend, wechselten Benik und unser Gastgeber eine lange Reihe von Begrüßungen in einer so geschwollenen Sprache, daß ich nur mit Mühe folgen konnte. Inzwischen kam ein junger Bursche auf uns zu – anscheinend der Sohn des Besitzers – in einer Hand ein Serviertablett balancierend, worauf große Brocken von weißem Ziegenkäse und gelber hausgemachter Butter lagen. In der anderen Hand hielt er eine Schüssel mit sahnigem Joghurt. Ich erinnere mich noch genau an den schön geschnitzten Holzlöffel, der im Joghurt steckte und für uns beide gemeint war – wie es schien, wurde ein Löffel pro Person als Verschwendung angesehen. Auf dem Kopf trug der Junge zwei riesengroße Pittas – der flache allgegenwärtige Fladen des Nahen Ostens – die sein gekräuseltes Haar völlig bedeckten und sogar einen Teil seines Gesichtes. Als er uns bediente und seine ›Ladung‹ auf den lehmigen Boden hinstellte, merkten wir, daß er schon lange nicht mit Wasser und Seife in Berührung gekommen war. Aber damals hatte ich schon längst meine übertriebenen Hemmungen überwunden, und das Abendessen mundete uns, als wäre es ein königliches Festmahl. Die einfache, freundliche und ländliche Atmosphäre und Gastfreundschaft erweckten bei uns ein angenehmes Gefühl, bis ich mich nach den Schlafgelegenheiten umschaute.

Soviel ich weiß, ist der ›Kursi‹ eine rein iranische Erfindung. Es handelt sich im wesentlichen um einen sehr breiten, niedrigen Tisch mit einer runden Öffnung in der Mitte, der gewöhnlich im Zentrum des Raumes steht. Ein Kohleofen wird unter die Öffnung gestellt und auf dem Tisch werden Decken ausgebreitet, die bis zum Boden herunterhängen. Um auf so einem ›Kursi‹ zu schlafen, kriecht man hinauf, mit den Füßen gegen die Öffnung, und nur der Kopf bleibt frei und nicht zugedeckt. Vom Ofen strömt allen die Wärme zu – und je mehr Leute da sind, desto lustiger und wärmer ist es. Das war mir schon zuviel! Ich war keineswegs bereit, auf diesem ›Kursi‹ zu schlafen, insbesondere als ich entdeckte, wer meine Nachbarn links und rechts sein sollten. Trotz aller Tarnungsgebote war ich nicht einverstanden, die Nacht auf dieser von Läusen wimmelnden Schlafstelle zu verbringen. Als Benik meinen ärgerlichen Ausdruck bemerkte, kam er mir zu Hilfe und überredete den Wirt, mir ein hölzernes Bett auf einer Seite des Raumes aufzustellen. In Wirklichkeit war selbst dies nicht mal nötig, denn ich konnte in dieser Nacht sowieso nicht viel schlafen.

Nach dem Abendessen begann eine freundliche Partie, die bei dem flackernden Licht der Öllampe bis in die Morgenstunden dauerte. Nach jeder Runde mußte der Verlierer allen Anwesenden Arrak spenden. Dies erlaubte mir, den schlechten Eindruck, den ich mit meinem übermäßigen Individualismus auf meine Gefährten gemacht hatte, zu verbessern und ich konnte in kurzer Zeit wenigstens den Ruf eines beachtlichen Arraktrinkers genießen. Als alle schon auf dem ›Kursi‹ lagen und vergnügt schnarchten, konnte ich mich glücklicherweise hinausschleichen und mich in der eiskalten Luft des Arraks entledigen. Genauso billig wie der Arrak in dieser Schenke war, war auch seine Qualität – und mein ›aristokratischer‹ Magen rebellierte entsprechend. Jahrelang konnte ich den Geruch von Arrak nicht mehr ertragen.

Die Zusammenkunft mit den Kameraden aus dem Irak fand im Hause von Eliyahu Mualem in Quasr-Schirin statt. Er wurde bald ein treuer Anhänger unserer Bewegung und stand uns stets hilfsbereit zur Seite. Die zwei jungen Leute kamen kurz vor Morgendämmerung an. Nachdem sie bei Nacht die Grenze passiert hatten, mußten sie noch einen Arm des Sirwanflusses, dessen eiskalte Wasser über die Ufer getreten waren, überqueren. Sie warteten schon seit Stunden auf uns in Mualems Haus, denn sie konnten ja nicht wissen, daß Straßenräuber unsere Reise verzögert hatten. Das endlose Warten steigerte ihre Spannung und Aufregung, und ich muß zugeben, daß es mir genauso erging, besonders da ich wußte, daß auch Schneor, den ich zum letzten Mal am Ende der Rollbahn in Bagdad gesehen hatte, an dieser Besprechung teilnehmen würde.

Als wir endlich Mualems Haus betraten, sprang Schneor augenblicklich auf mich zu. Wir umarmten uns sekundenlang schweigend. Endlich brachte Schneor, stotternd vor Aufregung, einige Worte hervor: »Ich kann kaum glauben, daß du hier bist!«

»Weißt du noch, wo wir uns das letzte Mal sahen?« fragte ich.

»Natürlich«, antwortete er, »es war nachts am Flughafen!«

»Und kannst du dich noch erinnern, was du mir damals sagtest, als wir auseinandergingen?«

»Nein, denn ich war damals sehr verwirrt.«

»Ich aber erinnere mich ganz genau«, sagte ich voller Stolz.

»Du sagtest zu mir: ›Amu Yusuf, komm bald zurück‹. Nun gut – da bin ich!«

Wir fielen uns nochmals in die Arme, bis wir zum Essen ins Speisezimmer gerufen wurden. Während des Essens hörte ich der Beschreibung des Weges, den die zwei über Berge, Felsen und den Fluß zurückgelegt hatten, mit besonderer Aufmerksamkeit zu. Natürlich waren solchen Strapazen nur junge, kräftige Männer gewachsen, besonders während der Wintermonate. Doch allen Schwierigkeiten zum Trotz zeigte uns dies, daß es einen zusätzlichen Weg gab, aus dem Irak herauszukommen, und ich sah keinen Grund, ihn nicht sofort zu benutzen. Ich gab deshalb die Namen einiger Schmuggler an, und überredete Mualem dazu, uns sein Haus als Durchgangslager zur Verfügung zu stellen. Ich erledigte auch den finanziellen Teil des Unternehmens, was die Beherbergung und die Reise nach Teheran, sowie die zahlreichen Schweigegelder, die auf der langen Strecke verteilt werden mußten, betraf. Außerdem dachten wir uns ein Kommunikationssystem und passende Codewörter für Briefwechsel, Telegramme und, wenn nötig, für Telefongespräche aus. Nach einem rührenden Abschied trennten wir uns, und die zwei Kameraden kehrten trotz der gefährlichen Lage in den Irak zurück, während Benik und ich in derselben Nacht nach Kermanschah zurückfuhren. Wir hatten die Absicht, am nächsten Tag das assyrische Kloster aufzusuchen, um dem Prior den versprochenen Lastwagen zu übergeben. Nach der anstrengenden Reise von Teheran zur Grenze hatten wir beschlossen, das Auto in Kermanschah zur Wartung zu lassen, und waren dann mit einem Taxi nach Quasr-Schirin gefahren. Jetzt kehrten wir mit demselben Taxi nach Kermanschah zurück und übernachteten in einem billigen Hotel.

Am nächsten Morgen ging Benik zum Friseur, während ich im Hotel blieb, um mich auszuruhen. Plötzlich hörte ich ein lautes und beharrliches Klopfen an der Tür.

»Wer ist da?« fragte ich.

»Polizei! Sofort aufmachen«, war die erschreckende Antwort.

Das Klopfen an der Tür steigerte sich zu einem heftigen Hämmern, so daß ich gezwungen war, die Tür zu öffnen, noch bevor ich Zeit hatte, darüber nachzudenken, wie ich meinen Aufenthalt in dieser Gegend erklären sollte. Kaum hatte ich die Tür ein wenig geöffnet, wurde sie aufgestoßen und ein kräftiger Mann in Zivilkleidung stürmte herein. »Ihr Ausweis«, schrie er mich grob an, ganz im Gegensatz zu der sonst sehr höflichen Art der Iraner, die ich bis jetzt bei allen meinen Begegnungen mit ihnen erfahren hatte. Ich versuchte, ruhig zu bleiben und holte einen Führerschein aus meiner Hosentasche. Er betrachtete ihn verächtlich und fuhr dann im selben Ton fort: »Ich meine eine Identitätskarte oder einen Paß!«

»Mein französischer Paß ist in Teheran geblieben und ich habe keinen anderen«, antwortete ich ruhig. Als ich 1948 im Iran ankam, hatte ich ein Einreisevisum, das nur einen Monat gültig war. Anfangs glaubte ich, dies würde genügen, denn ich hatte vor, in den Irak zu reisen. Nachdem mir aber klar wurde, daß ich weiter in Teheran bleiben würde, versuchte ich vergebens, das Visum zu verlängern. Sogar die guten Beziehungen, die ich in der Zwischenzeit angeknüpft hatte, konnten mir in dieser Hinsicht nicht helfen. Es stellte sich bald heraus, daß ein Einreise- und ein Ausreisevisum zwei grundverschiedene Dinge waren, die von zwei verschiedenen Behörden behandelt wurden, deren Hauptbeschäftigung war, wie es schien, sich gegenseitig zu bekämpfen. Nachdem ich einsah, daß es aussichtslos war, auf eine Verlängerung zu hoffen, beschloß ich, anstatt des Visums einen Führerschein anzuschaffen, der ein ganzes Jahr gültig war – in der Hoffnung, er könnte mir gegebenenfalls als Ausweis dienen. Natürlich wußte ich, daß mir dies im Ernstfall nicht viel helfen würde, und auch, daß es in einem Land wie dem Iran gefährlich werden könnte, sich außerhalb des gesetzlichen Rahmens zu befinden. Die Berichte und Beschreibungen der Verhörmethoden und Gefängnisbedingungen konnten einem wahrlich keinen Mut einflößen. Ebenfalls wußte ich, daß im Falle einer ernsten und gründlichen Untersuchung auch mein Wohnort in Teheran davon betroffen wäre. Unser Funkapparat befand sich dort; und auch der Funker selbst hielt sich in meiner Wohnung auf. Wurden wir entdeckt, bestanden nur geringe Aussichten, mit dem Leben davonzukommen.

Vorläufig schien sich der Polizist nun doch mit meinem Führerschein zu begnügen, denn er ging zur nächsten Frage über. »Wo ist Ihr Freund?« erkundigte er sich schroff.

»Welchen Freund meinen Sie denn?« fragte ich schlagfertig. »Ich habe nämlich sehr viele!«

»Hören Sie«, brüllte er mich an, »mich halten Sie nicht zum Narren! Ich frage Sie nach dem Mann, mit dem Sie das Zimmer teilen!«

»Ach so, den meinen Sie«, sagte ich, als ob mir dieser Durchbruch zum gegenseitigen Verständnis besondere Freude bereitete. »Er ist ausgegangen, um Kleidung zu kaufen«, sagte ich, um Zeit zu gewinnen und meine nächsten Schritte zu planen.

»Gut«, meinte er. »Gehen wir ihn also suchen!«

Ich zog den Mantel an und folgte ihm in die kühle Morgenluft hinaus.

»Gehen wir zu Fuß, oder ziehen Sie eine Kutsche vor?« fragte er.

»Ich würde eine Kutsche vorziehen!«

»Dann werden Sie dafür zahlen müssen.«

»Chaschm«, antwortete ich in meinem besten Persisch, was ungefähr »Ganz mein Vergnügen« bedeutet.

Als wir in der Kutsche saßen, steckte ich die Hände in die Manteltasche, um meine Handtasche herauszunehmen und entdeckte zu meinem Entsetzten einen kleinen Bogen Papier mit den Namen und Telefonnummern meiner Verbindungsleute. In der anderen Tasche befand sich ein Rundschreiben mit Nachrichten über die wirtschaftliche Entwicklung meines Kibuzzes, welches ich kurz vor der Abreise aus Teheran erhalten hatte.

Bei der ersten Gelegenheit tat ich, als ob ich husten müßte, steckte das kleine Zettelchen in den Mund und verschluckte es. Natürlich konnte ich das nicht mit dem Rundschreiben tun. Ich begann mir Gedanken zu machen, wie ich mich eventuell rechtfertigen könnte, sollten die Behörden entdecken, daß Maurice Perez, ein französisch-marokkanischer Bürger, sich ohne jeden Ausweis und mit einem auf hebräisch abgefaßten Bericht über die landwirtschaftliche Produktion eines Kibuzzes aus Israel in der Nähe der irakischen Grenze aufhielt.

Es war klar, daß ich versuchen mußte, dieses Papier loszuwerden. Ich wußte zwar, daß es keine geheimen Meldungen enthielt, sondern nur harmlose Berichte über das Anwachsen der Milchproduktion, über die Anzahl der Eier, die unsere Hühner gelegt hatten, und andere Einzelheiten, die von der blühenden Entwicklung des Kibuzzes zeugten. Doch waren diese Mitteilungen auf hebräisch geschrieben, und das Problem war, wie ich das der Polizei erklären sollte!

Trotz der heiklen Lage mußte ich an einen alten Witz denken. Darin geht es um einen ertappten Dieb, der den Polizisten bittet, ihm zu erlauben, eine Bäckerei aufzusuchen und Brot zu kaufen, bevor er ins Gefängnis eingeliefert wird. Dabei verspricht er dem Polizisten, ihm einen Kuchen mitzubringen. Tief gerührt von dem Vorschlag, wartet der Polizist vor der Bäckerei, während der Dieb durch die eine Tür eintritt und sogleich durch die andere die Bäckerei wieder verläßt. Etwas später wird der Dieb vom selben Polizisten wieder erwischt, und auf dem Weg ins Gefängnis bittet er nun um Erlaubnis, Zigaretten zu kaufen.

»Nein«, antwortet der Polizist. »Diesmal wirst du mich nicht zum Narren halten, jetzt bleibst du draußen und ich gehe die Zigaretten holen!«

Als wir mit der Kutsche von einen Geschäft zum anderen fuhren, beschloß ich, dieselbe Strategie wie in der Anekdote zu verwenden. Ich wartete also, bis wir zu einem Geschäft kamen, von dem ich überzeugt war, daß wir Benik ganz sicher nicht dort treffen würden, und schlug vor, hineinzugehen und nachzuschauen, ob sich mein Freund eventuell dort aufhielte.

»Kommt nicht in Frage«, war die sofortige Antwort. »Sie bleiben hier und ich gehe hinein!«

Im Gegensatz zum Witz blieb ich in der Kutsche, benutzte aber die Gelegenheit, um das Kibbuzrundschreiben in die Polsterung der Kutsche zu schieben.

Schließlich wurde die Suche nach Benik aufgegeben und der Polizist beschloß, mich zu seinem Vorgesetzten auf die Polizeistation zu bringen, während er selbst im Hotel auf Benik warten wollte. Dieser Vorgesetzte, ein Inspektor in einer steifgestärkten Uniform, der hinter einem auf Hochglanz polierten Schreibtisch saß, begann mit einem systematischen Verhör: Name, Anschrift, Geburtsort, Datum der Einreise in den Iran usw. Ich war zwar froh, daß es mir gelungen war, die zwei belastenden Papiere verschwinden zu lassen, doch konnte mir das bei der Beantwortung der Fragen über die Gründe meiner Anwesenheit in dieser Gegend nicht helfen.

»Was bringt Sie nach Kermanschah?« fragte der Inspektor.

»Ich bin gekommen, um den Abt des assyrischen Klosters zu besuchen«, antwortete ich, da mir im Augenblick nichts besseres einfiel; doch bereute ich sogleich, dies gesagt zu haben. Der Inspektor drückte auf einen Knopf, eine Glocke ertönte und ein Soldat trat ein, dem der Inspektor eine schriftliche Anweisung übergab. Dies macht mir Sorgen, denn ich nahm an, er wollte mein Alibi prüfen. Und was sollte ich tun, wenn der Prior jegliche Bekanntschaft mit mir abstritte?

»Und was tun Sie in Quasr-Schirin?« fuhr der Inspektor fort.

»Man erzählte mir, die Landschaft hier sei besonders schön und beeindruckend«, antwortete ich, doch ich befürchtete, das würde nicht sehr überzeugend wirken.

»So!« lautete die kurze Antwort. »Sind Sie eigentlich nicht hergefahren, um etwas zu schmuggeln? Ich nehme an, Sie schmuggeln Menschen oder Güter!«

Ich fühlte, wie ich wegen seiner so treffenden Erklärung rot wurde, so daß ich sofort eine höchst beleidigte Miene aufsetzte in der Hoffnung, meine Röte würde als Zeichen des Zornes angesehen werden.

»Es tut mir wirklich sehr leid, daß Sie diesen Eindruck von mir haben, mein Herr. Ich bin der Vertreter einer großen Firma«, sagte ich wichtigtuerisch, »und ich möchte mir solche Anspielungen verbitten. Gibt es hier einen französischen Konsul? Ich möchte ihn sofort sprechen!«

»Sie behaupten, Franzose zu sein? Wie kommt es, daß Sie so gut Persisch sprechen?« fragte er skeptisch. »Sie wollen doch nicht behaupten, daß Sie unsere Sprache in nur vier Monaten erlernt haben, denn Sie sagen ja, Sie hätten sich hier nicht länger aufgehalten.« »Danke für das Kompliment«, erwiderte ich bescheiden. Tatsächlich fiel es mir leicht, Persisch zu lernen, da viele Worte mit dem Arabischen und andere wiederum mit indo-europäischen Sprachen verwandt sind. Ich beherrschte die Grammatik zwar nicht perfekt, doch das hinderte mich nicht daran, mich fließend auszudrücken.

Doch wir hatten keine Zeit mehr, dieses Thema weiter zu erörtern, denn die Tür wurde plötzlich aufgerissen und Benik stürmte in Begleitung des Polizisten herein. Er beschwerte sich lauthals über die Bauernlackel, die es wagten, einen so edlen Herrn wie mich zu belästigen. Er drohte, daß er ein solches Benehmen nicht dulden und sich sofort auf höchster Ebene beschweren werde. Er verlangte, man solle ihn an Ort und Stelle telefonisch mit Teheran verbinden. Er bestand darauf, sofort mit seinem Freund, General Sartip Safari, Chef der iranischen Polizei, zu sprechen. Der Inspektor schien von Beniks Selbstsicherheit beeindruckt zu sein und ordnete an, die Telefonverbindung mit dem Teheraner Hauptquartier der Polizei sofort herzustellen. Als sich Teheran meldete, übergab er den Hörer.

»Ist der Polizeichef da?« brüllte Benik ins Telefon, »Wann wird er erwartet?«

Nun bedeckte Benik sein freies Ohr mit der Hand und bemühte sich, die Antwort zu verstehen. »Also gut, merken Sie sich bitte: Wenn er zurückkommt, melden Sie ihm, daß Benik angerufen hat. Ja, ja, B-E-N-I-K«, buchstabierte er. »Ich muß ihn sofort sprechen, ich befinde mich in Kermanschah, ja, natürlich, K-E-R-M-A-N ... das ist wirklich unmöglich«, schrie er und wandte sich zu dem Inspektor um, als ob dieser für die schlechte Verbindung mit Teheran verantwortlich sei. »Hören Sie mich?« schrie er weiter ins Telefon. »Ich rufe zurück. Ja. Wunderbar. Gott segne Sie«, beendete er das Gespräch mit der traditionellen persischen Abschiedsformel.

Der Inspektor sprach jetzt in einem anderen Ton und bemühte sich zu erklären, daß er niemanden beleidigen wolle. Es gingen jedoch Gerüchte um, daß sich Fremde hier aufhielten, und er müsse die Angelegenheit untersuchen, insbesondere nachdem bekannt wurde, daß wir ein Taxi gemietet hatten, um nach Quasr-Schirin an die irakische Grenze zu fahren.

Ich änderte ebenfalls meinen Ton, lobte ihn für seine Wachsamkeit und versicherte ihm, es sei nicht nötig, sich zu entschuldigen: »Sie haben doch nur Ihre Pflicht getan«, sagte ich mit einem freundlichen Lächeln, wobei ich aufstand und ihm die Hand zum Abschied reichte, »und ich schätze dies ganz besonders.«

»Einen Augenblick noch, Herr Perez. Würden Sie bitte Ihren Platz wieder einnehmen«, sagte er und drückte wiederum auf den Knopf. Ein Soldat trat ein und der Inspektor befahl kurz: »Bring ihn herein.«

Mir stockte der Atem. In der offenen Tür stand der assyrische Prior, und ich konnte in seinen Augen die tiefe Überraschung bemerken, als er mich erblickte. Jetzt war die Stunde der Wahrheit gekommen, die direkte Konfrontation, wie es in der Berufssprache heißt, eine sehr wirkungsvolle, wenn auch abscheuliche Methode, um ein Alibi zu zerstören. Drei einfache Worte – ›Kenne ihn nicht‹ – hätten genügt, um unser ganzes so mühsam aufgebautes Unternehmen gründlich zu zerstören und mir die größten Unannehmlichkeiten zu verursachen.

»Kennen Sie diesen Mann?« fragte der Inspektor kurz.

»Selbstverständlich kenne ich ihn, Herr Inspektor.«

»Ist er ein anständiger Mann? Können Sie seinen Worten Glauben schenken?« fuhr der Polizist fort.

»Ich habe Herrn Perez heute zum Abendessen eingeladen, und ich hätte selbstverständlich nicht jemanden eingeladen, von dessen guten Absichten und seiner Redlichkeit ich nicht fest überzeugt wäre.«

Niemand hätte mehr verlangen können. Der Inspektor war mit dieser Antwort zufrieden, so daß er uns sofort gehen ließ.

Bis zum heutigen Tag möchte ich gerne wissen, wieviele Leute in derselben Lage so gehandelt hätten wie der Prior, denn er wußte eigentlich gar nicht, weshalb ich unter Aufsicht stand und weswegen man mich verdächtigte. Seine eigene Lage war prekär genug – und trotzdem nahm er das große Risiko auf sich, welches er mit den Worten »Ich entsinne mich nicht, diesem Herren begegnet zu sein«, leicht hätte vermeiden können.

Mein Unwille gegen das von Abt Glasberg seinerzeit gegebene Versprechen, den Assyrern einen Lastwagen zu schenken, verwandelte sich nun in tiefe Dankbarkeit.

Ins Kloster fuhren wir mit dem geschenkten Wagen. Die Mönche empfingen uns mit einem Festmahl, doch nach den Aufregungen und Schrecken der letzten Stunden war ich kaum in Stimmung. Einige Gläschen Wodka halfen mir, mich für die bevorstehende lange Reise nach Teheran wieder in Form zu bringen. Erst nachdem wir das Kloster verlassen hatten, konnte ich Benik endlich ungestört fragen: »Ich wußte gar nicht, daß du den Chef der Polizei kennst?«

»Wer kennt den Polizeichef nicht?« antwortete er kurz.

»Aber dem Inspektor sagtest du doch, daß du den Polizeichef zu sprechen wünschtest?«

»Welche andere Möglichkeit hatte ich denn? Sollte ich dich im Kerker verkommen lassen?«

»Du hast aber doch eine Mitteilung hinterlassen, daß du angerufen hast?«

»Was ist schon dabei? Sollen sie sich nur den Kopf zerbrechen und herausfinden, wer dieser Benik eigentlich ist!«

»Und was hättest du getan, wenn der Polizeichef wirklich in seinem Büro gewesen wäre?«

»Glaubst Du, daß der Polizeichef nichts Besseres zu tun hat, als den ganzen Tag in seinem Büro herumzuhocken und zu warten, bis alle Spinner ihn anrufen? Außerdem habe ich am anderen Ende kein einziges Wort verstanden. Ich habe eben einfach in den Apparat gebrüllt und damit basta!« sagte er und schien nun selber über seine Verwegenheit erschrocken zu sein.

Anfangs gab es einige Zwischenfälle auf der nördlichen Fluchtroute. Sechs Flüchtlinge wurden noch auf der irakischen Seite gefaßt, verhaftet, nach Bagdad zurückgeschickt und eingesperrt. Unsere Leute in Bagdad waren der Meinung, daß ein Polizeioffizier in Khanakin sie verraten hätte. Später, im Oktober 1949, verschwanden drei junge Burschen, die wahrscheinlich vom Schmuggler, der sie über die Grenze führen sollte, ermordet wurden, um sie ihres Geldes zu berauben. Doch trotz dieser Vorfälle waren wir nicht bereit, auf den nördlichen Übergang zu verzichten. Die Quasr-Schirin Route war uns wichtig, auch wenn sie von weniger Flüchtlingen als die im Süden benutzt wurde, denn sie gestattete uns, unsere Aktion zu diversifizieren, und gleichzeitig zwang sie die irakische Polizei, eine relativ lange Grenzstrecke zu überwachen. Obwohl der Nordübergang schwerer war und mehr körperliche Anstrengungen erforderte, war er sehr viel kürzer für diejenigen Leute, die im Norden des Irak wohnten, und die auf diese Art viele hundert Kilometer nach Basra im Süden und dann nochmals dieselbe Strecke auf der iranischen Seite, nördlich nach Teheran, vermeiden konnten.

Der Strom der Flüchtlinge im Süden setzte sich indessen fast reibungslos fort. Die Operation wurde dort an Ort und Stelle von Sammi geleitet und bis Ende Februar 1949 hatten hundertzwanzig unserer Leute die Grenze überschritten. Dazu kamen noch zwanzig andere, die es auf eigene Faust gewagt hatten, herüberzukommen, so daß unser Einwandererlager in Teheran immer größer und lebendiger wurde.

Wir erhielten regelmäßig die erforderlichen europäischen Visa und konnten somit den iranischen Behörden beweisen, daß unsere Leute das Land nach Erhalt der iranischen »Laissez-passer« sofort verließen. Trotz aller Schmiergelder und Versprechungen, die wir dafür bekamen, war die Anzahl derjenigen, die den Iran verließen, verhältnismäßig gering, da die Formalitäten so lange dauerten. Als unsere Leute die Ausreisepapiere endlich erhielten und nach Europa gelangten, begann dort alles wieder von vorne: sie wurden in provisorische Durchgangslager gebracht und mußten abermals warten, bis sie an die Reihe kamen, um sich nach Israel einzuschiffen!

Solange es sich um Einzelfälle oder um kleine Gruppen handelte, hatten wir keine andere Wahl und mußten über Europa arbeiten. Aber von dem Augenblick an, wo es sich um Gruppen von zehn oder sogar hundert Leuten handelte, schien mir dieser indirekte Weg nicht mehr angebracht. Im Januar 1949 schrieb ich nach Paris und Tel Aviv und verlangte, eine direkte und wirksamere Route zu finden. Die Antwort war, daß, sobald eine größere Anzahl von Flüchtlingen ihre Ausreisepapiere erhalten hätten, es möglich wäre, mit Air-France einen direkten Charterflug nach Israel durchzuführen. Prinzipiell sei die Fluggesellschaft damit einverstanden.

Diese Voraussetzung wurde Anfang 1949 erfüllt, als die Iraner 102 »Laissez-passer« erteilten – eine bemerkenswerte Anzahl für unsere damaligen Begriffe. Noch am selben Tag, nach Erhalt der 102 »Laissez-passer«, funkte ich nach Tel Aviv, um zu fragen, ob das Air-France-Angebot noch gültig sei, denn ich hoffte, die Leute binnen einigen Tagen fortzuschicken.

Fünf Tage später bekam ich die Antwort, daß das Air-France-Angebot zwar bestünde, aber nur für den Flug nach Frankreich und zu einem Preis von 83 englische Pfund pro Person... Das war natürlich nicht der Zweck des Unternehmens – meine Absicht war, die Notwendigkeit eines Fluges über Europa zu vermeiden und so Zeit, Geld und Strapazen zu sparen. Zu meinem Entsetzen bemerkte ich noch, daß der regelmäßige Air-France-Flug aus Teheran eine Zwischenlandung in Damaskus machte, was selbstverständlich für Juden, die illegal aus dem Irak geflüchtet waren, um sich nach Israel zu begeben, völlig ausgeschlossen war. Am nächsten Tag funkte ich nach Tel Aviv, um ihnen meine Enttäuschung mitzuteilen. Ich fing nun an, der Sache auf eigene Faust nachzugehen und herauszufinden, wie ich unsere Leute so schnell wie möglich hinausschicken konnte, solange ihre »Laissez-passer« noch gültig waren. Doch sobald wir uns mit anderen Fluggesellschaften in Verbindung setzten, sahen wir ein, daß die Frage der Bezahlung ausschlaggebend war. Bis zu diesem Zeitpunkt hatte ich angenommen, daß die finanzielle Seite der Angelegenheit in Paris geregelt werden würde, weil auch die Vorbereitung dieser speziellen Flüge dort stattfand. Jetzt aber, wo ich beabsichtigte, unsere Auswanderer mit regelmäßigen Flügen zu befördern, müßte auch die Bezahlung in Teheran geschehen. Und wenn eine Air-France-Fahrkarte zu reduziertem Preis 83 englische Pfund kostete, so würden 102 Fahrkarten 8 500 englische Pfund – oder zum Dollarwert des Jahres 1949 ungefähr 35 000 Dollar – kosten; ein wahres Vermögen für unsere damaligen Verhältnisse. Ich bat also Tel Aviv und Bagdad, mir 5 000 englische Pfund zu überweisen, und begab mich auf die Suche nach Alternativflügen.

Es war Dov Adiv, der den Vorschlag machte, ob nicht die nationale iranische Fluggesellschaft, Iranian Airways, Flüge nach Israel durchführen könne. Er war mit dem Generaldirektor der Fluggesellschaft, Gholam Ibtihaj, gut bekannt und schätzte ihn nicht nur als einen begabten und einflußreichen Mann, sondern auch als einen Menschen, mit dem man ins Geschäft kommen konnte.

Ich selbst hatte auch öfters daran gedacht, ließ aber jedes Mal die Idee fallen, denn die Gesellschaft verfügte nur über fünf zweimotorige Dakotaflugzeuge, die nur im Inland verkehrten. Ich war öfter mit der Iranian Airways geflogen und wußte, daß jeder Flug ein Abenteuer bedeutete. Es kam häufig vor, daß wir unterwegs landen mußten, da nur noch ein Motor in Betrieb war. Weil ich aber keinen besseren Vorschlag hatte, willigte ich ein, mich mit Ibtihaj zu treffen. Er war ein höchsteleganter Herr mittleren Alters, und sprach fließend englisch, da er im Westen studiert hatte. Er betonte seine guten Verbindungen und besonders, daß sein Schwager kein anderer als Sartip Safari, der Chef der iranischen Polizei, sei. Dov Adiv hatte vollkommen recht, was Ibtihajs Geschäftstüchtigkeit anbetraf, denn nachdem er unsere einführenden Erklärungen gehört hatte, kam er sofort zur Sache: »Ich bin bereit, das Geschäft zu machen, denn es ist gut für Sie und gut für mich.« Und nach einer Weile fügte er mit einem zufriedenen Lächeln hinzu: »Es ist sogar für den Iran gut!«

Ich machte mein Einverständnis von der Verpflichtung abhängig, daß die Flugzeuge nicht über den Irak oder irgendein anderes arabisches Land fliegen würden.

Wir studierten nun die Landkarte, um die Flugroute zu bestimmen, die nördlich über die türkische Grenze, dann westlich von Adana und schließlich südlich über das Mittelmeer und nach Israel verlaufen sollte. Der Preis, den Ibtihaj verlangte, war annehmbar, und ich begann die Vorteile einer Zusammenarbeit mit iranischen Geschäftsstellen wie die Iranian Airways einzusehen.

Da die iranischen Dakotaflugzeuge höchsten zwanzig bis fünfundzwanzig Leute an Bord nehmen konnten, war vorläufig eine Serie von fünf Flügen, die am 17. März beginnen sollte, geplant. Um die Sache vorzubereiten, mußten wir in einem hektischen Tempo arbeiten: hin und zurück zum französischen Konsulat fahren, um die Durchreisevisa zu besorgen, das Geld, das uns aus Bagdad überwiesen wurde, wechseln, die Flüge bezahlen, die Piloten und die zukünftigen Passagiere anweisen, wie sie sich zu verhalten hatten.

Am 17. März mußte der vorgesehene Flug wegen des schlechten Wetters annulliert werden. Zwei Tage später standen wir vor einem neuen Problem, das uns zu einem sehr gewagten Entschluß führte. Es stellte sich nämlich heraus, daß trotz unseres Abkommens mit Ibtihaj die Türken unsere Flugroute nicht bewilligen wollten, geschweige denn eine Zwischenlandung zum Auftanken, ohne die eine vollbeladene Dakota ihren Flug von Teheran nach Israel, via Türkei, nicht unternehmen konnte. Die einzige Möglichkeit, die uns also blieb, war, die direkte Luftlinie über den Irak und Syrien zu nehmen, genau das, was wir zu vermeiden hofften.

Da die Sache dringend war, benachrichtigte ich sofort Tel Aviv, legte ihnen die Idee eines Direktfluges dar und fügte hinzu: »Solltet Ihr damit nicht einverstanden sein, so müßtet Ihr sofort mit Air-France in Verbindung treten, damit sie die 102 Leute hier herausholen.« Ich erinnerte sie auch daran, daß der normale Flug von Teheran nach Paris über Damaskus ging, und betonte: »... solltet Ihr mit Air-France zu einem Einverständnis gelangen, so müßtet Ihr ausdrücklich verlangen, daß sie kein arabisches Land überfliegen oder in einem solchen landen.«

Obwohl ich verpflichtet war, Tel Aviv auf dem laufenden zu halten und mich mit der Führung des Mossad zu beraten, hegte ich keine großen Hoffnungen, einen Vorschlag für eine schnelle Lösung zu erhalten. Nach den bisherigen Erfahrungen würden wahrscheinlich viele kostbare Tage vergehen, bis die Sache mit Air-France irgendwie geregelt sein würde. Außerdem glaubte ich nicht daran, daß es möglich wäre, die Franzosen zu überreden, ihre übliche Route zu ändern.

Anstatt tatenlos herumzusitzen, beschloß ich, das Problem selbst anzugehen und bat Dov Adiv, eine dringende Besprechung mit Ibtihaj und dem Piloten zu vereinbaren. Mir war nämlich ein ungewöhnlicher Gedanke gekommen: Da das Risiko eines Fluges über den Irak und Syrien nur für ein Flugzeug bestand, von dem man wußte, daß es nach Israel flog, könnten wir versuchen, dies geheimzuhalten, indem der Kontrollturm in Teheran melden würde, das Flugzeug sei leer und würde nach Kairo oder Beirut fliegen. Unter diesen Umständen sollte eigentlich keine Gefahr bestehen, daß das Flugzeug gewaltsam zu einer Landung in einem der arabischen Staaten gezwungen würde.

»Eine glänzende Idee – einfach genial!«, erklärte der Pilot mit einem solchen Hohn in der Stimme, daß Ibtihaj ganz bestürzt über ein so undiplomatisches Benehmen schien. »Und was soll mit den Passagieren geschehen? Teheran wird also melden, daß das Flugzeug leer wegfliegt, und wir erreichen Beirut oder Kairo mit zwanzig Menschen an Bord. Was soll ich dann erklären? Etwa daß alle an Bord geboren wurden? Und was glauben Sie eigentlich, was man Ihren Leuten in Beirut oder Kairo antun wird? Sind der Libanon und Ägypten etwa keine arabischen Länder?«

»Sie werden Beirut oder Kairo mit einem leeren Flugzeug erreichen, genau wie es der Kontrollturm in Teheran gemeldet hat«, erklärte ich ruhig. »Alles, was Sie zu tun haben, ist von Ihrer Flugroute abzuweichen, mit den Passagieren in Israel zu landen, sie dort zu lassen und dann Ihren Weg wie vorgesehen fortzusetzen.«

Dies war eigentlich eine Variante der schon oft erprobten »Michaelberg-Methode« – doch war ich nicht sicher, wie Ibtihaj und der Pilot reagieren würden. Ibtihaj ergriff als erster das Wort: »Gut«, sagte er. »Ich übernehme es, die Sache mit dem Kontrollturm zu regeln, damit er den Abflug eines leeren Flugzeugs bekanntgibt.«

Dies war natürlich der entscheidende Punkt, ohne den wir keinen weiteren Schritt tun konnten. Ibtihaj war der einzige, der dies erledigen konnte. Jetzt richteten sich unsere Blicke auf den Piloten. »Ja«, begann er in einem Ton, der keine große Begeisterung verriet, »wenn das in Ordnung geht, dann glaube ich den übrigen Teil des Planes ohne viel Schwierigkeiten durchführen zu können!«

»Und wie steht es mit den anderen Besatzungsmitgliedern?« fragte ich.

»Auf die können Sie sich verlassen!«

»Also meine Herren, ist das Geschäft abgeschlossen?«

Es war tatsächlich abgeschlossen. Und als uns keine Nachricht aus Tel Aviv über ein Abkommen mit Air-France erreichte, funkte ich ihnen den Plan, den wie hier in Teheran vereinbart hatten. Doch der Mossad nahm den Plan weder an, noch lehnte er ihn ab. Wir erhielten nur die lakonische Anweisung, nicht auf dem Flughafen von Lod[1] zu landen, sondern in Haifa. Ebenfalls erhielten wir Angaben über die Breite des Luftkorridors, die Höhe und die Stelle, wo die Küste zu überfliegen sei, sowie die Warnung, weder einen Hafen noch irgendein Schiff zu überfliegen. Ich beschloß, dies als Zustimmung für unseren Plan zu betrachten.

In einer weiteren Besprechung erklärte mir der Pilot, daß er nach gründlicher Überlegung der Meinung sei, lieber Beirut statt Kairo als Ziel anzugeben, da es näher lag und eher der Treibstoffmenge entsprach, die ein Flugzeug mit 20 Passagieren mitführen konnte. Doch für diesen Flug bestand ich darauf, Kairo als Ziel anzugeben, da dort eine Güterladung auf Beförderung nach Teheran wartete. Die ganze Angelegenheit blieb streng geheim, sogar vor unseren engsten Mitarbeitern in Teheran. Gleichfalls verlangte ich, daß die Sache auch in Israel völlig geheimgehalten werde.

Schließlich, am Vorabend des ersten Fluges, lud ich alle Besatzungsmitglieder sowie Dov Adiv und seine Frau zu einem Abendessen im Park Hotel ein. Ich hatte das Gefühl, ich dürfte einfach nicht das Leben von zweiundzwanzig Menschen einer unbekannten Flugzeugmannschaft anvertrauen. Außerdem wollte ich sie auch mit den tieferen Gründen unserer Aktion vertraut machen. Die Mannschaft bestand aus vier Personen: dem Piloten und dem Kopiloten, beide Franzosen; einem griechischen Funkoffizier und einem iranischen Steward. Nach diesem Abend war ich in der Tat überzeugt, daß der Pilot recht hatte, als er mir sagte, sie seien vertrauenswürdige Menschen. Als wir die bevorstehende Aktion erörterten, erklärte ich ihnen, wer ihre Passagiere wären, warum sie aus dem Irak flüchteten und was sie erwarte, wenn sie auf arabischem Boden landen müßten.

»Ich verstehe Sie nur zu gut, Herr Perez«, sagte der Pilot mit gerührter Stimme. »Sie können mir vertrauen – ich werde unter keinen Umständen in einem arabischen Staat landen.«

Die anderen Mitglieder der Besatzung nickten zustimmend, und wir stießen auf den Erfolg unseres Unternehmens an.

Am Morgen des 25. März wartete eine Gruppe von 22 Leuten am »Bahaschtia«-Friedhof mit ihren wenigen Habseligkeiten auf den Bus, der sie zum Flughafen bringen sollte. Trotz der frühen Stunde waren alle Bewohner des Lagers da, um ihnen gute Reise zu wünschen und sich von ihnen zu verabschieden. Einige der Reisenden befanden sich schon seit über drei Monaten in »Bahaschtia«, und ver-

[1] Der hebräische Name des früher als Lydda bekannten Flughafens, heute Ben-Gurion Flughafen.

schiedene hatten sich schon oft gefragt, ob sie nicht dazu verurteilt waren, bis zu ihrem Lebensende ihre Tage neben den Grabstätten zu verbringen. Sogar zu diesem Zeitpunkt ahnten sie nicht, daß sie in wenigen Stunden in Israel sein würden, da wir sie aus Sicherheitsgründen glauben ließen, das Flugzeug fliege nach Paris.

Nur der Gruppenführer kannte die Wahrheit, denn er bekam einen Umschlag mit den ersten zweiundzwanzig Einreisevisa, die in Teheran erteilt wurden, mit der Anweisung, den Umschlag bis zur Landung in Haifa versteckt zu halten. Die ganze Prozedur war vollkommen improvisiert. Man hatte mir mitgeteilt, die Eintragung der Einwanderer würde leichter vor sich gehen, wenn sie bei ihrer Ankunft mit regelrechten Einreisedokumenten ankämen. Ich beschloß deshalb, ihnen Visen mit folgendem Wortlaut zu erteilen:

> »Ich der Unterzeichnende, Vertreter der Regierung Israels, bestätige hiermit, daß ... ... nach Israel als Einwanderer einreist.
> Unterzeichnet: Schammai«

Am Flughafen ging alles wie geplant vor sich, und nur wenige Minuten nach der Ankunft der Gruppe verließ das Dakotaflugzeug die Rollbahn. Dov Adiv kam vom Kontrollturm herunter und hielt den Daumen empor, ein Zeichen, daß die Abflugmeldung wie vereinbart erfolgt war.

Ich bat Mansour, einen unserer lokalen Aktivisten, im Flughafen zu bleiben, um die eintreffenden Meldungen zu überprüfen und mich auf dem laufenden zu halten. Adiv und ich fuhren zur Stadt zurück. Ich zog es vor, nicht nach Hause zu gehen, sondern in der kalten Morgenluft ein wenig spazieren zu gehen. Ich mußte alleine sein, um das Gefühl der Hilflosigkeit zu überwinden. Bis vor einer Stunde war ich noch in der Lage gewesen, wichtige Entscheidungen zu treffen, Pläne zu ändern und sogar das ganze Projekt fallen zu lassen – doch jetzt wickelte sich der ganze Prozeß, den ich in Bewegung gebracht hatte, ohne mein Zutun ab.

Eigentlich hätte ich bei diesem Flug dabei sein sollen. Ich hatte mich nämlich entschlossen, in Tel Aviv einfach »hereinzuschneien«, um die vielen Angelegenheiten, die mich bedrückten und meine Arbeitsmöglichkeiten einschränkten, direkt mit meinem Vorgesetzten zu besprechen. Es waren zum größten Teil die alten Themen, die zur Diskussion standen: die finanziellen Probleme und die Frage des turnusmäßigen Wechsels der Aktivisten sowohl im Irak als auch im Iran. In dem Bericht, den ich mit dem zweiten Flug nach Israel sandte, schrieb ich voller Bitterkeit:

»... weder der Mossad-Agent in Berman noch Sammi oder ich können unter den gegenwärtigen Umständen weiterarbeiten. Was mich anbetrifft, so habe ich Euch schon früher wissen lassen, daß es unmöglich ist, meine längst abgelaufene Aufenthaltsgenehmigung zu verlängern und daß ich täglich einen Deportationsbefehl zu erwarten habe. Für die irakischen Juden, die sich hier befinden, würde dies zu einer wahren Katastrophe führen, denn sie würden hier steckenbleiben. Außerdem haben wir hier unsere vorgesehene Amtsperiode längst überschritten. Ich weiß nicht, ob Ihr Euch wirklich im Klaren seid, unter welchen Bedingungen wir hier arbeiten... Wir merken auch, daß unsere Leistungsfähigkeit nachläßt. Das einzige, das uns noch hier hält, ist die Abneigung, unsere Posten vor der Ankunft unserer Nachfolger zu verlassen. Es würden Jahre vergehen, bis eine solche Organisation neu aufgebaut wäre und Kontakte wieder hergestellt werden könnten.«

Ich erwähnte auch das Problem des veralteten Funkgeräts. Obwohl ich mit dem Abkommen mit der Iranian Airways höchst zufrieden war, unterstrich ich die Tatsache, daß dies nur eine vorübergehende Lösung sein konnte. Früher oder später mußten wir mit einer anderen Fluglinie arbeiten, die über größere und zuverlässigere Flugzeuge verfügte, mit denen man längere Strecken zurücklegen konnte, ohne auftanken zu müssen, um so das Überfliegen arabischer Länder zu vermeiden.

Meine bisherigen Versuche, ein neues iranisches Ein- und Ausreisevisum zu bekommen, blieben erfolglos. So entschloß ich mich, nächstens den Iran illegal zu verlassen, um alle bisherigen Probleme in Israel zu besprechen.

Diese Gedanken beschäftigten mich, während sich unser erster Flug in der Luft befand, und ich auf den Straßen von Teheran ziellos umherwanderte, um meine Nerven wieder in den Griff zu bekommen. Als ich endlich nach Hause kam, waren seit dem Abflug unserer Leute mehr als fünf Stunden vergangen. Ich hatte inzwischen gänzlich vergessen, daß Mansour am Flugplatz geblieben war, bis das Telefon läutete und ich seine erregte Stimme hörte.

»Maurice«, sagte er fast weinend, »etwas Böses, etwas sehr Böses ist geschehen!«

»Beruhige dich, Mansour, und sage mir genau, was du weißt, aber haargenau!«

»Die Nachrichten sind schlecht, Maurice! Der Beiruter Kontrollturm meldet, daß das iranische Flugzeug WF-AAK, das sich auf dem

Weg nach Kairo befindet, von einer Panne an einem seiner zwei Motoren berichtet! Maurice, das ist doch unser Flugzeug!«

»Ach, das geschieht öfters!«, antwortete ich in einem beschwichtigenden Ton. »Hoffen wir, daß alles gut verläuft. Geh und erkundige dich, wo sich das Flugzeug jetzt befindet, und ruf sofort zurück!«

»Ich habe schon nachgefragt! Es befindet sich jetzt über dem Mittelmeer, in der Nähe der libanesischen Küste. Maurice, du weißt doch was geschehen wird, wenn sie gezwungen sind, in Beirut notzulanden!« schrie er mit weinerlicher Stimme ins Telefon.

»Hoffen wir nur, daß eine Notlandung nicht nötig ist«, versuchte ich ihn zu trösten. »Geh wieder zurück und melde mir, was weiter geschieht!«

Es vergingen nur wenige Minuten, bis mein Telefon abermals läutete. Dieses Mal war Mansours Stimme gebrochen und verzweifelt, und er schluchzte ununterbrochen: »Maurice, Maurice, die Lage scheint fürchterlich zu sein. Der ganze Flughafen hier ist in hellem Aufruhr. Der Pilot hat soeben gemeldet, daß auch der zweite Motor ausgefallen ist und das Flugzeug an Höhe verliert. Maurice, es wird etwas Schreckliches passieren!«

»Mansour, Mansour, beruhige dich«, war meine unveränderte Antwort. »Wir müssen das Beste hoffen. Geh' wieder zurück, und erkundige dich, was der Pilot jetzt meldet!«

Wieder vergingen einige Minuten, bis das Telefon zum dritten Mal klingelte – doch jetzt klang Mansours Stimme ganz anders.

»Maurice, es scheint alles in Ordnung zu sein. Das Flugzeug meldet, daß es sich auf eine Notlandung in Haifa vorbereitet!« quietschte er vor Freude.

»Sehr gut, Mansour!« fuhr ich so ruhig wie vorher fort, »jetzt kannst du den Flughafen verlassen und herkommen!«

Zur gleichen Zeit war in Haifa die Aufregung ebenso groß: Feuerwehr und Krankenwagen standen zum sofortigen Einsatz bereit, während alle anderen, von Gepäckträgern, bis zu den Vertretern der Fluggesellschaften und dem Flughafenpersonal, sich draußen aufhielten, um das bevorstehende Drama zu beobachten. Alle atmeten erleichtert auf, als das Flugzeug unversehrt auf der Rollbahn aufsetzte. Der französische Pilot und der iranische Steward waren die ersten, die das Flugzeug verließen, und alle Anwesenden waren über ihre Ruhe und gute Stimmung erstaunt, denn sie benahmen sich, als ob nichts Außerordentliches vorgefallen wäre. Die einzigen, die ebenso unerschüttert schienen, waren die zwei Mossad-Leute, die gekommen waren, um das Flugzeug und seine Insassen zu empfangen. Sie allein wußten, daß das ganze Drama mit der Motorpanne und der Notlandung nur eine Inszenierung war, die von dem Piloten und mir selbst erdacht worden war, um einen glaubwürdigen Grund zu haben, warum das Flugzeug Kairo nicht erreicht hatte. Natürlich durften wir dieselbe Geschichte bei den nächsten Flügen nicht wiederholen. Es wurde dann überhaupt nichts und von niemandem etwas gemeldet, und bevor das Flugzeug Beirut erreichte, ging es einfach am Flughafen von Haifa zu einer Zwischenlandung nieder.

Nach der Ankunft des ersten Flugzeuges, während die Zuschauermenge auseinanderging, brach im Innern des Flugzeuges ein Tumult los, denn der Gruppenführer teilte den Reisenden mit, sie würden sich in Israel befinden! Anfangs wollten sie es nicht glauben, und einer behauptete sogar, daß der Gruppenführer sich irre, denn er schrie aus voller Kehle: »Maurice hat uns doch gesagt, daß wir zuerst nach Paris fliegen!«

Als sie endlich begriffen, was geschehen war, änderte sich die Stimmung blitzschnell; zuerst ein allgemeines Händeklatschen, dann ein wildes Jubeln, Springen und Tanzen, das sich auf der Rollbahn und am Flugplatz fortsetzte, wo sich zuletzt alle vor Freude umarmten.

Anstatt nach Kairo zu fliegen, wurde das Flugzeug in Haifa »repariert« und kehrte am nächsten Tag nach Teheran zurück. Am 28. März, als ich die zweite Gruppe zum Teheraner Flughafen brachte, sagte ich dem Piloten, es würde beim nächsten Flug ein »blinder Passagier« mitfliegen.

»Wenigstens eine interessante Person?« fragte er mit einem Grinsen.

»Insofern es sich um mich selbst handelt«, sagte ich mit einer leichten Verbeugung. »Ich muß nämlich für einen kurzen Besuch nach Israel. Sind Sie damit einverstanden, mich mitzunehmen?«

»Nur unter der Bedingung, daß Sie auch versprechen, zurückzukommen.«

»Darüber brauchen Sie sich keine Gedanken zu machen. Sie müssen aber wissen, daß ich weder ein Ausreise- noch ein Einreisevisum habe!«

»Herr Perez, ich bin kein Polizist und auch kein iranischer Spitzel«, sagte der Pilot zuvorkommend. »Ich werde Sie herausbringen, darauf können Sie sich verlassen!«

Zwei Tage später, bei unserem dritten Flug nach Israel, begab ich mich schon sehr früh zum Flughafen. Es wimmelte dort von Polizisten, doch beängstigte mich das nicht mehr, weil mich viele von ihnen jetzt wie einen alten Bekannten grüßten und manche sogar stramm stehen blieben und respektvoll salutierten. Ihr Gehalt war so armselig, daß sie über jede Zugabe äußerst froh waren, und ich gehörte in ihren Augen zu den begünstigten Wohltätern dieser Welt und wurde auch als solcher geschätzt. Deshalb konnte ich mich besonderer »Rechte« erfreuen und zu jeder Zeit auftauchen und mich frei auf dem ganzen Flughafenareal bewegen, ohne irgendwie belästigt zu werden.

Ich kam ohne jedes Gepäck zum Flughafen, um meinen »stummen Partnern« nicht Angst einzujagen, daß sie ein so guter »Geschäftsfreund« verlassen könnte. Als der Pilot erschien, machte ich mit ihm einen kurzen Spaziergang bis zum Flugzeug, das sich in der Nähe befand. Wir kehrten dann zum Hauptgebäude zurück und legten dieselbe Strecke noch einige Male zurück – bis ich schließlich ins Cockpit stieg und dort blieb. Kurz darauf füllte sich das Flugzeug mit Einwanderern, fuhr zur Rollbahn, wurde vom Kontrollturm als ein leeres Flugzeug, das ohne Passagiere nach Beirut fliegen würde, registriert, erhielt die gewünschte Starterlaubnis und hob kurz darauf ab.

Zwei Stunden später überquerten wir die Grenze, um von nun an den öden Ebenen des Irak zu folgen. Ich war bester Laune, bis es einen kurzen und eigentümlichen Zwischenfall gab. Wir begegneten nämlich der Iranian Airways Maschine mit dem Zeichen WF-AAK – dieselbe, die den ersten Flug unternommen hatte und sich jetzt auf dem Rückweg von Kairo befand.

Ihr Pilot nahm mit dem unsrigen über Funk Kontakt auf und warnte ihn, daß die Ägypter über unsere Absichten genau Bescheid wüßten und nur darauf warteten, die Besatzung zu verhaften, falls das Flugzeug in Kairo landen sollte.

»Machen Sie sich keine Sorgen«, sagte der Pilot gutmütig, »er ist eifersüchtig und will mich deshalb necken!«

Beruhigt, daß alles in Ordnung war, verließ ich das Cockpit und ging in die Kabine, um unsere Leute zu besuchen, die ganz erstaunt waren, mich unter ihnen zu sehen. Mit vielen von ihnen hatte ich während der Wochen, die wir zusammen im Durchgangslager verbrachten, enge Freundschaft geschlossen. Bald darauf kehrte ich ins Cockpit zurück und bemerkte sofort, daß etwas nicht stimmte.

Bevor ich noch irgendwelche Fragen stellen konnte, machte das Flugzeug eine scharfe Wendung um 180° und ich hatte große Mühe, aufrecht stehen zu bleiben. Ich erkundigte mich sofort nach der Ursache dieses Manövers.

»Wir kehren nach Teheran zurück« sagte der Pilot und übergab mir ein Papier mit folgender Funkmeldung aus Teheran: »Bitte Syrien nicht überfliegen, da Gefahr des Abschusses Ihres Flugzeugs besteht. Schlagen vor, nach Teheran zurückzukehren.«

Ich sah, wie meine Hand, die den Zettel hielt, zitterte.

»Sie müssen alles wissen« dachte ich. »Das Spiel ist aus!«

Ich erinnerte mich jetzt an die Funkmitteilung des Piloten der WF-AAK Maschine vor knapp einer Stunde – und wie es schien, war dies kein Witz, sondern Ernst![1] Was gedenken Sie zu tun?« fragte ich den Piloten.

»Wir fliegen nach Teheran zurück, so wie es der Kontrollturm vorschlägt. Ich hoffe, so nahe wie möglich an Teheran zu gelangen, denn wir haben nicht genügend Treibstoff, um die Hauptstadt selbst zu erreichen.«

»Wie weit glauben Sie fliegen zu können?« fragte ich weiter.

»Wir werden versuchen, im Westen des Iran zu landen, vielleicht gelingt es uns sogar, bis Kermanschah zu kommen.«

»Vielleicht?« fragte ich aufgeregt. »Und was geschieht, wenn es Ihnen nicht gelingt? Sie haben mir doch versprochen, unter keinen Umständen im Irak zu landen!«

»Ich glaube, wir haben noch genug Treibstoff, um bis nach Kermanschah zu kommen, vielleicht sogar bis nach Hamaden. Haben Sie vielleicht eine bessere Idee?«

Ich saß fassungslos da, wußte aber, daß ich schnell denken und handeln mußte, denn mit jeder Minute näherten wir uns dem Osten. Kehrten wir nach Teheran zurück, so würde unser ganzes Unternehmen auffliegen. Außerdem würde das den Skandal noch vergrößern, denn das Flugzeug hatte den Flughafen offiziell leer verlassen und kehrte einige Stunden später mit 22 Mann an Bord zurück!

Alle Einzelheiten unseres Plans würden damit bekannt werden und alle diejenigen, die uns geholfen hatten, Juden und Nicht-Juden, würden sich in einer höchst unangenehmen Lage befinden. Ferner würde dies nicht nur das Ende für das Durchgangslager, das wir so mühsam aufgebaut hatten bedeuten, sondern auch das Ende der ausgedehnten Verbindungen, die wir mit offiziellen Regierungsstellen und wirtschaftlichen Institutionen geknüpft hatten. Und was würde geschehen, wenn wir nicht in den Iran zurückfliegen sollten, sondern wie vorgesehen, geradewegs nach Israel? Sicherlich würden wir dadurch nicht nur die ganze Operation gefährden, sondern auch das Flugzeug samt seinen Passagieren. Die Funkmeldung war eindeutig: »Nicht über Syrien fliegen, es besteht Gefahr, daß das Flugzeug abgeschossen wird!«

[1] Wir erfuhren später, daß der Grund zur Bemerkung des Piloten eine Anfrage der Ägypter war, die im Bordbuch des Flugzeuges eine Notlandung in Haifa fanden und Erklärungen verlangten.

Wiederum spürte ich das drückende Gefühl, das mich immer dann erfaßte, wenn Menschenleben auf dem Spiel standen und ich gezwungen war, einen Entschluß zu fassen. Ich allein war für diese Menschen verantwortlich, die ahnungslos in der Kabine saßen, in dem Glauben, sie wären endlich in Sicherheit. Jeder Entschluß, den ich jetzt traf, konnte schreckliche Folgen für sie haben.

Sollten wir in den Iran zurückfliegen, so würde das das Ende des einzigen Weges, den wir aus dem Irak hatten, bedeuten. Sollten wir aber weiter nach Westen fliegen, würden wir ein großes Risiko eingehen, doch gab es dabei wenigstens die Chance, Haifa heil zu erreichen. Ich war nicht sicher, welches der beiden Übel das Schlimmere war. Kühl und gelassen bleibend, versuchte ich zu beurteilen, welche dieser Möglichkeiten uns näher zu unserm gewünschten Ziel bringen würde und welche uns davon entfernte. Ich ging also auf die Hauptforderung ein, eine »bessere Idee« vorzuschlagen, und sagte dem Piloten, ich sei der Meinung, wir sollten doch versuchen, Haifa zu erreichen. Er nahm sich nicht einmal die Mühe auf diese Bemerkung einzugehen und flog weiter dem Osten zu. Um ihn zu überzeugen, mußte ich es auf eine andere Art versuchen: »Was ich nicht verstehen kann,« sagte ich, »ist, warum Sie solch eine Heidenangst vor den Syrern haben. Unsere Burschen waren während des Krieges nicht so furchtsam!«

»Maurice, Sie haben die Funkmeldung gelesen«, antwortete der Pilot, verwundert über meine Begriffsstutzigkeit. »Die Syrer könnten uns abschießen!«

»Ja, vielleicht waren unsere Burschen einfach bessere oder mutigere Piloten«, fügte ich ruhig hinzu. »Die erschraken nämlich nicht vor den Syrern.«

»Wie können Sie mich mit Ihren Piloten vergleichen?« Ich konnte den Verdruß in seiner Stimme hören. »Die sind doch noch Kinder. Welche Erfahrung haben sie denn hinter sich?«

»In Wirklichkeit«, fuhr ich im selben Plauderton fort, ohne seinen Entgegnungen Beachtung zu schenken, »frage ich mich, ob Ihr Problem nicht eher eine Frage der Zaghaftigkeit ist?«

Ich konnte sein stark errötetes Gesicht bemerken. »Das ist doch eine Unverschämtheit, mir sowas zu sagen«, murmelte er vor sich hin. »Wissen Sie, an wievielen Luftkämpfen ich teilgenommen habe und wieviele Auszeichnungen ich erhalten habe?«

»Wenn dem so ist«, fuhr ich jetzt in einem herausforderndem Ton fort, »wie kommt es dann, daß Sie vor einer kümmerlichen Bande von Syrern die Nerven verlieren! Sie haben doch von der syrischen Luftabwehr nichts zu befürchten, und sollte man versuchen, uns in der Luft abzufangen, können Sie doch sofort über die Grenze verschwinden, nach Jordanien oder nach Israel. Wovor fürchten Sie sich also?«

»Ich fürchte mich vor niemandem!« brüllte er mich an. »In diesem Flugzeug bin ich für die Passagiere verantwortlich, und ich bange um ihr Leben!«

»Wenn dies der Fall ist, so werde ich die volle Verantwortung für das Leben der Passagiere übernehmen«, erklärte ich kurz.

»Das ist nicht so einfach, ich bin der Pilot des Flugzeuges!«

»Ja, aber es sind meine Leute, meine Passagiere und sie befinden sich in meiner Obhut«, antwortete ich. »Es muß mein Entschluß sein, und ich beschließe, daß wir sofort umkehren und nach Haifa fliegen!«

Der Pilot schaute zu seinem Kopiloten, als würde er um einen Rat bitten, doch dieser zuckte zur Antwort nur mit den Achseln. Da gab der Pilot endlich nach: »Sie hätten das von Anfang an so darstellen sollen«, gab er klein bei. »Wenn Sie die Verantwortung übernehmen, so bin ich bereit, bis ans Ende der Welt zu fliegen.«

Ich kann bis zum heutigen Tag nicht begreifen, was ihn dazu bewog, nachzugeben. Als Flugkapitän hatte er unbestritten das letzte Wort. Hätte man uns abgeschossen, so wäre meine Erklärung, ich sei verantwortlich, sicher wertlos gewesen. Vielleicht sah er endlich ein, daß die Folgen eines Rückfluges für ihn genauso verhängnisvoll wie für uns alle wären. Vielleicht war er auch empört über meine Zweifel an seinem Mut, so daß er mir das Gegenteil beweisen wollte? Jedenfalls wendete er nun das Flugzeug wieder dem Westen zu, und wir saßen still und nachdenklich im Cockpit.

Ich war nicht einmal in der Lage, zu meinen Passagieren, für die ich mich soeben verantwortlich erklärt hatte, zu gehen. Alles, woran ich denken konnte, war, daß ich in diesem Augenblick eigentlich den Himmel anflehen sollte: »Oh, Gott, Du Allmächtiger, hilf uns in Deiner Güte, daß alles gut endet, nur dieses eine Mal, lieber Gott, nur dieses Mal…«

Plötzlich klopfte mir der Pilot auf die Schulter, wies mit dem Finger durch das Fenster und sagte feierlich: »Damaskus!«

Niemand sagte ein Wort, als fürchteten wir, daß uns da unten jemand hören könnte.

Ich versuchte in die Ferne zu blicken, doch es geschah nichts. Kein Flugzeug ließ sich am Horizont sehen. Der Himmel blieb klar und ruhig, während wir Damaskus hinter uns ließen und ungestört dem Westen zu flogen, bis sich das Blau des Himmels im Meer widerspiegelte. Wir überflogen nun das Mittelmeer. Plötzlich begannen alle zu lächeln und Witze auf Kosten der Syrer zu machen. Das übermütige Gelächter dauerte an, und wenige Minuten später landeten wir in Haifa und ließen die Passagiere schnell aussteigen. Ich drückte dem Piloten die Hand und statt vieler Worte sagte ich einfach: »Danke!«

Er lächelte mich freundlich an, und ich wußte, daß alles vergessen und verziehen war. Ich verabschiedete mich von der Besatzung und wir beschlossen, daß ich mit dem fünften und letzten Flug zurückkehren würde. Das Flugzeug rollte an und hob kurz darauf ab, um Beirut leer zu erreichen, wie es der Kontrollturm in Teheran gemeldet hatte.

Inzwischen erfuhr ich den eigentlichen Sinn der dringenden Funkwarnung, die uns aus Teheran erreicht hatte. In Syrien hatte am selben Morgen ein Militärputsch stattgefunden, wobei General Hosni al-Za'im das Parlament auflöste, den Präsidenten und die Regierung verhaften ließ und die Macht ergriff. Radio Damaskus kündigte, um der Sache mehr Ernst zu verleihen, die Sperrung des syrischen Luftraumes an. Jedes fremde Flugzeug, das sich dieser Anordnung widersetzte, würde sofort abgeschossen.

Teherans wachsamer Kontrollturm übermittelte uns diese Warnung, ohne zu ahnen, welche Aufregung sie bei uns auslösen würde.

Nachdem ich ein neues Kapitel der höheren Politik des Nahen Ostens kennengelernt hatte, sollte ich auch bald mit der Macht der alltäglichen Bürokratie bekannt werden. Als alle meine Einwanderer die Einreisekontrolle beendet hatten und zum Ausgang gingen, wollte ich ihnen folgen, wurde aber sogleich von einem eifrigen Polizisten aufgehalten. »Ihren Paß«, schnauzte er mich an.

»Ich habe keinen Paß und ich bin auch kein Neueinwanderer. Ich stamme von hier.«

»So«, schmunzelte er, »ich sah Sie doch mit allen anderen zusammen aussteigen!«

»Das ist schon richtig. Ich bin zwar mit den Passagieren angekommen, aber ich bin ein Israeli.«

»Dann müssen Sie doch einen Paß haben oder einen Personalausweis oder einen ›Laissez-passer!‹«

Ich schüttelte verneinend den Kopf, worauf er fortfuhr: »Also nicht? Überhaupt keinen Ausweis? Dann warten Sie hier!«

»Aber...«

»Kein aber – sondern warten!«

Ich setzte mich hin, um darüber nachzudenken, wie ich mich eigentlich ausweisen sollte. Ich hatte Israel als Ya'akov Munir verlassen und wurde dann zu Maurice Perez, doch hatte ich diesen Paß in Teheran zurückgelassen. Der Polizist kam mit einem anderen Mann in Zivilkleidung zurück. Da erinnerte ich mich plötzlich an das wichtige Dokument, das mir unter viel gefährlicheren Umständen geholfen hatte. Ich zog voller Stolz meinen iranischen Führerschein aus der Tasche und übergab ihn dem Mann in Zivil. Er betrachtete das Papier von allen Seiten, drehte es sogar um in der Hoffnung, dort vielleicht etwas Interessantes zu finden, und fragte: »Was soll das sein?«

»Ein Führerschein. Sehen Sie das denn nicht?«

»Hören Sie mal! Sie wollen mich wohl zum Narren halten? Ein Visum! Haben Sie ein Visum für Israel?«

Plötzlich kam mir eine andere Möglichkeit, aus dieser Klemme herauszukommen, in den Sinn, und ich schlug ihm allen Ernstes vor: »Wissen Sie was, da ich derjenige bin, der all diesen Einwanderern ein Einreisevisum erteilt hat, gestatten Sie mir bitte, Ihre Schreibmaschine zu gebrauchen, damit ich auch mir ein solches Visum ausstellen kann.«

Ich hatte nicht die Absicht, ihn zu ärgern, doch offensichtlich hatte ich genau das getan, denn sein Gesicht wurde dunkelrot und er schnauzte mich an: »Hören Sie doch mit der Wichtigtuerei auf! Ohne Paß und ohne Visum werden Sie Israel nicht betreten!«

Zuerst dachte ich, er würde mich schließlich noch verhaften, und sah ein, daß ich wirklich vor einem ernsten Problem stand. Es wäre mir nie eingefallen, ich könnte mein eigenes Land nur wegen eines Reisepasses nicht mehr betreten. Das Israel, das ich vor neun Monaten verlassen hatte, war eher wie eine große Familie – es genügte, fließend Hebräisch zu sprechen, um zu beweisen, daß man »dazugehöre«. Doch in der Zwischenzeit war diese Familie zu einem Staat mit den üblichen bürokratischen Regeln und Formalitäten geworden, die nicht mehr ignoriert werden konnten. Nun stand ich vor einem aufgebrachten Diener des Staates, der beschlossen hatte, die Ehre des Staates zu verteidigen, und mir deshalb den Eintritt nach Israel verweigerte!

Nach einer Weile überlegte er sich die Sache doch noch und gestattete mir endlich, mit unseren Leuten in Haifa zu telefonieren. Schmuel Vardi, der hingebungsvolle Chauffeur des Mossad, raste zum Flugplatz, um mich zu retten, und brachte mit einem Lächeln und einem Händedruck den Zwischenfall zu einem glücklichen Ende.

Später betrachtete ich dies als eine passende Vorbereitung zur wirklichen Konfrontation, die mich in Israel erwartete. Nach monatelangem ärgerlichen Briefwechsel und Funkverkehr mit dem Zentralamt, wobei ich ständig das Gefühl hatte, Tel Aviv würde unseren Problemen und Bedürfnissen nicht genügend Beachtung schenken, war ich auf eine bittere Diskussion gefaßt. Doch zu meiner großen Überraschung und Genugtuung machte dieses Treffen allen vorhandenen Mißverständnissen ein Ende. Es beschleunigte sogar die wichtigen Entschlüsse, die uns bevorstanden. Selbst die dringende Frage eine Alternativmöglichkeit für die Beförderung der Einwanderer aus dem Iran nach Israel wurde gelöst Wir beschlossen ein Abkommen mit der ›Trans-Ocean‹ zu schließen. Das war eine amerikanische Chartergesellschaft, mit welcher der Mossad Einwanderer aus Bombay brachte und die über größere, viermotorige Flugzeuge verfügte. Jetzt sollten sie auch die Route Teheran – Tel Aviv übernehmen.

Ich hatte eine lange Unterredung mit Ronnie Barnett, einem britischen Juden, der vor der Entstehung des Staates als Freiwilliger mit dem Mossad für illegale Einwanderung zusammengearbeitet hatte. Er war jetzt als eine Art Verbindungsmann zwischen dem Mossad und der ›Trans-Ocean‹ tätig.

Ich konnte also voller Zuversicht und Befriedigung über das Erreichte nach Teheran zurückkehren und wartete jetzt auf das Flugzeug der Iranian Airways, das für uns einen zusätzlichen Flug unternahm. Nachdem der Pilot Beirut verlassen hatte, wich er von seiner Route ab, um mich aus Haifa zu holen, und wir kehrten gleich darauf in den libanesischen Luftraum zurück. Während wir ruhig und gelassen den Libanon überflogen, meldete sich plötzlich der Kontrollturm in Beirut und erkundigte sich nach unserer genauen Position, die der Pilot angab. Nun meldete sich die erstaunte Stimme des Luftkontrolleurs mit der Frage: »Sie haben vor mehr als einer Stunde Beirut verlassen; wie kommt es also, daß Sie sich jetzt erst dort befinden, wo Sie zu sein behaupten?«

Die Frage war wirklich peinlich – denn in der Zwischenzeit war der Pilot ja nach Haifa geflogen, hatte mich an Bord genommen und war wieder gestartet. Doch er verlor jetzt nicht den Kopf und antwortete ruhig: »Nachdem ich Beirut verlassen hatte, schien es mir, als wäre etwas mit einem der Motoren nicht in Ordnung. Deshalb beschloß ich umzukehren. Jetzt sehe ich, daß alles wieder in bester Ordnung ist, so daß ich nochmals gewendet habe, um nach Teheran zu fliegen.«

Es wurde still im Cockpit, und die wenigen Sekunden, die verflossen, bis sich die Stimme im Lautsprecher wieder hören ließ, erschienen uns wie eine Ewigkeit.

»In Ordnung. Viel Glück!«

»Puh!« seufzte der Pilot laut und tat, als würde er sich den Schweiß von der Stirn wischen. Dieser Zwischenfall machte mir klar, daß unser Abkommen mit der ›Trans-Ocean‹ im richtigen Augenblick gekommen war, da unser bisheriges System, die Kontrolltürme irrezuführen, nicht mehr sicher war.

Jetzt gab es noch eine Schwierigkeit, und zwar, wie ich unbemerkt wieder in den Iran hineinkommen sollte. Vor meiner Abreise hatte ich mit Sammi vereinbart, bei der Ankunft in Teheran die umgekehrte »Michaelberg-Methode« anzuwenden. Das hieß, am Ende der Rollbahn aus dem Flugzeug zu springen und mich dann aus dem Flughafen herauszuschleichen – doch diesmal am hellichten Tag! Ich bat also den Piloten, beim Landen die Maschine ganz langsam zu wenden, um mich vor der Sicht des Kontrollturmes zu schützen. Das wurde vorzüglich ausgeführt, und es gelang mir, die Rollbahn zu verlassen und mich flach auf das angrenzenden Feld zu legen. Doch plötzlich bemerkte ich einen Polizeiwagen, der geradewegs auf mich zusteuerte. Es hatte keinen Sinn wegzulaufen, da man aus dem Polizeiwagen jede Bewegung bemerken konnte. Instinktiv versuchte ich mich zu verbergen, indem ich mich zusammenrollte und meine braune Regenjacke über mich zog – in der verzweifelten Hoffnung, einer Erdrolle zu gleichen. Ich war wie gelähmt und erwartete jeden Augenblick, daß eine Hand mich an der Schulter packen und auf die Beine stellen würde. Sogar das Geräusch des Polizeiwagens, der nah an mir vorbeifuhr, konnte das heftige Klopfen meines Herzens nicht übertönen.

Ich wartete noch eine Weile, doch dann gewann meine Neugierde die Oberhand und ich zog meine Jacke etwas beiseite. Erleichtert sah ich, wie sich der Polizeiwagen von meinem Versteck entfernte. Dann begann ich langsam davonzukriechen, in die Richtung eines schwarzen, mir wohlbekannten Buickwagens, der mit offener Motorhaube am Straßenrand stand. Es war Ya'akov Sofers Wagen. Sofer stand zusammen mit Meir Ezri über den Motor gebeugt. Beide hantierten mit einer Anzahl Werkzeuge, als würden sie eine recht komplizierte Reparatur durchführen. Als sie mich erblickten, ging die Reparatur sofort zu Ende, ich verschwand im Innern des Wagens, und schon rasten wir der Stadt entgegen.

Dov Adiv, der am Flughafen wartete, um bei der Ankunft des Flugzeuges dabei zu sein, erzählte uns später, daß er fast einen Schlaganfall erlitt, als er dem Piloten begegnete und dieser ihn beglückwünschte und ihm sagte: »Wunderbar, das war doch großartig organisiert! Im Augenblick wo Maurice vom Flugzeug heruntersprang, war schon der Polizeiwagen da, um ihn zu holen! Absolut prima!«

»Wovon reden Sie eigentlich?« schrie Dov voller Entsetzen. »Was für ein Polizeiwagen? Wohin haben sie ihn geführt?«

»Ich gratuliere, es war wirklich ein ausgezeichnetes Timing! Kaum hatte er den Boden erreicht, schon war der Polizeiwagen da, um ihn zu holen!«

Weiß vor Schreck verließ Dov den Flughafen und rannte, um sich mit Sammi zu beraten, was zu unternehmen sei, um mich aus dem Gefängnis herauszuholen. Als er Sammis Haus betrat und mich ruhig meinen Tee trinken sah, brach er in eine unendliche Reihe von russischen Flüchen und Schimpfwörtern aus, die er mit der Bemerkung schloß: »Ich dachte, ich werde verrückt und falle um – und du sitzt da und trinkst Tee!«

Nachdem es uns gelungen war, ihn zu beruhigen, berichtete ich allen über unser Abkommen mit der ›Trans-Ocean‹, und in gehobener Stimmung erklärte ich feierlich, daß wir nun einer neuen Phase unseres iranischen Wagnisses entgegensähen.

Was ich zu diesem Zeitpunkt noch nicht wußte – doch bald herausfinden sollte – war, daß sich diese neue Phase auf mehreren Gebieten abspielen und sich nicht nur als erfreulich entpuppen sollte.

Im Schatten des Galgens

Unser Beschluß, mit der ›Trans-Ocean‹ zusammenzuarbeiten, ermöglichte uns die direkte und sichere Beförderung einer erheblich größeren Anzahl von Einwanderern nach Israel. Deshalb glaubte ich, der Augenblick sei gekommen, diese Gelegenheit zu ergreifen, um gleichzeitig auch iranische Juden nach Israel zu bringen. Sobald ich nach Teheran zurückkehrte, beschloß ich, die Angelegenheit mit Gholam Ibtihaj zu besprechen.

Am 25. April, vier Tage nach meiner Ankunft, konnte ich Tel Aviv melden, daß Ibtihaj meinem Vorschlag zufolge eine telefonische Besprechung mit dem Premierminister und dem Polizeichef, seinem Schwager, geführt hätte. Er schlug ihnen vor, die Ausreise der iranischen Juden, die nach Israel auswandern wollten, zu gestatten, unter der Bedingung, daß sie mit der Iranian Airways oder mit der Zustimmung der jeweiligen Gesellschaft fliegen sollten, falls wir eine andere Fluglinie vorzögen.

Mit »Zustimmung« war folgendes gemeint: Obwohl wir nicht mehr mit der Iranian Airways fliegen würden, hatte ich mit Ibtihaj vereinbart, daß sie als lokaler Vertreter der ›Trans-Ocean‹ dienen und die nötigen Bodendienste verrichten sollte.

Ibtihaj berichtete uns, die Antwort sei »ermutigend und positiv« gewesen. Die einzige Bedingung war, daß die Auswanderer auf ihre iranische Staatsbürgerschaft verzichten sollten.

Nach ungefähr einer Woche konnten wir das Abkommen endgültig beschließen. Es hieß darin, die ›Trans-Ocean‹ würde der Iranian Airways laut IATA[1] Tarife für die Bodendienste zahlen und außerdem die Summe von 25 Dollar pro Kopf für die Besorgung aller Ausreiseformalitäten, einschließlich des Ausreisevisums, entrichten.

Ich konnte Tel Aviv berichten, daß »... wie Ibtihaj sich ausdrückte, die Zahl der Juden, die die Auswanderungserlaubnis bekommen könnten, unbegrenzt sei.‹

Ende des Monats hatten wir das Abkommen unter Berücksichtigung aller juristischen Fragen unterzeichnet. Dabei muß auch der po-

[1] International Air Transport Association – Weltverband des Luftverkehrs.

litische Aspekt dieses wirklich ungewöhnlichen Vertrags betont werden: Erstens bedeutete es, daß ein Moslemstaat – der Iran, der den Staat Israel nicht anerkannt hatte und mit uns keine diplomatischen Beziehungen unterhielt – den Juden freien Auszug nach Israel gewährte, und zweitens, daß einer der zehn Paragraphen des Abkommens auch die zionistische Aktivität als legal anerkannte:

> »Die Iranian Airways wird die nötigen Formalitäten mit der iranischen Regierung, der Polizei und den Zollbehörden erledigen, um den Reisenden die Ausreisevisa zu beschaffen, wie unten beschrieben...
> 1. Schriftliche Genehmigung der iranischen Regierung und der Polizei, um öffentlich nach Freiwilligen unter den jüdischen Einwohnern des Iran zu werben, die bereit sind, auf ihre iranische Staatsbürgerschaft zu verzichten, um als Gegenleistung ein Ausreisevisum nach Israel zu erhalten.«

Der Vertrag wurde im Namen der iranischen Gesellschaft von Gholam Ibtihaj und unsererseits von Dov Adiv als Vertreter der israelischen Reiseagentur ›Peltours‹, die im Iran tätig war, unterzeichnet. Ibtihaj bestand darauf, daß auch ich diesen Vertrag unterschreiben sollte, so daß dieses historische Dokument ebenfalls die Unterschrift von »Maurice Perez, Zeuge« trägt.

›Big Deal‹ (Großes Geschäft) war der Deckname des Mossad für diese Abmachung, die den iranischen Juden die Auswanderung ermöglichte. Vor allem waren es Mitglieder der zionistischen Jugendbewegung, die davon Gebrauch machten, doch allmählich nahmen auch solche die Gelegenheit wahr, die sich im jungen Staat ein neues und besseres Leben erhofften als jenes, das sie in den jüdischen Armenvierteln von Teheran führten. Schlimmer war die Lage der Juden, die in der Provinz lebten: Ihre wohlhabenden Brüder waren in die Hauptstadt gezogen, so daß die Gemeindeinstitutionen in den Provinzstädten ohne Mittel blieben und die dort Verbliebenen keinen Ausweg aus ihrer Armut und ihrem Elend fanden.

Besonders erschütternd war die Lage der Juden aus Meschhed, die mittellos auf den Straßen von Teheran herumirrten und sich aus Angst weigerten, in ihre Heimatstadt zurückzukehren, wo sie ein Jahrhundert lang als Marranen[1] gelebt hatten.

[1] Während der Inquisition in Spanien zwangsgetaufte Juden, die ihrer Religion im geheimen treu blieben.

Die Geschichte der kleinen jüdischen Gemeinde von Meschhed ist äußerst tragisch. Im Jahre 1839 verbreitete sich in der Stadt ein Gerücht, daß die dortigen Juden, die von den Schiiten als »Nijis«, also als »unrein« betrachtet wurden, das heilige Grabmal des Imam Reza berührt hätten, welches eine beliebte Wallfahrtsstätte der Schiiten ist. Die aufgehetzten Pilger und auch zahlreiche Einwohner der Stadt, die für ihren fanatischen Glaubenseifer bekannt waren, randalierten auf den Straßen von Meschhed und ermordeten in einem Blutrausch jüdische Männer, Frauen und Kinder. Da sie keine andere Wahl hatten, bekehrten sich die meisten der Überlebenden zum Islam, doch nur dem Anschein nach. Während Generationen behielten sie im geheimen ihren jüdischen Glauben bei, doch lebten sie in ständiger Angst, entdeckt zu werden.

Ihre Lage besserte sich unter der Herrschaft von Reza Schah, der 1925 nach einer Revolution den Thron bestieg. Er versuchte viele Reformen durchzuführen, um die wirtschaftliche und soziale Rückständigkeit des Iran zu überwinden. Er wollte das Land modernisieren und es von der fanatischen Priesterherrschaft befreien. Im Rahmen dieser Versuche, eine moderne Gesellschaft zu schaffen, durften nun die Juden von Meschhed ihre Religion öffentlich ausüben. Alles schien in Ordnung zu sein, bis sich die Lage am Ende des Zweiten Weltkrieges nochmals änderte.

Als sich die Allierten, die den Iran 1941 besetzt hatten, wieder zurückzogen und der neue Schah nicht mehr so viel Autorität wie sein Vater besaß, gewannen die religiösen Fanatiker einen Teil ihres Einflusses zurück. Die Juden von Meschhed befanden sich abermals in einer Zwickmühle, was viele von ihnen bewog, nach Teheran zu flüchten in der Hoffnung, Israel erreichen zu können.

Der Vertrag, den wir jetzt unterzeichnet hatten, bot ihnen, wie auch jedem anderen Juden, der dazu bereit war, die Möglichkeit, nach Israel auszuwandern. So konnten wir zwischen 1949 und 1951, als wir zur Rettung der irakischen Juden im Iran tätig waren, 24 805 iranische Juden nach Israel bringen.

Doch am 17. Juni 1949 traf uns ein schwerer Schicksalsschlag.

Die ganze Geschichte begann einige Tage vorher, als dreizehn Flüchtlinge im südlichen Iran sowie weitere zweiundzwanzig Personen, die auf eigene Faust die irakische Grenze überquert hatten, verhaftet wurden. Zuerst machten wir uns keine Sorgen, denn solche Verhaftungen hatten schon vorher stattgefunden, und es war uns immer gelungen, die Sache zu regeln und die Flüchtlinge nach Teheran zu bringen. Dort verurteilte man sie zur Zahlung einer symbolischen

Geldstrafe und gestattete ihnen, in unserem Durchgangslager einquartiert zu werden, bis sie das erwünschte »Laissez-passer« erhielten.

Doch weil es sich dieses Mal um eine außergewöhnlich große Anzahl Menschen handelte, fuhr Zion Ezri nach Khorramschahr, um den Kommandanten der Grenzpolizei, Oberstleutnant Mir Jahangiri, zu treffen und sich zu vergewissern, daß die bestehende Abmachung eingehalten würde. Es gelang Ezri, mit dem Oberstleutnant zu einem Einverständnis zu gelangen, so daß die Leute gegen Kaution auf freien Fuß gesetzt und in der Synagoge von Khorramschahr untergebracht werden sollten, bis die entsprechenden Anweisungen zu ihrer Überführung nach Teheran eintreffen würden.

Doch da traf uns wie ein Blitz aus heiterem Himmel ein unerwarteter Schlag in Form eines schriftlichen Befehls, der vom iranischen Außenminister Ali Asghar Hekmat persönlich unterzeichnet war, und Jahangiri anordnete, die Verhafteten sofort dem Irak auszuliefern. Es gab keinen Zweifel, daß der Deportationsbefehl in direkter Verbindung mit der Staatsvisite des irakischen Regenten Abdul Illah stand, denn beide Länder setzten große Hoffnungen auf diesen Besuch. Bald wurde uns auch klar, daß der irakische Konsul in Khorramschahr, der schon seit langem alles tat, um die Flucht der Juden aus dem Irak zu verhindern, die irakische Delegation auf diese Angelegenheit aufmerksam gemacht hatte. Der Zufall wollte es, daß einer der Mitglieder dieser Delegation der irakische Polizeichef und Judenhasser Ali Haled al-Hijazi war. Dieser fühlte sich persönlich betroffen, daß es so vielen Juden gelungen war, den Irak illegal zu verlassen, und seine Polizeikräfte dadurch zum Narren gehalten wurden. Hijazi tat deshalb alles, um seine Gastgeber zu überzeugen, daß die Flüchtlinge nichts anderes als Kriminelle und »staatsgefährdende Elemente« seien, eine Bezeichnung für Kommunisten, deren Auslieferung im Rahmen eines bereits ausgearbeiteten Vertrages vorgesehen war.

Auch erklärte Abdul Illah, er werde den Staatsbesuch sofort abbrechen, falls die Verhafteten aus Khorramschahr nicht schnellstens dem Irak ausgeliefert würden.

Der iranische Außenminister, der laut Gesetz dazu befugt war, den Deportationsbefehl zu unterschreiben, versuchte die aufgebrachten irakischen Gäste zu beruhigen. Als Außenminister war er natürlich darauf bedacht, daß der Besuch des Regenten ein Erfolg würde. Der Gipfel der Ironie aber war, daß er von Juden abstammte, die sich erst vor einer Generation zum Islam bekehrt hatten. Später erfuhren wir, daß er es auch aus persönlichen Gründen auf uns abgesehen hatte.

Jedenfalls weigerte er sich hartnäckig, irgend jemanden zu empfangen, der sich zur Rettung der Flüchtlinge einsetzen wollte. Wir hatten also gute Gründe, zutiefst besorgt zu sein.

In Gedanken sah ich schon die schrecklichen Szenen, in welchen Dutzende von Juden dem Irak ausgeliefert würden, wo sie auf den Straßen von Bagdad und Basra gehängt werden sollten. Ich wußte, daß die Iraker dazu fähig waren und nicht nur die Flüchtlinge, sondern auch alle ihre Familienmitglieder hinrichten würden.

Jedes Unternehmen kennt auch seine Rückschläge und man hätte annehmen können, daß ich auf diesem Gebiet bereits genügend Erfahrung hätte. Doch dieser Rückschlag traf mich persönlich besonders schwer. Plötzlich überkam mich ein Gefühl der totalen Unsicherheit. Ich glaubte, alle unsere Errungenschaften im Iran seien nun verloren und wir würden uns einer Katastrophe nähern, bei der wir alles verlieren würden – das Lager, die Flüge, einfach alles, wofür wir so lange und schwer gekämpft hatten. Mit jeder Stunde, die verging, wurde ich verzweifelter. Ich überschüttete mich mit Selbstvorwürfen, indem ich meine Selbstüberheblichkeit, die das Schicksal unvermeidlich herausforderte, als Grund allen Unglücks betrachtete.

Jetzt erinnerte ich mich an alle Bedenken meiner Kollegen, die ich nicht in Betracht gezogen und sogar als lächerlich abgetan hatte. Wäre ich allein und nur auf mich selbst gestellt gewesen, wer weiß, wie lange ich noch in dieser trübsinnigen Verfassung geblieben wäre. Zum Glück hatte ich aber Männer wie Sammi und Dov, die keine Geduld für solche Gemütszustände hatten und von mir eine sofortige Stellungnahme verlangten. Mit ihrer Hilfe kämpfte ich mich bald aus diesem traumatischen Zustand, der mich zu lähmen drohte, heraus und stürzte mich in eine wilde Aktivität. Ich begann damit, alle unsere Mitarbeiter zu einer dringenden Besprechung zusammenzurufen, wo wir eine Strategie ausarbeiteten. Natürlich war es unser Hauptziel, die Hilfe aller Freunde in Anspruch zu nehmen, um auf die höchsten Regierungskreise Druck auszuüben und damit den Beschluß des Außenministers rückgängig zu machen. Doch es war leicht vorauszusehen, daß eine solche Aktion viel Zeit in Anspruch nehmen würde, und Zeit war leider ein Element, über das wir nicht verfügten. Die Deportation der Verhafteten konnte jeden Augenblick stattfinden, und wir mußten vor allem Mittel finden, um die Ausführung des Befehls zu verzögern. Sollte uns dies nicht gelingen, so blieb uns nichts anderes übrig, als ihn einfach zu sabotieren, indem wir die Menschen verstreuten und versteckten, bis sich die Lage beruhigen würde.

Meiner Ansicht nach würden wir mindestens eine Woche benötigen, bevor der Druck, den wir von verschiedenen Seiten auszuüben hofften, zur Annulierung des Deportationsbefehls führen konnte.

Zion Ezri, der über die juristischen Aspekte dieser Angelegenheit Bescheid wußte, erklärte uns, daß obwohl der Außenminister gesetzlich befugt sei, den Deportationsbefehl zu unterschreiben, dessen Durchführung trotzdem in den Händen der Grenzpolizei läge. Seiner Meinung nach sollten wir hier nach einer Möglichkeit suchen, eine Verzögerung zu erreichen.

Eine rasche Nachforschung ergab, daß Oberstleutnant Jahngiri, den Ezri vor einigen Tagen getroffen hatte, sich gerade in Teheran aufhielt. Da uns bekannt war, daß sein Stellvertreter ein besonders großer Schurke war, mußten wir Jahngiri in Teheran schnellstens aufsuchen, um seine Hilfe zu erbitten, bevor sich ein nicht wiedergutzumachendes Unheil ereignete. Nach zahlreichen hektischen Telefonanrufen, konnten wir ihn endlich ausfindig machen. Jahngiri willigte ein, uns einen Aufschub von einigen Tagen zu gewähren, warnte uns jedoch: »Die Zeit, die euch zur Verfügung steht, ist sehr beschränkt. Wenn der Befehl nicht gänzlich rückgängig gemacht wird, so muß ich ihn früher oder später vollstrecken.«

»Und wie werden Sie einen Aufschub zustande bringen?«

Ezri warf mir einen erbosten Blick zu, der mir zu verstehen gab, daß ich alles verpatzt hätte, da meine Frage so aufgefaßt werden könnte, als würde ich die Autorität oder die Fähigkeiten des Polizeioffiziers bezweifeln. Jahngiri jedoch nahm mir die Frage nicht übel: »Das ist ein Militärgeheimnis«, antwortete er scherzend. »Überlassen Sie es mir!«

Wir bedankten uns herzlichst und betonten, daß er, indem er das Leben von unschuldigen Menschen rettete, eine große humanitäre Aktion vollbringe, für die er sicherlich belohnt werden würde. Später erfuhren wir, wie es ihm gelang die Deportation zu verzögern. Er sandte seinem Stellvertreter ein Eiltelegramm, in dem er ihm mitteilte, daß er angesichts der Wichtigkeit der Sache und der Befürchtung von Komplikationen beschlossen habe, sofort nach Khorramschah zurückzukehren, um die Angelegenheit persönlich zu regeln. Bis dahin sollte nichts unternommen werden. Am nächsten Tag, als er in Khorramschah ankam, funkte er nach Teheran, ob er die Verhafteten nur bis zur Grenze führen oder sie der irakischen Polizei direkt übergeben solle. Sobald er die Antwort darauf erhielt, funkte er abermals zurück und meldete, daß ein Teil der Leute krank sei. Sollte man mit der Deportation warten oder vorläufig einen Teil der Menschen deportieren?

Auf diese Art entfaltete er seinen ganzen Einfallsreichtum und stellte Fragen auf Fragen, um uns Zeit zu geben, den Befehl widerrufen zu lassen.

Unsere Argumentation war einfach und klar: Wir machten geltend, daß die Iraner sich aus einer langen humanitären Tradition bereit gezeigt hatten, den jüdischen Flüchtlingen aus dem Irak zu helfen. Deshalb sei es unvorstellbar, sich jetzt dem Diktat der Iraker zu beugen, die krassen Druck ausübten, um diese Politik zu ändern.

Nachdem wir uns darüber geeinigt hatten, legten wir fest, mit welchen Persönlichkeiten der Kontakt aufzunehmen sei. Dann konnte ich Tel Aviv verständigen:

»Wir unternehmen Schritte, um die Aufhebung der Deportationsbefehle in Teheran zu erwirken. Sammi und Zion Ezri sind inzwischen in den Süden geflogen, um zu erkunden, ob man die Flüchtlinge aus der Synagoge herausschmuggeln könne, falls dies erforderlich wäre.«

Das wäre eine relativ einfache Operation gewesen, denn die zwei Polizisten, die vor der Synagoge Wache standen, konnten durch List, Bestechung oder Gewalt entfernt und die fünfunddreißig Personen unter die jüdischen Familien in Khorramschah, Abadan und Ahwas verteilt und versteckt werden. Das Problem war nur, daß wir in diesem Fall unsere Beziehungen zu den Behörden, die wir mit so viel Mühe aufgebaut hatten, beeinträchtigen würden.

Deswegen verlangte ich von Sammi, er solle für den Notfall eine Rettungsaktion vorbereiten, jedoch nichts unternehmen, bevor wir nicht sicher waren, daß es keine andere Möglichkeit gab.

Am nächsten Tag erhielt ich eine Funkmeldung aus Tel Aviv, mit der Frage:

»Wäre eine eventuelle Fürsprache via Frankreich oder die Vereinigten Staaten angebracht?«

Als ich dies las, verzieh ich den Kollegen vom Mossad alle unsere Mißverständnisse und Zwistigkeiten des vergangenen Jahres. Ich muß gestehen, daß ich nie an diese Möglichkeit gedacht hatte. Ich funkte sogleich zurück, es sei äußerst wünschenswert, die Hilfe des amerikanischen Botschafters in Teheran in Anspruch zu nehmen.

Abba Eban, der damalige Botschafter Israels in Washington und bei den Vereinten Nationen, führte lange Gespräche mit Nasrallah Entezam, dem iranischen Botschafter in den Vereinigten Staaten, und mit einer ganzen Anzahl anderer amerikanischer Persönlichkeiten.

Durch diese positive Entwicklung ermutigt, wandte ich mich zusammen mit Dov an den politischen Attaché der amerikanischen Botschaft in Teheran, der eine verständnisvolle Einstellung zeigte, die sich alsbald in einer greifbaren Aktion äußerte.

Zu diesem Zeitpunkt waren die Iraner besonders empfindsam, was die öffentliche Meinung in den Vereinigten Staaten anbetraf. Der amerikanische Kongreß war gerade dabei, über eine Anleihe von 250 Millionen Dollar sowie über Waffenverkäufe an den Iran zu debattieren. Auch ein Besuch des Schah war zu gleicher Zeit vorgesehen. Glücklicherweise erfreute sich Israel nach seinem erfolgreichen Kampf gegen die Aggressionen der arabischen Staaten, die so kurze Zeit nach der systematischen Vernichtung des europäischen Judentums im Zweiten Weltkrieg stattfand, der Sympathie und des Verständnisses der Öffentlichkeit. Unter diesen Umständen konnten diejenigen, die den Juden in ihrer Not den Rücken kehrten oder ihren Tod verlangten, wenig Zustimmung der westlichen Weltmeinung erwarten.

Wir wandten uns an jeden, der uns in Teheran irgendwie behilflich sein konnte. Durch Beharrlichkeit gelangten wir sogar zu Oberst Kiya, dem Kommandanten der Grenzpolizei, zu General Sartip Safari, dem Chef der Polizei, zu General Ali Razmarah, dem Generalstabschef, sowie zu einer ganzen Reihe von Regierungsmitgliedern, wie Innenminister Manuchehr Eghbal, Kriegsminister Ahmadi (einem der mächtigsten und einflußreichsten Männer des Iran) und Minister Khalil Fahimi.

Zu gleicher Zeit entsandte Sammi Telegramme mit Hilferufen, die die Unterschriften der in der Synagoge inhaftierten Flüchtlinge trugen, an jeden, der im Iran irgendwelchen Einfluß hatte.

Die kleine jüdische Gemeinde in Khorramschahr tat ihr Möglichstes, um das Leben der Flüchtlinge in der Synagoge durch Nahrung, Kleidung und Ermutigungen zu erleichtern. Sie rief zu einem Fasten- und Gebetstag auf und entsandte Telegramme an Parlamente und Regierungsmitglieder, genau wie es die jüdische Gemeinde in Teheran tat. Die einzige Kritik, die ich in meinem Berichten an Tel Aviv äußerte, betraf die Leiter der kleinen irakisch-jüdischen Gemeinde in Teheran, die sich auf beschämende Weise vor der irakischen Delegation erniedrigten, ohne zu berücksichtigen, daß es dieselbe Delegation war, die ihre Brüder nach dem Irak zurück und in den sicheren Tod schicken wollte.

Besonders beeindruckend war dabei der persönliche Einsatz von Manya Fanahi, der Tochter von Boris Monosohn. Boris Monosohn war eine angesehene und hochverehrte Persönlichkeit der europäisch-jüdischen Synagoge. Manya war zum Islam übergetreten und hatte Habib Fanahi, einen vornehmen und einflußreichen Mann, geheiratet. Dov kannte sie gut und schlug deshalb vor, ihre Kontakte und Zugangsmöglichkeiten zu den regierenden Kreisen des Landes auszunützen. Wir besuchten sie also in ihrem schönen und eleganten Heim, wo ich ihr ohne Umschweife die ganze Sache darlegte.

Manya war so gerührt, daß sie Tränen in den Augen hatte und kaum sprechen konnte. Als sie sich schließlich wieder im Griff hatte, sagte sie: »Ich schwöre euch, daß ich alles, was in meiner Macht steht, tun werde, um das Leben dieser Unglücklichen zu retten.«

Manya Fanahi hielt ihr Versprechen. Sie ging geradewegs zu Aschraf Pahlewi, der Zwillingsschwester des Schahs, die ihre langjährige Bekannte war. Nachdem sie ihr erzählt hatte, was den Juden in Europa während des Krieges widerfahren war und daß Mitglieder ihrer eigenen Familie im Holocaust umgekommen waren, erklärte sie ihr, daß sie den Iran als ihre Heimat betrachtete und es nicht fassen könne, daß die Menschen, mit denen sie ihr Schicksal verbunden hatte, einen Anteil an der Ermordung von unschuldigen Juden hätten. Und nun kam das Unerwartete und Unglaubliche. Sie holte aus ihrer Handtasche ein Fläschchen mit einer dunklen Flüssigkeit, sagte der Prinzessin, daß es Gift sei und daß sie es an Ort und Stelle trinken würde, sollte ihr die Prinzessin ihre Hilfe für die Verfolgten, die sie als ihre Brüder betrachtete, verweigern. Aschraf Pahlewi versprach sofort, ihren Bruder darüber zu unterrichten. Sie fügte hinzu, sie sei überzeugt, der Schah wisse nichts davon, denn es sei unmöglich, daß ihr Bruder ein so abscheuliches Verbrechen befürworten würde.

Eigentümlicherweise hört sich diese Geschichte wie eine moderne Fassung der biblischen Geschichte der Königin Esther an – und sie spielte sich sogar im selben Land ab, obwohl Manya Fanahi nicht in derselben Lage wie die junge Königin war und auch nicht dieselben Mittel anwendete.

Obwohl es nicht möglich war, zu erfahren, welcher von unseren vielen Versuchen schließlich den Ausschlag gab und zum Annullierungsbeschluß des Deportationsbefehls führte, ist es sicher, daß dieser Annullierungsbefehl mit dem Wissen und der ausdrücklichen Billigung des Schahs erteilt wurde, und zweifellos hatten auch Manyas Bemühungen ihren Anteil daran.

So geschah es, daß ich am 23. Juni 1949 folgendes nach Tel Aviv melden konnte:

An: ARTZI
Von: GOLDMAN
»Dank des großen Druckes, den wir hier ausübten, traf gestern nacht die Regierung den Beschluß, den Deportationsbefehl, der vom Außenminister unterschrieben war, aufzuheben. Alle Leute werden in die Hauptstadt gebracht...«

Es geschah noch während Abdul Illahs Besuch in Teheran und sogar am selben Tag, an dem der Iran-Irak-Vertrag für Zusammenarbeit und gute Nachbarschaft unterschrieben wurde. Dieser Vertrag enthielt auch eine Klausel, die den »gemeinsamen Kampf gegen den Kommunismus und den Zionismus« vorsah, zum Beispiel durch die Ausweisung von Leuten, die illegal die Grenze passieren wollten. Das bedeutete, daß die Gefahr einer Deportation derjenigen, die erwischt wurden weiterhin bestand. Die unmittelbare Gefahr war zwar vorüber, doch würden wir in Zukunft wieder vor demselben Problem stehen.

So geschah es Ende Juni, als der König von Transjordanien Teheran besuchte. Bei dieser Gelegenheit fand der verärgerte Außenminister einen Vorwand, um nochmals einen Deportationsbefehl zu unterschreiben, der eine neue Gruppe von Flüchtlingen betraf, die bei der Grenzüberschreitung erwischt worden waren. Abermals mobilisierten wir unsere iranischen und amerikanischen Freunde und wiederum gelang es uns, den Befehl rückgängig zu machen. Doch die Sache wiederholte sich im August und sogar im September desselben Jahres. Im letzten Fall setzte sich auch der iranische Botschafter in Washington, der sich gerade in Teheran aufhielt, zu unseren Gunsten ein. Am selben Tag, als wir mit ihm die Sache besprachen, erklärte er bei einer privaten Zusammenkunft, wo sich auch wichtige Regierungsmitglieder befanden, wenn die verhafteten Juden tatsächlich dem Irak ausgeliefert werden sollten, »würde seine Rückkehr in die Vereinigten Staaten und zur UNO keinen Sinn mehr haben«. Die Gäste – so berichtete uns einer der Teilnehmer – entnahmen aus Botschafter Entezams Erklärung, daß er nicht nur sich selbst meinte. Der Schah war gerade im Begriff, zu einem offiziellen Besuch in die Vereinigten Staaten zu fahren, und es war jedem klar, daß wenn der Botschafter nicht zurückkehren sollte, es auch für den Schah selbst empfehlenswert wäre, zu Hause zu bleiben.

Wie eine Feuerwehrmannschaft, die hin und her rast, um Brände zu löschen, versuchten wir die immer wiederkehrenden Gefahren abzuwenden, doch waren die Zukunftsaussichten nicht sehr ermutigend. Wir hatten das Gefühl, daß unsere iranischen Freunde Anzeichen der Müdigkeit zeigten, was die Hilfe und die Unterstützung für uns anbetraf.

Glücklicherweise gingen ihnen die Iraker durch ihr Benehmen aber noch mehr auf die Nerven. Die gemeinsame Kommission, welche die Grenzfragen zwischen den beiden Ländern regeln sollte, traf sich ein einziges Mal, ohne irgendeinen Entschluß zu fassen und wurde dann nie mehr einberufen.

Kurz darauf kehrten die Iraker zu ihren bekannten Methoden zurück und begannen den zehntausend Iranern, die im Irak lebten, neue Schwierigkeiten zu bereiten. Als Vergeltungsmaßnahme beschlossen die Iraner, alle irakischen Staatsangehörigen auszuweisen. Ironischerweise handelte es sich dabei in den meisten Fällen um irakische Juden – und man kann sich gut vorstellen, daß Bagdad darüber nicht sehr betrübt war.

In der Tat frage ich mich noch heute, ob die ganze Sache nicht etwa eine teuflische Inszenierung des Außenministers Hekmat war, der nie eine Gelegenheit verpaßte, um sich wegen seiner Rückschläge an den Juden zu rächen – doch letzten Endes, dank der energischen Aktion der irakischen Gemeinde im Iran, zusammen mit unserer Hilfe und Unterstützung, wie auch derjenigen einiger prominenter iranischer Juden, wurde auch dieser Befehl rückgängig gemacht.

Allmählich wurde uns aber klar, daß der ständig zunehmende Flüchtlingsstrom aus dem Irak die Unzufriedenheit der iranischen Behörden mit sich brachte. Sogar der Polizeichef des Iran, Sartip Safari, ein echter Freund, der uns mehrmals unterstützt hatte, wandte sich mit der Bitte an den irakischen Botschafter, die irakischen Behörden sollten die Grenze besser bewachen, da der Flüchtlingsstrom zu einer Plage geworden sei.

Bei einer Besprechung mit einem unserer Leute beschwerte sich der Polizeichef, daß fast die Hälfte der iranischen Polizei mit dem Flüchtlingsproblem beschäftigt sei. Er ernannte sogar eine Kommission, die aus zwei hohen Polizeioffizieren bestand, die den südlichen Teil des Iran besuchten, um die genauen Fluchtrouten festzustellen. Am 24. August überreichte die Kommission einen vier Seiten langen Bericht, der als »streng geheim« bezeichnet wurde – dessen Kopie wir aber dank unserer besonderen Beziehungen doch erhielten. Die Polizei schien die Lage genau zu kennen, wie die Beschreibung der Grenzübergänge deutlich zeigte:

»... beide Ufer des Schatt-el-Arab sind mit zahlreichen Dattelpalmen gesäumt, die ein unbemerktes Eindringen sowie die Tätigkeit der Schmuggler erleichtern... Ihre Methode ist folgende: Während des Tages bereiten sie die Leute zum Grenzübergang vor und halten sie unter den Palmen versteckt, um sie bei Einbruch der Nacht, wenn die Anzahl der Grenzwächter geringer ist, herüberzubringen... Die Schmuggler erhalten große Geldbeträge, die von der jüdischen Gemeinde bezahlt werden, so daß sie bereit sind, jedes Risiko einzugehen...«

Im nächsten Teil des Berichtes waren wir erstaunt, eine mitfühlende Erklärung für die Gründe des jüdischen Exodus aus dem Irak zu finden:

»... Wie schon vorher bemerkt, betrachten sich alle Juden der Welt als Partner in der Errichtung des Staates Israel. Sie fühlen sich stark damit verbunden und sehen es als eines ihrer wichtigsten Ziele an. Sie sind bereit, alle ihre Kräfte dafür einzusetzen, und sind fest entschlossen, sich gegenseitig zu helfen, um das gemeinsame Ziel zu erreichen.
... Sie arbeiten für den Staat Israel, der das Gelobte Land des jüdischen Volkes ist und sein historisches Heimatland darstellt. Es ist klar, daß alle Juden des Iran denselben Standpunkt vertreten und deshalb den Juden, die aus dem Irak fliehen, helfen...«

Im dritten Teil des Berichtes wurden operative Maßnahmen empfohlen, wie zum Beispiel die Notwendigkeit, eine größere Anzahl Polizisten einzusetzen und Fahrzeuge, Scheinwerfer und weitere Polizeiwachtposten entlang der Grenze aufzustellen.
Und zuletzt eine Warnung, genau wie alle Polizeikräfte der Welt es tun würden:

»...Solange die Polizei nicht über einen solchen Apparat verfügt, kann sie auch nichts Wirksameres unternehmen, um die Lage zu verbessern...«

Da aber die Iraner nicht bereit waren, größere Summen zu investieren, um die Grenzen abzusichern, schwoll der Flüchtlingsstrom immer mehr an. Ende 1949 waren es Hunderte, die die Grenze überschritten. Zwar versuchten die Iraker auf ihrer Seite alle Lücken zu sperren, doch blieben ihre Maßnahmen erfolglos. Nun versuchten sie es auf andere Weise: Mitte August sandte das irakische Außenministerium dem State Department in Washington einen offiziellen Protest gegen die amerikanische Fluggesellschaft ›Trans-Ocean‹, die den irakischen Luftverkehr verletze, indem sie Flüge von Teheran nach Israel unternehme.

›Trans-Ocean‹ beschloß, einen Vertreter nach Bagdad zu schicken, um über die Sache zu verhandeln und das Problem zu lösen. Der Irak ging aber darauf nicht ein und warnte die Fluggesellschaft, daß er Kampfflugzeuge einsetzen würde, wenn die ›Trans-Ocean‹ weiterhin den Irak überflöge.

Das war natürlich eine ernsthafte Drohung, doch sie genügte nicht, um den Flüchtlingsstrom nach dem Iran oder unsere Flüge aufzuhalten. Der erste ›Trans-Ocean‹-Flug mit siebzig Auswanderern an Bord fand am 22. Juni statt, auf dem Höhepunkt der Aufregungen, als der erste Deportationsbefehl erlassen wurde. Seit damals fanden die Flüge regelmäßig statt – trotz aller irakischen Drohungen und ihres Säbelrasselns.

Statt mich eingeschüchtert zu fühlen, versuchte ich die Kameraden in Bagdad zu ermuntern, indem ich ihnen schrieb, daß sich unsere Lage im Grunde nur verbessert hätte:

> »...Jetzt haben wir die Möglichkeit, unsere Tätigkeit auszuweiten. Wir sind aus dieser Krise gestärkt herausgekommen, und unsere Verbindungen hier haben sich erweitert. Wie ich die Lage heute beurteile, sind unsere Leute von dem Augenblick an außer Gefahr, wo sie die Grenze überschreiten. Je größer ihre Anzahl, desto leichter wird es für uns...«

Wenn irgend jemand als Opfer dieser schwer erkämpften Errungenschaften angesehen werden konnte, so war das sicherlich ich selbst. Vielleicht ist das Wort »Opfer« ein wenig übertrieben, doch nach den monatelangen Kämpfen, den Spannungen und der unermüdlichen Tätigkeit fühlte ich mich gänzlich erschöpft. Zion Cohen war bereits zu meinem Nachfolger gewählt worden und bei meinem letzten Besuch in Tel Aviv versprach man, daß alles unternommen werde, um mich so bald wie möglich abzulösen. Ich erkundigte mich ab und zu nach ihm, doch erhielt ich keine Antwort oder nur ausweichende Versprechungen. Ich wußte nur, daß sich Zion Cohen mit seiner Familie in Paris aufhielt, wo er auf einen nordafrikanischen Paß wartete. Doch seine Reise nach Teheran wurde wiederholt aufgeschoben. Nach langem Warten teilte man mir endlich mit, aus Zion

Cohen sei Aristide Callas geworden, und am 13. Juli konnte ich mit unglaublicher Erleichterung Tel Aviv melden, daß Zion Cohen wohlbehalten in Teheran eingetroffen war.

Die Ablösung in Teheran dauerte doch länger, als ich gedacht hatte, denn trotz aller Beziehungen mußte ich mich sehr bemühen, ein legales Ausreisevisum zu bekommen. Erst Mitte September gelang es mir endlich, die erwünschten Papiere zu erhalten, und dies nur, nachdem ich vor Gericht zu einer saftigen Geldstrafe verurteilt worden war, da ich mit einem abgelaufenen Visum im Iran geblieben war.

In der Zwischenzeit trafen zusätzliche Agenten des Mossad ein, um ihre Tätigkeit im Iran und Irak aufzunehmen, darunter auch ein neuer Funkoperateur. Die verschiedenen Aufgaben, die von uns dreien – Sammi, Eliyahu Schani und mir selbst – während der schweren Anfangsphase unserer Operation bewältigt wurden, waren jetzt unter einer bedeutend größeren Anzahl von Kameraden verteilt.

Am 30. September kehrte ich mit einem der drei ›Trans-Ocean‹ Flugzeuge, die am selben Tag vollbeladen abflogen, nach Israel zurück. Irgendwie war es symbolisch, daß am gleichen Tag, als meine Aufgabe ein Ende nahm, eine Mini-Luftbrücke zwischen Teheran und Tel Aviv errichtet wurde. Diese Luftbrücke stützte sich in Teheran auf eine breite und solide Grundlage, mit einem beträchtlichen Emissärenstab, einem geschäftsmäßigen Durchgangslager und vor allem mit einem ständig zunehmenden Strom von Flüchtlingen, die aus dem Irak entflohen waren. Nur ein Jahr war seit meiner Ankunft in Teheran vergangen: es war ein schweres, nervenzerrüttendes Jahr gewesen, ein Jahr der Krisen, des Bangens und der Enttäuschungen – aber gleichzeitig ein Jahr des Durchbruches und der erneuten Hoffnung.

Ich fühlte, daß ich mir das Recht, nach Hause zurückzukehren, reichlich verdient hatte. Ich wollte endlich zu meinem Kibbuz heimkommen, mich mit Temima, wenn sie mich noch haben wollte, dort einordnen und zur Abwechslung ein langersehntes normales Leben führen.

Während das Flugzeug startete, blickte ich mich um und sah die gespannten Gesichter meiner Mitreisenden, besonders derer, die zum ersten Mal in ihrem Leben flogen. Ich selbst hatte schon längst vergessen, wie das Gefühl des ersten Fluges war. Wie oft war ich in den letzten Jahren geflogen?

»Spielt keine Rolle«, sagte ich zu mir selbst, »dies wird sicherlich für lange Zeit mein letzter Flug sein.«

»Was grinst du so vor dich hin, Maurice?«, fragte Eliyahu Schani, unser Radiooperateur, der sich ebenfalls auf dem Heimweg befand, nachdem sein Nachfolger ihn ersetzt hatte. »Hast du das Fliegen so gern?«

»Nicht besonders«, sagte ich mit dem Ton eines erfahrenen Weltreisenden, »doch das macht mir nichts aus! Eines aber merke dir: Es wird noch viel Zeit vergehen, bis ich das nächste Flugzeug besteigen werde.«

Nuri Said schlägt wieder zu

Am Morgen des 27. April 1950 erwachte ich im Flugzeug! Im Sitz neben mir döste Ronni Barnett. Wir waren die ganze Nacht hindurch von Amsterdam nach Bagdad geflogen. Wir hatten uns am Flughafen von Amsterdam getroffen, den ich von Paris aus mit einer neuen Identität erreicht hatte. Sie sollte nun zum ersten Mal auf neutralem Boden auf die Probe gestellt werden.

Schweigend hatte ich meinen Paß dem holländischen Grenzbeamten gereicht. Er betrachtete ihn, sah mich mit einem undurchdringlichen Lächeln an und wandte sich an seinen Kollegen in der Kontrollkabine nebenan. Beide begutachteten nun meinen Ausweis, wechselten einige Worte auf holländisch und lachten kurz auf. Ich begann mich recht unbehaglich zu fühlen. Zum Glück dauerte ihre Besprechung nicht lange. Einige Minuten später kehrte der Beamte, noch immer lächelnd, zurück und fragte mich in fließendem Englisch: »Spielen Sie Trompete?«

»Nein«, antwortete ich erstaunt.

»Dann sind sie vielleicht mit ihm verwandt?« fuhr er grinsend fort.

Diesmal konnte auch ich mitlachen und zugleich erleichtert aufatmen: »Wenn ich an meine finanzielle Lage denke, so muß ich gestehen, daß es ganz wünschenswert wäre!«

Nun stempelte er den Paß, überreichte ihn mit leichtem Nicken und dem üblichen Gruß »Ich wünsche Ihnen einen angenehmen Aufenthalt in Holland!«

Dieser kleine Zwischenfall wurde durch den Namen Richard Armstrong ausgelöst, der meinen Paß zierte und den Holländer an den berühmten ›Satchmo‹ erinnerte. Gerade deswegen war ich nicht besonders glücklich, daß man mir diesen Namen gegeben hatte.

Während meines gesamten Dienstes im Mossad hatte ich immer diskrete und unauffällige Namen vorgezogen, solche, die von Grenzbeamten nicht beachtet und schnell vergessen wurden. Es gelang mir nie, zu erfahren, wer eigentlich auf die Idee gekommen war, mich Richard Armstrong zu nennen. Ebenso unverständlich war mir, warum gerade ein englischer Paß für mich gewählt wurde. Schließlich waren die Iraker mit den Briten nur allzu vertraut.

Da aber beschlossen wurde, daß ich mit Ronnie reisen und zusammenarbeiten sollte, war es vernünftig, daß wir auch dieselbe Staatsangehörigkeit hatten. Auf diese Weise konnte er als Zeuge meiner Identität dienen; ein alter Freund, der meine Lebensgeschichte gut kannte und sie überall erzählen konnte.

Die komplizierte Geschichte, die wir rings um Richard Armstrong juniors Person aufgebaut hatten, war darauf angelegt, die zwei Hauptfragen, die Verdacht erregen konnten, zu erklären: seine eher dunkle Hautfarbe und seine kleinen Finger einerseits – und andererseits seinen ständigen Wohnort in Kopenhagen und nicht in Großbritannien. Richard Armstrongs Lebensgeschichte – wie Ronnie sie mit gedämpfter Stimme manchmal mit einem anzüglichen Grinsen zu erzählen wußte – war keine alltägliche. Vater Richard Armstrong, ein englischer Kolonialbeamter, der in Indien gedient hatte, kehrte aus dem Fernen Osten mit einem heißgeliebten, aber etwas dunkelhäutigen Söhnchen zurück. Gott allein wußte, warum sein Sohn in Kopenhagen erzogen wurde, doch Tatsache war, daß dieser Sohn es auch jetzt noch vorzog, dort zu leben, und das mochte auch seine eher ›kosmopolitischen‹ als echt britischen Manieren und Gewohnheiten erklären. Doch ›gute Erziehung läßt sich nicht verleugnen‹, pflegte Ronnie einem jeden, der diesem romantischen Quatsch Glauben schenkte, zu versichern – während ich mich bemühen sollte, den typisch britischen Manieren so nahe wie möglich zu kommen.

Während ich in einer der Bars des Flughafens Schiphol auf Ronnie wartete, begann ich mich sehr intensiv mit meiner Pfeife zu beschäftigen – ein unmißverständliches Zeichen der britischen Erziehung Richard Armstrongs. Nachdem ich sie auseinandergenommen und gründlich gereinigt hatte, füllte ich sie mit wohlriechendem Tabak und zündete sie mit meinem treuen Ronson-Feuerzeug an.

Eigentlich hätte ich gerne auch Zigaretten rauchen wollen, doch Ronnie wehrte sich entschieden dagegen mit der Begründung, daß so etwas selbst dem exzentrischsten Engländer nie einfallen würde, wenn er ein echter Pfeifenraucher war.

»Du selbst rauchst aber Zigaretten und auch Zigarren und hast noch nie eine Pfeife im Mund gehabt«, protestierte ich. Aber er konnte sich dies wohl erlauben, denn seine ›Persönlichkeit‹ war nicht mit den zweifelhaften Liebeleien eines entfernten Sahib verbunden. Deshalb war seine Aufgabe einfacher: Als echter Untertan Seiner Majestät hatte er nichts anderes zu tun, als sich selbst treu zu bleiben, während mir das Zigarettenrauchen – wenigstens in Gesellschaft – untersagt war und ich mich dem Pfeiferauchen widmen mußte, wobei meine Lippen und Zunge vom unmöglichen Pfeifentabak ganz verbrannt wurden.

Ich war damit so beschäftigt, daß ich Ronnies Ankunft gar nicht bemerkte.

»Hello, Dick«, rief er mir schon von weitem zu. Doch gleich danach flüsterte er mir flehend ins Ohr: »Mensch, immer mit der Ruhe! Du verpestest noch den ganzen Flughafen mit dem verdammten Zeug!«

Als Antwort blies ich eine letzte Rauchwolke in seine Richtung und legte erleichtert die Pfeife beiseite.

»Was möchtest du trinken, Dick?« fragte er.

»Coca-Cola«, antwortete ich unwillkürlich.

Wieder bückte sich Ronnie und flüsterte mir heiser zu: »Wage ja nicht, sowas nochmal zu sagen! Du trinkst Whisky Soda oder Gin Tonic – und nichts anderes!«

Schließlich konnten wir uns einigen und bestellten ein gutes holländisches Bier, wobei ich den Entschluß faßte, Ronnie nicht mehr zu ärgern, denn die Armstrong-Idee war keineswegs seine gewesen. Auch hatte mich ja niemand gezwungen, nach Bagdad zu gehen. Ich hatte mich freiwillig gemeldet – trotz meines eigentlichen Vorhabens, meine Tätigkeit beim Mossad zu beenden.

Eine Reihe von Ereignissen, die ihren Höhepunkt im März 1950 erreichten, boten uns eine einmalige Gelegenheit, die Juden des Irak zu retten. Nachdem ich mehr als drei Jahre meines Lebens dieser Angelegenheit gewidmet hatte, wollte ich sie auch erfolgreich zu Ende führen.

Der Mann, der die Verantwortung für meinen Entschluß trug, war kein anderer als Nuri Said, der Premierminister des Irak. Um jedoch zu begreifen, wie es dazu kam, daß das Schicksal der irakischen Juden eine so dramatische Wendung nahm, müssen wir uns an den Anfang des Jahres 1949 zurückversetzen, als Nuri Said nach einer zweiundzwanzigmonatigen Unterbrechung wieder an die Macht kam.

Zu dieser Zeit befand ich mich in Teheran und sucht verzweifelt nach Wegen und Mitteln, um die jüdischen Flüchtlinge zu beherbergen, bis ich endlich das Durchgangslager im Friedhof errichten konnte. Die Ursachen, welche die Juden des Irak zur Flucht trieben und sie in immer größer werdenden Mengen die Grenze nach dem Iran überschreiten ließen, wurden durch Nuri Saids gehässiges und oft irrationales Verhalten hervorgerufen.

Am 6. Januar 1949 begann Nuri Said seine zehnte Regierung, die weder dem Irak noch den irakischen Juden in guter Erinnerung blieb. Der Ausnahmezustand räumte ihm außerordentliche Rechte ein, die er gebrauchte, um gegen die Kommunisten vorzugehen. Er ließ Hunderte von ihnen einsperren und einige sogar zum Tode verurteilen. Nachdem er dieses Ziel erreicht hatte, beschloß er, sich jetzt auch im interarabischen Raum Ansehen zu verschaffen. Er nahm deshalb eine radikale Einstellung zur Palästinafrage ein. Während die anderen Kriegsteilnehmer im Palästinakonflikt gewillt waren, an Waffenstillstandsverhandlungen teilzunehmen, gab die irakische Regierung offiziell bekannt, daß sie auf keinen Fall zu Verhandlungen oder zu einem Waffenstillstandsabkommen bereit sei. Statt dessen veröffentlichte Nuri Said einen eigenen Plan zur Lösung des Konfliktes. Ironischerweise waren die Hauptpunkte dieses Planes identisch mit dem Teilungsplan Palästinas, den die Vereinten Nationen vorgeschlagen hatten und der von den Arabern 1947 abgelehnt wurde. Doch vor allem sah Nuri Saids Plan eine komplette Abrüstung Israels, eine arabische Oberherrschaft über Jerusalem, die Errichtung einer internationalen Zone rund um Haifa, sowie die Rückkehr aller arabischen Flüchtlinge vor.[1] So weisen diese Dokumente zum Beispiel einen teuflischen Plan Nuri Saids auf, nach dem er Anfang 1949 dem jüdischen Staat auf raffinierte Art und Weise das Genick brechen wollte. Seine Absicht war es, die 120000 Juden des Irak auf Lastwagen zur israelischen Grenze zu bringen und sie zwangsweise hinüberzuschieben, um den frisch entstandenen Staat durch die Flut der mittellosen Massen zum Zusammenbruch zu bringen.

Als das Foreign Office von diesen Absichten Wind bekam, benachrichtigte es alle britischen Vertretungen im Nahen Osten und bat sie um Stellungnahme. Diese Episode, welche die Diplomaten während eines guten Teils des Jahres 1949 beschäftigte, diente Nuri Said zu seinem systematischen Feldzug gegen die Juden. Anfangs drehte sich der Briefwechsel um die Frage, ob Nuri Said die Juden tatsächlich ausweisen würde und welche Folgen eine solche Aktion haben könnte. Der britische Generalkonsul in Jerusalem, Sir Hugh Dow, bemerkte dazu ironisch: »Nuri Paschas Drohung, die Juden aus dem Irak zu vertreiben, würde wahrscheinlich eine entgegengesetzte Wirkung als die erhoffte haben. Die hiesigen Juden würden diese Initiative will-

[1] Über eine halbe Million Araber verließen 1948 ihr Heim, entweder um sich in die benachbarten arabischen Staaten oder in die Gegenden Palästinas zu begeben, die unter arabischer Herrschaft standen. Ein Teil flüchtete aus Panik, andere wegen der Kämpfe. Wieder andere verließen ihre Heimstätte aufgrund des Ausrufes der arabischen Regierung, die Gegend vorübergehend zu verlassen, damit die arabischen Staaten den jüdischen Staat ohne Hindernisse und Verzögerungen angreifen und im Keim ersticken könnten.

kommen heißen ... und darauf bestehen, daß die Iraker ihrerseits palästinensische Flüchtlinge aufnehmen sollten.«

Hingegen schien der britische Botschafter in Bagdad, Sir Henry Mack, die Angelegenheit eher geringschätzig zu betrachten und sie als unbedeutend abzutun. Es zeigte sich, daß er recht hatte, als er in Nuri Saids Vorschlag nicht einen Aktionsplan sah, sondern eine List, die Israel aus der Fassung bringen sollte.

Da das Ziel der britischen Diplomatie weiterhin die Verfechtung irakischer Interessen war, wollte das Foreign Office trotzdem kein Risiko eingehen. Botschafter Mack wurde also beauftragt, unverzüglich zu handeln, um dem möglichen Vorgehen von Nuri Said zuvorzukommen. Dies geschah nicht etwa, wie man meinen könnte, um zusätzliches menschliches Leid zu verhindern, sondern ganz einfach weil »....die Vertreibung der Juden aus dem Irak der israelischen Regierung den besten Vorwand geben würde, die Zahlung von Entschädigungen für das Eigentum der arabischen Flüchtlinge zu verweigern«.

Botschafter Mack antwortete, »...er würde sein Bestes tun, um Nuri von jeder Aktion in dieser Richtung abzubringen, falls es sich herausstellen sollte, daß er so etwas wirklich unternehmen wolle.« Damit war die Sache erledigt. Das Thema verschwand gänzlich aus der britischen Diplomatie, bis Nuri Said es ungefähr ein halbes Jahr später plötzlich vor den britischen Diplomaten im Irak wieder zur Sprache brachte. Das Wiederauftauchen der »Vertreibungsidee« war wahrscheinlich der Anlaß eines merkwürdigen Briefes, den das Nah-Ost-Sekretariat des Foreign Office an Botschafter Mack in Bagdad sandte:

»... Wir sind der Meinung, daß Nuri Saids Drohung, die Juden aus dem Irak zu vertreiben, ... größere Beachtung verdient... Wenn diese Drohung zu einem Übereinkommen umfunktioniert werden könnte, wobei die irakischen Juden, die nach Israel gehen würden, dort von der israelischen Regierung für ihr Eigentum, das sie im Irak zurückließen, entschädigt würden, während die arabischen Flüchtlinge ihre Stellungen und Güter im Irak bekommen könnten, so wäre diese Lösung sicherlich empfehlenswert. Der Irak würde sich einer Minorität entledigen, die in Krisenperioden die Aufrechterhaltung der öffentlichen Ordnung nur erschweren könnte. Die israelische Regierung würde ihrerseits die Gelegenheit, eine beträchtliche Anzahl von Juden ins Land zu bringen, nicht ablehnen, auch wenn damit zusätzliche Schwierigkeiten verbunden wären. Man kann annehmen, daß sie der Druck der öffentlichen Meinung dazu

zwingen würde... Der Gedanke einer Zwangsvertreibung der Juden aus dem Irak muß natürlich mißbilligt werden. Dagegen könnte ein vernünftiger Vorschlag eines Bevölkerungsaustausches mit dementsprechender Vereinbarung zur Zahlung von Entschädigungen zu einer Lösung führen.
Vorläufig sollten Sie den Irakern aber nichts davon sagen...«

Man weiß nicht, ob Botschafter Mack und seine Mitarbeiter diesen Vorbehalt auch beachteten und davon absahen, diese Variante der Angelegenheit mit den Irakern zu besprechen. Tatsache ist aber, daß nur wenige Wochen später, am 29. September 1949, die britische Botschaft in Bagdad über eine Unterredung mit Nuri Said berichtete, wobei ihm die Absicht zugeschrieben wurde

»... ungefähr 100 000 jüdische Stadtbewohner zwangsweise mit derselben Anzahl arabischer Flüchtlinge auszutauschen... Das ganze Eigentum der Juden oder ein Teil davon sollte als Entschädigung für den arabischen Eigentumsverlust in Palästina übernommen werden, während es der israelischen Regierung zustünde, die irakischen Juden aus dem in Beschlag genommenen Eigentum der palästinensischen Araber zu entschädigen.«

Sollte dieser Bericht wirklich Nuri Saids eigene Gedanken und Absichten widerspiegeln? Und gab es zu diesem Zeitpunkt eine Aussicht, diese Idee auch tatsächlich zu verwirklichen? Ich kann nur eines sagen, und zwar, daß es genügend Gründe gab, eine irakische Bereitschaft zur Aufnahme der palästinensischen Flüchtlinge zu bezweifeln.

Auf dem Höhepunkt der Krise appellierte König Abdullah von Transjordanien an den Irak, 100 000 Flüchtlinge, die sich in seinem Land angesammelt hatten, in Bagdad aufzunehmen, doch dort traf dieser Ruf auf taube Ohren. Zahlreiche Ausschüsse der Vereinten Nationen, die eine Lösung für die arabische Flüchtlingsfrage suchten, schlugen ebenfalls den Irak als ideales Aufnahmeland vor – wegen des vielen Wassers, des reichen Bodens und des Mangels an Arbeitskräften, der dort herrschte – doch Bagdad wollte nichts davon wissen. Aus diesen Gründen ist anzunehmen, daß Nuri Said eigentlich nie die leiseste Absicht hatte, das Problem zu lösen.

Am 31. Oktober 1949 veröffentlichte die New York Times einen Brief von Abdullah Y. Bakr, dem Minister und Chargé d'Affaires der irakischen Botschaft in Washington, der alle Gerüchte über ein irakisches Interesse an einem Bevölkerungsaustausch ausdrücklich dementierte. Um die letzten Illusionen zu zerstreuen, wies auch Fadhil Jamali, der damalige irakische Botschafter bei den Vereinten Nationen und spätere Außenminister, in einem Interview, das im Februar 1950 stattfand, solche Gedanken entschieden zurück. Obwohl man also mit Sicherheit annehmen kann, daß Nuri Said nie die Absicht hatte, den Juden des Irak den Auszug zu gestatten, sei es durch Vertreibung oder einen Bevölkerungsaustausch, schikanierte er sie bis zum letzten. Er machte sie in ihrer Gesamtheit für die Niederlage der irakischen Armee auf dem Schlachtfeld in Palästina verantwortlich. Die Lage, in der sich die Juden befanden, erinnert an La Fontaines Fabel, in welcher der hungrige Wolf nach einem Vorwand sucht, um das junge Lamm, dem er am Ufer des Flusses begegnet war, zu fressen.

»Voriges Jahr hast du mich hier verflucht«, beschuldigte der Wolf das verängstigte Lamm.

»Aber nein, mein Herr«, antwortete es, »das kann nicht sein, denn voriges Jahr war ich noch nicht geboren.«

»So«, sagte der Wolf, ohne zu zögern, »dann muß es dein Bruder gewesen sein!«

»Ich habe aber keinen Bruder«, erwiderte das Lämmchen.

»Dann war es eben jemand aus deiner Familie«, unterbrach es der Wolf kurzerhand und verschlang das hilflose Lämmchen.

Genau wie in dieser Fabel wurden auch die Juden des Irak bestraft, weil ihre Verwandten der irakischen Armee Schmach zufügten, indem sie ihre Angriffe zurückschlugen und ihnen eine schwere Niederlage bereiteten. Jedoch nicht des militärischen Debakels allein wurden die Juden beschuldigt: der Krieg hatte die ohnehin schwierige wirtschaftliche Lage noch verschlechtert, und überall machte sich ein Mangel an lebenswichtigen Nahrungsmitteln bemerkbar. Das einfachste war, die Juden auch deswegen zu bezichtigen.

Obendrein und weil es keine Grenzen für unsinnige Behauptungen gibt, warf man den Juden vor, daß diejenigen, die den Irak illegal verließen, ihr Hab und Gut zu niedrigsten Preisen verschacherten, was zu einer wirtschaftlichen »Stagnation« führe – ein Wort, das in jenen Tagen in aller Munde war. Die Juden, die beschlossen hatten, den Irak zu verlassen, wie auch diejenigen, die dort bleiben wollten, hatten in der Tat große Mühe, ihre Immobilien zu verkaufen. Sie waren deshalb gezwungen, sich mit einem Bruchteil des Wertes zu begnügen, wenn sie das Glück hatten, einen moslemischen Käufer zu finden, der über die nötigen Verbindungen verfügte, um sich durch die Hindernisse und Formalitäten der Bürokratie hindurchzukämpfen.

Obwohl diese Lage von der Regierung absichtlich herbeigeführt wurde und trotz der Tatsache, daß es sich höchstens um einige hundert Juden im Monat handelte, was sicherlich keinen spürbaren Einfluß auf die irakische Wirtschaft ausübte, wurde der Öffentlichkeit ein falsches Bild der Lage gegeben.

Was aber die irakischen Behörden vor allem aufbrachte, war die Tatsache, daß es ihnen nicht gelang, den Strom der jüdischen Flüchtlinge, die das Land verließen, aufzuhalten. Besonders betroffen und beschämt fühlten sie sich, weil diese Flucht dem Ausland bekannt war und auch viel darüber berichtet wurde, so daß es den Anschein hatte, die irakische Regierung wäre trotz Ausnahmezustand unfähig, ihre eigenen Grenzen zu sichern.

Dieser Verdruß brachte die Polizei dazu, die Flüchtlinge, die ihr in die Hände fielen, schrecklichen Folterungen auszusetzen. Auch Familienangehörige und jeder, der verdächtigt wurde, irgendwie mit der zionistischen Bewegung in Verbindung zu stehen, wurde nicht verschont.

Nachdem diese Ereignisse schon monatelang anhielten, sah sich sogar ein angeblich objektiver Beobachter wie der britische Botschafter gezwungen, darüber zu berichten:

»... Es gibt keine Zweifel, daß die Verfolgung der Familienmitglieder der irakischen Juden, die nach Palästina gingen, fortgesetzt wird.«

Die Berichte, die wir von unseren Leuten im Irak erhielten, sprachen eine deutlichere Sprache. Am 24. August 1949 erreichte uns folgende Funkmeldung:

»Die Verfolgung der Juden nimmt mehr und mehr zu. In Hilla (einer kleinen Ortschaft südlich von Bagdad) wurden führende Persönlichkeiten der jüdischen Gemeinde verhaftet. Der Gemeindevorsteher in Khanakin, der Ritualschlächter und andere Persönlichkeiten, wurden wegen des Verdachts auf Beihilfe zur Flucht der Juden verhaftet. Der Zustand der Inhaftierten ist entsetzlich. Sie werden zur Zwangsarbeit eingesetzt...

Einige der Verhafteten wurden nach Badra (einem weitentfernten Dorf in der Nähe der iranischen Grenze) überführt, wo man sie nur schwer besuchen kann.«

Fast täglich erreichten uns ähnliche Berichte. In Kirkuk wurde ein älterer Mann namens Salah Efraim – dessen Tochter, die eine unserer Jugendgruppen leitete, in den Iran hinübergeschmuggelt worden war – von seinem Wärter gefoltert und dann zu Tode geprügelt. Die Ottoman Bank in Bagdad wurde von der Polizei durchsucht, wobei acht jüdische Kunden verhaftet und des Geldschmuggels nach Israel bezichtigt wurden. Solche Anklagen wurden auch gegen drei jüdische Kaufleute in Mossul erhoben. Doch das größte Unglück ereignete sich, als es der Polizei gelang, einen jüdischen Denunzianten zu finden.

Said Halaschi, ein schlanker, siebzehnjähriger Bursche, trat wie viele andere jungen Leute der zionistischen Bewegung bei. Doch die Gruppenführer betrachteten ihn als labil, und so wurde er Anfang 1949 von der Bewegung ausgeschlossen, weil er »den moralischen Anforderungen nicht entsprach«.

Einige Monate später, gegen Ende des Sommers, erschien bei ihm die Polizei, um nach seinem Bruder zu fragen, der ein aktiver Kommunist war. In Abwesenheit des Bruders wurde Said Halaschi festgenommen und der Geheimpolizei übergeben.

Aus Angst willigte er ein, für sie zu arbeiten, indem er die ihm bekannten Namen und Adressen der Mitglieder der zionistischen Bewegung preisgab. Im Herbst nahm er an Hausdurchsuchungen teil, um die Mitglieder der Bewegung zu identifizieren, und im Januar 1950 wurde er sogar in Begleitung eines Polizeioffiziers in den Iran geschickt, um uns nachzuspionieren.

Unsere Leute in Bagdad baten deshalb den Mossad um Erlaubnis, Said Halaschi zu beseitigen, was ihnen aber strengstens untersagt wurde.

Die Bewegung mußte schnell handeln, um diese gefährliche Situation zu meistern. Zuerst wurden alle Aktivitäten eingestellt und die geheimen Waffenverstecke unkenntlich gemacht; dann wurden alle Leiter der Bewegung angewiesen, sich in den Häusern anderer Mitglieder, die der Polizei nicht verdächtig waren, zu verstecken. Auch wurden einige in anderen Ortschaften untergebracht oder sogar in den Iran hinübergeschmuggelt und von dort aus nach Israel gebracht.

Zu dieser Zeit wurde die Quasr-Schirin-Route besonders häufig benutzt, denn hier war die Polizei weniger aktiv. Im Süden des Landes hingegen war die Polizei aufmerksamer und äußerst bemüht, die Flucht der Juden zu verhindern. So zum Beispiel wurde die Eisenbahnstation von Basra zu einem Nest von Spionen und Geheimagenten, und es wurden dort tatsächlich viele unserer Leute festgenommen. Doch diese Erfolge waren nur von kurzer Dauer. Einige Tage später blieb der gewaltige Polizeiaufmarsch wirkungslos, unfähig die gesuchten Opfer abzufangen. Leider erwies sich dies als eine Art Pyrrhussieg für uns. Als sich herausstellte, daß die Fahndungsaktionen der Polizei erfolglos blieben, gerieten die Polizeikräfte außer sich.

Ein erfahrener Jäger weiß, daß er oft still verharren und stundenlang auf seine Beute warten muß, bis das verängstigte Wild seinen Schlupfwinkel wieder verläßt und zum Vorschein kommt. Der unbesonnene Jäger hingegen verliert bald die Geduld und schießt blindlings umher, wobei aber die Aussichten, das Wild zu erlegen, sehr gering sind.

Genauso reagierte die irakische Polizei, als ihr klar wurde, daß die Beute schlauer als der Jäger war. Wenn die betreffende Person nicht aufzufinden war, wurde die ganze Familie festgenommen und grausam gefoltert, doch ohne jeden Erfolg, denn die armen Leute hatten wirklich keine Ahnung, wo sich ihre Söhne oder Töchter befanden. Das ergebnislose Verhör verstärkte die Wut und Raserei der Polizisten noch mehr, so daß sich die Folterungen und Verhaftungen auch bald auf die Juden, die überhaupt keine Verbindung zu der zionistischen Bewegung oder der Untergrundorganisation hatten, ausweiteten.

Es verging keine Nacht, in der man aus dem jüdischen Viertel Bagdads nicht die grauenhaften, gellenden Schreie der Gefolterten vernehmen konnte. Als sich die Gefängnisse der Hauptstadt mit Juden füllten, wurden die Insassen von der Polizei in zwei Konzentrationslager gebracht, die gleich zu Beginn des Militärregimes südlich von Bagdad, in Badra und Abu Gharib, errichtet wurden.

Ich wurde über diese Entwicklung unterrichtet, als ich mich nach kurzen Ferien, die ich in Tel Aviv mit meinem Vater und im Kibbuz mit Temima verbracht hatte, beim Mossadhauptquartier meldete. Nun verfolgte ich täglich die Funkmeldungen, die aus Bagdad kamen. Einem der Berichte zufolge, hatte die Polizei am 30. Oktober, am Yom Kippur, dem Versöhnungstag, dem heiligsten Tag im jüdischen Kalender, die Synagoge in Amara, einem kleinen Städchen zwischen Bagdad und Basra, umzingelt und eine Anzahl Gottesdienstbesucher, darunter auch das Oberhaupt der jüdischen Gemeinde, festgenommen.

In immer größer werdender Zahl erreichten uns fürchterliche Beschreibungen über Verhöre und Folterungen. Ich befürchtete das Schlimmste für das Los unserer Bewegung und des ganzen Judentums. Plötzlich erinnerte ich mich an das Gemetzel der Assyrer im Jahre 1933, und ich sah wieder all die schrecklichen Bilder vor mir.

Meine Kollegen rieten mir, mich an unseren Außenminister Mosche Sharett zu wenden und ihm den Ernst der Lage zu schildern. Ich erklärte Sharett, daß wir mit Untergrundaktionen allein nicht weitermachen könnten, sondern daß wir offen und am hellichten Tage handeln müßten, um auf jede nur erdenkliche Art Druck auf die irakische Regierung auszuüben, damit den Ausschreitungen Einhalt geboten werde, bevor die Situation völlig außer Kontrolle geriet. Unsere Kollegen in Bagdad waren ganz der gleichen Meinung, wenn man ihren Funkbericht vom 12. Oktober liest:

An: ARTZI
Von: BERMAN
...
»4. Wir sind ganz machtlos vor der jetzigen Lage.
5. Haben alle Aktivitäten der Bewegung und der ›Schurah‹ eingestellt.
6. Allen Anzeichen nach, handelt es sich um eine Massenaktion und Hunderten, wenn nicht Tausenden drohen Verhaftungen und Folterungen.«

Am 21. Oktober erhielten wir folgenden erschreckenden Funkbericht:

An: ARTZI
Von: BERMAN
»Dutzende von Hausdurchsuchungen wurden in den Wohnungen der Leiter und der Kommandanten (der ›Schurah‹) vorgenommen. Drei Mädchen und ein Junge sind den Folterungen erlegen. In den Schulen wurden Lehrer und Schüler verhaftet. Die Geheimpolizei wendet die grausamsten Foltermethoden an:
1. Sie fesseln die Hände der Verhafteten mit Ketten, hängen sie an den Händen auf und peitschen sie.
2. Sie tauchen ihre Hände und Füße in kaltes Wasser.
3. Sie brandmarken sie mit rotglühendem Eisen am ganzen Körper... Viele derjenigen, die solche Folterungen mitgemacht haben, sind kaum noch zu erkennen und sind total hysterisch geworden...«

Mit Hilfe unserer Diplomaten und jüdischer Institutionen organisierten wir einen Feldzug in einer ganzen Reihe von Hauptstädten, um diese Ereignisse an die Weltöffentlichkeit zu bringen. Es stellte sich jedoch heraus, daß diese Bemühungen ein zweischneidiges Schwert waren, denn sie gaben einige unserer Quellen preis und deuteten darauf hin, daß direkte und heimliche Verbindungen zwischen Bagdad und Tel Aviv bestanden.

Als Außenminister Sharett bekanntgab, daß wir im Besitz einer Liste mit den Namen der verhafteten Juden wären, erwiderte die irakische Zeitung ›Al-Yak'hah‹: ›Weder bestätigen noch verneinen wir es; doch muß die Öffentlichkeit wissen, daß die Juden im Irak über geheime Wege verfügen, um ihre Informationen zu übermitteln.‹

Nuri Said erklärte vor dem irakischen Parlament, die irakischen Behörden seien sich sicher, daß die zionistische Untergrundbewegung Funkkontakt mit Israel aufrechterhalte.

Trotz der Gefahr der Exponierung schien unser Feldzug Früchte zu tragen. Wir konnten mit Genugtuung feststellen, daß die Tatsachen, die wir veröffentlichten, auf wahrhaftig überraschendes Interesse in der Weltöffentlichkeit stießen. Amerikanische, französische und europäische Tageszeitungen brachten auf ihrer ersten Seite die Berichte ihrer Korrespondenten aus Tel Aviv und beschrieben die Schritte, die das israelische Außenministerium und die jüdischen Organisationen unternehmen wollten. Bald darauf sah sich die irakische Delegation bei den Vereinten Nationen gezwungen, Stellung zu nehmen, indem sie lange Briefe an die Redaktionen schickten, um Israels Beschuldigungen zu dementieren.

Das ermutigte uns eigentlich, weil wir das Bestreben der Iraker, unsere Behauptungen zu bestreiten, als Zeichen dafür sahen, daß sie um die öffentliche Weltmeinung besorgt waren.

Leider ist das Interesse der Informationsmedien immer nur von kurzer Dauer, und nach einer Weile wurde das Thema nur noch am Rande erwähnt.

Da ich befürchtete, daß das Abflauen des Interesses bei den Medien den Druck auf den Irak lockern würde, beschloss ich Mosche (Moish) Pearlman s.A. aufzusuchen, der damals Sprecher der Armee und Leiter des Pressebüros der Regierung in Tel Aviv war. Moish hörte aufmerksam zu und sagte schließlich: »Du hast recht, Shlomo, es ist mehr als wahrscheinlich, daß das Thema zu einer Routinesache wird. Eine öffentliche Bekanntmachung gleicht einem Feuer: die Flammen können anfangs hoch auflodern, doch wenn das Feuer nicht geschürt wird, erlischt es. Wir brauchen Fakten und Beweise.« Die Sache mit dem Erbringen von Beweisen war schon seit langer Zeit ein wunder Punkt, der immer wieder auch in den Telegrammen unserer Botschafter zum Ausdruck kam.

»Welche Beweise braucht man noch?« fuhr ich Moish an. »Die Funkmeldungen aus dem Irak geben uns alles an: Ort, Datum, die Namen der Menschen, die verhaftet wurden, die den Folterungen erlagen, oder die schwer verunstaltet blieben. Müssen wie sie herholen, damit sie als Zeugen aussagen?«

»Mit mir mußt du nicht böse sein!« protestierte Moish mit gutem Recht. »Ich bestimme doch nicht die Spielregeln, ich versuche nur zu helfen. Vielleicht wäre es angebracht, einen fremden Journalisten hinzuschicken, um der Sache nachzugehen. Oder wir könnten vielleicht einen Zeugen aus dem Irak herholen. Leider gibt es nicht viele andere Möglichkeiten!«

Gänzlich niedergeschlagen verließ ich Moishs Büro. Natürlich war es eine gute Idee, einen Journalisten hinzuschicken, doch wer garantierte uns, daß die Iraker ihn auch hereinlassen würden? Und die Sache mit dem Zeugen, den man direkt aus Bagdad bringen sollte, setzte dem Ganzen die Krone auf. Stellte sich Moish etwa vor, es wäre so einfach, wie wenn man jemanden aus England oder aus Frankreich herbestellen würde?

Enttäuscht kehrte ich zum Mossad zurück, wo ich auf Sammi stieß, der ebenfalls kam, um die letzten Nachrichten aus Bagdad zu erfahren. Als ich ihm von meiner Unterredung mit Moish erzählte, sagte er zu meinem Erstaunen: »Shlomo, worin besteht eigentlich die Schwierigkeit? Wenn es sich nur um einen Zeugen handelt – also gut, wir bringen Moish den Zeugen!«

»Aber wie denn?« fragte ich zweifelnd.

»Ich bin der Zeuge«, sagte er wie selbstverständlich. »Schau, es gibt viele, die dich kennen, aber mich kennt keiner. Also bin ich der Zeuge!«

»Aber, Sammi, es muß doch jemand sein, der erst vor kurzem aus dem Irak gekommen ist – und du hast Bagdad schon vor zehn Monaten verlassen!«

Sammi sah mich mitleidig an und sagte langsam: »Shlomo, sag mal, was haben sie dir eigentlich im Kibbuz angetan, und dazu in nur einer Woche? Haben sie dich einer Gehirnwäsche unterzogen?«

Langsam fing ich an, die Vorteile seiner Idee zu erwägen. »Du hast recht«, gab ich zu, doch beim Anblick seines ironischen Lächelns rief ich mit einem lauten Freudenschrei: »Ja, so ist's! Du bist ein verdammtes Genie, Sammi!«

Um die Sache glaubwürdiger erscheinen zu lassen, wartete ich einige Tage, bis ich Moish telefonisch mitteilte, daß soeben ein Mann in Tel Aviv angekommen sei, der vor weniger als einer Woche Bagdad verlassen hatte.

»Wunderbar!« rief Moish freudig aus. »Wie hast du das fertiggebracht?«

»Wir haben mit unseren Leuten in Bagdad Kontakt aufgenommen und verlangt, sie sollten uns jemanden herschicken«, erklärte ich.

»Sehr gut«, erwiderte Moish, der langsam in Schwung kam. »Ich werde eine große Pressekonferenz veranstalten und alle ausländischen Journalisten einladen. Dein Mann soll ihnen alles erzählen und auch ihre Fragen beantworten.«

»Das ist aber nicht so einfach«, sagte ich in einem etwas besorgten Ton, um die Sache glaubwürdiger zu gestalten. »Wir haben nämlich ein Problem!«

»Welches?«

»Er spricht keine Sprache, die den Journalisten verständlich wäre!«

»Was meinst Du damit?«

»Tja, was ich meine, ist, daß er weder Hebräisch noch Englisch noch Französisch spricht, und dazu kann er sich kaum auf Arabisch ausdrükken. Er spricht nur den arabischen Dialekt der irakischen Juden! Es ist ein ganz ungebildeter Mensch, ein einfacher Krämer!«

»Das ist überhaupt kein Problem«, antwortete Moish erleichtert. »Du wirst das, was er sagt, ins Hebräische und ins Englische übersetzen. Das kannst du doch, hoffe ich!«

»Ich werde es versuchen«, antwortete ich bescheiden.

Am nächsten Nachmittag brachte ich Sammi zur Pressekonferenz, die im Ritz Hotel am Strand von Tel Aviv stattfand.

Als wir eintraten, war ich sprachlos, denn ich war noch nie einer solchen Menge von Journalisten an einem Ort begegnet. Buchstäblich zusammengepreßt, füllten sie den Saal. Sammi war etwas seltsam gekleidet – so wie er sich das Aussehen eines jüdischen Flüchtlings, der den Irak eben verlassen hatte, vorstellte.

Moish, der gerade im Begriff war, den Journalisten die Lage zu schildern, unterbrach seine Erklärungen, um mich wie auch Sammi, als einen jüdischen Flüchtling, der gestern aus dem Irak gekommen war, vorzustellen.

Kaum hatte Moish seine Einführung beendet, da wurde Sammi plötzlich von einem wilden Wutanfall gepackt. Er gab eine Reihe Flüche und Schimpfwörter von sich und stürmte zur Ausgangstür. Durch Sammis unvorgesehenes und überraschendes Vorgehen gänzlich aus der Fassung gebracht, rannte ich ihm nach. Glücklicherweise erinnerte ich mich im letzten Augenblick daran, ihn auf arabisch anzusprechen. Wutentbrannt erklärte er mir, daß er keinen Augenblick länger dableiben würde, wenn die Journalisten ihre Photoapparate behielten. »Meine ganze Familie ist in Gefahr«, tobte er. »Sie haben mir gesagt, ich würde in Sicherheit sein, und ich habe es ihnen geglaubt.«

Es kostete genug Mühe, bis ich ihn beruhigen und Moish erklären konnte, was sich da eigentlich abspielte. Sofort bat er die Journalisten, ihre Kameras beiseite zu legen, und sagte ihnen, daß die israelische Regierung die Richtigkeit der Aussagen bestätigen würde.

Eigentlich empfand ich tief in mir ein gewisses Unbehagen über die Art und Weise, wie wir die Sache angingen, doch sagte ich zu mir selbst, daß es Augenblicke gibt, wo der Zweck die Mittel heiligt, und daß die jetzige Situation es ganz sicher rechtfertige.

Nachdem es mir gelungen war, Sammi zu beschwichtigen und ihn zu bewegen, seinen Platz wieder einzunehmen, erzählte er alles, was uns aus den täglichen Berichten, die uns aus Bagdad erreichten, bekannt war. Er schmückte die Erzählung noch mit persönlichen Eindrücken, malerischen Beschreibungen in saftigen Ausdrücken. Als es dann zu den Fragen kam, die Sammi beantworten sollte, wurde er mehrere Male von Wutanfällen gepackt, so daß ich immer wieder einspringen mußte, um ihn zu beruhigen. Auch mußte ich mich sehr anstrengen, jedes seiner Worte zu übersetzen, da er eine ganze Reihe volkstümlicher Ausdrücke, Redewendungen und Sprichwörter der irakisch-jüdischen Mundart gebrauchte. Dabei hatte ich nie geahnt, daß er diese Sprache so hervorragend beherrschte.

Am Ende der Konferenz näherte sich mir ein israelischer Journalist und sagte: »Ich hätte mir nie vorgestellt, daß es so primitive Leute gibt! Sein Benehmen war geradezu das eines verletzten Tieres.«

»Beurteile nicht den anderen, bevor du dich nicht selbst in seiner Lage befindest«, zitierte ich tadelnd ein altes hebräisches Sprichwort. »Vergessen Sie nicht, was der Mann in den letzten Tagen alles mitmachen mußte.«

Ich war äußerst zufrieden, denn wenn ein scharfsinniger und erfahrener israelischer Journalist so beeindruckt war, bedeutete es, daß es uns gelungen war, unser Ziel zu erreichen.

Tatsächlich schenkte die Weltpresse jetzt den Leiden der Juden im Irak wieder große Aufmerksamkeit. Zwischen dem 25. und 27. Oktober galten die Schlagzeilen auf den ersten Seiten der Zeitungen unserer Pressekonferenz. Die Geschichte des jüdischen Flüchtlings aus Bagdad wurde von der New York Times unter dem Titel »Anti-jüdische Aktionen im Irak« veröffentlicht, während der Titel der Herald Tribune »Jüdischer Flüchtling bezichtigt den Irak der Pogrome; Israel will UNO einen Sanktionsplan vorlegen« lautete. Diese letzte Nachricht bestätigte die Tatsache, daß die israelischen Diplomaten, die jetzt durch die Flut der erneuten Veröffentlichungen angespornt wurden, auch ihrerseits fieberhaft tätig waren.

Israels Außenminister Sharett übermittelte am 21. Oktober Eliyahu Elath, dem israelischen Botschafter in Washington, eine lange Liste von Beschlüssen, die in Vereinbarung mit dem Mossad getroffen wurden; darunter auch die Veranstaltung von Demonstrationen vor der irakischen Botschaft in Washington und vor der irakischen Vertretung in New York. Gleichzeitig wolle man bei den Vereinten Nationen formell Anklage erheben.

Am 4. November berichtete Botschafter Elath von seiner Unterredung mit dem stellvertretenden Unterstaatssekretär für Nah-Ost-Angelegenheiten, McGhee, in welcher letzterer betonte, das State-Department empfehle, diese Angelegenheit auf keinen Fall vor die Vereinten Nationen zu bringen, da eine Debatte in der Generalversammlung die Gemüter noch mehr erhitzen werde, was den Juden im Irak mehr Schaden als Nutzen brächte.

Obwohl unser Außenministerium geneigt war, diesen Rat zu befolgen, blieb die Drohung, daß man die ganze Angelegenheit vor die Vollversammlung bringen würde, weiter aktuell, und die Iraker sahen sich deshalb zu erhöhter Wachsamkeit gezwungen, bis Terence Shone, ein Mitglied der britischen Delegation bei den Vereinten Nationen, die Sache zunichte machte.

Shone berichtete am 8. November dem Foreign Office über eine Besprechung mit Abba Eban, dem Chef der israelischen Vertretung bei der UNO, wobei sie über die zeitbedingte Schwierigkeit sprachen, alle Probleme, die auf der Tagesordnung standen, zu debattieren.

> »Dann fragte ich Abba Eban, ob er beabsichtige, die Zeit der Vollversammlung noch mehr in Anspruch zu nehmen, indem er die Behandlung seiner Landsleute im Irak zur Debatte brächte. Darauf antwortete er mir lachend, daß seine Delegation keine solchen Absichten hätte und er sich auf uns verlasse, den Irakern nichts zu melden.«

Doch dieses Vertrauen war nicht angebracht, denn die Briten beeilten sich, die Iraker davon in Kenntnis zu setzen, daß das Problem nicht vor die Vollversammlung gebracht werden sollte.

Trotzdem waren sich die Iraker der allgemeinen Tätigkeit, die bei den Vereinten Nationen entfaltet wurde und in den verschiedenen Besprechungen und Beratungen zum Ausdruck kam, bewußt. Was wir damals nicht voraussehen konnte, war die Tatsache, daß der Chef der irakischen Delegation bei den Vereinten Nationen, Tawfiq Suweidi, einige Monate später zum Premierminister ernannt wurde.

In Europa selbst waren die Reaktionen auf die irakischen Geschehnisse unterschiedlich. Die Franzosen schienen recht gut informiert zu sein, denn ein Memorandum des Leiters der französischen Gesandtschaft in Bagdad berichtete von Verhaftungen, die »nach bester Gestapotradition stattfinden«, von »brutalen Entführungen« sowie von Meldungen, »daß man aus dem Hauptquartier des Geheimdienstes die Schreie der Gefolterten hören könne«.

Die Engländer betrachteten diese Entwicklung mit anderen Augen, denn sie verfolgten andere Zwecke. Das Foreign Office fühlte sich dazu verpflichtet, Nuri Said und sein Regime zu unterstützen, und beschloß deshalb, Israels Meldungen über die brutale antijüdische Politik im Irak als bösartige Propaganda abzutun.

Michael Wright, der Chef der Orientabteilung im Foreign Office, erklärte Israels Minister Mordechai Eliaschar, daß seine Regierung Israels Behauptungen überprüft und in Erfahrung gebracht habe, daß einige Juden, darunter auch vier Frauen, tatsächlich verhaftet wurden, doch sei dies wegen »zionistischer Aktivität, die laut Gesetz eine strafbare Handlung sei, geschehen«.

Mehr als einen Monat später, am 12. Dezember, sandte auch der britische Botschafter im Irak einen besänftigenden Bericht an Premierminister Clement Attlee:

> »Ich bezweifle nicht, daß sogenannte Methoden dritten Härtegrades angewendet werden, doch wurde kein einziger spezifischer Fall der Folterung zu meiner Kenntnis gebracht.«

Doch die Engländer schienen sich nicht damit zu begnügen, die Tatsachen zu vertuschen – oder sie einfach nicht sehen zu wollen. Nun fingen sie auch an, uns zu verleumden, weil wir die Wahrheit ans Tageslicht zu bringen versuchten. So funkte zum Beispiel Eliyahu Elath am 4. November 1949 an Mosche Sharett:

> »Mitglieder der britischen Botschaft (in Washington) verbreiten Gerüchte, wonach Israel die ganze Geschichte der Judenhetze im Irak einfach erfunden habe, um die Geldeinnahmen (des United Jewish Appeal) auf diese Weise zu erhöhen.«

Doch selbst die Briten konnten die Wahrheit nicht unaufhörlich in Abrede stellen. Anfang Dezember, als Premierminister Attlee von seinem Botschafter in Bagdad einen ausführlichen Bericht verlangte, mußte Sir Henry Mack folgendes zugeben:

»Die Lage der Juden im Irak hat sich seit Mai 1948 verschlechtert... –Der Ausnahmezustand wurde zum Nachteil der jüdischen Einzelpersonen aufs gröbste mißbraucht. Die jüdische Gemeinde hat nicht mehr dieselben wirtschaftlichen Rechte und Möglichkeiten wie vorher... Schwere Strafen werden oft ohne Grund verhängt. Einzelheiten über die verschiedenen Fälle sind jedoch nicht bekannt, da alles im geheimen stattfindet.«

Nachdem der Botschafter die Berichte des Jüdischen Weltkongresses über Folterungen und Mißhandlungen als falsch abtat, behauptete er, daß diese Meldungen für das Entstehen von Vorurteilen verantwortlich seien. Schließlich mußte er aber doch zugeben, daß die Behandlung der Juden im

»Irak der irakischen Regierung keine Ehre macht und man sie gegen die Diskriminierung nicht verteidigen kann. Ich befürchte, daß die jüdische Gemeinde im Irak einer ungewissen Zukunft entgegengeht und zu erwarten ist, daß diese aus uralten Zeiten stammende Gemeinde an Zahl und Einfluß verlieren wird.«

Trotz dieser Feststellung hielt er aber weiter daran fest, daß die Behauptungen des Jüdischen Weltkongresses über eine totale Vernichtung dieser Gemeinde völlig unberechtigt seien.

Die Juden des Irak dachten nicht darüber nach, ob sie bald gänzlich vernichtet werden würden oder nur Einfluß und Anzahl einbüßen müßten. Sie wußten nur das eine, nämlich, daß sie sich in einer verzweifelten Lage befanden. Dieselben Juden, die sich nach dem ›Farhoud‹ von 1941, nach den Massenverhaftungen von Mai und Juni 1948 und nach Shafiq Addas Tod durch den Strang hüteten, öffentlich Stellung zu nehmen, drängten jetzt heftig auf Aktion.

Hacham Sasson Keduri[1], das offizielle Oberhaupt der jüdischen Gemeinde, ein ruhiger, fügsamer und vornehmer Herr in den Siebzigern, der von der Regierung ernannt war, versuchte die lauten Forderungen seiner Gemeinde abzuwehren, die immer mehr auf eine Konfrontation mit den Behörden drängte und von ihm verlangten, demonstrative Maßnahmen zu ergreifen.

Tagtäglich erschienen in seiner Kanzlei die Eltern der jungen Leute, die bei Nacht verhaftet wurden. Sie gaben ihm keine Ruhe und drängten auf ihn ein, bis er endlich nachgab und Dienstag, den 25. Oktober,

[1] Hacham ist der Ehrentitel eines Rabbiners des orientalischen Judentums und bedeutet wörtlich »weise«.

zum Fasten- und Gebetstag erklärte. Doch zu diesem Zeitpunkt hatte er die Oberhand über die jüdische Gemeinde bereits verloren.

Zwei Tage vor dem festgelegten Fasten- und Bettag, also am 23. Oktober, versammelten sich die Mütter und Schwestern der Inhaftierten auf der Straße vor Keduris Amt und verlangten, er solle sich ihnen zu einer Demonstration vor dem Palast des Regenten anschließen. Als sich Keduri weigerte, stürmten die Frauen in seine Kanzlei, zertrümmerten und verwüsteten sie. Als er schließlich ängstlich kapitulierte, war es zu spät, denn die erbosten Frauen fuhren fort, ihn zu beschimpfen und zu beleidigen. Sie warfen seinen Turban, das Symbol des Oberhauptes, zu Boden und verfluchten ihn vor den Augen der erstaunten Passanten.

Wer die Polizei rief, ist nicht bekannt, doch sie erschien erstaunlich schnell, um die Demonstration zu zerstreuen und Verhaftungen vorzunehmen, insbesonders unter den jüdischen Männern, die sich zufällig in den benachbarten Straßen befanden.

Jeder staunte über den Fasten- und Bettag am 25. Oktober und nicht zuletzt die Juden selbst, denn die ganze jüdische Gemeinde, ohne irgendeine Ausnahme, schloß sich ihm an: Kinder blieben zu Hause, die Schulen waren leer, Läden und Geschäfte blieben geschlossen, und sogar Juden, die als Regierungsbeamte tätig waren, erschienen an diesem Tag nicht zur Arbeit. Die Polizei reagierte darauf mit verstärkten Gewalttätigkeiten, da sie den Streik als Provokation auffaßte. Als Oberhaupt der Gemeinde tat Sasson Keduri alles, was in seiner Macht stand, um die Behörden dazu zu bringen, ihre Verfolgungen aufzugeben und die Verhafteten auf freien Fuß zu setzen, doch die Gemeinde hatte das Vertrauen zu ihm verloren. Jetzt wurde ihm die Schuld für all das, was schiefging, zugeschoben, wobei seine oft wiederholten Verurteilungen des Zionismus, durch die er die Behörden zu beschwichtigen hoffte, ihn als Verräter dastehen ließen. Auf dem Höhepunkt dieser Ereignisse trat Keduri zurück, entweder weil er einsah, daß er in so stürmischen Zeiten nicht mehr imstande war, an der Spitze der Gemeinde zu stehen, oder weil er glaubte, die Gemeinde schätze seine Bemühungen nicht genügend.

Sein Amt wurde auf Ezekiel Shemtov übertagen, der genau das Gegenteil seines Vorgängers darstellte und übrigens ein Vetter meiner Mutter war. Shemtov war wohlhabend und liebenswürdig und hatte in Konstantinopel und Genf studiert. Er war energisch und stolz – genau wie man es von einem Gemeindeführer erwartete, der gleichzeitig reich und kultiviert war und einen gehobenen Posten bekleidete. In seinem Bekanntenkreis gab es prominente Regierungspersönlichkeiten wie zum Beispiel Tawfiq Suweidi, der bald darauf Premierminister des Irak wurde.

Nur einen Tag nach Keduris Rücktritt legte auch Nuri Said sein Amt nieder, und Ali al-Ayubi Jawdat wurde mit der Bildung einer neuen Regierung beauftragt. Selbstverständlich ging Nuri Said nicht wegen seiner Politik der Judenverfolgung, sondern wegen seiner Unfähigkeit, die wirtschaftlichen Probleme des Irak zu lösen, und wegen der verheerenden Schlappe, die die irakische Armee im Kampfe gegen Israel erlitten hatte. Dazu kam noch sein Unvermögen, dem Irak eine führende Rolle in der arabischen Welt zu sichern.

Auch sein Nachfolger blieb nicht einmal zwei Monate im Amt, doch in dieser Zeitspanne verringerte sich der Druck auf die jüdische Gemeinde, denn Jawdat hob am 18. Dezember 1949, eine Woche nachdem er den Eid geleistet hatte, den Ausnahmezustand auf. Doch statt die Flucht der Juden aufzuhalten, spornte diese Maßnahme die Juden noch mehr an, den Irak zu verlassen. Polizeioffiziere und Schmuggler, die sich bis dahin vorsichtig und zurückhaltend gezeigt hatten, traten jetzt ans Licht und boten den Juden ihre Dienste an. So konnten wir im Januar 1950, 1058 Juden in den Iran bringen, im Februar 1020 und im März waren es schon 1700, ohne diejenigen zu zählen, die auf eigene Faust in den Iran flüchteten.

Die Kehrseite der Sache war aber, daß die Zahl der Juden, die bei ihren Fluchtversuchen erwischt wurden, dramatisch anstieg. Da die Bemühungen der Polizei, die Grenzen hermetisch abzuschließen, keinerlei Wirkung zeigten, begann sie jetzt jeden, der ihr »fluchtverdächtig« erschien, zu verhaften, und zwar meistens in der Nähe der großen Verkehrszentren. Dies führte natürlich zu bedeutenden Komplikationen, denn auf diese Weise wurden alle Juden, die sich in Basra befanden, und sogar solche, die dort lebten, als verdächtig betrachtet, und konnten jederzeit verhaftet werden. Die Lage verschlechterte sich zusehends, da die Juden auch ein leichtes Opfer der Schlägerbanden wurden, die sie am hellichten Tag angriffen. Immer wieder baten uns unsere Leute, Schritte zu unternehmen, um den Irak zu bewegen, seine Politik zu ändern. Leider aber war unsere Antwort immer die gleiche, nämlich, daß die Iraker sich anscheinend von der öffentlichen Meinung nicht beeinflussen ließen. Daher blieb uns nichts anderes übrig, als so viele Menschen wie möglich aus dem Irak herauszubringen, da die Flucht der Juden in der Weltpresse Schlagzeilen machte und gleichzeitig den Irak in ein sehr negatives Licht rückte.

So schickte zum Beispiel die New York Times Anfang 1950 ihre Berichterstatter direkt an die Grenze, um eine volldokumentierte Beschreibung der jüdischen Auswanderung unter dem Titel »Ständiger Strom der Juden, die den Irak verlassen« zu veröffentlichen.

Gleichzeitig weckte bei vielen Irakern die steigende Gefahr der verbrecherischen Straßenbanden ernste Bedenken. Man befürchtete jetzt, daß, wenn solche Verbrecherbanden ihre Angriffe am hellichten Tag frei und unbestraft weiterführen durften, sie nicht nur Juden, sondern bald auch andere Bürger überfallen würden. Die Befürchtung, die Lage könne außer Kontrolle geraten und zur totalen Anarchie wie auch zum Zusammenbruch der öffentlichen Ruhe und Ordnung führen, beeinflußte in zunehmendem Maße die öffentliche Meinung, genau zu dem Zeitpunkt, wo die Verzweiflung der Untergrundbewegung ihren Höhepunkt erreichte. Gerade als Anfang 1950 der Zusammenbruch der zionistischen Bewegung unvermeidlich schien, erkannte Nuri Saids Nachfolger endlich, daß der Zermürbungskrieg gegen die Juden dem Irak mehr Schaden als Nutzen einbrachte. Ganz plötzlich wurde uns am 27. Januar aus Bagdad mitgeteilt, daß Ezekiel Shemtov Premierminister Jawdat besucht und von ihm Zusicherungen erhalten habe, daß die Juden nicht nur Reisepässe bekommen könnten, sondern auch alle Urteile, die von Oktober bis Ende Dezember gefällt wurden, überprüft werden sollten.

Einige Tage nachdem Shemtov diese Zusicherungen von Jawdat erhalten hatte, mußte letzterer sein Amt niederlegen. Die von ihm eingeleitete Entwicklung kam jedoch nicht zum Stillstand, sondern beschleunigte sich noch. Anstelle von Jawdat wurde nun Tawfiq Suweidi zum Premierminister ernannt. Suweidi war früherer Außenminister und auch Chef der irakischen Delegation bei den Vereinten Nationen und war deshalb viel empfindlicher, was die öffentliche Meinung im Ausland anbetraf, als sein Vorgänger. Doch gab es noch etwas Eigenartiges, das ihn kennzeichnete: In seiner Jugend war Suweidi ein Schüler der jüdischen Schule »Alliance Israélite Universelle« gewesen, die damals als beste Schule im Irak galt, weshalb viele Kinder der irakischen Moslem-Aristokratenfamilien dort studierten. Vielleicht war dies der Grund, warum er eine äußerst korrekte Haltung den Juden gegenüber einnahm.

Wie dem auch sei, am 15. Februar funkte uns Bagdad, daß Tawfiq Suweidi seinem Jugendfreund Ezekiel Shemtov erklärt habe, die Regierung sei bereit, den Juden »Laissez-passer« auszustellen.

Am 27. Februar erreichte uns die Meldung, daß Shemtov verlangt habe, man solle den Juden, die fortwollten, Pässe und nicht einfache »Laissez-passer« erteilen, und er der Meinung sei, die Angelegenheit würde im Laufe einer Woche geregelt werden.

Weniger als eine Woche danach ereignete sich jedoch etwas Unglaubliches und dazu noch an einem Tag, der nicht besser passen konnte, nämlich genau am Purimfest. An diesem Tag erinnern sich die Juden an die dramatische Wendung des Schicksals der alten jüdischen Gemeinde in Persien, die auf Veranlassung von Haman, dem obersten Minister des Königs, durch einen Massenpogrom im ganzen Lande der Vernichtung geweiht war. Im letzten Augenblick jedoch wurde diese Gemeinde durch Esther, der jüdischen Braut des Königs, gerettet.

Purim wurde von den irakischen Juden immer mit besonderer Ehrfurcht gefeiert, wahrscheinlich auch wegen der geographischen Nähe zum historischen Schauplatz dieses Ereignisses der Antike. Familienmitglieder und Freunde beschenkten sich gegenseitig mit Kuchen und Gebäck. Man schickte sich große Platten, beladen mit den traditionellen Delikatessen, die bis zum heutigen Tage angeboten werden. Ebenso war es Brauch, den Kindern »Purimgeld« zu geben, ein wenig Kleingeld, mit dem sie sich Lose kauften oder mit anderen Glücksspielen vergnügten, die am Purimtag unerläßlich waren, da sie ein Symbol der plötzlichen Schicksalswende sind, an die der Feiertag erinnern soll.[1]

Und so geschah es, daß sich auch an diesem Purimtag das Schicksal wendete, gerade als es den Juden schien, sie müßten alle Hoffnung aufgeben. An diesem Donnerstag, dem 2. März 1950, als sie sich in den Synagogen versammelten, wo das Buch »Esther« vorgelesen wurde, das über die wundersame Erlösung ihrer Ahnen von der Verfolgung berichtet, sickerte die unglaubliche und unerwartete Nachricht durch, Innenminister Saleh Jabr habe dem Parlament einen Gesetzentwurf unterbreitet, der den Juden erlauben sollte, den Irak für immer zu verlassen, falls sie bereit wären, auf die irakische Staatsangehörigkeit zu verzichten. Das Gesetz wurde noch am selben Tag mit großer Mehrheit vom Parlament verabschiedet und an den Senat weitergeleitet, wo es zwei Tage später nach heftigen Debatten angenommen wurde.

Zu dieser Stunde befand ich mich in meinem Kibbuz und versuchte, mich dort wieder einzuleben. Der Kibbuz hatte inzwischen nicht nur seinen Namen geändert – er hieß nun Ma'agan Michael –, sondern befand sich auch an einem anderen Ort. Er lag jetzt an der Mittelmeerküste südlich von Haifa. Wiederum war ich fest überzeugt, meine Tätigkeit im Mossad beendet zu haben, obwohl mir das Zentral-

[1] »Pur« bedeutet Los und »Purim« Lose.

büro regelmäßig die Meldungen, die aus Bagdad eintrafen, übermittelte. »Damit Du im Bilde bist«, wie sich Mosche Karmil ausdrückte.

So erfuhr ich von der dringenden Funkmeldung, die uns am 2. März aus Bagdad erreichte und von der außerordentlichen und gänzlich überraschenden Entwicklung, die dort stattfand, berichtete. Ihr Anfang war pathetisch und ergreifend:

> »Jetzt dürfen wir vor Freude weinen, da wir mit unseren eigenen Augen die Früchte unserer Arbeit sowie der unserer Vorgänger sehen können. Nun ist die Stunde der Erlösung für die gepeinigten Juden gekommen.«

Bis zum Erhalt dieser Meldung gab es zwar Gründe zu hoffen, die Iraker würden auf diese oder jene Art den Druck etwas lockern und vielleicht eine gewisse Anzahl Reisedokumente erteilen, sei es nur, um uns den Wind aus den Segeln zu nehmen. Niemand hatte aber mit einem so radikalen Umschwung gerechnet und sich vorgestellt, es würde sich die Möglichkeit bieten, alle Juden des Irak zu retten.

Doch in aller Bescheidenheit muß unterstrichen werden, daß der Umschwung ein Ergebnis unserer erfolgreichen Bemühungen war, die illegale Auswanderung der Juden durch den Iran zu organisieren. Anfangs war es uns nicht möglich gewesen, die Auswirkung unserer Arbeit zu bewerten. Jetzt aber, nachdem das Gesetz veröffentlicht wurde, konnte man eindeutig feststellen, wie schwer unsere Tätigkeit die Iraker getroffen hatte, denn die Einleitung brachte es offen an den Tag:

> »Es wurde zur Kenntnis genommen, daß irakische Juden das Land auf illegalem Wege zu verlassen versuchen und andere dies bereits auf illegale Weise getan haben. Die Anwesenheit von Personen dieser Art, die gezwungen wären, sich im Irak weiter aufzuhalten und die irakische Staatsangehörigkeit zu behalten, würde die öffentliche Ruhe und Ordnung unvermeidlich beeinträchtigen und wirtschaftliche und soziale Probleme herbeiführen.
> Deshalb ist es ratsam, diejenigen, die den Irak endgültig verlassen möchten und ihre Staatsangehörigkeit verlieren wollen, nicht davon abzuhalten.
> Zu diesem Zweck wurde vorliegendes Gesetz öffentlich verkündet.«

Zusammenfassend könnte man wohl sagen, daß trotz der brutalen Verfolgungen, denen die Juden ausgesetzt wurden, und trotz unseres unzulänglichen Rettungsplanes es letzten Endes doch die irakische Regierung war, die als erste nachgab. Die offiziellen Dokumente, die seit damals veröffentlicht wurden, beweisen auch, daß sich die Iraker nicht vorgestellt hatten, daß fast das gesamte irakische Judentum diese Gelegenheit ergreifen und auf seine Staatsangehörigkeit verzichten würde, um nach Israel auszuwandern. So zeigten zum Beispiel die Berichte des britischen Botschafters in Bagdad, daß Tawfiq Suweidi und Saleh Jabr der Meinung waren, es würden nicht mehr als sieben- bis zehntausend Juden von dem Gesetz Gebrauch machen.

Zurückblickend muß man sagen, daß wir uns selbst auch verrechnet hatten, als wir im vergangenen Jahr das »Big Deal« Abkommen mit dem Iran schlossen. Eigentlich war dies kein so großes Geschäft gewesen, weder in seinen politischen Auswirkungen außerhalb des Iran, noch in seinem Echo unter der jüdischen Bevölkerung dieses Landes, denn es machten nicht einmal ein Viertel der dortigen Juden von dieser Gelegenheit Gebrauch. Außer den wirklich aktiven Zionisten war im allgemeinen nur die arme Schicht der jüdischen Bevölkerung zur Auswanderung bereit.

Man konnte also annehmen, daß die Iraker dieselbe Antwort auf ihr gleichartiges Angebot erwarteten: Sollten die Juden in Frieden leben, würden sie sicherlich bald ihre Angst überwinden, zu ihrer gewohnten Lebensweise zurückkehren und bestimmt eine Menge Gründe finden, um sich nicht vom Fleck zu rühren.

Hauptsächlich würden es die aktiven Zionisten sein, die vom neuen Gesetz Gebrauch machen würden, und die ohnehin ein »störendes Element« darstellten, wie auch die völlig Mittellosen, die für die irakische Wirtschaft nichts beizutragen hatten. Solange nur eine kleine Anzahl Juden das Land verließ, würde dies, genau wie im iranischen Präzedenzfall, nur wenig Aufsehen erregen.

Es muß erwähnt werden, daß selbst diejenigen, die als Kenner des jüdischen Problems im Irak galten, zu den gleichen Schlußfolgerungen gelangten. Sie waren der Meinung, daß gerade in denjenigen Ländern, die den Juden die freie Ausreise gewährten, die wenigsten davon Gebrauch machten – und die Geschichte des Judentums in der Diaspora konnte viele Beweise dafür liefern. Andere glaubten, die Juden würden nur sehr ungern auf ihre irakische Staatsangehörigkeit verzichten, aus Angst, sie könnten plötzlich im Irak als staatenlose Personen steckenbleiben. Andere wiederum waren der Auffassung, die Juden würden es sich gründlich überlegen, bevor sie ihr Eigentum veräußerten, denn unter den gegebenen Umständen konnten sie beim Verkauf ihres Besitzes nicht mehr als 10 Prozent des Wertes erzielen.

So schwankte laut Schätzung aller Experten in Israel die Anzahl der potentiellen Einwanderer zwischen zehn- und zwanzigtausend Personen.

Ich selbst nahm an der Sitzung teil, bei der alle diese Möglichkeiten erwogen wurden. Kaum hatte ich die Einzelheiten des Auswanderungsgesetzes erfahren, begab ich mich schnurstracks zum Hauptquartier des Mossad in Tel Aviv und stürmte in Mosche Karmils Büro, um ihm mit vor Erregung zitternder Stimme zu erklären, daß ich bereit sei, sofort nach Bagdad zu reisen, um diesen neuen Exodus zu organisieren.

Wenn ich erwartet hatte, daß Mosche Karmil von seinem Stuhl aufspringen würde, um mich fest zu umarmen und zu begrüßen, so hatte ich mich getäuscht. Statt dessen hörte ich ihn einfach sagen: »In Ordnung, Schammai. Wir haben Bagdad bereits verständigt, daß du auf dem Weg zu ihnen bist.«

So einfach war dies jedoch nicht, denn es gab noch eine Menge Fragen, die wir abklären mußten; zum Beispiel, wie weit die erwartete Zusammenarbeit mit den irakischen Behörden gehen würde. Würde der Irak einverstanden sein, direkte, wenn auch geheime Verhandlungen mit einem bevollmächtigten Vertreter des Staates Israel zu führen, um den Transport der Auswanderer aus dem Land zu organisieren? Wenn nicht, würden sich die irakischen Behörden dann wenigstens bereit erklären, mit den Vertretern der großen internationalen jüdischen Organisationen, wie dem Jüdischen Weltkongreß oder dem Joint Distribution Committee zu sprechen? Dazu gab es noch eine ganze Reihe von praktischen Fragen, welche die Aufnahme der künftigen Einwanderer in Israel selbst betrafen. Bei dieser Besprechung kam es auch zu einer Schätzung der potentiellen Anzahl der Flüchtlinge, die aus dem Irak zu erwarten war.

Als ich zu Wort kam, um meine Ansicht darzulegen, schätzte ich die Zahl der Einwanderer auf ungefähr siebzigtausend. Ich glaubte, daß eine Art Massen-Phobie eintreten würde, sobald die Auswanderungswelle richtig begonnen hätte. Jeder, der seinen Nachbarn fortreisen sah, würde sich dem Strom anschließen in der Befürchtung, allein zurückzubleiben. Doch es stellte sich heraus, daß alle unsere Vermutungen weit hinter dem tatsächlichen Ergebnis zurückblieben. Es waren mehr als 100 000 Juden, also rund 95 Prozent der jüdischen Gemeinde, die nach Israel auswanderten.

Einige Wochen später, als ich die letzten Vorbereitungen für meine Abreise traf, wurde ich zu einer Besprechung mit Levy Eschkol eingeladen. Levy Eschkol wurde später, im Jahre 1963, Israels Premierminister und bekleidete damals das Amt des Schatzmeisters der Jewish Agency, die für die Einordnung der Neueinwanderer zuständig war. Ich hatte ihn schon früher bei Parteiveranstaltungen und ähnlichen Anlässen kennengelernt, doch bot sich mir jetzt zum ersten Mal die Gelegenheit, mich persönlich mit ihm zu unterhalten, was ich als besondere Ehre betrachtete. Kaum hatte ich sein Büro betreten, rief er mir laut zu: »Yinger Mann[1], ich höre, sie fahren nach Bagdad.«

»Gewiß«, erwiderte ich voller Stolz und beeilte mich sogleich hinzuzufügen: »ich fahre in einigen Tagen hin, um dort unseren Leuten bei der Organisation der Massenauswanderungen zu helfen.«

Ich war überzeugt, mit diesen Worten Beifall, Glückwünsche und Ermutigungen zu ernten. Statt dessen aber wurde sein Ton unerklärlich schroff: »Man sagte mir, du seist der Meinung, in einem Jahr würden siebzigtausend Leute kommen!«

»Ich hoffe sogar auf mehr«, antwortete ich voller Begeisterung und begann meine Theorie der Massen-Phobie darzulegen. Doch Eschkol unterbrach mich scharf: »Hör mir gut zu! Wie heißt du eigentlich? Hillel oder Schammai? Einmal wirst du mit dem einen, und einmal mit dem anderen Namen genannt.« Ohne meine Antwort abzuwarten, fuhr er fort: »Sag deinen guten Juden dort, daß wir entzückt sein werden, sie alle hier bei uns zu haben, doch sollen sie die Dinge ja nicht überstürzen. Gerade jetzt fehlen uns die Mittel, sie unterzubringen; wir haben nicht einmal Zelte. Wenn sie ankommen, werden sie auf der Straße bleiben müssen!«

Ich war sprachlos und wußte anfangs nicht, wie ich darauf reagieren sollte, beschloß aber, die ganze Sache humorvoll anzugehen. Da ich bemerkt hatte, daß Straßenbauarbeiten im Gange waren, erwiderte ich lächelnd: »Ich nehme an, daß deshalb die Straße da unten erweitert wird.«

»Hör auf mit den Witzeleien«, brüllte er mich an. »Du hast ja keine Ahnung, in welche Lage du diese Leute bringen wirst. Du mußt ihnen klarmachen, daß die Bedingungen hier äußerst hart sind, sonst könnten sie verbittert sein, und zwar mit gutem Recht. Ich will sie nicht unter meinem Fenster protestieren sehen, sonst werde ich sie nach Ma'agan Michael schicken, damit sie dort demonstrieren!«

Da ich nicht gewillt war, mir diese frevlerischen Ansichten weiter anzuhören, stand ich auf und bedankte mich so kühl wie möglich für die Einladung. Dabei fügte ich noch hinzu, daß ich nicht beabsichtigte, in den Irak zu gehen, um den Leuten dort zu sagen, sie müßten ihre

[1] »Junger Mann« auf Jiddisch

Auswanderung aufschieben, bis wir ihnen hier ein bequemes und angenehmes Leben bieten könnten. Wenn sie nicht schnell herauskommen könnten, würden die Gefahren, die sie dort erwarteten, tausendmal größer als die Schwierigkeiten ihrer Unterbringung in Israel sein. Ich jedenfalls sei nicht bereit, unter den Bedingungen, die er stellte, weiterzumachen, und würde dem Hauptleiter des Mossad mitteilen, daß ich mich aus der ganzen Sache zurückzöge. Als ich die Tür öffnete, hörte ich noch, wie er mir nachrief: »Sag' ja nicht, ich hätte dich nicht gewarnt!«

Ich wollte eigentlich zu Schaul Avigur, dem Leiter des Mossad, doch dieser war krank. Deshalb ging ich zu Mosche Karmil, um meine Wut bei ihm auszulassen. Er versuchte wie immer, die Wogen zu glätten und mich zu besänftigen.

»Du mußt ihn verstehen«, sagte Mosche Karmil. »Er ist der Schatzmeister, und die Kassen sind leer. Wir haben seit Mai 1948 alle Flüchtlinge, die von den Engländern nach Zypern deportiert und in Lagern eingesperrt wurden, hergeholt. Dasselbe geschah mit den Verschleppten aus den verschiedenen DP-Lagern[1] aus ganz Europa sowie mit allen Juden aus dem Jemen. Jetzt kommen noch viele andere aus Ost-Europa und anderen Gegenden hinzu. Du selbst hast ja mitgeholfen und wie ein Wahnsinniger gearbeitet, um die Flüge aus dem Iran zu organisieren! Du weißt doch genau Bescheid! Und Zelte gibt es wirklich keine mehr! Zuerst haben wir sie von den Briten in Indien aus Armeeüberschüssen gekauft, doch das ist jetzt auch vorbei. Schau dir mal die Einwandererlager selbst an. Weißt du denn nicht, daß wir dort über hunderttausend Menschen wegen des akuten Wohnungsmangels zusammengepfercht haben, ohne Aussicht, sie bald herauszuholen? Außerdem ist es nicht nur ein Wohnungsproblem, wir haben auch nicht mehr genug Lebensmittel. Der Finanzminister droht schon mit einer noch strengeren Lebensmittelrationierung und er wird sicherlich die zur Zeit bestehende Milch- und Eierverteilung drastisch verringern müssen. Weißt du, daß die Nahrungmittelinspektoren zu ihrer eigenen Verteidigung mit Revolvern ausgerüstet wurden?«

»Mosche, ich begreife Deine Befürchtungen und den Ernst der Lage sehr gut, aber …«

»Und das Allerschlimmste«, unterbrach er mich, »es gibt keine Arbeit. Weißt du, daß außer den Bewohnern der Einwandererlager, die selbstverständlich fast alle arbeitslos sind, es noch mehr als dreißig-

[1] DP = »Displaced Persons«

tausend andere Arbeitslose gibt? Ein wahres Heer! Hast du nicht von den Demonstrationen gelesen, wo man Brot und Arbeit forderte, von den Gewalttätigkeiten in den Arbeitsämtern, den Demonstrationen arbeitsloser Araber in Nazareth und den Zusammenstößen zwischen der Polizei und kommunistischen Demonstranten? Sag' mal, werden dort bei euch in Ma'agan Michael keine Zeitungen gelesen?«

»Mosche«, gelang es mir endlich, auch zu Wort zu kommen, »es handelt sich um eine prinzipielle und elementare Frage: soll ich in den Irak fahren, um die dortigen Juden zur Auswanderung zu ermutigen oder muß ich ihnen mitteilen, sie sollen einfach auf ihrem Hintern sitzen bleiben und sich gedulden, bis es einem schwerfälligen Bürokraten einfallen wird, ihnen das Zeichen zur Abfahrt zu geben?«

Mosche wurde ganz rot, wußte sich aber zu beherrschen und vermied es, mir eine direkte und eindeutige Antwort zu geben: »Hör mal«, sagte er, »ich muß jetzt zu Ben-Gurion. Komm doch mit, unterbreite ihm den ganzen Fragenkomplex und warte ab, was er dazu sagt.«

Am 27. März wurde ich zu Ben-Gurion gebracht und fing an, ihm unser Dilemma zu erklären, doch wurde ich auch diesmal sogleich unterbrochen: »Du fährst hin, um die Juden herzubringen! Sag' ihnen, sie sollen sofort kommen. Was geschieht, wenn sich die Iraker die Sache plötzlich überlegen und das Gesetz aufheben? Geh' und bring' sie alle so schnell wie möglich her!«

Und das tat ich auch. Viel später aber, als ich meine Karriere im öffentlichen Leben begann und mit den Beschwerden über die Schwierigkeiten der Einordnung dieser Einwanderer in den ersten Jahren nach ihrer Ankunft wie auch mit dem Groll, der deswegen weiter an ihnen nagte, konfrontiert wurde, erinnerte ich mich nur allzuoft an diese zwei Besprechungen mit Eschkol und Ben-Gurion und fragte mich öfter, wer von den beiden eigentlich recht gehabt hatte? Genau wie Ben-Gurion wollte natürlich auch Eschkol alle irakischen Juden so schnell wie möglich nach Israel bringen, doch als Schatzmeister der Jewish Agency war er sich der materiellen Probleme und der unerträglichen Zustände bewußt, die in den Einwandererlagern herrschten, wo die großen Erwartungen der Neuankömmlinge mit der bitteren Realität zusammenprallten. Seine Vorsicht war zweifellos berechtigt.

Ben-Gurions Antwort aber war die, welche man vom Premierminister dieser historischen Epoche erwartete, als sich die Tore der Rettung plötzlich weit öffneten und niemand voraussagen konnte, für wie lange.

Manche der Befürchtungen, die das irakische Auswanderungsgesetz bei uns erweckt hatte, flauten allmählich ab. Diejenigen, die glaubten, die Iraker hätten uns eine Falle gestellt, um herauszufinden, wieviele Juden auf die Staatsangehörigkeit verzichten wollten, um sie nachher zu bestrafen, waren nun beruhigt, daß dies nicht der Fall war. Andererseits wußten wir immer noch nicht, was mit dem Eigentum der Juden, die sich zur Auswanderung bereit erklärten, geschehen würde. Auch wollten wir nicht eine Gruppe von »staatenlosen« Juden bilden, bevor wir nicht die nötigen Mittel für ihre rasche Ausreise gesichert hatten. Aus diesen Gründen verlangten wir von unseren Agenten, sie sollten momentan versuchen, den Beginn des Registrierungsprozesses aufzuschieben. Erst am 4. April 1950, also mehr als einen Monat nachdem das Gesetz in Kraft getreten war, wurde Mordechai Ben-Porat, dem Hauptagenten des Mossad in Bagdad, per Funk folgende Mitteilung übersandt:

»Schammai fliegt heute nach Europa und wir hoffen, er wird Euch in ungefähr zwei Wochen erreichen ... Bis zu seiner Ankunft keine Verpflichtungen irgendwelcher Art oder Transport-Vereinbarungen eingehen ...«

Offensichtlich war der Mossad doch bereit, einen Schritt nach vorne zu tun, denn in derselben Funkmeldung wurde Ben-Porat dazu beauftragt, »mit der Registrierung der Auswanderer zu beginnen, doch Sorge zu tragen, daß es vorerst bei einer kleinen Anzahl blieb, und es sich ausschließlich um junge Leute oder solche, die kein großes Vermögen besaßen, handele«.

Doch es vergingen keine zwei Wochen, seit von Ben-Porat und seinen Leuten das grüne Licht gegeben worden war, und schon hatten sich mehr als zehntausend Männer und Frauen zum Verzicht auf die irakische Staatsangehörigkeit und zur Auswanderung eingetragen. Und die Zahl der Anwärter, die in langen Reihen Schlange standen, stieg von Tag zu Tag an.

Das Wunder am Tigris

»Wunder gibt es,
doch muß man schwer arbeiten,
um sie zu verwirklichen.«
Dr. Chaim Weizmann, 1941

Eben wegen dieser vielen Anwärter reiste ich unter dem Decknamen Richard Armstrong mit Ronnie Barnett in den Irak. Offiziell waren wir zwei Angestellte der amerikanischen Charterfluggesellschaft ›Near East Air Transport‹ und reisten nach Bagdad, um dort die Konzession zum Tranport der irakischen Juden zu bekommen. Dabei waren außer meinem falschen Namen alle anderen Elemente unserer Mission mehr oder weniger wahrheitsgetreu. Die ›Near East Air Transport‹ existierte tatsächlich, wenn auch unter einem leicht veränderten Namen, Ronnie Barnett bekleidete wirklich einen hohen Posten bei dieser Gesellschaft, die sehr daran interessiert war, die Flüge übernehmen zu dürfen. Der Inhaber der Gesellschaft, ein Amerikaner namens James Wooten, war ein dynamischer, erfahrener und unternehmungslustiger Geschäftsmann, der schon vor einem Jahr als Leiter der Alaskan Airlines den Transport der Juden aus dem Jemen nach Israel betreut hatte. Kurz darauf errichtete er in Partnerschaft mit der israelischen Fluggesellschaft El-Al, die im November 1948 gegründet wurde, eine Fluggesellschaft unter dem Namen ›Near East Air Overseas‹. Jetzt hofften wir, daß die leichte Namensänderung von ›Air Overseas‹ zu ›Air Transport‹ genügen würde, um die Spuren der israelischen Verbindung zu verwischen und der Gesellschaft zu ermöglichen, sich mit Erfolg um die alleinige Konzession des Flugtransportes der Juden aus dem Irak zu bewerben.

Die Grundzüge dieses Planes wurden von Ronnie Barnett ausgearbeitet, der von der ›Trans-Ocean‹ Gesellschaft zu ›Near East‹ übergegangen war, wo er sich schnell als einer ihrer wichtigsten Arbeitskräfte erwies, insbesondere bei der Herstellung von Verbindungen und Kontakten, die erforderlich waren, um das Einverständnis der irakischen Behörden zu erhalten. Letzten Endes wurden ihm sein hochfliegender Lebensstil, seine Neigung zu einem unmäßigen Luxus, seine Vorliebe für Hasardspiele und sein Hang, auf extravagante Art

Geschäfte zu machen, zum Verhängnis. Doch zur Zeit unserer Zusammenarbeit in Bagdad war er ein scharfsinniger, ideenreicher und erfinderischer Mann, der der schwersten Lage gewachsen war.

Einer der Männer, dessen Vertrauen er besaß, war ein gewisser Abdul Rachman Raouf, der Generaldirektor der ›Iraq Tours Travel Agency‹ in Bagdad. Beide begegneten sich zum ersten Mal, als Ronnie einen Flug von Moslems, die nach Mekka reisen sollten, organisierte. Sie verstanden sich so glänzend, daß, als wir die Möglichkeit einer Luftbrücke für die irakischen Juden ins Auge zu fassen begannen, Ronnie, der zur Zeit in Rom lebte, beschloß, Raouf dorthin einzuladen, um das Geschäft mit ihm zu besprechen. Ich nahm auch an dieser Begegnung teil, doch da es sich um mein erstes Auftreten als Richard Armstrong handelte, überließ ich Ronnie den größten Teil der Besprechung.

Ronnie schlug Raouf das »Geschäft des Jahrhunderts« vor, das hieß eine Zusammenarbeit mit der ›Near East Air Transport‹, um die Juden des Irak nach Israel zu fliegen. Ronnie betonte, daß Raouf, wenn er die richtigen Verbindungen in Bagdad herstellen könnte, um der ›Near East‹ die Exklusivität der Flüge zu sichern, er selbst einen beträchtlichen Gewinn dabei erzielen würde.

Der Vorschlag leuchtete Raouf sofort ein. Voller Begeisterung erklärte er Ronnie, daß im Verwaltungsrat der ›Iraq Tours‹ sich kein anderer als Suweidi, der Premierminister des Irak, befinde. Angeblich sei er sein bester Freund. Das bedeutete natürlich nicht, fügte Raouf hinzu, daß damit alle Fragen, die Ronnie aufgeworfen hatte, auch sofort gelöst wären. So zum Beispiel war Raouf besonders skeptisch, was die Möglichkeit einer offiziellen Bewilligung der Behörden anbetraf. Selbstverständlich würde jedermann die Wahrheit kennen, doch um den Schein zu wahren, könnte eine offizielle Stelle Direktflüge nach Israel nicht bewilligen, so daß man wahrscheinlich einen anderen Bestimmungsort angeben müßte. Jedenfalls, so sagte Raouf, wäre dies nicht von Bedeutung, und die ganze Angelegenheit müßte auf alle Fälle von den Vertretern der ›Near East‹ Gesellschaft in Bagdad ausgehandelt werden.

Nun mußten wir nur noch herausfinden, ob der Mann auch in Wirklichkeit die Position bekleidete, die er behauptete innezuhaben. Deshalb bat ich Tel Aviv am 11. April 1950 folgende Mitteilung nach Bagdad weiterzuleiten:

»Bitte die Stellung von Abdul Rachman Raouf, einem Direktor der ›Iraq Tours Company‹ zu überprüfen. Er behauptet, befugt zu sein, einen Vertrag im Namen der Gesellschaft wie auch der Regierung aufzusetzen. Ebenso ist zu prüfen, ob Tawfiq Suweidi an der ›Iraq Tours‹ beteiligt ist und aus deren Geschäften Nutzen zieht.«

Zwei Tage später erhielt ich von unserem Agenten in Bagdad folgende Antwort:

»Abdul Rachman Raouf arbeitet für die Iraq Tours ... Bekannt als negativer Charakter. Nach meinem Erachten sowie dem von mehreren Transportexperten sollte man sich vor ihm in acht nehmen.«

Diese Funkmeldung betrübte mich besonders, weniger angesichts der abfälligen Einschätzung von Raouf, als wegen des Hinweises auf die Meinung der »Transportexperten«, mit denen Ben-Porat in Verbindung stand. Ich wußte, daß er selbst auf der Suche nach einem Reiseagenten war und befürchtete, wir würden deswegen neue Komplikationen bekommen. Mitte März meldete uns Ben-Porat, er habe während des Besuches in Basra einen »gewagten Schritt« unternommen, indem er sich als Vertreter der jüdischen Gemeinde ausgegeben und den Direktor der britischen Reisegesellschafte A. H. Fuller & Co., Herrn Major T. A. Caton, aufgesucht habe. In der Mitteilung hieß es, daß Caton nicht nur bei der Reisegesellschaft angestellt sei, sondern gleichzeitig auch für den britischen Geheimdienst arbeite. Er war viele Jahre im Irak, im Iran und in Ägypten als Geheimagent tätig gewesen, was für uns natürlich nicht als beste Empfehlung galt.

Jetzt, wo sich die ›Iraq Tours‹ eingeschaltet hatte, befürchtete ich, daß wir uns möglicherweise in die Quere kommen könnten. Wenn Ronnies Mann wirklich mit Suweidi unter einer Decke steckte und Ben-Porats Mann für den britischen Geheimdienst arbeitete, so könnten sich beide sehr schnell in die Haare geraten und in ein bitteres Ringen um den vielversprechenden Vertrag verwickelt werden. Nichts treibt die Menschen mehr zum Kampfe an, als der süße Klang der Moneten, und ich befürchtete ernsthaft, daß ein Wettstreit zwischen den beiden unseren ganzen Plan gefährden oder sogar zunichte machen würde. Deshalb faßte ich den Entschluß, alles auf Raouf zu setzen und die Sache so schnell wie möglich ins Rollen zu bringen.

So kam es, daß Ronnie und ich uns auf den Weg nach Bagdad machten, mit der festen Absicht, den Handel abzuschließen und mit der ›Near East Transport‹ ins Geschäft zu kommen.

Als ich nach der Ankunft in Bagdad den ersten Schritt aus dem Flugzeug tat, hatte ich den Eindruck, ich würde einen Schlag ins Gesicht bekommen. Es war aber nur die Wirkung der fürchterlichen Hitze und des grellen Sonnenlichtes, die mich so bedrängte, insbesondere nach dem langen Flug bei gedämpftem Licht in der luftgekühlten Kabine.

Es dauerte einige Sekunden, bis ich wieder zu mir kam. Gleich darauf entdeckte ich unseren guten, rundlichen Herrn Raouf, der uns von der Flugzeugtreppe zuwinkte.

»Willkommen, liebe Freunde«, begrüßte er uns auf englisch, faßte meinen Arm mit der einen und den von Ronnie mit der anderen Hand. Zusammen marschierten wir zum Terminal. Nachdem er uns an einen schmutzigen, fettbefleckten Tisch sitzen hieß, verlangte er unsere Pässe und Flugkarten, um die Ankunftsformalitäten zu erledigen und schlug vor, wir sollten uns in der Zwischenzeit mit einem Getränk erfrischen.

»Ich möchte einen Whisky Soda«, erklärte ich Ronnies strikten Anweisungen gemäß.

»Ach, es tut mir schrecklich leid, Herr Armstrong. Wir können hier zu dieser Stunde keinen Whisky bekommen. Ich werde eine kalte Limonade bestellen. Es tut mir wirklich leid!« sagte er, ohne zu bemerken, daß ich darüber überhaupt nicht enttäuscht war.

»Sie können Ihren Whisky nachher im Hotel bekommen.«

»Ich hoffe, Sie haben uns Zimmer in einem guten Hotel bestellt«, sagte Ronnie besorgt.

»Genau wie ich es Ihnen versprochen habe, im Regent Palace Hotel. Es ist das beste in Bagdad, am Ufer des Flusses!«

»Welcher Fluß ist es denn?« fragte ich, mein Unwissen vielleicht doch übertreibend.

»Es ist der Tigris«, antwortete Raouf stolz. »Auf arabisch nennen wir ihn Djila, es ist ein sehr wichtiger Fluß.«

Einige Minuten später waren alle Formalitäten erledigt, ohne daß ich einem einzigen Beamten ins Auge blicken mußte. Wir stiegen in Raoufs Wagen und fuhren der Stadt entgegen, auf derselben Hauptstraße, die ich einst mit geschlossenen Augen hätte fahren können, die ich aber seit der ›Operation Michaelberg‹ nicht mehr betreten hatte.

Das Regent Hotel erinnerte mich ebenfalls an die »Michaelbergtage«, da unsere Piloten dort gewohnt hatten. Für einen kurzen Augenblick befürchtete ich, jemand könnte mich vielleicht noch erkennen. Doch dann sagte ich mir, daß diese Befürchtung wohl unbegründet sei.

Endlich nahmen wir Abschied von Raouf. Als wir allein waren, bemerkte Ronnie in einem verschwörerischen Ton: »Bis jetzt klappt ja alles. Ich hatte keine Ahnung, daß du ein solcher Künstler bist. Du hast mich fast überzeugt, daß du vorher nie in Bagdad gewesen bist!«

Ich lächelte eher abwesend zu diesem Kompliment, denn meine Gedanken waren schon weit entfernt. Ich brannte darauf, Kontakt mit unseren Agenten aufzunehmen, um ein klares Bild von den letzten Entwicklungen zu bekommen, die noch ausstehenden Fragen zu regeln und die Verbindung zu Caton abzubrechen.

Die Frage, wie ich ohne Gefahr Kontakt mit unseren Leuten aufnehmen sollte, war schon vorher gelöst worden. Da ich vermutete, man könnte uns verfolgen, hatte ich noch aus Israel unseren Agenten per Funk mitgeteilt, daß ich mich jeden Nachmittag um sechs Uhr in der Buchhandlung, die sich neben dem Hotel befand, aufhalten würde. Von meinem früheren Aufenthalt im Regent Palace Hotel kannte ich diese Buchhandlung sehr gut. Sie schien mir der passende Ort zu sein, um Zettel mit Notizen, die zum Beispiel in Büchern versteckt waren, zu überreichen oder kurze Gespräche zu führen und noch viele andere Wege zur Kontaktaufnahme zu benutzen.

Die nächste Frage war, zu welchem Zeitpunkt der Kontakt mit unserer Bewegung aufzunehmen sei. Aus Sicherheitsgründen hatte ich beschlossen, dies nicht am Tage unserer Ankunft zu tun. Doch als Ronnie und ich unseren »five o'clock tea« beendet hatten, verlor ich die Geduld und bemerkte ganz nebenbei, daß ich ein Buch, das ich lesen wollte, zu Hause vergessen hätte, und deshalb in die Buchhandlung gehen würde, um mir ein anderes Exemplar zu kaufen.

»Dick,« sagte Ronnie vorwurfsvoll, »du hälst dich nicht an unsere Abmachungen. Bist du sicher, daß das in Ordnung ist?«

»Hör mal«, erwiderte ich fast flüsternd, »ich gebe zu, daß ich ungeduldig bin. Doch wer garantiert uns, daß es morgen oder übermorgen sicherer als heute sein wird? Inzwischen ist jeder Tag, der vergeht, ohne daß wir dieser Catonaffaire ein Ende bereiten, ein Tag voller Gefahren.«

Als Ronnie sah, daß ich fest entschlossen war, in die Buchhandlung zu gehen, schlug er vor, mich zu begleiten. Wir schlenderten ungezwungen durch den Laden und während Ronnie den Inder fragte, ob es möglich sei, die Londoner Times täglich aufs Zimmer geliefert zu bekommen, schaute ich mir die Bücher in den Regalen an und blätterte in einigen. Plötzlich bemerkte ich neben mir David Schukhor, einen unserer Kommandanten der »Schurah«, an den ich mich sofort erinnerte. Fast ohne die Lippen zu bewegen und selbstverständlich ohne mich anzusehen, flüsterte er mir zu: »Ein Taxi mit Habib [1] am Steuer wartet draußen. Steig ein, sobald du den Laden verläßt.«

Er legte das Album, in dem er geblättert hatte, an seinen Platz zurück, drehte sich um und verließ die Buchhandlung. Ich sah mir noch einige Bücher an, warf ab und zu einen flüchtigen Blick um mich und wartete, bis Ronnie und ich als einzige Kunden im Laden zurückblieben. Ich bezahlte dem Inhaber die zwei Bücher, die ich ausgewählt hatte, und Ronnie seine Zeitschriften. Als wir aus dem Laden heraustraten, sagte ich laut: »Ronnie, wir sollten doch ein Taxi nehmen und uns mal die Stadt anschauen.«

Ich öffnete die Tür des Taxis, das vor uns parkte, stieß den ziemlich erstaunten Ronnie hinein und setzte mich neben ihn. Mordechai Ben-Porat ließ den Motor an und fuhr los.

Ich war Mordechai Ben-Porat zum ersten Mal in Israel vor seiner Abreise in den Irak im Herbst 1949 begegnet, als er seine Tätigkeit als Agent des Mossad begann. Er gehörte zu der neuen Generation von Agenten, die vom Mossad in den Irak geschickt wurden, meinem Vorschlag gemäß, die neuen Rekruten unter den Veteranen der zionistischen Bewegung auszusuchen, die vor wenigen Jahren nach Israel eingewandert waren. Sie kannten ihre Geburtsstätte am besten und deshalb fiel es ihnen leichter, eine überzeugende Tarnung zu finden. Zwar wußten einige ihrer Bekannten genau, daß sie das Land illegal verlassen hatten, um nach Israel auszuwandern, doch ihre besonderen örtlichen Kenntnisse und vielseitigen Verbindungen konnten ihnen nur von Vorteil sein. Sollten alle Stricke reißen, konnten sie viel leichter einen Ausweg finden, um sich aus der Schlinge zu ziehen.

Ben-Porat hatte länger als viele andere Mossad-Agenten, die sich zur Zeit in Bagdad aufhielten, in Israel gelebt, da er schon 1945 nach Palästina gekommen war. Er schloß sich sogleich der Haganah an und blieb auch im Militärdienst, nachdem die Haganah zur Verteidigungsarmee Israels umfunktioniert wurde. Kurz vor seiner Abreise in den Irak trat er aus dem Militärdienst aus, wo er den Rang eines Kompaniekommandanten besaß. Als ich gebeten wurde, ihn zu beauftragen, war ich der Meinung, sein dynamisches Wesen und seine Art, sich durchzusetzen, würden ihm bei der erfolgreichen Durchführung seines Auftrages behilflich sein.[2] Jetzt trafen wir uns also wieder in dem ziemlich heruntergekommenen Taxi, das die Untergrundbewegung entweder gemietet oder gestohlen hatte. Ben-Porat sah die ganze Zeit in den Rückspiegel, um sich zu vergewissern, daß wir nicht ver-

[1] Einer der Decknamen von Mordechai Ben-Porat im Untergrund

[2] Mordechai Ben-Porat trat später an die Öffentlichkeit und wurde Knesset-Abgeordneter und Regierungsmitglied.

folgt wurden, während Ronnie und ich ganz nervös durch die Seitenfenster spähten. Eine ganze Weile verging, bis wir überzeugt waren, daß uns wirklich niemand folgte.

Ben-Porat begann das Gespräch, indem er uns die letzten Neuigkeiten berichtete, besonders von der Hetzkampagne der radikalen Nationalisten gegen das neue Auswanderungsgesetz. Ein religiöser Schiitenführer hatte eine Verordnung erlassen, wonach es seinen Anhängern verboten war, von Juden Güter zu kaufen. Er begründete dies mit den Worten: »Wenn ihr von Juden Eigentum kauft, zerstört ihr den Markt und richtet die Wirtschaft zugrunde.«

Die Atmosphäre verdüsterte sich zusehends, die Drohungen gegen die Juden wurden immer häufiger und lauter. Am 8. April wurde eine Bombe in das Al-Baiza-Kaffeehaus in der Abu-Nuwas-Straße geworfen, dessen Besucher meistens Juden waren, wobei vier Menschen verletzt wurden.

Trotz der Versuche, die Juden in Panik zu versetzen und sie dadurch zu zwingen, sich in ihren Häusern zu verstecken, vermehrten sich die Eintragungen zum Verzicht auf die irakische Staatsangehörigkeit. Man hatte den Innenminister dazu bringen können, die Durchführung dieser Arbeit erfahrenen jüdischen Beamten zu überlassen, die im Auftrag seines Ministeriums arbeiten sollten. Daß die Leitung der jüdischen Gemeinde die Sache ein wenig ›frisierte‹ und die ›erfahrenen Beamten‹ eigentlich junge Leute aus der zionistischen Untergrundbewegung waren, die ihre Arbeit gründlich, tüchtig und diszipliniert ausführten, schien die Regierung nicht zu stören.

Zwei Synagogen wurden zu den Hauptzentren der Auswanderungsregistrierung. Täglich vergrößerte sich die Menschenmenge, die dort Schlange stand.

»Und was ist eigentlich mit der Catongeschichte?« platzte Ronnie plötzlich heraus.

Während Ben-Porat uns die Einzelheiten seiner Kontakte mit dem Major berichtete, konnte ich sehen, wie sich Ronnies Gesichtsausdruck mehr und mehr verfinsterte. Wir wußten, daß Caton mehreren Herren diente. Sollte es hart auf hart kommen, so würde er selbstverständlich unseren Bedürfnissen nicht den Vorrang geben. Vielleicht war dies nur eine dunkle Vorahnung, doch es gab Gründe, dem Major aus dem Weg zu gehen. Wenn wir Ben-Porat nicht ausdrücklich anwiesen, jeden Kontakt mit ihm abzubrechen, so geschah es einzig und allein, weil wir uns hüteten, die offiziellen britischen Vertreter im Irak allzusehr zu brüskieren. Wir wußten, daß wir vielleicht ihren guten Willen noch in Anspruch nehmen mußten, um einige technische Aspekte der Ausreise zu regeln, wie zum Beispiel die britische Erlaubnis, die Auswanderer über Zypern nach Israel fliegen zu lassen (Zypern war damals noch eine Kronkolonie), oder nur angeblich nach Zypern zu fliegen, in Wirklichkeit aber Jordanien, das damals unter starkem britischen Einfluß stand, zu überfliegen.

Als Ben-Porat seinerzeit mit Caton Kontakt aufnahm, war auch dieser der Meinung gewesen, Zypern nur als Deckung für direkte Flüge nach Israel zu benutzen. Unverständlicherweise schnitt Caton dieses Thema in einem offenen Brief an den irakischen Innenminister an. Er schlug vor, die Juden aus Bagdad und Basra direkt zum Lyddaflughafen in Israel zu fliegen, wo die Passagiere aussteigen sollten. Das Flugzeug sollte dann nach Zypern weiterfliegen, wo die Angelegenheit der Flugdokumente geregelt werden würde, um dann wieder nach Bagdad und Basra zurückzufliegen und neue Transporte zu übernehmen. Am Ende des Briefes bat Caton den Minister um die Genehmigung seines Planes. Selbstverständlich erhielt er nie eine Antwort darauf, denn wenn sich die Iraker vielleicht auch hätten überzeugen lassen, ein Auge wegen der direkten Flüge nach Israel zuzudrücken, so konnte man von ihnen keinesfalls erwarten, daß sie ihr Einverständnis schriftlich erteilen würden!

Trotz allem, war es nicht ihrer Unbeholfenheit oder ihrer Unverfrorenheit zuzuschreiben, daß Caton und die anderen britischen Transportgesellschaften, die sich darum bewarben, das einträgliche Geschäft verloren hatten. Im Gegenteil, sie büßten den Handel wegen ihrer korrekten britischen Handlungsweise ein, die ihnen vorschrieb, den üblichen offiziellen Weg zu gehen. Während die britischen Gesellschaften ihre Anträge an den Generaldirektor des irakischen Zivilluftfahrtamtes richteten, der sie dann dem Verkehrsminister zur weiteren Bearbeitung übergab, was jedoch sinnlos war, da sie nur vom Innenminister genehmigt werden konnten, beschlossen wir, den ganzen bürokratischen Trubel einfach zu umgehen und uns geradewegs an die Spitze zu wenden. Als wir gerade überlegten, auf welchem Wege wir uns am besten an den irakischen Premierminister wenden sollten, kam uns der Zufall zu Hilfe.

An diesem Morgen erschien Raouf mit loser Krawatte und verschwitztem Hemd zum Frühstück. »Der Premierminister wünscht Sie heute nachmittag bei sich zu Hause zu sprechen, weil er unter schwerem Druck steht«, sagte er aufgeregt. »Eine britische Firma hat Oberst Sabah Said, den Direktor der ›Iraqi Airways‹ und des Zivilluftfahrtamtes, kontaktiert und ihm eine Beteiligung am Chartergeschäft oder wenigstens einen Anteil am Gewinn angeboten.«

»Hat dieser Said denn mehr zu sagen als der Premierminister selbst?« fragte Ronnie skeptisch.

»Sabah ist Nuri Saids Sohn!« erklärte uns Raouf und fügte noch hinzu: »Nuri Said ist ein berühmter und einflußreicher Politiker und bis vor einigen Monaten war er auch Premierminister. Er ist ein großer Freund der Engländer und nicht sehr glücklich darüber, daß Ihre Gesellschaft eine amerikanische ist!«

Ronnie und ich tauschten argwöhnische Blicke.

»Wie Sie sehen«, fuhr Raouf fort, »befürchtet der Premierminister, daß einer anderen Firma der Vorzug gegeben wird und lädt Sie deshalb ein. Wenn Sie ihn überzeugen können, das Geschäft abzuschließen, ist alles andere in Ordnung.«

In meinen kühnsten Träumen hätte ich mir nichts Besseres, aber zugleich auch Beunruhigenderes, vorstellen können als diese Nachricht. Natürlich war es ein ermunternder Schritt für Richard Armstrong, doch für Shlomo Hillel war das Haus des Premierministers eine wahre Löwengrube. Ich fühlte mich ganz aus der Fassung gebracht und wußte, daß ich etwas Zeit benötigen würde, um mich auf unsere verwegene Maskerade vorzubereiten.

Nachdem ich Tel Aviv über die letzten Entwicklungen benachrichtigt hatte, kehrte ich ins Hotel zurück und begab mich fast automatisch auf die beschattete Veranda, die hoch über das Ufer des Flusses hinausragte. Der Kellner brachte mir einen Whisky Soda, ein Getränk, das ich inzwischen mit Genuß zu trinken gelernt hatte. Meine Blicke richteten sich auf den Tigris, dessen trübe Fluten schnell nach Süden strömten. Das Wasser stand zu dieser Zeit sehr hoch und hatte schon im ganzen Lande schwere Überschwemmungen verursacht, was auch den ›Guffas‹ auf dem Fluß die Arbeit erschwerte. Die ›Guffa‹ ist ein Begriff am Tigris: ein kleines, rundes Boot von ungefähr drei Metern Durchmesser, gebaut aus geflochtenem, geteertem Schilfrohr und Seilen, das sowohl zum Fischen wie auch zum Gütertransport dient. Das Hochwasser brachte jetzt die ›Guffas‹, die von einem Ufer zum anderen wollten, zu einem verrückten Tanz, trotz der Bemühungen ihrer ›Kapitäne‹, die Fahrt mit Hilfe von schmalen Rudern zu kontrollieren. Auf mich hat das Wasser immer eine Art hypnotische Anziehungskraft ausgeübt. Doch jetzt, als ich auf der Veranda des Regent Palace Hotels saß, konnte nicht einmal der stürmische Tigris meine Gedanken von der bevorstehenden Begegnung mit dem Premierminister ablenken. Ich versuchte die bewährte Tradition des Mossad zu befolgen und meinen Gleichmut unter keinen Umständen zu verlieren, empfand jedoch ein ganz besonderes Gefühl angesichts der dramatischen Stunden, die mir bevorstanden. Schließlich geschieht es nicht jeden Tag, daß ein junger Mann aus Israel in das Heim des Premierministers eines arabischen Staates eingeladen wird, um mit ihm die Rückkehr seines seit Jahrhunderten im Exil lebenden Volkes in seine Heimat zu besprechen.

Der bloße Gedanke war einfach überwältigend. Einen Augenblick lang fragte ich mich sogar, ob ich in meiner Kühnheit nicht zu weit gegangen war. Wenn ich heute daran zurückdenke, finde ich es einigermaßen schwierig, den Gedanken loszuwerden, daß sowohl das Risiko, das ich einging, wie auch die ›Chuzpe‹ meines Entschlusses von einem gewissen Grad des Wahnsinns zeugten. Man denke nur an die politischen Folgen – von den schreienden Schlagzeilen, die erschienen wären, hätte man einen israelischen Agenten im Hause des irakischen Premierministers auf frischer Tat ertappt, nicht zu sprechen!

»Dick«, rief Ronnie und riß mich aus meinen Gedanken, »sollten wir jetzt nicht Mittag essen? Der Premierminister erwartet uns doch bald!«

Obwohl ich keinen Appetit hatte, ging ich mit Ronnie in den Speisesaal, wo ich lustlos in meinem Essen herumstocherte, während wir noch einmal alles durchsprachen. Dann erschien Raouf, führte uns zu seinem Wagen, und wir fuhren zu unserer Verabredung mit Premierminister Suweidi.

Er empfing uns in Anwesenheit zweier Mitarbeiter im schönen, gepflegten Garten seines Hauses in Karimat, dem eleganten Villenviertel westlich des Tigris. Er hatte in Konstantinopel und Paris Rechtswissenschaften studiert. Mit seinem Bierbauch, seinem rundlichen Gesicht, schütteren grauen Haar und seiner großen Nase, auf der eine schwere dunkelrahmige Brille saß, strahlte er Glaubwürdigkeit und Sympathie aus.

Es schien, als würden wir auf ihn einen ähnlichen Eindruck machen, oder vielleicht wollte er nur den guten Ruf seines Landes vor den zwei Engländern, die ihm gegenübersaßen, bewahren, denn er sprach englisch mit uns. Das Problem, wie er es schilderte, bestand darin, daß die Juden das Land illegal verließen, indem sie die Grenze zum Iran überquerten, was dem Irak großen Schaden zufüge. »Wenn jemand das Land illegal verläßt, weiß man nicht, was er da mit sich herausschmuggelt!« erklärte Suweidi. »Er zahlt weder Schulden noch Steuern; er verschwindet einfach!«

»Schrecklich«, murmelte Ronnie mit scheinbarem Mitgefühl, während ich ruhig dasaß und zuhörte, fest entschlossen, im Hintergrund zu bleiben, da ich mir der Unverschämtheit meiner Anwesenheit bewußt war.

Suweidi erklärte uns, daß er die Frage mit den Vertretern der jüdischen Gemeinde, die er als weise und verantwortliche Männer bezeichnete, besprochen und sie um ihre Mithilfe gebeten habe, die Flucht aufzuhalten. Sie hätten ihm aber gesagt, das ganze Problem sei eigentlich die Sache einiger junger Hitzköpfe sowie die der verarmten und unzufriedenen Juden, die bereit waren, den Irak um jeden Preis zu verlassen. Da sie weder Pässe noch Ausreisevisa bekommen könnten, versuchten sie eben ihr Glück auf gesetzwidrige Art. Jetzt aber, fügte der Premierminister hinzu, wobei er zum eigentlichen Zweck unseres Besuches kam, habe sich mit dem neuen Gesetz, das vor kurzem vom Parlament verabschiedet wurde, die Lage geändert, und es bestehe die Hoffnung, dieses Problem nun zu lösen.

Ich nützte diese Erklärung, um zur Sache zu kommen, und fragte: »Wieviele Leute, nehmen Sie an, werden von dem Gesetz Gebrauch machen und den Irak verlassen?«

Suweidi sah mich etwas gekränkt an, und da ich befürchtete, ein heikles Thema berührt zu haben, fügte ich schnell hinzu: »Wir benötigen diese Zahlen für unsere Berechnungen.«

»Ja, ich verstehe«, sagte er mit einem schwachen Lächeln, als ob er mir versichern wollte, er sei keineswegs beleidigt. »Leider kann ich Ihnen keine genauen Zahlen angeben. Wir dachten, daß ungefähr zehntausend Leute abreisen würden, doch jetzt berichtet man mir, daß es viel mehr sind. Wie viele mehr, weiß ich nicht.«

Nun fiel mir auf, wie unangenehm die Erwähnung einer größeren Auswandererzahl für Suweidi war – der beste Beweiß, wie falsch und verlogen die irakischen Behauptungen waren, die Juden würden im Irak nicht verfolgt.

Als Raouf daraufhin erklärte, daß nicht weniger als sechzig- oder siebzigtausend Personen auswandern würden, sagte der Premierminister gereizt: »Ich selbst weiß nicht einmal, wie viele wegziehen werden. Wie können Sie denn so sicher sein?«

Doch bald gewann Suweidi seine Fassung wieder und kam auf den eigentlichen Zweck unseres Besuches zurück: »Also, meine Herren, wenn ich recht verstehe, so möchte Ihre Gesellschaft die Bewilligung erhalten, doch muß ich Ihnen sagen, daß noch eine Fluggesellschaft ihr Interesse bekundet hat, und es ist möglich, daß noch einige andere dazukommen werden. Mein Freund Raouf möchte, daß die Regierung Ihnen die Exklusivität in dieser Angelegenheit zusichert, doch müßte ich wenigstens einen triftigen Grund haben, um einen solchen Schritt anderen gegenüber zu rechtfertigen.«

Suweidi verlangte nach einem überzeugenden Grund, Ronnie gab ihm aber gleich vier auf einmal an: Erstens verlangten wir den billigsten Preis, nämlich 12 Dinar (ungefähr 18 Dollar) pro Person; zweitens waren unsere viermotorigen Flugzeuge sicherer als die Dakotas der Konkurrenz; drittens verfügten wir über eine große Luftflotte und konnten deshalb die Flüge so programmieren, wie es die irakischen Behörden wünschten; und letztens hatte unsere Gesellschaft eine langjährige Erfahrung im Massentransport von Personen.

Unsere guten Manieren hinderten uns daran, noch einige schwerwiegende Gründe aufzuzählen, wie zum Beispiel die vorgesehenen Einkünfte der ›Iraq Tours‹ und die ihrer Teilhaber, unter denen sich auch unser Gastgeber befand – doch war es anzunehmen, daß Suweidi nicht daran erinnert zu werden brauchte.

Jetzt bat uns der Premierminister, uns einige Minuten zu gedulden, während er sich mit seinen Mitarbeitern auf arabisch unterhielt.

Ich durfte mir nicht anmerken lassen, daß ich alles verstand, und hatte die größte Mühe, eine ausdruckslose Miene zu behalten, als ich hörte, daß sie die Absicht hatten, Ezekiel Shemtov, den Präsidenten der jüdischen Gemeinde, jetzt zu unserer Besprechung einzuladen.

Shemtov war, wie ich schon früher erwähnt habe, ein Vetter meiner Mutter! Ich hatte ihn seit den frühen dreißiger Jahren, als ich als Kind den Irak verlassen hatte, nicht mehr gesehen. Trotz der nahen Verwandtschaft verkehrten unsere Familien schon damals wenig miteinander, da wir in verschiedenen Stadtteilen wohnten. Trotzdem war ich wegen seines baldigen Erscheinens äußerst besorgt, insbesondere, weil unsere Familien starke Ähnlichkeitszüge aufwiesen.

Meine Befürchtung, es könnte mich jemand während meines Aufenthaltes hier erkennen, schien sich jetzt zu bewahrheiten. Doch leider konnte ich nichts daran ändern, umso weniger, als sich herausstellte, daß Shemtov im Hause nebenan wohnte und in wenigen Minuten erscheinen sollte.

Als er ankam, erhoben wir uns respektvoll, außer Suweidi selbst, der sitzen blieb und seinen Gast willkommen hieß, wie es sich unter Freunden, die sich oft besuchen, ziemt. Dann stellte er uns vor, und erklärte Shemtov den Grund unserer Anwesenheit. Obwohl ich beschlossen hatte, mich ruhig zu verhalten, fing ich an, auf meinem Stuhl unruhig hin und her zu rutschen. Ich erwartete jeden Augenblick, er würde mir in die Augen schauen und fragen: »Entschuldigen Sie bitte, sind Sie nicht Selim, der Sohn von Aharon und Hanini?« Oder wenigstens: »Sie kommen mir so bekannt vor, sind wir uns denn nicht schon irgendwo begegnet?«

Doch als eine ganze Weile ohne irgendeine Bemerkung seinerseits verging, begann ich aufzuatmen. Zwar war ich überzeugt, er hätte mich erkannt, dachte aber, er wäre so vorsichtig, zu warten, bis wir unter vier Augen sprechen konnten.

Wie sich die Sache gestaltete, geschah dies erst Monate später in Paris, wo wir uns in Ruhe unterhalten konnten und er mir sagte, daß er mich überhaupt nicht erkannt habe. Er sagte, es wäre ihm nie eingefallen, daß dieser pfeifenrauchende Herr Armstrong von der ›Near East Air Transport Company‹ eigentlich der jüngste Sohn seiner Kusine sei.

Shemtov sprach fließend Französisch, konnte aber kein Englisch, so daß der Premierminister und seine Mitarbeiter mit ihm Arabisch sprachen, während ich mich mit ihm auf Französisch unterhielt und für Ronnie ins Englische übersetzte. Diese in drei Sprachen geführte Unterredung dauerte eine ganze Weile, denn es mußten alle Fragen erörtert und abgeklärt werden.

Im Namen der ›Near East‹ übernahmen wir die Regelung der Landungsrechte in Zypern – die Möglichkeit direkter Flüge nach Israel hatten wir überhaupt nicht erwähnt –, während Shemtov sich im Namen der jüdischen Gemeinde verpflichtete, den Flugpreis bei den Passagieren zu kassieren, die Spesen derjenigen zu decken, die außerstande waren, ihre Reise selbst zu bezahlen, und alle Einnahmen dann an die ›Iraq Tours‹ zu überweisen.

Alles war nun besprochen und erledigt. Die Zusammenkunft schien schon beendet zu sein, als ich mich räusperte und leise sagte: »Entschuldigen Sie bitte, Herr Premierminister, eine Frage bleibt noch offen.«

Ronnie schaute mich so verwundert an, daß ich nur hoffen konnte, keiner außer mir hätte es bemerkt.

»Ja, Herr Armstrong«, sagte Suweidi mit einem flüchtigen Lächeln und in einem Ton, der bewies, daß seine Gedanken schon anderswo waren.

»Es handelt sich um die Zahlung an unsere Fluggesellschaft«, erklärte ich. »Wir müssen sie in irgendeiner fremden Währung erhalten. Sehen Sie, wir sind eine amerikanische Firma und haben also kein Interesse, unser Geld in irakischer Währung zu bekommen, wenn man nicht eventuell eine Möglichkeit finden könnte, die irakische Währung in fremde Valuta einzutauschen.«

Suweidis Lächeln verschwand; er nahm sich nicht einmal die Mühe, sich zu entschuldigen, sondern ließ sich sogleich in eine heftige Besprechung mit Raouf und seinen Mitarbeitern ein. Ronnie warf mir einen finsteren Blick zu, und flüsterte mir bei erster Gelegenheit fast lautlos den Befehl zu: »Laß die Sache fallen!«

Ich schaute zu Boden und nickte, wie um zu sagen: »Überlaß es nur mir!«

Der Premierminister schien verwirrt, ja verärgert zu sein. Wie ich von seinem Gespräch auf arabisch entnehmen konnte, wollte er anfangs meine Forderung sofort ablehnen – was mich auf den Gedanken brachte, daß ich vielleicht doch nachgeben sollte – und wenn ja, wie weit?

Die Sache mit der fremden Währung hatte weniger mit den verzwickten Fragen der internationalen Finanzen zu tun, als mit dem Wunsch, die Glaubwürdigkeit der ›Near East‹ als echte amerikanische Gesellschaft zu verstärken. Ich hatte in diesem Sinne die Angelegenheit vor meiner Abreise in Tel Aviv mit dem Mossad – aber nicht mit Ronnie – besprochen. Wie ich auch später tatsächlich erfuhr, behaupteten unsere britischen Konkurrenten, daß die ›Near East‹ nichts mehr als eine ›Fassade‹ das Staates Israel sei, die von der amerikanisch-jüdischen Wohltätigkeitsorganisation ›Joint Distribution Committee‹ finanziert werde. Das alles hätte überzeugen können, hätte ich nicht als Geschäftsmann gehandelt und auf Zahlung in fremder Währung bestanden.

Es war mir klar: Wenn ich jetzt nachgab, so würde ich Zweifel aufkommen lassen, die es bis zu diesem Zeitpunkt überhaupt nicht gegeben hatte. Glücklicherweise merkte ich bald, daß Suweidi und seine Berater mein Argument richtig verstanden. So beharrte ich ruhig aber fest auf meinem Standpunkt, bis wir das förmliche Versprechen erhielten, in Pfund Sterling bezahlt zu werden.

Da jetzt alles zu unserer Zufriedenheit geregelt war, verabschiedeten wir uns und kehrten in Begleitung von Raouf ins Hotel zurück. Raouf lud sich selbst zu unserem Tisch ein, um mit uns zusammen unseren Erfolg zu feiern. Während des Essens bemerkte er beiläufig, daß er nicht verstehen könne, wie sich die Juden denn an das Leben in Israel anpassen wollten. Sie wären doch immer nur im Handel und in der Verwaltung tätig gewesen und nicht an harte Arbeit gewöhnt. Was gedachten sie denn dort anzufangen, besonders jetzt, wo ein strenges Spar- und Rationierungssystem in Israel eingeführt wurde mit Lebensmittelkarten und so weiter. Unter diesen Umständen, nehme er an, würden unsere Passagiere es dort nicht lange aushalten und bald wieder zurück wollen.

»Wissen Sie, was ich denke, Herr Armstrong?« fügte Raouf mit einem schlauen Lächeln hinzu. »Ich bin der Meinung, wir sollten ihnen gleich Rückfahrkarten verkaufen.«

»Mein lieber Herr Raouf«, erwiderte ich spöttisch, »ich verstehe Sie nicht! Was für ein Geschäftsmann sind Sie eigentlich? Wenn wir ihnen jetzt Rückfahrkarten verkaufen, müssen wir ihnen doch zehn Prozent Ermäßigung gewähren. Warum sollen wir das tun? Lassen wir sie doch jedes Mal den vollen Preis bezahlen.«

In dieser Nacht schliefen wir alle wie die Engel, mußten jedoch am nächsten Morgen feststellen, daß wir uns leider zu früh gefreut hatten. Unser Geschäft war nämlich noch nicht abgeschlossen, denn das Amt für Zivilluftfahrt widersetzte sich dem Vertrag. Wie uns Raouf erinnerte, war der Leiter dieses Amtes Sabah Said, Nuri Saids Sohn, der zugleich auch Direktor der nationalen Fluggesellschaft war.

Noch niederdrückender war das Ergebnis unserer Besprechung auf der amerikanischen Botschaft. Dort sagte man uns, es wäre unmöglich, ohne die Genehmigung der dortigen Behörden über Zypern zu fliegen, und der britische Gouverneur der Insel wäre keineswegs dazu geneigt.

»Aber warum denn nicht?« fragte Ronnie.

Als Antwort erhielten wir die fast unglaublich klingende Erklärung, daß die Engländer jetzt, weniger als zwei Jahre nach dem Abzug aus Palästina, wo sie mit den Juden in blutige Auseinandersetzungen wegen des britischen Einwanderungsgesetzes verwickelt gewesen waren, fürchteten, Israel würde sich weigern, die irakischen Flüchtlinge aufzunehmen und Zypern so mit staatenlosen Juden überfluten! Deshalb sei es absolut ausgeschlossen, unsere Flugzeuge über Nikosia fliegen zu lassen, ohne die ausdrückliche Zustimmung der israelischen Regierung, alle Juden, die über Zypern reisen würden, aufzunehmen.

Ronnie sah verzweifelt drein, ich hingegen atmete erleichtert auf, denn ich wußte, daß es ein Kinderspiel war, diese Zustimmung zu bekommen.

»Ist das alles?« erkundigte ich mich, um sicher zu sein, daß uns keine anderen Schwierigkeiten bevorstanden.

»Ich denke, ja«, antwortete unser Gesprächspartner mit leichtem Achselzucken.

»Also gut,« sagte nun Richard Armstrong jr., der Geschäftsleiter der Fluggesellschaft mit seiner ›angeborenen‹ britischen Gemütsruhe und mit seiner ›angelernten‹ amerikanischen Tüchtigkeit, »dann laßt uns sofort an die Arbeit gehen!«

Am nächsten Morgen funkte ich nach Tel Aviv, daß ich sofort heimkehren würde, und zwar mit einem Flug der Cyprus Airways über Zypern. Ich bat um ein Einreisevisum für Richard Armstrong, das am

Lod-Flughafen vorbereitet sein sollte. Meine Mossad-Kollegen waren jedoch eifriger und bereiteten mehr als das vor. Da mein Flug nach Zypern eine zweistündige Verspätung hatte, war mir klar, daß ich die Verbindung nach Israel verpassen würde und die Nacht in Nikosia verbringen mußte. Doch noch bevor unser Flug landete, gab der Pilot durch den Lautsprecher bekannt, Herr Armstrong werde gebeten, als erster auszusteigen, da ein anderer Flug für ihn aufgehalten wurde.

Als ich die Gangway hinunterstieg, bemerkte ich unten »unseren Mann in Zypern« und einen rothaarigen Engländer, der ein Sicherheitsoffizier des Flugplatzes war. Beide brachten mich eiligst zu einer anderen Rollbahn, wo ein Cyprus Airways Flugzeug, dessen Motoren schon liefen, auf mich wartete.

»Sie müssen eine sehr wichtige Persönlichkeit sein, wenn der Flug nach Lod speziell für Sie aufgehalten wurde,« sagte der Rothaarige, während wir über das Rollfeld eilten. Schließlich geschah es nicht jeden Tag, daß jemand aus Bagdad kam, um nach Israel weiterzufliegen, noch dazu mit einem Passagierflugzeug, das extra für ihn aufgehalten wurde!

Ich beschloß, mich nicht um die Sache zu kümmern, und war bald viel zu beschäftigt, um mir wegen eines allzu neugierigen Sicherheitsoffiziers aus Zypern Sorgen zu machen.

Mein viertägiger Besuch in Israel glich eher einer langen Unterredung mit allen Beamten und Ämtern im Lande, die Auskunft über unsere Fortschritte haben wollten. Ich wurde sogar zu Ben-Gurion gebracht, der viele Fragen stellte, und der sehr belustigt über die Einzelheiten, die ich ihm erzählte, schien. Er ermahnte mich jedoch, auf mich selbst zu achten und keine unnützen Risiken einzugehen.

In der Zwischenzeit entwickelten sich die Dinge in Bagdad weiter. Aus Angst, das ganze Geschäft zu verpassen, beschloß Ronnie, es noch während meiner Abwesenheit abzuschließen. Am zweiten Tag meines Aufenthaltes in Israel funkte uns Ronnie, daß das Innenministerium alle betreffenden Dokumente genehmigt und sie an das Verkehrsministerium weitergeleitet habe. Um sicherzugehen, daß sich die Papiere dort nicht ›verirren‹ würden, versprach er das Arrangement auch für Sabah Said lohnend zu machen. Zwei Tage später kam eine neue Funkmeldung von Ronnie, in der er uns benachrichtigte, daß Sabah Said, welcher das letzte Hindernis zum Abschluß des Geschäftes darstellte, sich sträube, der ›Near East‹ das Monopol zu gewähren, solange nicht ein Abkommen mit der ›Iraqi Airways‹ unterzeichnet würde. Nach langwierigen und erschöpfenden Verhandlungen habe er den Vertrag unterzeichnet.

Dieser Vertrag zwischen der ›Iraqi Airways‹ und der ›Near East Air Transport‹, der am 9. Mai 1950 in Kraft trat, war ein ebenso seltsames wie historisches Abkommen. Es betonte, daß die ›Near East‹ Gesellschaft den Transport der Juden aus dem Irak unternehmen würde, wobei die ›Iraqi Airways‹ die Exklusivität der Bodendienste für Flugzeuge und Passagiere, die mit dieser Abreise aus dem Irak verbunden sind, erhalten sollte. Der Preis dieses Dienstes war 30 irakische Dinar pro Flug.

Sobald ich Ronnies Funkmeldung über den Vertrag las, hatte ich das Verlangen, sofort nach Bagdad zurückzukehren. Jetzt war das Dringlichste, die Flugzeuge gleich abfliegen zu lassen, noch bevor irgend jemand Gelegenheit hatte, sich die Sache anders zu überlegen und etwas zu beanstanden. Das bedeutete in erster Linie, die Riesenarbeit der Koordinierung zwischen den verschiedenen Regierungsämtern und der zionistischen Untergrundbewegung zu bewältigen. So befand ich mich schon am nächsten Morgen auf dem Weg nach Nikosia, zusammen mit Jimmy Wooten, meinem angeblichen Chef, ausgerüstet mit allen nur möglichen Verpflichtungen und Gesuchen der Regierung Israels, um für unsere Flugzeuge die Landungsrechte in Zypern zu bekommen. Als wir Nikosia erreichten und ich sah, daß noch einige Tage vergehen würden, bis alle Genehmigungen eingeholt werden konnten, ließ ich Wooten allein dort, um die Formalitäten zu erledigen, und nahm den nächsten Flug nach Bagdad.

Meine ersten Besuche galten den zwei Synagogen, Massuda Shemtov und Tweig, um den Verlauf der Eintragungen in die Auswanderungslisten zu überprüfen. Ich war höchst zufrieden mit den dortigen Entwicklungen. Die Männer und Frauen, die zu Dutzenden kamen und gingen, erhielten auf alle ihre Fragen klare und höfliche Antworten. Die »Beamten« waren junge Mitglieder der zionistischen Bewegung, deren Einfluß und Disziplin sich bemerkbar machten, sowohl im Arbeitstempo als auch in der allgemeinen besänftigenden und freundlichen Atmosphäre. Polizeioffiziere saßen natürlich ringsherum – offiziell waren sie verantwortlich für das ganze Verfahren, aber ein flüchtiger Blick ins Innere des Gebäudes genügte, um zu sehen, daß ihre Mitarbeit unbedeutend war. Sie beschäftigten sich meistens mit Teetrinken, aus den kleinen bauchigen Tassen, die zu diesem Zweck im Irak benutzt werden, ebenso wie mit dem eifrigen Studieren der Zeitungen und der Illustrierten, die von unseren Leuten in Hülle und Fülle geliefert wurden.

Unser Hotel wurde ebenfalls zum Mittelpunkt der Aktivität. Ständig kamen und gingen Regierungsbeamte, Vertreter der jüdischen

Gemeinde sowie Leute der ›Iraqi Tours‹. Doch die größte und schwerste Belastung war für mich das physische und seelische Hin- und Herpendeln zwischen dem Regent Palace Hotel einerseits und der Untergrundbewegung andererseits. Sooft ich zu unseren Leuten mußte, sei es zu einer Beratung oder um eine Funkmeldung nach Israel zu senden, erschien Mordechai Ben-Porat in seinem schäbigen Taxi, um mich abzuholen. Dann kam ich wieder ins Regent Palace zurück, wo ich meine Rolle als Richard Armstrong weiterzuspielen hatte. Ich wußte, daß es für uns alle das Ende bedeutete, sollte ich mich irgendwie verraten oder nur ein einziges Wort auf arabisch oder hebräisch über die Lippen bringen. Ich durfte mich nicht gehenlassen, und mußte fortwährend auf der Hut sein.

Kurz nach meiner Rückkehr nach Bagdad, lud uns Raouf zu einem Spaziergang entlang des Tigris ein. Ronnie und ich waren mit dieser Einladung sehr zufrieden, denn sie stellte für uns eine Abwechslung dar, nach dem ständigen Streß und Tumult.

Meine lebhaften Erinnerungen an den Tigris waren die großen Boote, die sich einen Weg zwischen den Fischerkähnen bahnten, sowie die zwei Brücken der Stadt, die mir als Kind riesengroß vorkamen. Doch am besten erinnerte ich mich an den Tigris in den glühenden Sommertagen, wenn der Wasserstand so sank, daß eine ganze Insel mit üppiger Vegetation aus der Mitte des Flußbettes herausragte. Sie war ein idealer Ferienort und unsere Familie mietete öfter ein Ruderboot und verbrachte am Ufer der Insel einen gemütlichen Nachmittag, dessen Höhepunkt ein Festessen war, ›Samak Mazgouf‹ genannt, bestehend aus gebratenem Fisch, der vom Besitzer des Bootes als Teil seiner Dienste zubereitet wurde.

Die irakische Küche – insbesondere die irakisch-jüdische – besteht aus einer ganzen Reihe gaumenerfreuender Gerichte, deren Krönung zweifellos der ›Samak Mazgouf‹ ist. Die Vorbereitung dieses Königsmahles, welches aus einem einzigen Gericht besteht, war der Einkauf eines passenden Karpfens, etwa einen halben Meter lang oder noch größer, so daß die Fische bis zum Verkauf lebend blieben. Wenn wir dann später zum Festessen bereit waren, zückte der Bootsinhaber ein scharfes Messer, schlitzte den Fisch auf und begann ihn kunstgerecht vorzubereiten. Er wurde gesalzen, mit aromatischem Curry gewürzt, auf einem hölzernen Spieß angebracht und neben das Feuer gelegt. Einige Minuten später, wenn es Zeit war, den Fisch umzudrehen, wurde er auf die noch glühenden Kohlen gelegt, wobei Zwiebeln und Tomaten zugefügt wurden. Wenn sich schließlich der Duft des gebratenen Fisches, des Curry und der Zwiebeln und Tomaten in der Luft verbreitete, wurden die Ausflügler gebeten, sich am Ufer des Flusses auf eine Matte zu setzten und das kulinarische Meisterwerk zu genießen.

Der Sommer war noch weit entfernt, als wir da mit Raouf gemütlich den Tigris entlangschlenderten und mit Wonne das kristallklare Wasser betrachteten. Doch plötzlich blieb ich stehen, angezogen vom unverfehlbaren Duft des ›Samak Mazgouf‹! Gleichzeitig bemerkte ich ein offenes Feuer am Ufer und den daneben bratenden Fisch, der die ganze Luft mit den Wohlgerüchen des Curry und der Zwiebeln erfüllte. Ich stand wie erstarrt da, blickte das Feuer wie verhext an und verspürte einen fast schmerzhaften Wunsch, von dem Gericht zu kosten, dessen köstlichen Geschmack ich von Kindheit auf kannte.

»Ist etwas nicht in Ordnung, Dick?« hörte ich Ronnie fragen.

Ich stand stumm da und wußte nichts zu sagen. Plötzlich hatte ich einen verrückten Einfall. »Sieh mal, was die da tun, Ronnie«, antwortete ich und stellte mich, als wäre ich völlig fasziniert. »Es muß eine Art von Opferzeremonie sein. Sie verbrennen einen Fisch am Scheiterhaufen!«

»Eine Opferzeremonie?« warf Raouf eher gereizt ein. »Sie braten einfach einen Fisch«, erklärte er, sichtlich beleidigt durch meine Annahme, daß die normalen irakischen Bräuche ein heidnisches Ritual seien.

»Es ist bestimmt eine Art religiöses Ritual«, sagte ich, »ich erinnere mich irgendwo gelesen zu haben, es sei Brauch, Opfer zu verbrennen.«

»Herr Armstrong,« antwortete Raouf fast entrüstet, »sie braten Fische und das ist alles! Das Gericht heißt ›Samak Mazgouf‹.«

»Schon gut, schon gut, Herr Raouf, aber warum verbrennen sie den Fisch? Sie wollen mir doch nicht sagen, daß man sowas essen kann!«

»Selbstverständlich kann man es essen, es ist einfach köstlich!« versicherte er mir.

»Wirklich? Dann laßt es uns mal kosten!« sagte ich in der Annahme, es könnte nicht schaden, mein Glück zu versuchen.

»Aber nein, Herr Armstrong«, wehrte Raouf gutmütig ab, »das schickt sich nicht für Leute unseres Standes. Ich werde schauen, daß man Sie zu einem Fischmahl einlädt. Wissen Sie, niemand kann Fische so gut wie die Juden zubereiten, und ich werde Shemtov bitten, er soll uns einladen. Dann werden Sie sehen, wie gut ein Fisch vom Tigris schmeckt!«

»Das ist wirklich nicht nötig, Herr Raouf«, versuchte ich ihn davon abzuhalten, »ich möchte Herrn Shemtov sicher nicht belästigen. Ich werde im Hotel ein Fischgericht bestellen.«

Shemtovs Haus zu betreten, war natürlich das letzte, was mir fehlte. Es war doch gut möglich, daß ein Familienmitglied, ein Freund oder ein Besucher mich noch erkennen würde.

Ich hatte die ganze Sache bald vergessen – Raouf dagegen nicht. Einige Tage später brachte er uns eine Einladung zu einem Essen in Shemtovs Haus, wobei meine Einwände nichts nützten.

Jetzt saß ich tatsächlich in einer schlimmen Klemme. Glücklicherweise hatte unser Gastgeber weder Freunde noch Verwandte eingeladen, sondern nur Regierungsbeamte, die mich sicherlich nicht als Hanini Hillels Sohn erkennen würden. So konnte ich leichten Herzens die zahlreichen irakischen Spezialitäten, die auf einem großen Tisch in der Mitte, der von Bäumen beschatteten Veranda des Hauses ausgebreitet waren, genießen. Die ganze Episode ist mir bis heute genau in Erinnerung geblieben.

Zuerst bedienten wir uns aus den Schüsseln mit dampfendem weißem und rosa Reis, der mit Mandeln und Rosinen vermischt war. Dazu gab es Huhn, Fleischkugeln in Zucchini-Sauce, gebratene Burghulgraupenkugeln mit ihren pikanten Füllungen, Schüsseln mit feingeschnittenen Salaten, Haufen von flachen irakischen Pittas und ganze Pyramiden appetitlicher, vielfarbiger Früchte.

Kaum hatten wir rings um den Tisch Platz genommen, als ein Aufmarsch von Kellnern mit großen Servierplatten begann, auf jeder ein ›Samak Mazgouf‹ in all seiner Herrlichkeit, wobei die Luft vom Curryaroma nur so duftete.

Ronnie und ich saßen als Ehrengäste zu beiden Seiten unseres Gastgebers, was auch das einzige Zeichen irgendwelcher Förmlichkeiten oder Etikette war. Mit dem Erscheinen des Fisches wurde das Signal zur ›Schlacht am Buffet‹ gegeben, wobei Ronnie und ich schlecht abschnitten, da unsere ›Würde‹ uns zu gewissen Zurückhaltungsregeln den ›Eingeborenen‹ gegenüber zwang. Während sich die Elite des irakischen Staatsdienstes auf den Fisch stürzte und mit bloßen Händen Stücke davon abriß, so wie der ›Samak Mazgouf‹ seit uralten Zeiten verzehrt wird, kämpften wir hilflos mit Messer und Gabel, um etwas zu ergattern, was bei den anderen Gästen, die sich kaum des lauten Lachens enthalten konnten, ein allgemeines Mitleidsgefühl auslöste. Auf ihre spöttischen Gebärden folgten bald Witze auf unsere Kosten – natürlich auf arabisch, waren sie doch fest überzeugt, wir würden sie nicht verstehen. Als Raouf vorschlug, den besten Teil des Fisches den Ehrengästen anzubieten, wies man ihn zurecht und machte ihm klar, es sei schade, solch gute Stücke an diese zwei wildfremden Engländer zu vergeuden, um so mehr, da sie den

Fisch mit Messer und Gabel aßen, wobei der ganze Wohlgeschmack verloren ging!

»Was versteht ein Esel von Gerste?« zitierte einer ein altes arabisches Sprichwort, zum lauten Gelächter aller Anwesenden. Nun mußte ich mich wirklich zusammennehmen, um nicht das leiseste Anzeichen zu geben, daß ich alles verstand – und dabei noch aufzupassen, keine Gräten zu verschlucken.

Bei einer anderen Gelegenheit wurde meine Tarnung nochmals auf die Probe gestellt, und ich mußte all meine Erfindungsgabe anwenden, um mich aus der Sache herauszuziehen. Es geschah wieder bei einem gesellschaftlichen Anlaß. Je länger wir uns in Bagdad aufhielten, desto größer wurde unser Bekanntenkreis, der sich allmählich auch auf die höheren Beamten der ›Iraq Tours‹, des zivilen Luftfahrtamtes und der ›Iraqi Airways‹ ausdehnte; von Raoufs persönlichen Freunden gar nicht zu sprechen, mit denen wir uns regelmäßig trafen, ein Kabarett besuchten oder im Garten unseres Hotels Karten spielten.

An einem dieser Abende – es war der 14. Mai, als Jimmy Wooten endlich aus Nikosia mit allen nötigen Bewilligungen ankam – hätte das Schicksal Richard Armstrong fast ereilt. Raouf hatte diesmal eine größere Gruppe eingeladen, um im Garten des Hotels die Ankunft des »wirklichen Bosses« der ›Near East‹ Gesellschaft, deren Vertreter er war, zu feiern. Wir saßen alle in einem breiten Kreis, nippten an unseren Getränken und unterhielten uns. Da schnappte ich plötzlich eine auf arabisch geführte Unterhaltung zwischen zwei Männern zu meiner Rechten auf.

»Hast Du die Narbe auf seinem Gesicht bemerkt? Sie sieht genau wie ein Ukht aus«, sagte der eine.

»Mach dich doch nicht lächerlich«, meinte der andere. »Wie kann er denn eine Ukht haben? Das ist doch Unsinn!«

»Mensch, ich sage dir, es sieht haargenau wie eine Ukht aus!« beharrte der erste.

Als ich diese Worte hörte, drehte sich mir fast der Magen um, denn ich wußte sofort, daß es sich um die kleine Narbe auf meiner rechten Wange handelte. Diese Narbe, die sogenannte Bagdader Rose, ist eine Wunde, von einem Parasiten verursacht, der von der Sandfliege oder den Moskitos übertragen wird. Bis zur Heilung der Wunde verstreicht eine sehr lange Zeit, wobei eine tiefe Narbe zurückbleibt.

Ihr Vorhandensein ist für jeden, der im Irak lebt, oder sich längere Zeit dort aufhält, unvermeidlich. »Ukht«, der volkstümliche Name der Narbe, bedeutet auf arabisch »Schwester«, denn wie fast jeder eine Schwester hat, so hat auch jeder eine Narbe, die ihn wie eine Schwester in der Form der Bagdader Rose begleitet. Ich selbst bildete in dieser Hinsicht keine Ausnahme, hatte ich doch vier richtige Schwestern und eine fünfte metaphorische auf meiner rechten Wange. Die Narbe war zwar nicht sehr tief, doch war sie trotzdem für jeden, der mit dieser Erscheinung vertraut war, deutlich zu erkennen. Kein Wunder also, daß ich von Anfang an gewisse Bedenken hatte, mich in Bagdad mit einer typischen Ukht auf der Haut als Richard Armstrong auszugeben.

Da saß ich also richtig in der Klemme und suchte verzweifelt nach einem Ausweg und einer Erklärung, die diese zwei neugierigen Kerle neben mir befriedigen könnte.

Instinktiv zog ich weiter an meiner Pfeife, als wolle ich einen Rauchvorhang zwischen uns erzeugen, und stellte mich wie in Gedanken verloren, doch meine Ohren verfolgten weiter das Gespräch. »Also gut«, sagte der, welcher meine Narbe zuerst entdeckt hatte, nach einer Weile. »Ich werde ihn einfach fragen!«

»Herr Armstrong«, wandte er sich auf Englisch an mich, »ich möchte Sie gerne etwas fragen. Mein Freund und ich wundern und schon die ganze Zeit, woher eigentlich die Narbe auf ihrem Gesicht stammt.«

Plötzlich wußte ich, wie ich ihre Aufmerksamkeit von der ganzen Sache ablenken konnte. »Wie bitte?« fragte ich, als ob ich ihn nicht richtig verstanden hätte. »Ach so, Sie meinen diese kleine Narbe auf meiner Wange? Jawohl, ich sehe, Sie haben einen scharfen Blick, mein Herr! Ich dachte, sie sei längst nicht mehr zu sehen. Nun das ist ein Geschenk der Fritzen, das heißt der Deutschen. Sie verstehen mich doch! Diese Scheißkerle haben uns '44 über Frankreich abgeschossen. Ich war der Bordschütze, und sie trafen einen unserer vier Motoren, doch glücklicherweise verlor ich nicht das Bewußtsein. Der Pilot selbst war ein wirklich tüchtiger Bursche und brachte uns unversehrt herunter. Es gelang mir, mich weit genug zu entfernen, bevor der verdammte Kasten in die Luft ging, das Flugzeug meine ich. Sie verstehen mich doch! Die Narbe stammt von einer Brandwunde, von einem Funken, der mich ins Gesicht traf. Schlimmer aber war es mit meinen Beinen!«

Bei diesen Worten zog ich ohne Scham mein linkes Hosenbein hoch, um ihnen eine große Narbe zu zeigen, ein Überbleibsel einer Verletzung, die ich vor mehreren Jahren erlitt und eine ganze Reihe von Operationen erforderte. Genau wie ich gehofft hatte, wurde ihre Aufmerksamkeit nun vom Gesicht auf mein vernarbtes Bein gelenkt, und ich begann die zwei mit einer recht langen und ausführlichen Beschreibung meiner Operationen und den Heilungsversuchen der verschiedenen Ärzte gründlich zu langweilen. Sie drückten mir ihr Mitgefühl aus, betonten ihre Bewunderung der Errungenschaften der modernen Medizin in Europa, und erwähnten die Angelegenheit mit keinem Wort mehr.

Doch dann, als alles wie am Schnürchen zu laufen schien, wendete sich mein Glück radikal. Es war der 18. Mai, der Tag, an dem unser Jungfernflug vorgesehen war, der jedoch wegen bürokratischem Durcheinander auf den nächsten Tag verschoben werden mußte. Ich begab mich an diesem Morgen zum Flugplatz, um die letzten Vorbereitungen zur Abfertigung der Reisenden zu treffen, und fuhr danach zu einem der Sammelplätze, wo sich unsere Auswanderer einfanden, die Formalitäten erledigten und ihr Gepäck wogen. Sie sahen alle müde und besorgt aus. Immer wieder fragten sie die jungen Leute, die mit der Betreuung der Sammelstellen beauftragt waren, ob sie diesmal auch wirklich am nächsten Tag abfliegen würden.

Nach dem Mittagessen gingen wir drei, Jimmy, Ronnie und ich, in mein Hotelzimmer, um noch einige letzte Einzelheiten abzuklären. Plötzlich flog die Tür auf und Raouf stürmte mit flatternder Krawatte herein. Er ließ sich erschöpft in einen Stuhl fallen und blieb dort völlig außer Atem sitzen, bis Wooten auf ihn zuging und ihn fragte: »Sie scheinen etwas verstimmt zu sein, Herr Raouf. Was ist denn los?«

»Es gibt ein großes Problem«, antwortete Raouf schwer keuchend. »Die Geheimpolizei hat einen Hinweis bekommen, daß Herr Armstrong Jude sei.«

Ich verspürte einen stechenden Schmerz in der Brust. Doch gleich darauf beruhigte ich mich wieder, denn so schlecht die Lage der Juden im Irak auch war, die Tatsache allein, Jude zu sein, war noch keine strafbare Handlung. Außerdem befanden wir uns ja im Irak, um Juden aus dem Land herauszutransportieren, und dieser Umstand bedeutete, daß wir mit den Juden verbunden waren.

Andererseits hatte der Irak aber gerade zu diesem Zeitpunkt die Einreise fremder Juden gänzlich verboten und ein Verstoß gegen dieses Gesetz wurde als schweres Vergehen betrachtet. Ich saß also in der Patsche und mußte meine nächsten Schritte sehr vorsichtig planen. Dabei kam mir plötzlich der Gedanke in den Sinn, daß vielleicht Raouf selbst im Dienste der Geheimpolizei stand und meine Reaktion auf die Probe stellen wollte. Jimmy Wooten war der erste, der zu Raoufs erschreckender Nachricht Stellung nahm: »Das ist reiner Unsinn!« stieß er verächtlich hervor. Als ich merkte, daß Raouf Jimmy Wootens Ausdrucksweise nicht begriff – obwohl sein Ton allein genügt hätte, um den Ausruf zu verstehen – fügte ich mit einer so britisch wie möglich verächtlichen Zurückhaltung hinzu: »Das ist wirklich amüsant, Herr Raouf.«

»Ich weiß, daß es nicht wahr ist«, verteidigte sich Raouf, »aber Tatsache ist, daß man es der Geheimpolizei mitgeteilt hat.«

»Und was soll jetzt geschehen?« fragte Wooten.

»Sie werden höchstwahrscheinlich Herrn Armstrong verhören wollen«, prophezeite Raouf. »Die ganze Sache ist ein Unsinn, doch ich befürchte, daß sie unangenehme Folgen haben wird. Gerüchte werden sich in der ganzen Stadt verbreiten.«

›Wenn das nur alles wäre‹, dachte ich. Ich machte mir keine Illusionen, daß meine Tarnung einem Verhör längere Zeit standhalten würde. Wie oft hatte ich mit Kollegen, mit Journalisten oder Diplomaten über Foltermethoden gesprochen und mich bemüht, ihnen die grausamen Zustände und Bedingungen zu beschreiben, unter denen die Juden und die Mitglieder der zionistischen Bewegung zu leiden hatten? Jetzt sah es so aus, als hätte ich bald die Möglichkeit, das alles selbst mitzumachen. Ich sah zur Tür und erwartete jeden Augenblick, daß die Polizei hereinstürmen würde, um mich zu holen. Doch nichts dergleichen geschah.

Nochmals kam mir der Gedanke, daß alles nur eine Inszenierung war, um zu sehen, wie ich darauf reagieren würde. So beschloß ich, Initiative zu ergreifen und mit einem Gegenangriff zu parieren: »Ich schlage vor«, sagte ich gelassen, »wir sollten nicht untätig herumsitzen und uns fragen, was weiter geschehen wird. Die ganze Sache ist so lächerlich, daß ich jetzt auf die Polizeistation gehen werde, um mich dort vorzustellen und ihnen alle Fragen zu beantworten.«

Jimmy erhob sogleich Einspruch, weil das nach seiner Meinung die ganze Sache noch mehr komplizieren würde. Raouf verwarf den Vorschlag noch entschiedener und erklärte, daß es sich hier nicht um die freundlichen Polizisten des benachbarten Wohnviertels handle, sondern um die Geheimpolizei. Man könne nicht einfach bei der Geheimpolizei hereinplatzen und erklären, man hätte dies und jenes gehört und wolle nun das Mißverständnis aufklären.

»Also, was schlagen Sie dann vor, Herr Raouf? Daß ich hier sitzen und einfach warten soll, bis sie mich holen kommen?« fragte ich vorwurfsvoll.

»Ganz und gar nicht«, erwiderte Raouf. »Jetzt ist es schon Nachmittag und wenn sich die Polizei bis zu dieser Stunde nicht gezeigt hat, wird sie heute nicht mehr erscheinen. Morgen ist Freitag, also unser Ruhetag, und man kann mit großer Wahrscheinlichkeit annehmen, daß sie auch morgen nicht aufkreuzen wird. In der Zwischenzeit können wir vielleicht herausfinden, wer und was dahintersteckt.«

Genau wie ich waren Jimmy und Ronnie nicht bereit, nur darauf zu setzen, daß die irakischen Geheimdienste keine Überstunden machen würden. Zu guter Letzt war es Jimmy Wooten, der das Problem mit seiner für ihn charakteristischen Nüchternheit löste: »Dick, ich schlage vor, daß du morgen unsere Flüge nach Zypern begleitest. In der Zwischenzeit werden wir hier versuchen, die Sache aufzuklären und zu erfahren, was der ganze Unsinn eigentlich bedeutet.«

Seine Logik war genauso einwandfrei wie seine Erklärungen und dieser Beschluß paßte mir ausgezeichnet. Um jedoch bei Raouf einen glaubwürdigen Eindruck zu erwecken, sagte ich Wooten, daß ich nicht die Absicht hätte, den Irak unter Verdacht zu verlassen und deswegen seinen Vorschlag nicht annehmen könnte. »Das ist kein Vorschlag«, antwortete er in einem Ton, der jeden überzeugt hätte, »es ist ein Befehl! Du kennst ja den Ausdruck, Dick: Der Boss hat zwar nicht immer recht, aber er ist der Boss!«

Zufrieden mit dieser Fluchtmöglichkeit, bereitete ich mich zum Abflug am nächsten Tag vor. Ich konnte aber den Gedanken nicht loswerden, daß Raoufs Geschichte einfach nicht glaubwürdig klang. Wäre er mit der Nachricht erschienen, die Polizei vermute, Armstrong sei ein Israeli, hätte ich angenommen, daß irgend jemand, der meine wahre Identität kannte, mich entweder angezeigt hatte oder nicht sehr vorsichtig gewesen war. Sollte aber jemand die Polizei verständigt haben, daß ich mich im Irak unter falscher Identität aufhielt, machte ich mich des Gebrauches von falschen Papieren strafbar – was natürlich um vieles gefährlicher war, als Jude zu sein.

Natürlich war es auch möglich, daß Major Caton oder einer seiner Mitarbeiter unseren Vertrag torpedieren wollte, indem sie bösartige Gerüchte verbreiteten. Doch dies schien mir auch nicht besonders wahrscheinlich, da Jimmy und Ronnie anscheinend in diesem Geschäft wichtigere Rollen als ich hatten. In diesem Falle wäre es viel sinnvoller gewesen, uns kommerziell zu diskreditieren, als Gerüchte zu verbreiten, daß Armstrong Jude sei.

Sogar heute, im Rückblick der Jahre und mit dem späteren Vorteil, die offiziellen Dokumente prüfen zu können, bleibt dieses Rätsel ungelöst – obwohl es scheint, daß meine Reise nach Zypern nichts mit der ›Enthüllung‹ zu tun hatte, die Richard Armstrongs ethnische Abstammung betraf. Wäre Zypern die Quelle irgendwelcher Informationen gewesen, hätte die britische Botschaft in Bagdad davon wissen müssen – doch in den Briefen und Dokumenten der Botschaft gibt es nichts, was auf Richard Armstrongs Herkunft hinweist.

Im Grunde genommen stehe ich noch heute vor einem Rätsel wegen der Episode, die meine Mission in Bagdad so plötzlich abbrach. Doch ungeachtet der Gründe, muß ich zugeben, daß, wenn das Schicksal es wollte, daß ich den Irak so plötzlich verlassen mußte, es nicht zu einem geeigneteren Zeitpunkt geschehen konnte.

Die ersten beiden Flüge sollten am nächsten Tag starten, und wie Jimmy Wooten betonte, war es ganz normal, daß ich mich in einer der beiden Maschinen befinden würde. In der Zwischenzeit mußte ich aber noch in Bagdad bleiben. Da ich annahm, daß ich überwacht würde, bemühte ich mich, mir den Anschein zu geben, als sei nichts Besonderes geschehen. Ich durfte also weder gespannt wirken noch auf irgendeine andere Art die Aufmerksamkeit auf mich lenken.

Bevor ich an diesem Abend zu Bett ging, bat ich den Hotelangestellten, mich morgens um fünf Uhr zu wecken, obwohl ich genau wußte, daß ich diese Nacht kein Auge zutun würde. So legte ich mich voll bekleidet aufs Bett, in der Hoffnung, mich ein wenig auszuruhen, während ich meine Gedanken zu ordnen versuchte.

Ein lautes Klopfen an der Tür ließ mich plötzlich hochfahren. Ich war fest überzeugt, das Zimmer würde sich im nächsten Augenblick mit einer Schar Polizisten füllen. Verzweifelt versuchte ich zu entkommen, rannte zum Fenster, dann zum Schrank, bis ich auf einmal die Stimme des Hotelangestellten hörte. Nun öffnete ich die Tür einen Spalt breit, um mich zu vergewissern, daß er allein war. Als er meinen verstörten Gesichtsausdruck bemerkte, erklärte er mir behutsam, daß ich verlangt hätte, um fünf Uhr geweckt zu werden. Erst jetzt wurde mir klar, daß ich trotz meiner Annahme, kein Auge zudrücken zu können, die ganze Nacht geschlafen hatte.

Ich bedankte mich mit schwacher Stimme, suchte in meinen Taschen nach Münzen, gab ihm ein Trinkgeld und warf mich wieder aufs Bett, bis sich das laute Klopfen meines Herzens beruhigt hatte. Dann zog ich mich um und packte meine Sachen ein.

Als ich mit Ronnie den Flugplatz erreichte, stockte mir der Atem. Beim Anblick unserer Auswanderer, die zusehen mußten, wie die Zollbeamten ihre Koffer ausleerten, den Inhalt über den Boden verstreuten und sie fortwährend beschimpften, stieg eine fürchterliche Wut in mir hoch. Ronnie, der neben mir ging und meine Aufregung bemerkte, faßte mich am Arm und sagte: »Laß dich nicht gehen. Wage es ja nicht, einen Laut herauszubringen!«

Natürlich hatte er recht. Seit wann mischten sich denn wohlerzogene Engländer – die Säulen des Britischen Empire – ein, wenn »Eingeborene« andere »Eingeborene« mit weniger als englischer Höflichkeit behandelten?

Wir gingen also mir ausdruckslosen Gesichtern an der Zollkontrolle vorbei, doch konnte ich nicht meinen Gedanken verwehren über das kümmerliche Bild, welches das Ende der jüdischen Gemeinde des Irak bot! Eine Gemeinde, deren Geschichte 2500 Jahre zurückreichte, länger als die Geschichte vieler Völker, ging jetzt zu Ende im Zollamt des Bagdader Flughafens, unter Mißhandlungen, Demütigungen und gemeinen Beschimpfungen. Auf der einen Seite des Schalters sah man grimmige und boshafte Gesichter, voller Willkür, Feindschaft und Verachtung, auf der anderen die traurigen und eingeschüchterten Blicke meines Volkes, die Augen blutunterlaufen von Trauer und Müdigkeit, doch voller Klugheit – mein Volk, das sich eher auf die Zunge beißen würde, als irgend etwas von seinen wahren Gefühlen zu verraten. Trotzdem mußte ich zugeben, daß selbst diese letzte Erniedrigung all den Gefahren, die ein Versuch, das Land illegal zu verlassen, mitbrachte, vorzuziehen war.

»Ronnie! Dick! Hierher!«

Wir gingen zu Jimmy Wooten. Er unterhielt sich mit Raouf, den Piloten und den Vertretern des Zivilluftfahrtamtes. Neben ihnen stand steif ein junger Offizier in einer frisch gebügelten Uniform mit polierten Knöpfen. Er wurde uns als »der Inspektor« vorgestellt, der unseren Flug begleiten würde, um sich zu vergewissern, daß wir unser Abkommen einhielten und tatsächlich nach Zypern flogen. Der Offizier sah verwirrt und ein wenig benommen aus. Als ich ihn einlud, neben mir Platz zu nehmen, erfuhr ich den Grund dafür: Der Mann war noch nie geflogen und noch bevor er das Flugzeug betreten hatte, verspürte er bereits etwas Übelkeit. Ich bemühte mich, sein Vertrauen zu gewinnen, und versicherte ihm, daß alles gut verlaufen würde. Ich erklärte ihm ebenfalls, daß die Flugzeuge erst zwei Tage später nach Bagdad zurückkehren sollten, daß wir in Nikosia in einem Hotel wohnen würden und er selbstverständlich unser Gast sein würde. Er erwiderte, daß er über genügend Geld verfüge. Um mich zu überzeugen, holte er seine Brieftasche hervor und zeigte mir, daß sie mit Banknoten vollgestopft war. Ich wiederholte, daß er unser Gast sei, und sagte ihm, er könne sein Geld sparen und damit großzügige Geschenke für seine Freundin kaufen. Er errötete, und mir war klar, daß unser »Inspektor« nichts anderes als das naive Kind einer reichen Familie war, das noch einige wichtige Dinge über die weite Welt zu lernen hatte.

Unsere Einwanderer bestiegen die Flugzeuge still und wie versteinert, gerade vor sich hinstarrend, ohne einen einzigen Blick auf die Freunde oder Familienmitglieder zu werfen, die zurückblieben.

Ich öffnete eine Kaugummipackung und bot dem jungen Offizier welche an, wobei ich ihm erklärte, daß der Druck in den Ohren dadurch geringer werde. Er nahm gleich zwei Stück, entfernte vorsichtig die Papierhüllen und begann energisch zu kauen. Als ich ihn etwas später wieder anblickte, sah ich, wie er die zwei Stücke aus dem Mund nahm und sie sich in die Ohren stopfen wollte!

Unser Flugzeug rollte an, ließ die Motoren auf Trab kommen und hob ab. Das zweite Flugzeug folgte uns gleich darauf. Das war der Anfang der großen Luftbrücke, über die mehr als hunderttausend Juden aus dem Irak nach Israel kamen. So wurde die älteste jüdische Gemeinde der Welt aus ihrem Exil heimgeholt.

Als das Abkommen zwischen der ›Near East Air Transport‹ und der ›Iraqi Airways‹ veröffentlicht wurde, beschrieb die New York Times, die für ihren zurückhaltenden Ton allgemein bekannt ist, die bevorstehende Luftbrücke als ›die größte Luftwanderung der Geschichte‹. Doch in den Funkmeldungen von ›Berman‹ nach ›Artzi‹ wurde die Einweihung dieses historischen Unternehmens in einer einfachen, nüchternen und knappen Ankündigung zusammengefaßt:

»Zwei Flugzeuge starteten heute nachmittag – mit Schammai. Einzelheiten folgen.«

Ich muß gestehen, daß meine Gefühle und Gedanken während der letzten Augenblicke, als wir Bagdad überflogen, ebenso gedämpft waren. Um besser zu sehen, preßte ich meine Stirn ans Fenster und schaute hinunter auf die Stadt, wo ich geboren wurde, während der Tigris immer mehr in der Ferne verschwamm, um dann gänzlich zu verschwinden.

Vor uns tauchte die große Wüste auf. Noch vor kurzem hatten wir diese Wüste als eine undurchdringliche Mauer betrachtet, welche die tausendjährige babylonische Diaspora von dem Heimatland des Judentums trennte. Jetzt erinnerte ich mich an die Worte des Propheten Jeremia: »Endlich ist die Mauer Babylons gefallen.«

Wir flogen wie vorgesehen nach Zypern, und nachdem ich den ›Inspektor‹ den tüchtigen Händen unserer Leute dort übergeben hatte, mit der ausdrücklichen Anweisung, ihn ›die ganze Zeit zu unterhalten‹, flogen wir mit derselben Maschine nach Israel weiter. Als wir in Tel Aviv ankamen, sah es so aus, als ob sich der gesamte Mossad bis zum letzten Mann am Flugplatz versammelt habe, um uns willkommen zu heißen.

Ich kann mich nicht mehr an alle Namen erinnern, nur daß ich von den stürmischen Umarmungen, Küssen und Händeschütteln fast erdrückt wurde. Sogar unsere rothaarige Sekretärin Zafrira hatte den ganzen Weg zum Flughafen zurückgelegt, um mir einen lauten Kuß auf die Wange zu drücken.

Dieser unerwartete Empfang erfüllte mich mit Freude und einem Gefühl des Triumphes. Doch mit einem Mal fühlte ich mich gänzlich erschöpft. Alles, was ich wollte, war schlafen. Am liebsten hätte ich mich auf den Boden des Flughafens zusammengerollt, um auf der Stelle einzuschlafen. Ich glaube, ich hätte auch stehend schlafen können, so müde war ich. Doch als die Auswanderer auszusteigen begannen, gab mir der Anblick ihrer erster Begegnung mit ihrem neuen Leben wieder frische Kraft. Es war für mich ein Augenblick der persönlichen Genugtuung, als ich sehen konnte, wie sie das Flugzeug verließen, zuerst unschlüssig, als würden sie den Übergang vom Traum zur Wirklichkeit nur zögernd wagen, um sich dann langsam zum Abfertigungsgebäude zu begeben. Ein älterer Mann begann das Lobgebet zu Ehren Gottes zu singen, worauf alle Anwesenden mit Amen antworteten.

Am nächsten Tag wurde die Luftbrücke von einer israelischen Zeitung ›Operation Esra und Nehemia‹ genannt, nach den zwei biblischen Figuren, die die Juden aus dem Babylonischen Exil nach Jerusalem zurückführten und den Tempel wieder aufbauten.

Im Mossad hatten wir noch eine Reihe anderer Benennungen dafür, wie zum Beispiel ›Operation Ali Baba‹ oder ›Operation Babylon‹, wobei die letztere von Mosche Sharett geprägt war und von mir selbst auch vorgezogen wurde.

Vom Flugplatz fuhr ich geradewegs nach Hause – nicht für immer, wie es sich bald herausstellte, doch hatte ich eine längere Verschnaufpause reichlich verdient. Hatte ich mir aber Hoffnungen auf eine etwaige Rückkehr nach Bagdad gemacht, so wurden sie am nächsten Tag gänzlich zunichte gemacht, als Ben-Porat mir folgende Funkmeldung sandte:

> »Der Chef der Geheimpolizei ließ Raouf wissen, daß Du an Ort und Stelle verhaftet wirst, falls Du nach Bagdad zurückkommen solltest.«

Eines stand also fest: Ich würde nie mehr irakischen Boden betreten.

Dieses Mal gelangte meine vierjährige Mission, die irakischen Juden in ihr historisches Heimatland zurückzubringen, zu ihrem unbestritten endgültigen Ende.

Der Vorhang fällt

Einige Monate nach meiner Heimkehr in den Kibbuz sollte ich für kurze Zeit nach Paris fliegen, um mich zu einer Unterredung mit Ezekiel Shemtov, dem Vorsitzenden der jüdischen Gemeinde des Irak, zu treffen.

Ich hatte mich inzwischen völlig zurückgezogen aus den irakischen Angelegenheiten. Während des größten Teils der Zeit, die in den nächsten Seiten beschrieben wird, arbeitete ich unter Tarnung in Ägypten für den Mossad, wobei ich ganz von den Ereignissen in Israel abgeschnitten war, von denen im Irak gar nicht zu reden.

Meine Abwesenheit aus der Gegend entbindet mich jedoch nicht von der Pflicht, den Schluß dieser Geschichte zu erzählen. Obwohl ich gewünscht hätte, die Erzählung mit dem ermutigenden Bericht eines eindeutigen Erfolges beenden zu können, muß ich gestehen, daß das Leben seine eigenen Wege einschlägt, die kein vollkommen glückliches Ende gestatten.

Unsere Genugtuung über den schwer errungenen Erfolg des Mossad, der zur Rettung der 120 000 Juden aus dem Irak führte, wurde durch das unglückliche Ende der dortigen zionistischen Bewegung merklich beeinträchtigt.

Die ›Operation Esra und Nehemia‹ brachte im Laufe von anderthalb Jahren insgesamt 104 000 Einwanderer nach Israel. Ein solcher Bevölkerungszuwachs wäre auch heute, im Zeitalter der fortgeschrittenen Technologie, keine kleine Herausforderung. Sogar unter den besten Bedingungen konnte ein Unternehmen dieses Ausmaßes nicht reibungslos vor sich gehen.

Die Schwierigkeiten, die mit der Luftbrücke zusammenhingen, wurden durch die Meinungsverschiedenheiten zwischen der offiziellen Leitung der jüdischen Gemeinde und den Agenten des Mossad noch vergrößert. Die Ursache dieser Unstimmigkeiten war eine Mischung aus Streitfragen über Vorrangansprüche, persönlichem Geltungstrieb und Differenzen über die Art und Weise der Arbeit selbst. Das Problem war zum Teil auch strukturell bedingt: Einerseits erforderte die legale Massenauswanderung einen offenen und andauernden Kontakt zwischen der Leitung der Gemeinde und den verschiedenen Regierungsämtern, während andererseits die innere Organisation dieses Exodus sowie die Kontakte mit Israel von Mossadagenten abgewickelt wurden. Selbst diese Arbeitseinteilung wurde nie eindeutig festgelegt.

Da die zionistische Untergrundbewegung Leute für die Registrierung der Auswanderung und Bearbeitung der Unterlagen zur Verfügung stellte, übte sie auch die Kontrolle über die gesamte Auswanderung aus. Nominell aber waren es die Gemeindeführer, die das letzte Wort hatten. Dazu spaltete sich noch die Führung der jüdischen Gemeinde, wobei die einen Ezekiel Shemtov unterstützten und die anderen sich ihm widersetzten. Im Irak bildeten diese Vorkommnisse eine richtige Brutstätte zur Entwicklung von Spannungen, Mißverständnissen und Zusammenstößen, die sich durch das äußerst langsame Tempo der Abreise der staatenlosen Juden noch verschärften. Im Laufe einiger Monate steigerten sich diese Spannungen zu einer offenen Fehde zwischen Shemtov und Mordechai Ben-Porat, dem Hauptagenten des Mossad im Irak. Diese zwei verschiedenen Persönlichkeiten konnten sich von Natur aus nicht vertragen.

Der 69jährige Shemtov, ein wohlhabender, würdevoller und kultivierter Mann, hochangesehen in der jüdischen Gemeinde und mit einem großen Freundeskreis in hohen Regierungsämtern, konnte seinen jungen, energischen 27jährigen Rivalen sowie dessen unverblümte Sprache nicht besonders leiden. Ben-Porat seinerseits fand Shemtov überheblich und gebieterisch. Die Unstimmigkeiten zwischen den beiden konnten auf keinerlei Weise geschlichtet werden, und es dauerte nicht lange, bis die ganze Führung der jüdischen Gemeinde davon angesteckt wurde.

Als Shemtov schließlich drohte, zurückzutreten und dadurch den direkten Zugang der Gemeinde zu Premierminister Suweidi abzuschneiden, wurde ich aufgefordert, nach Paris zu fliegen, um die Sache dort mit ihm abzuklären, während Mosche Karmil zu einem parallelen Gespräch mit Ben-Porat nach Teheran flog.

Es war also August 1950, als ich mich wieder einmal in einem Flugzeug nach Paris befand, wo ich Shemtov in einer Suite des eleganten Hotels Crillon am Place de la Concorde treffen sollte. Als ich die Hotelhalle betrat und die Liftboys in ihren mit Goldtressen geschmückten admiralähnlichen Uniformen erblickte, mußte ich mich zurückhalten, um ihnen nicht ehrenhalber den Vortritt in den Aufzug zu gewähren!

Ich erwartete selbstverständlich, das Gespräch als Richard Armstrong zu beginnen, doch kaum hatten wir die auf französisch geführte Begrüßungszeremonie beendet, als mir Shemtov in der arabischen Mundart der irakischen Juden gütig sagte: »Mein Sohn, bemühe dich nicht umsonst – mir ist alles bekannt!«

Ich starrte ihn mit vorgetäuschter Verwunderung an, denn anfangs dachte ich, er wolle sich von der Richtigkeit des Gerüchtes, daß Armstrong ein Jude sei, überzeugen. Doch als ich mich weiter auf französisch nach seiner Reise und Gesundheit erkundigte, sagte er mir ganz klar, daß Jimmy Wooten und Ronnie Barnett ihm alles verraten hätten – sogar meinen richtigen Namen!

Da ich jetzt nichts mehr leugnen konnte, setzte ich mich in einen tiefen Lehnstuhl und begann das Kreuzfeuer seiner Fragen über meine Familie und insbesondere über meine Mutter, die vor einigen Jahren gestorben war und in Jerusalem am Ölberg – der heiligsten Ruhestätte der Juden – begraben lag, zu beantworten. Obwohl mich die Indiskretion meiner Freunde ärgerte, da meine Armstrong-Tarnung nun endgültig aufgedeckt war, tröstete ich mich bei dem Gedanken, daß dies meine Beziehung zu Shemtov nur verbessern würde und mir helfen könnte, ihn zu beschwichtigen.

Leider war mein Optimismus nur von kurzer Dauer: Sobald wir das eigentliche Thema anschnitten, verfinsterte sich sein Gesicht und sein Ton wurde heftig und gereizt. Was Ben-Porat anbetraf, hatte er nur Beschwerden und war höchst aufgebracht über das, was er als Undankbarkeit seitens der zionistischen Bewegung und einiger seiner Kollegen aus der Leitung der jüdischen Gemeinde empfand:

> »Der Grund der Zwistigkeiten ist ein Persönlichkeitskonflikt, und Shemtov macht überhaupt keinen Hehl daraus. Er ist der Meinung, er allein habe alles geschaffen: er war es, der die Auswanderung ermöglichte, er fand Gehör beim Premierminister, und alle anderen, Juden wie Nicht-Juden, akzeptieren sein Wort als oberstes Gesetz. Nun erscheint dieser ›ungezogene‹ junge Mann, der sich einbildet, daß das Oberhaupt der jüdischen Gemeinde seine Befehle befolgen müsse!... So sieht er im wesentlichen die Dinge, und Ben-Porat befindet sich dadurch in einer schwierigen Lage...«

Unser Gespräch dauerte mehr als vier Stunden. So oft ich glaubte, ihn besänftigt zu haben, mischte sich seine Tochter Fahima ein und er wurde dabei immer erzürnter. Jimmy Wooten seinerseits hatte auch dazu beigetragen die Dinge zu komplizieren, indem er Shemtov unbegründete – und natürlich nicht eingehaltene – Versprechungen machte, Ben-Porat ersetzen zu lassen. Meine Pariser Mossad-Kollegen hatten ebenfalls das Feuer geschürt, als sie Shemtov, den sie vor meiner Ankunft getroffen hatten, mit leeren und überflüssigen Versprechungen abspeisten.

Trotz meiner Bemühungen kehrte Shemtov genauso verbittert wie vorher nach Bagdad zurück, so verbittert, daß er sich tatsächlich aus der ganzen Auswanderungsaffaire zurückzog, wobei die Behörden an seiner Stelle einen Ausschuß aus den wichtigsten Persönlichkeiten der jüdischen Gemeinde ernannten. Ironischerweise trat kurz darauf Tawfiq Suweidi zurück und Shemtovs Rolle als einziger Jude, der Zugang zum Premierminister hatte, war sowieso zu Ende.

Mosche Karmil erging es nicht besser, als er versuchte, Ben-Porat zu beeinflussen, denn ihr Treffen kam nie zustande. Um nach Teheran zu gelangen, mußte Ben-Porat die Grenze illegal passieren, und zu seinem Unglück wurde er dabei ertappt und verhaftet. Dies geschah nicht zum ersten Mal; bei einem früheren Versuch, den Irak illegal zu verlassen, wurde er fünf Tage festgehalten und dann gegen Kaution freigesetzt. Doch dieser zweite Gefängnisaufenthalt dauerte länger, und es gelang ihm deswegen nicht, den Iran rechtzeitig zu erreichen, um sich dort mit Karmil zu treffen. Mitte Oktober 1950 kam Ben-Porat vor Gericht und wurde zur Zahlung einer Buße von 50 Dinar verurteilt. Doch die Sache hatte einen Haken. Das Auswanderungsgesetz bot jedem Juden die Möglichkeit, das Land auf legalem Weg zu verlassen. Demjenigen aber, den man beim Versuch der illegalen Auswanderung erwischte, wurde automatisch die irakische Staatsangehörigkeit entzogen und sein Name in die Listen der zukünftigen Auswanderer nach Israel eingetragen. So geschah es, daß Ben-Porat plötzlich im Begriffe stand, aus dem Irak ausgewiesen zu werden. Anstatt sich aber seinem Schicksal zu fügen, funkte er mit unglaublichem Mut nach Tel Aviv:

> »Die Verhaftungen werden mich nicht davon abhalten, meine Pflicht zu tun, und ich werde sie mit derselben Gewissenhaftigkeit wie bisher erfüllen.«

Nicht einmal eine dritte Inhaftierung konnte ihn dazu bringen, die Flucht zu ergreifen, doch seine Briefe und Meldungen deuteten an, daß es vielleicht ratsam wäre, angesichts seiner wachsenden »kriminellen Vergangenheit« seine Arbeit zu beenden und nach Israel zurückzukehren.

All dies ereignete sich während der ersten Monate der Luftbrücke, und vergrößerte selbstverständlich die Schwierigkeiten des ganzen

Unternehmens. Am unerfreulichsten war jedoch das geringe Ausmaß der Einwanderung nach Israel. Verschiedene Ursachen, sowohl in Israel wie auch im Irak, führten zu dieser enttäuschenden Lage. In Israel waren es die Einordnungsschwierigkeiten, sowie der ernsthafte Mangel an Zelten und anderen Mitteln, um die Leute zu versorgen; im Irak konnte die ›Near East Air Transport‹ nicht die Erwartungen erfüllen, weil sie Schwierigkeiten hatte, genügend Flugzeuge aufzubringen, um die Flut der Auswanderer zu befördern. Ärger noch war die Tatsache, daß die ›Jewish Agency‹, die verantwortliche Behörde für die Aufnahme der Einwanderer in Israel, von ihren eigenen Problemen so mitgenommen war, daß sie den Ernst der Lage nicht richtig einschätzen konnte, obwohl sie immer wieder in unmißverständlichen Tönen darüber ins Bild gesetzt wurde.

In einer Funkmeldung, die Ben-Porat am 17.7.1950 nach Tel Aviv sandte, hieß es:

»...die Juden befinden sich in einer verzweifelten Lage. Die Staatsangehörigkeit wurde 36000 Menschen entzogen... 16000 Juden im Norden und im Süden des Landes sind laut Gesetz zur Zeit staatenlos... Habt Ihr nicht daran gedacht, daß wir mit einem Aufstand rechnen müssen... von Seiten derer, die ihre Arbeitsplätze verlassen und ihre Häuser verkauft haben und nun ungeduldig darauf warten, nach Israel abzufliegen?... Wie konntet Ihr es zulassen, daß die Juden hier getäuscht wurden, indem wir ihnen eine unbegrenzte Auswanderung versprachen?...«

In der Provinz und in den entfernten Dörfern wurden die Juden buchstäblich aus ihren Wohnungen geworfen, die von Nachbarn oder Behörden beschlagnahmt wurden. Sie flohen nach Bagdad und mußten dort in den Synagogen untergebracht werden.

Ronnie Barnett beschrieb diese kritische Lage am 4.8.1950:

»In der Hauptsynagoge Tweig, wo die Abreisenden vor dem Abflug versammelt werden, herrscht Unruhe... Die Lage ist so ernst, daß sogar die Polizei gerufen werden mußte... Die Regierung befürchtet antisemitistische Ausschreitungen, falls es so weitergehen sollte...«

Am 22. September beschrieb er nochmals in düstersten Farben die trostlose Lage:

»...Einige Tausend sind aus der Provinz angekommen – oder besser gesagt, wurden von dort vertrieben. Alle sind völlig mittellos. Sie treiben sich in der Stadt herum, verbrauchen zuerst das Geld, das man ihnen für die Flugkarten vorstreckte, und fallen dann der Gemeinde zur Last. Ich nehme an, Ihr seid über den Tod von ungefähr fünfzig Säuglingen im Bilde...«

Selbstverständlich war diese schwierige Lage, die vom langsamen Tempo der Auswanderung verursacht wurde, dem Mossad und der Regierung in Israel wohlbekannt. Außenminister Sharett warnte am 28. August:

»Die jetzige Quote von 2 500 – 3 000 Menschen im Monat ist höchst ungenügend, angesichts der Launenhaftigkeit des Regimes und seiner Fähigkeit, die brutalsten Methoden anzuwenden, die Menschenleben zu gefährden...«

Das Problem war der Mangel an entsprechenden Mitteln. Es dauerte noch Monate, bis die Einordnungsbehörden in Israel imstande waren, Anfang 1951 die Zahl der Einwanderer auf 13 500 monatlich zu erhöhen.

In der Zwischenzeit schienen sich Sharetts böse Vorahnungen zu verwirklichen, denn Tawfiq Suweidis Regierung fiel im September 1950, und Nuri Said wurde zum elften Mal Premierminister. Selbstverständlich wurde dies von vielen Leuten in Israel und im Irak mit großer Besorgnis aufgenommen, da sie sich nur allzugut an seine Machenschaften im Jahre 1949 erinnerten. Anfangs befürchtete man, er würde aus bloßer Gehässigkeit das Auswanderungsgesetz rückgängig machen und die Auswanderung der Juden gänzlich zum Stillstand bringen, doch Nuri Said hatte sich einen raffinierteren Plan ausgedacht. Da er wußte, daß es nicht möglich war, das Rad der Geschichte zurückzudrehen, zog er es vor, seinen alten Einfall zu verwirklichen. Anstatt die Juden im Irak als Geiseln zu behalten, wollte er die Auswanderung beschleunigen, in der Hoffnung, Israel mit Einwanderern zu überfluten und dadurch seinen Zusammenbruch zu verursachen.

Eines seiner Mittel, dieses Ziel zu erreichen, war, außer der ›Near East‹ noch andere Fluglinien einzuschalten. Laut einem Bericht des britischen Botschafters in Bagdad vom 23. November 1950 warteten 80 000 Juden auf ihre Abreise. Sabah Said war aus London mit der Nachricht zurückgekehrt, daß die BOAC (British Overseas Airways

Corporation, heute British Airways) fähig sei, 50 000 Passagiere im Monat zu befördern und nicht nur 3 500, wie es die ›Near East‹ tat.

»Der Irak würde den Transport und die Finanzierung besorgen«, fährt der Bericht fort, »und Israel würde nicht behaupten können, daß es die Auswanderung nicht annehmen würde, im Hinblick auf die zionistische Forderung einer uneingeschränkten Einwanderung während des britischen Mandates.«

Schließlich stellte sich aber heraus, daß weder die BOAC noch eine andere Fluggesellschaft bereit war, Passagiere nach Israel zu befördern, ohne vorher die Genehmigung der israelischen Regierung zu bekommen, so daß letzten Endes Jerusalem wohl oder übel doch die Kontrolle über die Einwanderung behielt.

Daraufhin zog Nuri Said die Möglichkeit in Betracht, die Juden einfach über die Grenze nach Kuwait zu treiben. Ebenso dachte er wieder daran, sie über Jordanien nach Israel zu schicken, doch die jordanische Regierung wies diese Idee entschieden zurück. Nuri hatte diese »Lösung« zum ersten Mal im Oktober 1950 mit König Abdullah von Jordanien erörtert, doch der König lehnte jede Zusammenarbeit mit der Begründung ab, dies würde das Menschenpotentioal in Israel, das sich eines Tages gegen ihn selbst wenden könnte, nur verstärken. Vorher schien Abdullah zu befürchten, die Israelis würden sich weigern, diese Juden aufzunehmen und sie für eine unabsehbare Zeit in Jordanien lassen, wo sich außerdem noch Tausende arabischer Flüchtlinge befanden.

Nuri war jedoch von seinem Plan so besessen, daß er während eines Staatsbesuches in Jordanien Ende Januar oder Anfang Februar 1951 wieder darauf zurückkam. Wie der damalige britische Botschafter in Jordanien, Sir Alec Kirkbride berichtete[1]:

Im Laufe des Besuchs wurde Sir Alec zu einer Besprechung zu dritt mit Premierminister Samir Rifai von Jordanien und Nuri Said von Irak eingeladen. Dabei machten diese den erstaunlichen Vorschlag, daß ein bewachter Transport irakischer Juden in Militärlastwagen, begleitet von Panzerkampfwagen, über Jordanien zur jordanisch-israelischen Grenze gebracht werden sollte.
Kirkbride bemerkte dazu: »Die Durchfahrt der Juden durch Jordanien würde sicherlich zu sehr ernsten Unruhen führen, insbesonde-

[1] »From the Wings: Amman Memvirs, 1947-1951«

re unter den verärgerten arabischen Flüchtlingen, die im ganzen Land verstreut waren. Entweder würden die irakischen Juden massakriert oder müßten die irakischen Wächter auf die Araber schießen, um die Juden, die sie in Gewahrsam hielten, zu beschützen.«

Die Diskussion war so erhitzt, schreibt der britische Botschafter, daß als Samir Rifai diese Idee geradewegs ablehnte, weil er »nicht an einem solchen Verbrechen teilnehmen wolle«, Nuri Said in eine so fürchterliche Wut geriet, daß Sir Alec befürchtete, die zwei Premierminister würden noch handgreiflich werden.

Nuri Said wollte die Juden daraufhin in der weiten Wüste des Irak in Konzentrationslager einsperren, aber dieser Vorschlag wurde wiederum vom Regenten Abdul Illah zurückgewiesen.

Als Israel die Zahl der Einwanderer auf 15 - 20 000 monatlich erhöhte, verlor Nuri Said das Interesse an der Beschleunigung der Auswanderung und suchte nach anderen Mitteln, um Israel Schaden zuzufügen.

Das Auswanderungsgesetz sollte offiziell am 9. März außer Kraft treten, und je mehr sich dieses Datum näherte, desto größer wurde die Spannung. Alle Juden, die auswandern wollten, hatten bereits auf ihre Staatsangehörigkeit verzichtet, doch Tausende warteten noch immer auf die Festsetzung ihres Abflugdatums. Da verbreitete sich das Gerücht, die Regierung würde nach dem 9. März die Auswanderung stoppen, was bei den Juden zu einem unglaublichen Aufruhr führte.

Doch anstatt die Auswanderung der zurückgebliebenen staatenlosen, arbeitslosen und oft auch obdachlosen Juden zu verhindern, berief Nuri Said am 10. März das Parlament zu einer Sondersitzung ein. Er erließ ein neues Gesetz, wonach das Vermögen und Eigentum aller Juden, die auf ihre Staatsangehörigkeit verzichtet hatten – es waren inzwischen insgesamt 103 866 – beschlagnahmt wurde. Dieses Gesetz betraf auch die Juden, die im Ausland mit irakischen Pässen lebten, das heißt einige der wohlhabendsten unter den jüdischen Kaufleuten.

Es war bestimmt nicht nötig, den Mossad von dem Ernst der Lage zu überzeugen, denn es war kein Geheimnis, daß die Regierung Israels, die mit ihren eigenen zahlreichen finanziellen Schwierigkeiten zu kämpfen hatte, sich kaum über die Ankunft von Zehntausend völlig mittelloser Einwanderer freuen würde. Eine der Lösungen, die man erwog, war die Schaffung einer Dachgesellschaft, die das ganze Vermögen der auswandernden Juden übernehmen sollte, um es auf geregelte Art zu verkaufen und den Erlös an die Eigentümer zu überweisen. Sogar die Nazis waren zu einem ähnlichen Arrangement im Jahre 1933 bereit gewesen. Doch die Iraker wollten nichts davon hören. So wurden am 10. März 1951 die siebzigtausend staatenlosen Juden, die noch immer auf ihre Ausreise warteten und ihr Eigentum noch nicht verkauft hatten, augenblicklich zu mittellosen, bettelarmen Hungerleidern. Es war ein wirklich schwerer Schicksalsschlag!

Zur gleichen Zeit war man sich in Israel der Tatsache bewußt, daß die zionistische Untergrundbewegung sich bald auflösen würde. Dies bedeutete, daß die israelischen Dienststellen, deren Leute im Irak tätig waren, sich darauf vorbereiten mußten, selbständig weiterzuarbeiten, denn in Kürze würden sie selbst im Notfall nicht mehr mit der Hilfe der Untergrundbewegung rechnen können. Einer der Männer, die bestimmt wurden, die Arbeit im Irak weiterzuführen, war Yudke Tajer. Im Auftrag des israelischen Nachrichtendienstes begab er sich nach Bagdad, wo er sich als Vertreter eines iranischen Handelsunternehmens ausgab. Yudke, der seinen Mut als israelischer Offizier während des Unabhängigkeitskrieges bewiesen hatte, entstammte einer sehr vornehmen, sephardischen Familie, deren Ursprung in Jerusalem bis zur Zeit der Vertreibung der Juden aus Spanien im Jahre 1492 zurückreichte. Als waschechter Orientale hätte er sich wahrscheinlich ohne Aufsehen zu erregen in Bagdad niederlassen können, doch der Haken an der Sache war sein ausgesprochen palästinensisch-arabischer Dialekt: bei den ersten Sätzen hätte er sich gleich verraten. Deshalb wurde Yudke zum Iraner verwandelt – doch wie es eben mit Tarnungen manches Mal geschieht, war diese gar nicht einwandfrei, weil er kein einziges Wort Persisch sprechen konnte. Vielleicht hätte er sich auch unter diesen Umständen durchschlagen können, hätte ihn eine Laune des Schicksals nicht verraten.

Als er seine Arbeit in Bagdad begann, bröckelte die Mauer der Verschwiegenheit und der Vorsichtsmaßnahmen, welche die zionistische Untergrundbewegung umgab, bereits ab. Es wurde unmöglich, weiter die lange erprobten Untergrundmethoden zu befolgen – denn Untergrund und Massenauswanderung waren an sich Gegensätze. Die zionistische Bewegung im ganzen Irak wurde zur Mitarbeit eingespannt, um die Abfahrt der Juden zu erleichtern, wobei sogar mehr als fünfzig ihrer Leitungsmitglieder von dem irakischen Innenministerium angestellt wurden und Seite an Seite mit der Polizei in den Registrierungszentren arbeiteten. Auf diese Art wurden die elementarsten Sicherheitsregeln des Untergrundlebens täglich mißachtet und diese jungen Leute wurden allmählich so selbstsicher, daß sie annahmen, die Polizeibehörden seien genauso ungeschickt oder gleichgültig wie die Offiziere, die mit ihnen in den Registrierungszentren arbeiteten. Dieses Auftauchen in die Öffentlichkeit brachte ein recht täuschendes Gefühl der Erleichterung mit sich. Das Schicksal wollte es, daß Israel sich zu dieser Zeit ebenfalls in einem Übergangsstadium befand: von den freiwilligen Mithelfern, die der Untergrundbewegung während des britischen Mandates angehörten, zur Schaffung von geregelten Behörden, wie es sich für einen unabhängigen Staat ziemte.

Die Kennzeichen der persönlichen Hingabe und der erfolglosen Improvisation verschwanden allmählich, um festgelegten Normen Platz zu machen, die aber nicht so beweglich waren und deren erste und manchmal unsichere Schritte von periodischen »Kinderkrankheiten« heimgesucht wurden.

Einer der Mitarbeiter Yudke Tajers war ein junger Mann namens Robert Rodney, der zwar einen echten britischen Paß hatte, aber weder der Aufgabe noch den irakischen Zuständen gewachsen war. Glücklicherweise hatte Rodney keinerlei Kontakte zur Untergrundbewegung, außer zu Yudke, der sein Vorgesetzter war. Dagegen stand Yudke in sehr enger Verbindung mit Mordechai Ben-Porat. Bei uns meinte man sogar, Yudke könne Ben-Porat ersetzen, falls dieser gezwungen wäre, Bagdad früher als vorgesehen zu verlassen. Das war gut möglich, denn nach seinen drei Verhaftungen war sein Gesicht der Polizei wohlbekannt.

Ende April 1950 wurde schließlich ein anderer Emissär nach Bagdad entsandt, um Ben-Porat zu ersetzen, doch der Mann kehrte schon nach einer Woche zurück, sich über Ben-Porat und die Untergrundführung heftig beschwerend, da sie ihn einfach ausgeschlossen hatten. Ben-Porat seinerseits erklärte, dieser rothaarige Ersatzmann würde allzusehr die Aufmerksamkeit auf sich lenken, so daß ihn sogar ein Blinder bemerken könne. Doch dann meldete sich das Schicksal auf ganz andere Art: Am 22. Mai 1951, als Ben-Porat und Yudke Tajer im Kaufhaus Orozdi-Back einen kurzen Einkauf getätigt hatten und im Begriffe waren, es zu verlassen, stießen sie beim Ausgang auf drei Männer in drohender Haltung, die der Geheimpolizei angehörten. Die beiden wurden umzingelt, in einen in der Nähe wartenden Wagen verfrachtet und sogleich zum Hauptquartier der Geheimpolizei gebracht. Alles ging so schnell vor sich, daß sie nicht einmal einen Versuch machen konnten, sich zur Wehr zu setzen.

Für Ben-Porat war das die vierte Verhaftung, und er dachte, daß er ebenso leicht wie bei den drei anderen, freikommen würde. Doch ein einziger Blick auf Yudke, der zusammengekauert und niedergeschmettert auf der Rückbank des Wagens saß, belehrte ihn eines Besseren. Es war klar, daß Yudke mit seiner iranischen Tarnung nicht sehr weit kommen würde. Dabei hatte Ben-Porat überhaupt keine Ahnung, warum sie festgenommen wurden. Wir sollten es auch nie erfahren, doch gibt es Gründe, anzunehmen, daß ein palästinensischer Araber, der Yudke kannte und sich zufälligerweise in Bagdad befand, wo er im Kaufhaus arbeitete, ihn angezeigt hatte.

Yudke blieb also der Hauptverdächtige, doch da man Ben-Porat in seiner Gesellschaft gefunden hatte, fiel der Verdacht auch auf ihn. Seine Beteuerungen, daß er ein einfacher Beamter sei, der im Registrierungszentrum, wo sich die Juden zum Verzicht auf ihre Staatsangehörigkeit melden, arbeite und er dem »Fremden« zufälligerweise begegnet sei, konnten die Polizisten nicht überzeugen. Nicht etwa, daß sie daran zweifelten, daß er ein irakischer Jude war, sprach er doch die lokale jüdische Mundart perfekt, und die Adresse, die er genannt hatte, stimmte . Aber die Frage seiner Beziehungen mit dem »Fremden«, den die Polizei schon länger verdächtigt hatte, ein israelischer Agent zu sein, verlangte eine gründliche Untersuchung.

Die beiden Männer wurden also mit den berüchtigten irakischen Foltermethoden bekannt gemacht: Schläge, Auspeitschungen, Beschimpfungen und Psychoterror.

Nach ihrer Inhaftierung gab es eine Reihe weiterer Verhaftungen, nicht etwa, weil einer der beiden Männer gestanden hätte, sondern weil die Geheimpolizei Yudkes Adressbuch in seinem Zimmer, das er gemietet hatte, fand. Unter den Verhafteten befand sich auch Robert Rodney, der beschlossen hatte, den Polizeibeamten die Folterarbeit zu ersparen und ihnen alles, was sie nur wünschten, geradewegs erzählte, sogar den Zweck seiner Mission.

Obwohl er sich in seinem Visumantrag als Christ ausgegeben hatte, gestand er, daß er Jude sei, in Deutschland geboren, und daß seine Familie zuerst nach Holland geflohen sei, als Hitler zur Macht kam, dann nach Belgien und schließlich beim Ausbruch des Zweiten Weltkrieges nach England. Schließlich kam er nach Israel, wo er sich einverstanden erklärte, für den israelischen Nachrichtendienst im Irak zu arbeiten, weil er – wie er es ausdrückte – an ein gutes Einvernehmen zwischen Israel und den arabischen Staaten glaube und dafür arbeiten wolle.

Er verriet ihnen auch, daß sich ein anderer Israeli namens Tajer in Bagdad befinde, und identifizierte Yudke unter den Leuten, die man ihm zeigte. Sicherlich hätte er auch Ben-Porat verraten, doch glücklicherweise war er ihm nie begegnet und war also nicht imstande, ihn zu identifizieren. Die Tatsache, daß Ben-Porat bei der Identifizierungsaufstellung nicht erkannt wurde, war ausschlaggebend, denn sie schien seine Aussage zu bestätigen, er sei nur durch Zufall in die ganze Angelegenheit verwickelt worden und hätte keine Beziehung zu Tajer.

Die erste Reaktion der Untergrundbewegung war, den Fall einem Rechtsanwalt namens Yosef Fattal zu übergeben, der viele Freunde in der Bewegung hatte, ohne selbst ein Mitglied davon zu sein. Fattal, der sah, daß die Angelegenheit sehr kompliziert war, wandte sich an einen hochangesehenen moslemischen Kollegen namens Jamal Baban, der wegen seines imposanten Auftretens und seiner Redegewandtheit berühmt war. Selbst die Richter erwiesen ihm höchste Ehrfurcht in der Annahme, er könne wieder einmal zum Justizminister ernannt werden.

Nachdem er sich ein hohes Honorar sicherte – wofür er gewillt war fast jede Angelegenheit zu übernehmen – wurde Baban Ben-Porats Verteidiger. Yudkes Lage war aber eine solche, daß kein vernünftiger Rechtsanwalt bereit war, ihn zu vertreten ohne Gefahr zu laufen, als Verteidiger eines zionistischen Spions gebrandmarkt zu werden. Tatsächlich wurde sogar der ehrwürdige Baban wegen seiner Verbindungen zu einem verdächtigen Juden scheel angesehen: eine in einem Paket versteckte Bombe wurde an ihn gesandt und einer seiner Diener erlitt bei der Explosition der Bombe schwere Verletzungen.

Es gelang Baban, seinen Mandanten durch seinen beruflichen Scharfsinn und seine hochentwickelten Kenntnisse der Bestechungskunst gegen eine Kaution von 500 Dinar freizubekommen. Ben-Porat verließ also das Gefängnis nach einer Woche der Folterung mit einem von Schlägen aufgedunsenen Gesicht und blutunterlaufenen Augen. Im Geiste jedoch war er stark und ungebrochen geblieben.

Wahrscheinlich hätte jeder, der nach solchen Folterungen wieder auf freien Fuß gesetzt würde, das Land so schnell wie möglich verlassen. Ben-Porat aber blieb weiter auf seinem Posten und stand – so unglaublich es auch klingt – einige Tage später wieder vor Gericht. Diesmal wurde er angeklagt, einen Verkehrsunfall verursacht zu haben! Obwohl er von seiner Unschuld überzeugt war, mußte er bald erfahren, daß ein irakisches Gericht seine eigene Logik befolgte, insbesondere wenn der Angeklagte ein Jude war, der angeblich einen moslemischen Radfahrer angefahren hatte. Was seine Lage noch verschlimmerte, war die Aussage eines irakischen Offiziers, der mit Ben-Porat Streit bekam, und dessen Erklärungen mehr Gewicht hatten als die Tatsachen selbst. Im Laufe der Verhandlungen verlagerte sich allmählich das Verfahren von der Frage des Verkehrsunfalls auf die Frechheit Ben-Porats, der es gewagt hatte, einen irakischen Offizier zu beleidigen. Der Richter verurteilte den »frechen Kerl« zu zwei Wochen Gefängnis, so daß sich Ben-Porat nur wenige Tage nachdem er aus den Krallen der Geheimpolizei entronnen war, abermals hinter Schloß und Riegel befand. Die Ironie des Schicksals wollte aber, daß diese Verurteilung ihm zur Rettung wurde. In der Zwischenzeit ging nämlich die Geheimpolizei den Namen und Telefonnummern nach, die sie in Yudke Tajers Adressbuch gefunden hatte. Darin stand auch der Name eines gewissen ›Zakki‹ oder ›Habib‹, den viele der Verhafteten unter der Folter erwähnt hatten. Unter diesem Namen war Ben-Porat in der Untergrungbewegung bekannt.

Das Untergrundsystem, die Leute nur unter ihrem Decknamen zu kennen, erwies sich als äußerst wirksam. Die meisten Leute, die von ›Zakki‹ oder ›Habib‹ sprachen, wußten nicht, daß es sich um Ben-Porat handle. Noch weniger waren sie darüber im Bilde, daß er die Identität eines gewissen Nissim Mosche angenommen hatte, unter welchem er der Polizei bekannt war. Nissim Mosche war ein Mitglied der Bewegung, der seinerzeit den Irak verlassen hatte, um nach Israel auszuwandern, und der seine Papiere der Bewegung zu operativen Zwecken hinterlassen hatte.

Die Polizei hatte tagelang nach dem schwer zu fassenden ›Zakki‹ oder ›Habib‹ gesucht, doch konnte sie keine Spur von ihm entdecken.

Als sie endlich Mosche Nissims Haus aufsuchte, fand sie es leer und verlassen, da alle Familienmitglieder das Land inzwischen verlassen hatten. Der einzige Ort, an dem die Geheimpolizei nicht nachsah, war das Hauptquartier in Bagdad, wo Ben-Porat eine zweiwöchige Freiheitsstrafe wegen Beleidigung eines irakischen Offiziers verbüßte.

Dank dem energischen Eingreifen Jamal Babans wurde Ben-Porat aber schon nach ein paar Tagen wieder entlassen. Nun war es natürlich unerläßlich, ihn so schnell wie möglich aus dem Irak herauszuschmuggeln. Da der übliche Weg, die Grenze zum Iran illegal zu passieren, zu gefährlich war, schlug man vor, wieder einmal die »Michaelberg-Methode« zu benutzen. Alle Einzelheiten befand sich in den verstaubten abgelegten Akten des Mossad im damaligen ausführlichen Bericht dieser ersten Luftoperation. Die am 12. Juni nach Bagdad gesandte Funkmeldung beschrieb alle operativen Einzelheiten der damaligen Aktion und wies Ben-Porat an, genau nach der erprobten Methode zu handeln, das heißt, sich zum genauen Zeitpunkt und zum selben Ort ans Ende der Rollbahn zu begeben, um ins Flugzeug hineinzuspringen. Es gab nur zwei Abweichungen vom damaligen Plan: Anstatt ein besonderes Flugzeug nach Bagdad zu schicken, wurde er angewiesen, einen der täglichen Flüge der ›Near East‹ zu benützen. Deshalb auch die zweite Abweichung vom ursprünglichen Plan:

»Sollte etwas schiefgehen, so wird die Mannschaft behaupten, sie hätte kurz vor Start einen verspäteten Passagier bemerkt, der Zeichen machte, daß man ihn zurückgelassen habe. Im Notfall mußt auch Du dasselbe behaupten.«

Der Plan funktionierte und Ben-Porat kam wohlbehalten in Israel an. Allerdings erfolgte seine Rettung in letzter Minute, denn nur einige Minuten später traf eine kurze Funkmeldung aus Bagdad ein, in der es hieß:

»Die Iraker suchen verzweifelt nach Ben-Porat. Jeder Geheimagent besitzt sein Photo, um ihn ausfindig zu machen.«

Daß Ben-Porat im letzten Augenblick entkommen konnte, war der einzige Lichtstrahl in der sonst immer düster werdenden Lage. Die Folterungen erwiesen sich leider als wirkungsvoll, und die eiserne Disziplin der Untergrundbewegung begann nachzulassen. Jede neue Angabe und jeder Informationsbrocken halfen der Polizei, ihr Netz weiter auszubreiten und zusätzliche Opfer einzufangen, bis das Schicksal einen einfachen Zufall in eine Tragödie verwandelte.

Das Drama, das sich nun während des nächsten halben Jahres abspielte, drehte sich um zwei grundverschiedene Hauptdarsteller: Der eine, Yosef Basri, ein Rechtsanwalt, der früher einen hohen Posten im Finanzministerium bekleidete, war eine bekannte Persönlichkeit in Bagdad. Basri wurde zwar nie mit der zionistischen Bewegung in Verbindung gebracht, sammelte jedoch Informationen für Yudke Tajer. Er befand sich aber auf keiner der Listen, die die Polizei ergattert hatte und wurde deshalb auch nicht gesucht.

Hingegen erschien einer seiner Verwandten, Yosef Khabaza, auf der offiziellen Liste der Verdächtigen, konnte aber noch rechtzeitig aus dem Irak fliehen. Basri waren diese zwei Tatsachen nicht bekannt, so daß er einen völlig unschuldigen Besuch im Hause seines Verwandten abstattete, um dort die verblüffende Nachricht von dessen plötzlichen Abreise zu erfahren. Im selben Augenblick brach die Polizei ins Haus ein, in der Hoffnung, Yosef Khabaza festzunehmen.

Von Panik ergriffen und sich seiner eigenen Achillesferse bewußt, suchte Basri in seiner Angst nach dem ersten besten Versteck und schlüpfte in einen Kleiderschrank. Es gelang der Polizei zwar nicht, den gesuchten Mann zu finden, doch einem der Polizisten schien etwas mit dem Schrank, der schief stand, nicht in Ordnung zu sein. Er öffnete die Tür, sah ein Paar Füße hervorlugen, schob die Kleider beiseite – und da stand Yosef Basri. Allen seinen Behauptungen, sich im Hause seines Verwandten nur als zufälliger Besucher aufgehalten zu haben, schenkte die Polizei keinen Glauben.

Basri wurde sofort verhaftet. Nachdem es der Polizei nicht gelang, ›Habib‹ oder ›Zakki‹ festzunehmen, wurde ihm die Hauptrolle zugeschoben und er wurde angeklagt, einen israelischen Spionagering im Irak geleitet zu haben. Als Fremde wurden Yudke Tajer und Robert Rodney ganz anders als Basri behandelt, der als gewesener hoher Beamter einer Regierungsstelle ganz besonders zu der ihm von der Geheimpolizei zugeschriebenen Rolle des Spionagechefs geeignet schien.

Schalom Saleh Schalom, der andere ›Bösewicht‹ der Geschichte, wie sie von den Irakern dargestellt wurde, war ein halbwüchsiger junger Tischler, den man schwerlich als Hauptfigur der Untergrundbewegung ansehen konnte. Seine Verhaftung erwies sich jedoch als schicksalhaft nicht nur für ihn selbst, sondern auch für Basri und für die gesamte Untergrundbewegung, weil hier plötzlich in der schon verworrenen Lage auch das Element des illegalen Waffenbesitzes auftauchte.

Schaloms Aufgabe in der Bewegung war das Einrichten von Waffenverstecken. Er hätte zwar den Irak verlassen können, da er schon seine Auswanderung verschoben hatte, weil ihn seine Geschicklichkeit, sein Eifer und seine Bereitschaft, der Bewegung zu dienen, zu einer der wichtigsten mitwirkenden Kräfte machte.

Da immer mehr Juden den Irak verließen und viele Häuser leer standen[1], war es dringend nötig, die Verstecke in andere und sicherere Häuser zu verlegen. Die Verstecke enthielten Schulungsmaterial, Archive mit den Namen der Aktivitäten, ihren Anschriften und Codenamen, sowie Waffen, die jahrelang Stück für Stück und unter Lebensgefahr gesammelt wurden, um sie in der Stunde der Not zur Selbstverteidigung einsetzen zu können. Die neuen Waffenverstecke wurden meistens in Synagogen oder in Heimen verschiedener führender Mitglieder eingebaut.

[1] Am 1. Juni 1951 waren schon 84 000 Juden ausgewandert und weitere 20 000 warteten auf ihre Abreise.

Das Lehrmaterial konnte leicht und zu jedem Zeitpunkt vernichtet werden, doch die Frage der Waffen hatte den Führern der Bewegung von Anbeginn der Massenauswanderungen Sorge bereitet. Ben-Porat bat mehrmals um Anweisungen, was mit den Waffen anzufangen sei, doch schien die Frage von so vielen Dienststellen in Israel behandelt zu werden, daß er letzten Endes überhaupt keine Antwort erhielt. Die Führung der Untergrundbewegung in Bagdad wurde also vor eine schwere Entscheidung gestellt. Entweder mußte man die Waffen loszuwerden, indem man sie in den Fluß warf, oder sie ständig von Versteck zu Versteck zu transportieren, bis die letzten Juden den Irak verlassen hatten. Man entschied sich für letzteres, das hieß, die Waffen so lange wie möglich für den Notfall aufzubewahren und ihr Versteck so oft wie nötig zu verlegen.

Als Yudke Tajer und Mordechai Ben-Porat verhaftet wurden, waren die Untersuchungsbeamten der Meinung, sie hätten einen Spionagering aufgedeckt. Die Untersuchung in Yudkes Zimmer enthüllte eine Fülle von Nachrichtenmaterial, doch nicht die geringste Spur von Waffen. Es ist also schwer zu sagen, wann und warum die Geheimpolizei nach Waffen zu suchen begann. Wie dem auch sei, Tatsache ist, daß die Polizei von einem gewissen Zeitpunkt an ihre Suche auf versteckte Waffen konzentrierte und jeden Verhafteten besonders über diesen Punkt verhörte. So wurde auch Schalom Saleh Schalom, der junge Tischler, der in die Hände der Polizei fiel, genau wie alle anderen immer wieder gefragt: »Wo sind die Waffen, wo hast du die Waffen versteckt?« Jede Frage wurde von Schlägen begleitet.

Aufgrund der immer wiederkehrenden Fragen und unaufhörlichen Schläge kam Schalom zu der Schlußfolgerung, daß die Polizei über das Vorhandensein der Waffenverstecke sowie über seine eigene Rolle im Bauen dieser Verstecke im Bilde sei, doch gestattete ihm sein Gewissen nicht, die ihm anvertrauten Geheimnisse preiszugeben. Er wurde zur vollständigen Loyalität der Bewegung gegenüber erzogen und im Rahmen einer besonderen Aufnahmezeremonie in die Reihen der Schurah eingeschworen, so daß er so gut wie möglich standhielt, bis er eine Möglichkeit sah, sich eine Atempause zu gönnen, ohne der Bewegung zu schaden.

Wenn er nicht mit dem Bauen der Verstecke beschäftigt war, pflegte Schalom seine freien Stunden in der Massuda Shemtov Synagoge zu verbringen, die als Auswanderungszentrum diente. Dort hatte er einige Tage zuvor Yosef Khabazha erblickt, der nach Israel auswanderte. Schalom kannte Khabaza gut, denn er hatte in seinem Haus ein großes Versteck eingebaut und war auch dabei gewesen, als es mit Waffen gefüllt wurde.

Da Khabaza nun ausgewandert war, vermutete Schalom, daß das Waffenlager geleert worden war. Er wollte deshalb seine Folterer zu Khabazas Haus führen, überzeugt, sie würden das Versteck leer finden, und er könnte auf diese Weise Rache nehmen.

Selbstverständlich konnte er nicht ahnen, daß Yosef Khabazah in seiner Eile, das Land zu verlassen, die Waffen nicht entfernt hatte, und sie sich genau dort befanden, wo Schalom sie zum letzten Mal gesehen hatte. Die Polizisten trauten ihren Augen nicht, als Schalom sie zu dem Versteck geführt hatte und sich vor ihnen diese Fundgrube öffnete: Waffen, Munition, Stadtpläne, Geschäftsbücher mit Abrechnungen, Mitgliederlisten, Bücher zum Unterricht der hebräischen Sprache und anderes Lehrmaterial. Auch ein Plan mit der genauen Aufzeichnung aller anderen Verstecke befand sich darunter, auch Bagdad. Es waren im ganzen zwölf verschiedene Lager mit einer reichen Beute.

Die Urteile, die nachher gegen 21 Juden, bei denen man Waffen und Munition gefunden hatte, gefällt wurden, sprachen von 425 Granaten, 33 Maschinenpistolen, 186 Revolvern, 24 627 Revolverpistolen, 79 Patronen für Maschinenpistolen und 32 Dolchen. Aufgrund von Listen gelang es der Polizei, genau diejenigen Leute festnehmen, die sie suchte. Diesmal waren keine Massenverhaftungen nötig, und es wurden nur ungefähr hundert Personen verhaftet, von denen etwa dreißig vor Gericht gebracht wurden. Jetzt kam es zu einem verzweifelten Wettlauf, um die übriggebliebenen Verstecke sowie alles belastende Beweismaterial zu vernichten, bevor es die Polizei entdeckte. Ganze Bibliotheken, die mit Liebe und viel Sorgfalt unter großen Gefahren aufgebaut wurden, mußten jetzt zerstört werden.

Doch das aufschlußreichste Zeichen, daß die zionistische Bewegung den Vorhang hinter sich fallen ließ, war das Los des Funkapparates, der seit 1943 die Lebensader zwischen Bagdad und Tel Aviv aufrecht erhielt. Tagein, tagaus während voller acht Jahre, hatten die zwei Stationen »Berman« und »Artzi« einen ununterbrochenen Dialog geführt, bis »Berman« an diesem Morgen, Ende Juni 1951, den Ruf aus Tel Aviv nicht erwiderte. Der Funker wiederholte unermüdlich das bekannte Signal – Strich Punkt, Punkt Punkt Strich, doch vergeblich: die Antwort blieb aus. Nach unzähligen Versuchen nahm der Funker die Kopfhörer ab, und diejenigen, die ihn schweigend umringten, verstanden das stumme Zeichen: die einst so kühne und unbeugsame zionistische Bewegung des Irak gehörte der Geschichte an.

Einige Tage später kamen die Männer, die den Funkapparat in Bagdad bedient hatten, nach Israel zurück und berichteten vom traurigen

Schicksal des Senders, der jahrelang, selbst in Stunden der Angst und Verzweiflung, die Untergrundbewegung vor der vollständigen Isolation bewahrt und ihr Hoffnung und Mut eingeflößt hatte. Spät in der Nacht hatten sie ihn auf ein Floß geladen, waren bis zur Mitte des Tigris gerudert und hatten ihn ins Wasser geworfen, wo er in der Tiefe des mächtigen Flusses versunken war.

Nachdem die Funkverbindung mit Israel abgebrochen worden war, beeilten sich die Mossad-Agenten und die Leiter der Bewegung, denen es noch gelungen war, sich vor der Polizei zu verstecken, den Irak zu verlassen.

Die Aufgabe, das Auswanderungsprogramm bis zum Ende zu betreuen, fiel nun ausschließlich auf diejenigen Leiter der Gemeinde, die nicht einer Verbindung mit der zionistischen Untergrundbewegung verdächtigt wurden. Sie führten ihre Arbeit während dieser kritischen Zeit mit Mut und Geschicklichkeit fort, bis der letzte Jude, der auswandern wollte, den Irak verließ und Israel im Februar 1952 erreichte.

Das waren also die nackten Tatsachen. Natürlich gab es genug belastendes Material, um Schalom und alle anderen, die verhaftet wurden, vor Gericht zu bringen. Doch es schien, als ob die Anklage, die auf den in den Verstecken gefundenen Beweisen beruhte, das irakische Gerechtigkeitsbedürfnis – oder vielleicht sollte ich Rachsucht sagen – nicht zufriedenstellte. Die Polizei benutzte die Entdeckung der Waffen als Vorwand, um Basri und Schalom eines viel schwereren Verbrechens als der Mitgliedschaft in einer illegalen Organisation anzuklagen. Es handelte sich um eine Reihe von Bombenanschlägen, die sich zwischen März und Juni 1951 ereigneten. Am 19. März 1951 explodierte eine Handgranate vor dem Informationsbüro der amerikanischen Botschaft auf der Al-Raschid-Straße, Bagdads wichtigster Verkehrsader, nicht weit entfernt von der Bab-al-Agha-Allee.

Ungefähr zwei Monate später, am 10. Mai, explodierte wieder eine Handgranate auf der Al-Raschid-Straße, diesmal vor einem Gebäude, das bis zum Erlaß des Enteignungsgesetztes einem Juden gehört hatte. Eine dritte Explosion fand am 3. Juni statt, abermals vor einem Gebäude, das früher in jüdischem Besitz war.

Der Polizei gelang es nicht, die Täter dieser Attentate zu fassen. Das einfachste war natürlich, die Schuld der zionistischen Untergrundbewegung zuzuschreiben, insbesonders dem bereits ausgewanderten Yosef Khabaza sowie jedem, der mit ihm in Verbindung gebracht werden konnte. Da sich Khabaza nicht mehr im Irak befand, konnte er aller nur möglichen Verbrechen bezichtigt werden, und die »Beweise« dafür konnten Schalom Saleh Schalom in Form von Geständnissen durch Folterungen entlockt werden.

Demzufolge konnte Schalom als Komplize vor Gericht gebracht werden, zusammen mit Yosef Basri, der in Anbetracht seiner Anwesenheit in Khabazas Haus sowie auf Grund der Dokumente, die dort entdeckt wurden und die auf seine Verbindungen mit Tajer und auf illegale Tätigkeiten hinwiesen, angeklagt wurde.

Als der Prozeß im November 1951 begann, beschuldigte der Staatsanwalt Yosef Khabaza und Yosef Basri, die Bombenanschläge ausgeführt zu haben, und Schalom Saleh Schalom als Komplizen, der an den Anschlägen beteiligt war.

Daß Khabaza die Anklage sofort zurückweisen und erklären würde, in keinerlei Verbindung mit der Bombenaffäre zu stehen, war natürlich zu erwarten, doch was die Anklage in eine Frage verwandelte, war Schalom Saleh Schaloms Aussage. Dieser, der als Hauptzeuge der Anklage dienen sollte, widerrief nicht nur sein im Kerker abgelegtes Geständnis, da es, wie er erklärte, unter schweren Folterungen erpreßt wurde, sondern betonte auch, daß ihn die Polizei nach Entdekkung des Versteckes in Khabazas Haus unaufhörlich mißhandelte, um ihn zu der Erklärung zu zwingen, Yosef Basri und Yosef Khabaza seien diejenigen gewesen, die die Bomben gelegt hätten.

»Sooft ich dem Richter vorgeführt wurde«, erklärte er, »fragte ich, warum man mich foltere. Die Antwort lautete immer, man würde es auch weiterhin tun, bis ich bestätigen würde, daß Yosef Khabaza derjenige sei, der die Bomben geworfen hätte... Die Vernehmungsbeamten rissen mir Wimpern und Schnurrbarthaare aus... bis sie mich dazu brachten, auszusagen, ich hätte zusammen mit Yosef Khabaza die Anschläge verübt...«

Das Gericht beschloß daraufhin, die erschütternde Aussage unter dem Verdacht abzulehnen, »die Anwendung von Gewalt oder Folter sei nicht bewiesen worden«. Außerdem wurde der Angeklagte beschuldigt, seine Erklärung über Mißhandlungen »nur mit der Absicht abgegeben zu haben, die irakische Justiz zu verunglimpfen und die Untersuchungsbeamten und Richter im Veruf zu bringen«.

Dies war nicht der einzige Skandal, welcher das gesamte Gerichtsverfahren in eine Justizparodie verwandelte. Es muß auch darauf hingewiesen werden, daß das Gericht speziell für diesen Prozeß ernannt wurde und daß nicht ein Berufsrichter den Vorsitz hatte, sondern ein Staatsanwalt, der seine Befehle von oben erhielt. Was die Verteidiger anbetraf, so waren sie von der ihnen anvertrauten Aufgabe eher bedrückt als bereit, sie zu erfüllen. Zwar begann der erste Verteidiger seine Pflicht richtig zu erfüllen, indem er die Zusammensetzung des Gerichtes anfocht, die der irakischen Verfassung widersprach. Ebenso erhob er Einspruch gegen die durch Folterungen erpreßten falschen Geständnisse von Schalom und führte Präzedenzfälle an, wo verschiedene irakische Gerichtsstellen Geständnisse, die unter ähnlichen Bedingungen erzielt wurden, als untauglich erklärten. Seine Argumente wurden jedoch zurückgewiesen, und es dauerte nicht lange, bis sich jemand die Mühe nahm, ihn darauf aufmerksam zu machen, daß es angebrachter wäre, wenn er sich um seine eigene Zukunft kümmern würde. Was sich da wirklich abspielte, ist nicht klar – doch nach der zweiten Gerichtsverhandlung trat er mit der folgenden unverständlichen Begründung von der Verteidigung des Angeklagten zurück: Obwohl ein jeder Anrecht auf Verteidigung habe, sei er zur Niederlegung der Verteidigung gezwungen, da diese aus »politischen Gründen« gegen ihn selbst verwendet werde.

An seiner Stelle kam ein Rechtsanwalt, der alles nur mögliche tat, um zu beteuern, daß er den Fall entgegen jedem gesunden Menschenverstand angenommen habe.

Ähnlich drückte sich auch Schaloms Verteidiger vor Gericht aus: »Der Eid eines Rechtsanwaltes verlangt von mir, jeden Verbrecher zu verteidigen – sei es ein Mörder oder ein Staatsfeind. ... In diesem Falle jedoch erhebt sich sogar meine eigene Familie gegen mich, weil ich seine Verteidigung übernommen habe...« Und um ganz sicher zu gehen, beendete er seine Rede mit dieser abscheulichen Bemerkung: »...Ich habe versäumt zu betonen, daß die Juden uns nicht nur mit Bomben, sondern auch mit Reichtum, Verstand und Schönheit bekämpfen – alles Kräfte, denen man nicht widerstehen kann... Doch die Frage hier ist eine des Erbarmens und des Gewissens... Ich kann in vollem Ernst behaupten, daß mein Mandant weder Reichtum, noch Verstand oder Schönheit besitzt...« Offensichtlich nahm er an, dieses Geschwätz könnte als »mildernde Umstände« gelten, die vielleicht das Herz des Richters erweichen und dem Angeklagten das Leben retten würden.

Unverständlicherweise wurde Schaloms Geständnis vor der Polizei, wo soviel Folter angewandt wurde und das als Hauptbestandteil der Anklage gedient hatte, nie ins Protokoll der Gerichtsverhandlung aufgenommen.

Gleich zu Beginn lenkte der Staatsanwalt das ganze Verfahren von den bewiesenen Tatsachen fort und gründete seine Anklage auf die unbewiesenen Behauptungen, der Bombenanschläge. Es handelte sich dabei um die drei Attentate, die schon vorher erwähnt wurden, sowie um zwei Anschläge, die jüdischen Zielen galten: am 8. April 1950 dem Al-Baiza-Kaffeehaus an der Abu-Nawasstraße und am 14. Januar 1951 der Massuda Shemtov Synagoge, wo sich das Registrierungszentrum zur Auswanderung befand. Im Kaffeehaus wurden vier Juden verletzt, in der Synagoge drei Juden getötet, darunter auch ein kleines Kind und zwanzig andere verletzt.

Unverständlicherweise begann das Gerichtsverfahren mit der Vorladung von Zeugen, unter ihnen auch Yosef Khabazas Mutter und seine Brüder, sowie der Eigentümer des Hauses, das sie bewohnten, doch konnten diese Zeugen nichts Wesentliches aussagen. Andererseits berichteten sie über die Folterungen, die sie erleiden mußten, doch weder die Verteidigung noch das Gericht reagierten darauf.

Nach diesem seltsamen Zeugenaufmarsch wurden zwei Polizeioffiziere auf die Zeugenbank gerufen. Der erste, Abdul Rachman Hamud Samrai, ein »Adjutant der Abteilung für Sonderangelegenheiten der Bagdader Polizei«, identifizierte die Sprengstoffe, die benutzt wurden, das heißt Handgranaten vom Typ Nr. 36 sowie Gelatinedynamit. Doch von da an verließ er den Boden der Tatsachen und brachte wirre, sich widersprechende Vermutungen vor, die er als Beweise darstellte: »... Mir war klar, daß diese Verbrechen gegen Juden gerichtet waren, doch jeder, der die Sache gründlich untersucht, wird feststellen, daß die Täter nicht die Absicht hatten, den Juden Verluste zuzufügen... Es gibt verschiedene Anzeichen dafür, daß diese Verbrechen den Juden oder ihren Institutionen dienen sollten...«

Für den Bombenanschlag auf amerikanische Objekte fand derselbe Polizeioffizier Samrai folgende Erklärung: »Bevor die Explosion vor dem amerikanischen Informationsbüro stattfand, gab es hartnäckige Gerüchte, daß die amerikanische Regierung ihre Botschaft in Bagdad beauftragt hätte, die Verfolgung der Juden im Irak zu untersuchen... Dies genügt, um die Gründe der Täter zu erklären.«

Dann schloß er den nächsten Bombenanschlag ebenfalls in seine Theorie ein: »... Einige Tage später, während die Untersuchung fortgesetzt wurde, veröffentlichte eine Zeitung die Meldung, daß der Untersuchungsrichter die Verdächtigen freigelassen hätte... Infolge dieses Berichtes fand um drei Uhr morgens eine Explosion im Gebäude der Lawi-Gesellschaft in der Al-Raschid-Straße statt. Der Sprengstoff, der benutzt wurde, war Gelatinedynamit und verursachte leichten Schaden an der Vorderseite des Gebäudes. Dieser Zwischenfall ist ein klarer Beweis, daß die Juden selbst die Urheber dieser Verbrechen sind, um als Opfer der Überfälle zu erscheinen...«

Selbst wenn diese Schlußfolgerung richtig gewesen wäre, und die Juden tatsächlich die Verantwortung für den Sprengstoffanschlag auf das Lawi-Gebäude hätten, war es noch immer unmöglich, zu begreifen, warum sie Granaten gegen das amerikanische Informationsbüro werfen sollten. Doch bestritt keiner der Verteidiger, geschweige denn der Richter diese »einleuchtenden Beweise« der Anklage.

Die zweite Gerichtsverhandlung begann mit der Aussage des anderen Polizeioffiziers, namens Salam Jassam al-Krayti. Er wiederholte meistens die Erklärungen seines Vorgängers, fügte jedoch noch seine eigenen Kommentare hinzu. In Verbindung mit dem Anschlag auf die Massuda Shemtov Synagoge vom 14. Januar 1951 stellte Krayti fest, daß die dort detonierten Granaten laut Meinung der Experten vom Typ Nr. 36 waren. Doch auch das war kein Beweis, denn unter den 425 Granaten, die in den Verstecken der Schurah entdeckt wurden, befand sich keine einzige dieser Art, da alle von der Schurah gesammelten Waffen viel älter waren und noch aus der Zeit des Zweiten Weltkrieges stammten.

In seinem Eifer, das Gericht oder seine Vorgesetzten zu beeindrukken, wollte Krayti die sogenannte Ähnlichkeit zwischen allen Taten, deren die Angeklagten beschuldigt wurden, beweisen. So kam er zur Schlußfolgerung, daß »die Verbrechen nach gleichartigen Methoden ausgeführt wurden. Die Sprengkörper wurden auf weit entfernte Ziele geworfen, und nicht mit der Absicht zu töten oder zu verletzen« – und dies, obwohl die Granate, die in die Massuda Shemtov Synagoge geschleudert wurde, mitten in eine große Menschenansammlung fiel und es keine Zweifel gab, daß es mit der Absicht geschah, Menschen zu töten und zu verstümmeln. Der Zeuge wurde nicht einmal in dieser Hinsicht ins Kreuzverhör genommen.

In seinem Plädoyer erwähnte der Staatsanwalt weder die Zeugenaussagen, noch versuchte er, die Widersprüche in den Aussagen der zwei Polizisten zu erklären. Vielmehr hielt er einen langen Monolog über den Zionismus. Es sei offensichtlich, daß die zionistische Bewegung den Pfad der Religion verlassen habe, um sich dem Terrorismus zuzuwenden. Sie könne nicht behaupten, eine Befreiungsbewegung zu sein, da die Juden vom gesetzlichen Standpunkt kein Volk seien.

Nachdem er mit dieser Art der Argumentation fertig war, wandte er sich schließlich der Sache selbst zu, indem er seinen eigenen Zeugen widersprach: »Es gibt keine andere Erklärung für die Verwendung von Sprengstoff und hochexplosiven Granaten, die mitten in eine Menschenmenge geworfen wurden, als das Bestreben zu töten. Das

Verbrechen bei der Massuda Shemtov Synagoge beweist, daß auch der nachfolgende Anschlag auf das amerikanische Informationsbüro politischen Mord bezweckte.«

Bald wurde klar, warum der Staatsanwalt diese Formulierung gewählt hatte. Nachdem er die schwerwiegenden Beschuldigungen gegen Schalom »bewiesen« hatte, fühlte er sich dazu verpflichtet, das Gericht darauf aufmerksam zu machen, daß laut Paragraph 12, Absatz 14 des irakischen Strafgesetzbuches aus dem Jahre 1924 »jeder, der Bomben oder andere Sprengstoffe gebraucht ... um Verbrechen oder ... politischen Mord zu verüben, zum Tode verurteilt werden soll.«

Das Gericht nahm sich seine Worte zu Herzen und folgte seinem Gebot: Yosef Basri und Schalom Saleh Schalom wurden am 5. November 1951 zum Tode durch den Strang verurteilt.

Einige Tage später wurden sie nochmals vor Gericht gestellt, zusammen mit neunzehn anderen Juden, die des illegalen Waffenbesitzes angeklagt waren. Alle Angeklagten, oder ihre Angehörigen, waren Mitglieder der zionistischen Bewegung, und das schwerste Urteil, lebenslängliche Kerkerstrafe mit Zwangsarbeit, fiel auf Yudke Tajer, weil er, wie es das Gericht unterstrich, »nicht nur ein Beamter war, der in den Irak geschickt wurde, um Spionage zu treiben, sondern auch weil er als ein Leiter der zionistischen Bewegung herkam«.

Basri und Schalom wurden zu je fünfzehn Jahren verurteilt. Sechs andere, darunter auch Khabazas Mutter, wurden freigesprochen; drei Angeklagte, alles Frauen, wurden zu Freiheitsstrafen verurteilt, die ihrer Untersuchungshaft entsprachen, und deshalb auf freien Fuß gesetzt. Einer der Angeklagten wurde zu fünfzehn Jahren verurteilt, und alle anderen zu fünf Jahren.

Dieses zweite Gerichtsverfahren dauerte bis zum 13. Dezember. Zwei Tage später begann ein dritter Prozeß, in dem die Angeklagten Yudke Tajer, Robert Rodney und fünfzehn andere Personen – darunter acht Juden und sieben Araber – der Spionage angeklagt wurden. Bei Beendigung des Prozesses wurden alle für schuldig befunden und zu verschiedenen Freiheitsstrafen verurteilt. Tajer wurde wieder zu einer lebenslänglichen Kerkerstrafe mit Zwangsarbeit und nicht zum Tode verurteilt, wie es die Anklage gefordert hatte. Da sich sein Verteidiger während der zwei Gerichtsverfahren nicht sehr fähig gezeigt hatte, kann man nur annehmen, daß er sich vielleicht hinter den Kulissen eifrig bemüht hatte oder daß die irakischen Richter es vorgezogen hatten, nicht die Verantwortung für die Hinrichtung eines israelischen Offiziers zu tragen.

Dem Staatsanwalt fiel es jedoch schwer, sich mit dem Urteil abzufinden, und er legte Berufung ein, so daß Yudke während einiger Monate zwischen Leben und Tod schwebte. Robert Rodney, als britischer Staatsangehöriger, benutzte die guten Dienste des britischen Konsulates in Bagdad und kam mit einem kurzen Aufenthalt im Gefängnis davon.

Im Laufe der Jahre trat eine bedauernswerte Verwandlung der öffentlichen Meinung über die Beteiligung von Juden an Bombenanschlägen ein. Anfangs waren nur wenige bereit zu glauben, daß Juden Granaten auf jüdische oder andere Ziele geworfen hätten. Doch nachdem Mitte der fünfziger Jahre bekannt geworden war, daß eine Anzahl Juden in Ägypten verhaftet wurden, weil sie im Auftrag des israelischen Geheimdienstes Bombenanschläge auf die amerikanischen Informationsbüros in Kairo und Alexandrien verübt hatten, wurden natürlich Parallelen zu den Bombenanschlägen in Bagdad gezogen. Im Laufe der Zeit begann die arabische Propagandamaschine zu behaupten, daß die Bombenangriffe in Bagdad unternommen wurden, um den Juden Angst einzujagen und sie zur Flucht aus dem Irak zu veranlassen, da sie sonst keine objektiven Gründe gehabt hätten, ihre Geburtsstätte zu verlassen und nach Israel auszuwandern. Obwohl ein Menschenalter seit diesen Ereignissen vergangen ist, fährt die arabische Propaganda weiter mit der Verbreitung dieser zynischen Behauptungen fort, die sogar unter dem Deckmantel objektiver wissenschaftlicher Studien erscheinen[1]. Wer aber die Geschichte des jüdischen Kampfes zum Verlassen des Irak näher betrachtet, kann diese Behauptung nicht ernst nehmen. Die drei Bombenanschläge, die in der Anklage gegen Schalom Saleh Schalom angeführt wurden, fanden nach dem 9. März 1951 statt. Dies war der letzte Tag, um auf die Staatsangehörigkeit zu verzichten, Vorbedingung zum Verlassen des Irak also. Die Behauptung, daß die Anschläge unternommen wurden, um die Juden zur Flucht zu treiben, ist demnach reiner Unsinn, da es laut Gesetz sowieso zu spät war, die Erlaubnis zur Auswanderung zu erhalten.

Ebensowenig hatte die Granate, die in der Massuda Shemtov Synagoge am 14. Januar explodierte, etwas mit dem Versuch zu tun, die Juden zur Auswanderung zu treiben: Ende 1950, also zwei Monate vor Ablauf der gesetzlich festgelegten Frist, hatten schon 100 000 Juden – von den insgesamt 104 000, die schließlich den Irak verließen – ihre Staatsangehörigkeit aufgegeben.

[1] Siehe Abbas Shiblak: »The Lure of Zion: The Case of the Iraqi Jews« (Worcester, 1986).

Da es keine Möglichkeit gab, selbst Einspruch zu erheben, wurde eine internationale Aktion eingeleitet, um wenigstens eine Strafumwandlung oder eine Milderung des Urteils zu erreichen. Während die Verteidiger Einspruch gegen das Todesurteil erhoben, bemühten sich israelische Diplomaten und die Leiter der jüdischen Organisationen in der ganzen Welt um die Mithilfe befreundeter Regierungen, internationaler Organisationen und gewisser Persönlichkeiten, die Verbindungen zu der arabischen Welt hatten.

Mitte Dezember, nachdem der Einspruch abgelehnt worden war und alle Versuche, etwas auf gesetzlichem Wege zu erreichen, scheiterten, konnte nur noch der Regent Schalom begnadigen. Alle Bemühungen richteten sich nun dahin. Abba Eban, der israelische Botschafter bei den Vereinten Nationen, überreichte einen schriftlichen Appell an Padilla Nuevo, den Präsidenten der Vollversammlung der UNO. Die israelische Botschaft in Washington übergab Präsident Truman ein persönliches Schreiben des Präsidenten von Israel, Dr. Chaim Weizmann, der um Hilfe zu Gunsten des Verurteilten bat. Doch alles war umsonst. Weder Gnadengesuche noch verschleierte Vergeltungsdrohungen konnten die Iraker von ihrem Beschluß abbringen.

Fast ein Jahrzehnt später, als Yudke Tajer[1] nach Israel zurückkehrte, beschrieb er Yosef Basris und Schalom Saleh Schaloms letzte Stunden. Er hatte mit ihnen die Todeszelle geteilt und erzählte über die in den letzten Stunden geführten Gespräche, bei denen ihre Sehnsucht nach Israel zum Ausdruck kam, dem Lande, von dem sie träumten und nach dem sie sich sehnten, doch das sie nie erblicken durften.

In der kleinen feuchten Zelle hatten sie während der ganzen Nacht hebräische Lieder gesungen. Am 21. Januar 1952 drehte sich beim ersten Morgengrauen der Schlüssel im Schloß der Zelle, die Tür öffnete sich, und vor ihnen stand der Henker. Stillschweigend führte er die beiden zu einem in der Nähe wartenden Wagen. Sie fuhren zum Bab-al-Muazem-Platz im Zentrum Bagdads, wo die Galgen aufgestellt waren und wo sie vor einer jubelnden Menschenmenge, die sich hier versammelt hatte, um mit Wonne der grausamen Vorstellung beizuwohnen, gehängt wurden.

Danach kehrte der Henker zu Yudke Tajers Zelle zurück und erzählte ihm, wie würdevoll seine Kameraden gestorben waren. Ihre letzten Worte, als sich die Schlinge schon um ihren Hals legte, waren:

[1] Tajer, der zu einer lebenslänglichen Strafe verurteilt wurde, wurde im Jahre 1960 freigelassen, nachdem er 9 Jahre seiner Strafe verbüßt hatte.

»Lang lebe der Staat Israel!« Mit diesem frommen Wunsch auf den Lippen vertrauten sich die beiden ihrem Schöpfer an.
Einige Wochen nach der Hinrichtung, im Februar 1952, starteten in Bagdad die letzten Flüge der ›Operation Ezra und Nehemia‹ und brachten die letzten Juden von den Ufern Babylons nach Zion zurück. Weder Mosche Karmil, weder Mordechai Ben-Porat noch ich selbst – und auch kein einziger der anderen fünfundzwanzig Emissäre, die seit dem Jahre 1942 im Irak und im Iran tätig gewesen waren, die zionistische Bewegung dort betreut, die Grundlagen zur Flucht und zur Massenauswanderung der Juden ausgearbeitet und all das Nötige unternommen hatten, um zum jeztigen Abschluß zu gelangen, konnten es übers Herz bringen, den Abschluß des Unternehmens zu feiern, das zur Rettung von mehr als 100 000 unserer Brüder aus einem Lande führte, in welchem der Tod eines Juden mit größtem Jubel begrüßt wird. Der Verlust von Yosef Basri und Schalom Saleh Schalom brachte die Geschichte dieser aus uralten Zeiten stammenden Diaspora zu einem schmerzvollen Ende.

»An den Wassern von Babel saßen wir und weinten«, beschreibt die Bibel das Exil unserer Vorfahren und so war es auch uns beschieden, in der Stunde der Erlösung wiederum zu weinen.

Die Nachwirkungen

Um der Wahrheit treu zu bleiben, muß erwähnt werden, daß es Augenblicke gab, wo viele derer, die wir aus dem Irak herausgebracht hatten, sich fragten, ob sie nicht ein Übel mit dem anderen getauscht hatten.

Angstgefühle und Verfolgung hinter sich lassend, schritten sie voller Erwartungen einer ungewissen Zukunft entgegen, die im wesentlichen nur aus Hoffnungen bestand: Hoffnungen auf Sicherheit und Freiheit – was ja der eigentliche Zweck der Gründung eines unabhängigen Staates war.

Die Leute, die im Rahmen der ›Operation Esra und Nehemia‹ aus dem Irak nach Israel kamen, stellten nur einen Teil der großen Masseneinwanderung dieser Jahre dar. Die Gesamtzahl der irakischen Juden, die seit Mai 1948 Israel erreicht hatten, betrug bis Anfang 1952 121 512 Seelen. Dazu kamen noch 565 225 weitere, die aus anderen Erdteilen eintrafen, was in einer dreieinhalbjährigen Zeitspanne zur Verdopplung der jüdischen Bevölkerung Israels führte. Dies war auch die Ursache der schweren wirtschaftlichen Lage, die Anfang 1950 im ganzen Lande herrschte. Dieselben Zeitungen, die die Ankunft der ersten Flugzeuge mit Einwanderern aus dem Irak freudig begrüßt hatten, berichteten jetzt über den steigenden Mangel an Lebensmitteln, über den Schwarzmarkthandel mit Zucker und Öl und über die Aussichten neuer Einschränkungen der Einfuhr von Gütern. Die sich bereits ausbreitende Arbeitslosigkeit führte jetzt zu bitteren Zusammenstößen zwischen den langjährigen Arbeitern der Gewerkschaften und den neuen Einwanderern, die bereit waren, für niedrigere Löhne zu arbeiten.

Am härtesten waren die Bedingungen in den Einwandererlagern. Kaum den Schiffen oder Flugzeugen entstiegen, wurden die Neuankömmlinge per Lastwagen zu einem, der im ganzen Lande verstreuten Aufnahmelager gebracht, die entweder aus zerschlissenen britischen Armeeüberresten oder Asbesthütten bestanden. Ganze Familien, vom Kind bis zum Greis, wurden in diesen Transitheimen zusammengepfercht. Die Wasserhähne und santitären Einrichtungen (Feldlatrinen, wie sie für Militäreinheiten im Freien bestimmt waren) wurden an den äußersten Rändern dieser ausgebreiteten Lager errichtet. Um sie zu benutzen, mußte man lange Zeit und bei jedem Wetter Schlange stehen.

Selbst das Wetter schien in diesen Jahren besonders ungnädig zu sein. Der Winterregen verwandelte die Aufnahmelager in Schlammteiche und die Kälte ließ die Glieder erstarren.

Die Einwanderer aus dem Irak waren besonders schlecht dran, da ihre kurze und relativ angenehme Reise den Schock der Umstellung noch vergrößerte. Viele von ihnen hatten am selben Morgen große, gemütliche und gut ausgestattete Wohnungen in Bagdad verlassen, um sich einige Stunden später in einem Zelt oder einer Hütte zu befinden, irgendwo in einem fernen und anscheinend gottverlassenen Übergangslager.

Zu diesen Schwierigkeiten kamen noch die Ungewißheit über die Zukunft, die sie erwartete, der kulturelle Zusammenstoß mit Menschen verschiedener Gesinnung und Erziehung sowie die Empfindung einer ungeduldigen oder herablassenden Behandlung seitens der Beamten des Lagers, der Regierung und der Gewerkschaften. Das alles erklärt die Verbitterung und die Unzufriedenheit, die binnen kurzem die Gemüter erregte.

Doch entgegen Eschkols Befürchtungen veranstalteten die Neueinwanderer nur wenige Demonstrationen, obwohl ihre Enttäuschung und ihr Kummer nicht so leicht zu lindern waren – wie ich bald in meiner neuen Eigenschaft als Abgeordneter der Knesset, des israelischen Parlaments, erfahren sollte.

Diese radikale Änderung meines persönlichen Status geht auf den Monat Juni 1951 zurück, als ich mich im Auftrag des Mossad in Ägypten befand und gezwungen wurde, das Land in wilder Hast zu verlassen.

Als ich am Pariser Flughafen ankam, atmete ich beim Anblick der Freunde, die mich dort erwarteten, erleichtert auf. Ich konnte nicht ahnen, daß sie gekommen waren, um mir die traurige Nachricht vom Zerfall unserer Bewegung im Irak und von der Festnahme Mordechai Ben-Porats, Yudkes und den anderen Kameraden zu bringen.

Noch ganz betroffen von diesem zweiten Schlag, wurde ich plötzlich von einem wildfremden Mann angesprochen, der sich als Vertreter der Mapai, der israelischen Arbeiterpartei, vorstellte und mich aufforderte, ein vorgedrucktes Schreiben zu unterzeichnen, in dem ich mich verpflichtete, als einer der Kandidaten der Partei in den kommenden Knessetwahlen anzutreten.

Zuerst sah ich den zudringlichen Mann ungläubig an, doch bald kam ich zu der Schlußfolgerung, daß sich jemand einen Spaß mit mir erlaubte, jemand, der nicht wußte, wie ungelegen der Ort und die Stunde dazu waren. Sicherlich wollte mich jemand zum besten halten – wie wäre man sonst auf die Idee gekommen, mich als Wahlkandidaten vorzuschlagen!

Doch der Mann schien nichts dergleichen im Schilde zu führen. Ich begann zu verstehen, daß man der Meinung war, es wäre angezeigt, die Wählerliste mit einem Namen zu bereichern, der Tausenden bekannt war, was der Partei schließlich nicht schaden könne.

Das Schicksal der Mapaipartei war zu diesem Zeitpunkt nicht gerade das, was mich am meisten beschäftigte, und so weigerte ich mich, irgendetwas zu unterschreiben. Nicht nur, daß ich mich selbst als das ganze Gegenteil eines Politikers betrachtete, sondern in meiner Vorstellung saßen im israelischen Parlament nur ältere Staatsmänner und Würdenträger. Mit meinen knapp 27 Jahren hatte ich ehrgeizigere Absichten, als mich damit zu begnügen, in ihrem Schatten dahinzuschmachten.

Trotzdem gab ich dem Druck des Vertreters der Mapaipartei und dem Drängen meiner Freunde schließlich nach und unterschrieb.

Dem israelischen Proporzwahlsystem gemäß, stellte jede Partei eine Liste von 120 Kandidaten auf. Folglich hingen die Aussichten, einen Sitz in der Knesset zu bekommen, von dem Platz ab, an dem der Name des Kandidaten auf der Liste eingetragen ist. Wie mir erklärt wurde, konnte ich annehmen, daß mein Name an einer ziemlich unrealistischen Stelle erscheinen würde.

So war es dann auch. Mein Name stand an fünfzigster Stelle, und da die Partei nur 45 Sitze gewann, kam ich nicht, oder wenigstens vorläufig nicht, in die Knesset.

Nichtsdestoweniger änderte sich mein Leben von nun an grundsätzlich. Entweder weil meine Knessetkandidatur mich ins Rampenlicht gestellt hatten, oder weil meine Kollegen im Mossad der Meinung waren, daß mein Glücksrad sich gewendet hatte – sie kamen jedenfalls zur Schlußfolgerung, es sei weder verantwortlich noch richtig, mich wieder auf geheime Einsätze zu schicken. Ich war noch bis Mitte 1952 im Hauptquartier des Mossad beschäftigt, als mir ein verlockendes Angebot gemacht wurde, das ich nicht zurückweisen konnte. Es handelte sich um einen offiziellen Posten in unserer Pariser Botschaft.

So gelang es mir, Temima zu überzeugen, daß meine Abenteuerlust nun befriedigt war und ich beschlossen hatte, ein nüchterner, aufrechter Bürger zu werden. Vielleicht war sie nicht ganz davon überzeugt, doch willigte sie ein, mich zu heiraten. So befand ich mich nun mit meiner Braut auf dem Wege nach Paris – diesmal mit einem israelischen Paß, der auf meinen richtigen Namen ausgestellt worden war. Es war ein wunderbares Gefühl, nicht ständig befürchten zu müssen, einen Fehltritt zu begehen oder meine Tarnung preiszugeben.

Um diese Freiheit zu feiern und unsere Flitterwochen zu verbringen, reisten wir nach Paris und richteten uns in einer kleinen Wohnung in der Nähe des Bois de Boulogne ein, wobei alle Erinnerungen an die Knesset-Episode in Vergessenheit gerieten. Wir freuten uns beim Anblick der »Stadt der Lichter« oder genossen einfach unser Beisammensein im neuen Pariser Heim. Doch diese schöne Zeit war nur von kurzer Dauer.

Ende 1952, nachdem vier Mapaiabgeordnete sich entweder zurückgezogen hatten oder gestorben waren und ein fünfter zum Staatspräsidenten gewählt worden war, kam ich an die Reihe, in das Parlament einzutreten. Ich nahm an, es wäre nicht schwer, auf den Knessetsitz zu verzichten, da ihn sicherlich viele andere begehrten, die sich vielleicht auch besser dafür eigneten. Doch gaben mir meine Freunde eindeutig zu verstehen, wie kritisch die Lage in den Einwandererlagern war, und daß es meine Pflicht sei, mit meiner Anwesenheit im Parlament den Einwanderern ein Mitspracherecht zu ermöglichen.

So geschah es, daß wir uns Anfang Frühling 1953 nach Israel einschifften. Ehrlich gesagt, waren wir ein wenig enttäuscht.

»Vielleicht ist es so am besten«, bemerkte Temima eines Morgens, um mich zu ermutigen. »Schließlich haben wir uns doch immer gewünscht, daß unser Kind im Kibbuz zur Welt kommen soll.«

Am 4. Mai wurde ich als Knessetabgeordneter vereidigt. Nun besuchte ich die Transitlager, unterhielt mich mit den Einwanderern, die noch immer dort untergebracht waren, und hörte ihnen zu, wenn sie ihr Herz ausschütteten und sich über die trostlosen Zustände in den Lagern beschwerten. Ich fragte mich oft, ob wir uns nicht verrechnet hatten, indem wir diese völlig erschöpften und mitgenommenen Menschen im Irak zuerst monatelang in Angst und Besorgnis hatten warten lassen, um sie dann nach Israel zu bringen, wo sie abermals monatelang in den Durchgangslagern verkamen.

Besonders schwer traf es mich, wenn sie in ihrer Verzweiflung sogar die Lüge der Iraker wiederholten, daß es Mitglieder der zionistischen Bewegung waren, die die Bombenanschläge auf das Kaffeehaus und die Synagoge in Bagdad verübt hatten, um die Juden zur Auswanderung zu treiben.

Immer wieder wurden die fünftausend Juden erwähnt, die es entgegen jeder Logik und Vernunft vorgezogen hatten, weiter im Irak zu bleiben. Aus Briefen, die uns auf Umwegen erreichten, oder aus Gerichten erfuhren wir, daß die Lage dieser Juden durchaus zufriedenstellend oder sogar beneidenswert war. Im Vergleich zu den arbeitslosen Einwanderern, die in den Zeltlagern lebten, war ihre Existenz gesichert. Auch die jüdischen Schulen blieben weiter in Betrieb – allerdings ohne das Studium der hebräischen Sprache, der Bibel und der jüdischen Geschichte – und ihre Absolventen wurden in die irakischen Universitäten aufgenommen. Auch wenn ihnen gewisse Studienbereiche untersagt waren, gaben sie sich nicht geschlagen und wandten sich anderen Berufen zu, wo sie erfolgreich vorwärtskamen.

Ihre Lage blieb gute zehn Jahre unverändert. Sogar zur Zeit des Militärputsches vom 14. Juli 1958, als so prominente Persönlichkeiten wie Abdul Illah und Nuri Said ein grausames Ende erlitten, beschränkten sich die antijüdischen Äußerungen auf Transparente mit Parolen gegen den Zionismus und gegen Israel, die bei Demonstrationen oder anderen gelegentlichen antijüdischen Kundgebungen erschienen. Da sie an solche Zustände gewöhnt waren, kehrten die Juden zu ihrer alten Gewohnheit zurück, sich zu ducken und ruhig im Hintergrund zu bleiben, bis sich der Sturm legte. Auf gewissen Gebieten brachte ihnen die Revolution sogar eine Lockerung der Einschränkungen, zum Beispiel was die Hochschulerziehung und die Auslandsreisen anbetraf.

Als ein verheißungsvolles Zeichen wurde die Freilassung einer Anzahl verhafteter Juden angesehen. Sogar Yudke Tajer wurde befreit und nach Hause geschickt. Einer der Offiziere, der ihn im Zuchthaus kennengelernt hatte, war von ihm so beeindruckt, daß er ihn General Abdul Karim Kassem, dem neuen Regierungschef des Irak, vorstellte, was zu seiner Freilassung führte.

Doch in Israel war man nicht untätig geblieben. Anfang der sechziger Jahre waren fast alle Einwanderer eingeordnet; sie gingen einer geregelten Arbeit nach oder studierten, so daß die Wunden des letzten Jahrzehnts langsam zu heilen begannen. Viele derjenigen, die ihre Jugend in solchen Zeltlagern verbracht hatten, sind heute führende Persönlichkeiten in der Regierung, in der Armee, an den Universitäten oder im wirtschaftlichen Leben Israels.

Im Irak dagegen begann sich die Lage nach einem neuen Putsch, der im Jahre 1963 die Baath-Partei an die Macht brachte, wieder zu verschlechtern. Staatsstreiche und Säuberungsaktionen erschütterten das Land, und die kleine jüdische Gemeinde war abermals Drohungen und Einschränkungen ausgesetzt.

Die Universitäten schlossen ihre Tore vor den Juden, jüdisches Privat- und Gemeindeeigentum wurde beschlagnahmt, und der uralte jüdische Friedhof von Bagdad vollkommen zerstört. Der Höhepunkt der Erniedrigung aber war, daß die Juden, die es vorgezogen hatten im Irak zu bleiben, jetzt gezwungen wurden, gelbe Ausweiskarten zu tragen, so daß sie jeder von den wahren Söhnen und Töchtern des Irak unterscheiden konnte.

Nach dem Fall des Baathregimes und der Machtübernahme durch eine etwas gemäßigtere Regierung Ende 1963 begannen die Juden wieder auf bessere Tage zu hoffen. Doch nicht einmal vier Jahre später, im Juni 1967, brach der Sechstagekrieg aus, und das, was darauf folgte, schien wie eine geschmacklose Wiederholung der Ereignisse von 1948. Wiederum marschierten irakische Truppen westwärts durch Jordanien, um sich den anderen arabischen Armeen in einem allgemeinen Angriff gegen Israel anzuschließen. Am ersten Tag wurde der Irak von einer Welle erfundener Berichte über angebliche ägyptische Siege erfaßt. Doch dies änderte sich am nächsten Tag, als die israelische Luftwaffe den Vorposten der irakischen Luftstreitkräfte bombardierte. Die jubelnden Massen wurden böse.

Die staatlichen Radiosender riefen zum Kampfe gegen die »zionistischen Agenten« auf; alles kehrte zum alten zurück, und die Juden wurden wieder zum Sündenbock.

Darauf folgte eine Welle von Verhaftungen, Folterungen, Mißhandlungen und Erpressungen.

Im Juli 1968 kehrte die Baath-Partei unter der Führung von General Achmed Hassan Al-Bakr zur Macht zurück und im Oktober kam es zu der befürchteten Bekanntmachung: Der Revolutionäre Ausschuß der Partei berichtete von der Entdeckung eines Spionagenetzes, das für »den Zionismus und den Imperialismus« tätig war. Jetzt, nachdem sich der Irak dem Kreml genähert hatte, war der alte Kampfruf gegen »den Zionismus und den Kommunismus« nicht mehr aktuell und so wurde ein neues Losungswort erfunden.

Als die Berichte über die große Zahl der Juden, die verhaftet wurden, Israel erreichten, erschien uns dies wie eine Wiederholung des schon Erlebten, und wir begannen das Schlimmste zu befürchten.

Von den 150 000 Juden, die im Jahre 1932 vor der Unabhängigkeit im Irak gelebt hatten, waren nur 5 000 übriggeblieben, die sich von der zionistischen Bewegung und vom Staate Israel völlig losgesagt hatten. Sie hatten nicht einmal von den eigentlich bequemen Bedingungen des Gesetzes von 1950 Gebrauch gemacht, das ihnen die Möglichkeit eines neuen Lebens in Amerika oder in Europa bot. Wir müssen also annehmen, daß sich ihr Entschluß, weiter in ihrem Geburtsland zu bleiben, auf die Überzeugung stützte, sie könnten dort ein ruhiges und gemütliches Leben führen als Bürger, die ihre Loyalität durch den Entschluß, im Irak zu bleiben, bewiesen hatten, als 95 Prozent ihrer Brüder anders handelten.

Die irakischen Behörden wußten genau, daß die zurückgebliebenen Juden keinen Kontakt zu Israel hatten. Doch gerade diese Isolierung machte sie zum idealen Sündenbock, insbesondere, weil die Hetze gegen Juden im allgemeinen damals hoch auf der Tagesordnung der arabischen Welt stand. So hatte die arabische Gipfelkonferenz, die im September 1967 in Amman stattfand, scheinheilig aber drohend festgestellt, daß sich »die Juden in den arabischen Staaten nicht ehrenvoll benommen hätten, trotz des Schutzes, den der Islam ihnen während Generationen gewährt hatte – da sie den Zionismus und Israel unterstützten«.

Ebenso rief die Konferenz die arabischen Regierungen auf, »diejenigen Juden, die nachweisbare Verbindungen mit dem Zionismus und mit Israel unterhielten, als kriegsführende Aggressoren zu betrachten – so wie es die Pflicht der Moslemvölker ist, sie als geschworene Feinde zu behandeln«.

Wie man sehen kann, beschäftigte diese Frage die gesamte arabische Welt und nicht bloß den Irak, doch war dieser in der Hinsicht noch rücksichtsloser als alle anderen arabischen Staaten. Mir persönlich war dies nur allzubekannt, da ich mich seit dem Sechstagekrieg in meiner Eigenschaft als stellvertretender Generaldirektor des israelischen Außenamtes für Nahost-Fragen direkt mit den Bemühungen, die Leiden der verfolgten Juden in den arabischen Staaten zu lindern, beschäftigte.

Wir wählten damals den Weg der stillen Diplomatie und konnten uns des Verständnisses und der Hilfsbereitschaft befreundeter Regierungen, besonders der französischen Regierung, sowie des Mitwirkens internationaler Prominenz, die ohne Aufsehen zugunsten dieser Juden einsprang, erfreuen. Diese Bemühungen zahlten sich in Ägypten aus, das im allgemeinen empfindlicher der Weltmeinung gegenüber war, und deswegen beeinflußt werden konnte, die Juden, die in Gewahrsam genommen worden waren, freizulassen.

Dasselbe konnte aber nicht im Irak erreicht werden: Die im Oktober 1968 inhaftierten Juden blieben in Haft, und wir mußten annehmen, daß sie nach den wohlbekannten irakischen Methoden verhört wurden. Nach monatelangen vergeblichen Bemühungen, etwas über ihr Schicksal zu erfahren, hörten wir Anfang Januar 1969, daß ein Militärgericht hinter verschlossenen Türen ein Anzahl Juden zum Tode verurteilt hatte.

Siebzehn Jahre waren schon seit jener fürchterlichen Januarnacht vergangen, als Yosef Basris und Schalom Saleh Schaloms leblose Körper an den Galgen baumelten – doch mich schauderte bei dem Gedanken einer Wiederholung dieser grauenhaften Inszenierung. Instinktiv wollte ich Alarm schlagen, um die Iraker in Verlegenheit zu bringen und den unsinnigen Mord an unschuldigen und wehrlosen Menschen zu verhindern. Gleichzeitig wurden wir hin- und hergerissen zwischen dem Wunsch, die Wahrheit laut zu verkünden, und der Befürchtung, daß jeder aus Israel stammende Protest den Juden im Irak mehr schaden als nützen würde. Wenn die Irakis bei uns einen so empfindlichen Punkt wie diesen entdecken sollten, könnten sie noch mehr Leute niedermetzeln. So unterdrückten wir unsere Wut und unseren Stolz und entschlossen uns, hinter den Kulissen tätig zu werden. Alle diejenigen, die wir um Hilfe ersuchten, vom Papst bis zum Generalsekretär der Vereinten Nationen, versprachen uns, den Irakern ihre Meinung zu sagen.

Doch alles war vergeblich. Kurz nach Mitternacht, am 26. Januar 1969, begann Radio Bagdad Auszüge aus dem Gerichtsverfahren zu senden und unsere Leute wußten sofort, was das bedeutete. Der diensthabende Beamte im Außenministerium wurde vom Armeenachrichtendienst, der die Radiosendungen der arabischen Länder abhörte, benachrichtigt und rief mich an, um Anweisungen zu erlangen. Ich beauftragte ihn, einen Krisenstab einzuberufen und eilte ins Amt, in der Hoffnung, den Zeitunterschied zwischen dem Nahen Osten und den Vereinigten Staaten auszunützen. Doch wir kamen zu spät. Um sieben Uhr morgens verkündete die Stimme des Vorstehers des Militärgerichtes, daß »die vierzehn Verräter« zum Tode verurteilt und hingerichtet worden seien. Die Leichen der elf in Bagdad Hingerichteten wurden zum Hauptplatz der Stadt, dem Freiheitsplatz, gebracht und öffentlich zur Schau gestellt, während die drei anderen in Basra hingerichtet wurden. Beim Lesen der Namen, schien es, als würde Radio Bagdad uns mit jeder Silbe verhöhnen wollen, denn neun der vierzehn hingerichteten Männer waren Juden.

Die Zeitung »Le Monde« brachte folgenden Bericht über das »Ereignis«:

»Man schätzt die Zahl der Demonstranten auf mehr als eine Million, die sich auf den Straßen von Bagdad versammelten infolge der Aufrufe, die von dem Radiosender übertragen wurden, diesen Tag, Montag den 27. Januar, als nationalen Feiertag zu begehen.«

In Jerusalem war der 27. Januar ein besonders kalter Wintertag. Die Stadt war ganz weiß und schneebedeckt, doch für uns war es ein schwarzer Tag, so schwarz wie die Herzen derjenigen, die in Bagdad mit soviel Freude und Stolz den Mord zur Staatsinstitution erhoben. Ich zweifle daran, ob diese jüdische Gemeinde in ihrer 2500jährigen Geschichte schon einmal eine so ausgesprochene Böswilligkeit seitens der Behörden erlebt hatte, die zur Hinrichtung von neun Juden an einem einzigen Tag führte. Ich wurde plötzlich von einer unbändigen Wut ergriffen, weil ich nicht wußte, was noch unternommen werden konnte, um weitere Morde zu verhindern. Doch ich war überzeugt, daß wir kein Blatt vor den Mund nehmen sollten. Wir hatten nichts zu verlieren, wenn wir den Irakern und der ganzen Welt klipp und klar sagten, daß sich der Staat Israel als Verteidiger der im Irak lebenden Juden betrachte. Wir hatten diese Verpflichtung nicht nur gegenüber den dortigen Juden, sondern auch gegenüber uns selbst. Als ich eine Pressekonferenz einberief, um dies im Namen der israelischen Regierung bekanntzugeben, war ich erstaunt, aber gleichzeitig erfreut, festzustellen, daß trotz des schlechten Wetters die Journalisten bis zum letzten Mann erschienen waren und unsere Botschaft weit und breit verkündet wurde.

Das Ergebnis rechtfertigte vollends meinen Entschluß, die Angelegenheit vor die Weltöffentlichkeit zu bringen, denn überall erhob sich nun ein empörter Protest gegen die Brutalität, die die Iraker anwendeten. Selbst die ägyptische Regierung verurteilte die Hinrichtungen als »schädlich für die arabische Sache« und das halbamtliche Blatt »Al-Ahram« beschrieb die Sache als »taktischen Fehler«. Die irakische Regierung wies jedoch alle Kritik kurzerhand zurück und tat sie als »feindliche Propaganda« ab.

Doch als ein zweiter Spionageprozeß hinter verschlossenen Türen am 19. März 1969 zu Ende ging, konnten wir mit Erleichterung feststellen, daß keiner der dreizehn Juden, die sich unter den Angeklagten befanden, zum Tode verurteilt wurde. Später wurden dennoch drei Juden hingerichtet – zwei bei einem Prozeß, der am 18. August endete, und ein dritter am 21. Januar 1970 – doch damit erreichte das tragische Kapitel der Bagdader Prozesse und der Hinrichtungen von Juden ein Ende.

Leider setzten sich die Verfolgungen weiter fort, auf eine zwar weniger spetakulären, doch viel heimtückischere Art. Die Juden wurden jetzt nicht nur verhaftet, sondern auch entführt. Außerdem starben Dutzende unter der Folter im berüchtigten »Sommerpalast«, der bis zum Putsch vom Juli 1958 dem Regenten als Residenz gedient hatte.

Andere wurden aus ihren Heimen verschleppt oder einfach auf der Straße entführt und nie mehr wiedergesehen.

Wieder appellierten wir an die Weltöffentlichkeit und informierten sie über die Zustände, was zu scharfen Leitartikeln, Dutzenden von parlamentarischen Fragen, Massendemonstrationen und unermüdlichen Wachen vor den irakischen Botschaften in vielen Hauptstädten führte. Dies machte der irakischen Regierung klar, daß das Los ihrer Bürger auch die Außenwelt anging und daß sie nicht behaupten könnte, es würde sich nur um ihre inneren Angelegenheiten handeln.

Das Ergebnis war das Zustandekommen einer internationalen Konferenz zur Rettung der Juden im Nahen Osten, dessen Vorsitzender Alain Poher, der Präsident des französischen Senats, war. An der ersten Tagung in Paris, am 27. Januar 1970 - genau ein Jahr nach den Hinrichtungen in Bagdad – nahmen Vertreter aller Glaubensbekenntnisse aus mehr als dreißig Ländern teil. Dieser internationale Druck zwang die Iraker, etwas mehr Menschlichkeit zu zeigen, und hier und da gaben sie einigen Juden die Erlaubnis, das Land zu verlassen. Die meisten mußten jedoch auf illegalem Wege fliehen.

So endet dieser Bericht, wie er begann, mit den Juden aus dem Irak, die in ihrem Streben nach Freiheit heimlich über die Grenze flüchteten. Die nördliche Route, die zwanzig Jahre zuvor von den mutigen jungen Männern und Frauen der zionistischen Untergrundbewegung eröffnet wurde, war jetzt wieder aktuell, denn die Flüchtlinge wußten, daß sie mit der Unterstützung der dort lebenden Kurden rechnen konnten. Auf diese oder jene Art machten sich jetzt die meisten Juden, die nach der ›Operation Esra und Nehemia‹ noch im Irak geblieben waren, auf den Weg nach Israel, um dort ein neues Leben anzufangen.

Wenn die Massenauswanderung der Juden aus dem Irak in den Jahren 1950 - 1951 von der Stärke der zionistischen Idee zeugt, so ist auch das Schicksal der wenigen Tausend, die es vorzogen, willkürlich ihre Bande zum eigenen Volk zu lösen und das jahrhundertealte Exil zu verewigen, ein beredter Beweis für die Richtigkeit der zionistischen Weltanschauung.

Es ist eine Ironie der jüdischen Geschichte, daß selbst diejenigen, die sich vom Schicksal des Volkes trennen wollten, letzthin das gleiche Los erlebten, auch wenn sie im Schatten der Palmenbäume an den weitentfernten Wassern Babylons saßen.

Mit der Auswanderung der letzten Juden aus dem Irak Anfang 1970 ging für mich auch ein persönliches Kapitel zu Ende, als meine Kusine

Fahima, die Tochter Ezekiel Shemtovs, mich aufsuchte. Wir hatten uns das letzte Mal in Paris im Jahre 1951 gesehen, als sie so verärgert war über das, was ihr als Mißachtung der Privilegien ihres Vaters in den ersten schwierigen Monaten unserer Luftbrücke vorkam. Ich wußte, daß Ezekiel Shemtov im Jahre 1954 im Alter von 74 Jahren in Beirut gestorben war, doch erst jetzt erfuhr ich durch Fahima die traurigen Umstände seines Todes. Er befand sich auf der Heimreise aus England, wo er wegen eines bösartigen Tumors behandelt wurde. Endlich hatte ich Gelegenheit, ihr zu sagen, wie sehr ich ihren Vater bewundert und geachtet hatte und ihn auch heute noch als einen außerordentlich mutigen Mann betrachte, dessen Einfluß ausschlaggebend gewesen war, um die Auswanderung der Juden aus dem Irak auf legalem Wege zu ermöglichen.

Bald schwenkte unser Gespräch der entfernten Vergangenheit zu, und wir schwelgten in Erinnerungen an unsere Kinderjahre in Bagdad. Es waren nostalgische Rückblicke auf Familienmitglieder, auf Festessen, auf das Herumtollen entlang des Tigris – doch am meisten auf die Arglosigkeit und die Naivität jenes Alters. Wie weit entfernt schienen die Tage, wo wir ernsthaft glaubten, daß das Schließen der Fensterläden oder das Verriegeln der Türen genügen würde, um das Unheil fernzuhalten!

Fahimas Augen spiegelten tiefe Traurigkeit wider, als sie mir berichtete, was ihr und den anderen Juden im Irak nach dem Sechstagekrieg widerfahren war. Als sie über ihre eigene fürchterliche Verzweiflung sprach, fragte ich, ob sie und die anderen damals wirklich geglaubt hätten, wir hätten sie vergessen. »Es gab viele Augenblicke, wo ich davon überzeugt war«, sagte sie ohne Bitterkeit, »doch am Tage der schrecklichen Hinrichtungen im Januar 1969, als ich in der BBC-Sendung bei jener Pressekonferenz deine Stimme hörte – überkam mich zum ersten Mal ein Gefühl der unmittelbaren Nähe und der Zugehörigkeit. Ich wußte, daß Ihr uns nie verlassen würdet.«

Sie senkte den Blick und blieb still, über ihre eigene Ergriffenheit und Aufrichtigkeit etwas verlegen, doch ich hatte den Eindruck, daß sie noch etwas sagen wollte – und ich hatte recht.

»Weißt du, Selim«, sprach sie mich mit meinem Kindheitsnamen an, »seit sehr langer Zeit hegte ich einen Groll gegen euch, denn ich war überzeugt, daß all die fürchterlichen Dinge, die uns zustießen, wegen Israel und euren Träumen und Kriegen geschahen. Ihr habt die Siege gefeiert, und wir haben den Preis der Kriege bezahlt.«

Wiederum schwieg sie. Es wurde still um uns, während sie noch eine Weile in Gedanken vertieft blieb.

»Jetzt ist es mir klar geworden, daß wir unsere Rettung der Existenz und den Anstrengungen des Staates Israel verdanken. Also, wie du siehst, wir haben unsere gegenseitigen Schulden beglichen – und jetzt sind wir quitt!«

Ein leichtes Lächeln überflog ihr Gesicht und Tränen – der Erleichterung oder der Reue, ich weiß es nicht – flossen über ihre erröteten Wangen.

Nachtrag des Verfassers

Dies ist eine wahre Geschichte. Sie wurde aus persönlicher Sicht erzählt, doch ist sie keine persönliche Erzählung, sondern vielmehr das Drama des modernen Exodus der Juden aus dem Irak, der ältesten jüdischen Gemeinde in der Diaspora, welche in die Zeit der Zerstörung des ersten Tempels vor mehr als zweitausendfünfhundert Jahren zurückreicht.

Das Buch der Psalmen berichtet uns, daß die Juden nach der Zerstörung des Tempels zu Jerusalem, als sie nach Babylon, dem heutigen Irak, verschleppt wurden, ihre Harfen an die Weiden hängten, an den Wassern zu Babel saßen, und weinten, wenn sie an Zion dachten, und das bekannte Gelübde ablegten: »Vergesse ich dich, Jerusalem, so verdorre meine Rechte« (Psalm 137,5).

Seit damals hatten sie trotz aller Verfolgungen und Gefahren nie ihren Glauben verloren, sich nie von ihren jüdischen Wurzeln gelöst, nie das Gelübde vergessen, Jerusalem als ihre größte Freude anzusehen, und nie die Hoffnung aufgegeben, in das Gelobte Land zurückzukehren.

Schließlich begannen sie ihre Träume zu verwirklichen. Als einige junge Männer der Haganah-Untergrundorganisation aus Palästina im Irak ankamen, um in naiver Verwegenheit Juden nach Palästina zu schmuggeln und sie dann später ganz offen nach Israel zu bringen, schloß sich der Kreis. Beschreibungen der illegalen Einwanderung der Juden aus Europa nach Palästina sowie des ruhmvollen Kampfes der Überlebenden aus den Nazivernichtungslagern, sich um jeden Preis den Weg nach Palästina zu bahnen, sind wohlbekannt. Heldenerzählungen von den überfüllten Einwandererschiffen wie »Exodus 47« haben die Phantasie der Schriftsteller und Drehbuchautoren angespornt. Dagegen ist die Geschichte der Einwanderer aus den arabischen Ländern und der Gefahren, die sie überwinden mußten, bis heute unbekannt geblieben.

Der Schleier der Verschwiegenheit, der dieses Thema lange Zeit verhüllte, war gerechtfertigt, solange das Los der dort noch lebenden Juden auf dem Spiel stand und es vielleicht noch eine Möglichkeit gab, sie zu retten. Diejenigen von uns, die mit den Rettungsversuchen und der Sorge um das Schicksal dieser Juden verbunden waren, haben sich die Pflicht des Stillschweigens selbst auferlegt. Das Ergebnis war, daß ihnen allen Unrecht getan wurde, da ihr Kampf und ihre Aufopferung sowie ihre Bemühungen um die Rettung ihres Volkes im Dunkeln blieben.

Heute also, nachdem nicht weniger als 95 Prozent von ungefähr einer Million Juden, die in der arabischen Welt gelebt hatten, diese Länder verlassen haben, und die meisten von ihnen in Israel leben, gibt es keinen Grund mehr, dieses Drama nicht zu erwähnen.

Ich empfinde es als meine Pflicht, diese Geschichte mit all ihren Fehlern und Schwächen wiederzugeben, da ich eine aktive Rolle in einigen der entscheidendsten Episoden spielte.

Ich habe dieses Buch in der ersten Person geschrieben und mich auf die Ereignisse der Jahre 1946 – 1950 konzentriert. Die Erfahrungen, Gefühle und Betrachtungen, die auf diesen Seiten dargestellt werden, sind persönlicher Art, doch die Ereignisse beruhen auf historischen Tatsachen sowie auf Quellen, die den Archiven der Haganah, des israelischen Außenministeriums und des britischen Foreign Office entstammen. Dieses letztere ermöglichte den Forschern erstmals nach 30 Jahren den Zutritt zu seinen Dokumenten und die meisten werden hier zum ersten Mal veröffentlicht.

Es muß auch in Betracht gezogen werden, daß dieses Buch Ereignisse schildert, die sich zwischen dem Ende der vierziger und dem Anfang der fünfziger Jahre abgespielt haben. Vieles hat sich seit damals geändert. Der Iran, der sich während dieser Jahre so großzügig und wohlwollend gegenüber den jüdischen Flüchtlingen aus dem Irak gezeigt hatte, hat seine Einstellung mit dem Aufstieg des Ayatollah Khomeini grundsätzlich geändert und gehört heute zu den Erzfeinden Israels. Großbritanien dagegen, das sich vor der Entstehung des Staates Israel erbittert gegen die Flüchtlinge aus Europa und den arabischen Staaten wehrte, gehört heute zu den Israel-freundlichen Nationen.

Ich möchte an dieser Stelle auch all denjenigen danken, die mir geholfen haben, dieses Buch zu schreiben. Da ich nicht die Möglichkeit habe, sie alle mit Namen zu nennen, sei es mir erlaubt, meinen Dank allen Mitgliedern des Mossad für illegale Einwanderung auszudrükken, sowie all meinen Vorgesetzten, die mir die verschiedenen Missionen anvertraut haben und mich stets bei meiner Arbeit begleitet, belehrt und beraten haben; den Mitgliedern meines Kibbuzes, die mir während der langen auswärts verbrachten Jahre immer wieder das Gefühl eines festen Heimes schenkten; meinen Kollegen, den Agenten, den Leitern und Anhängern der zionistischen Bewegung im Irak, sowie den Mitgliedern der jüdischen Gemeinde des Irak, die eigentlich die wahren Helden dieser Erzählung sind.

Einen ganz besonderen Dank schulde ich meiner Familie: meinem Sohn Ari, der viele seiner freien Stunden dem Lesen und der Verbesserung des Manuskriptes widmete, wie auch meiner Tochter Hagar, deren scharfsinnige Kommentare und Geschichtskenntnisse von großer Hilfe waren.

Doch am meisten bin ich meiner Frau Temima zu Dank verpflichtet, die unzählige Tage mit Nachforschungen in Archiven und Bibliotheken verbracht hat, Briefe und Urkunden sortiert und entziffert hat, um die Spreu vom historischen Weizen zu trennen. Sie las jedes Kapitel mehrmals, ohne Kritik zu scheuen, was mich veranlaßte, das Unkraut, das in meinen Schriften so oft gedeiht, zu entfernen.

Jerusalem — Shlomo Hillel

Wörterverzeichnis

AMU YUSUF	– Shlomo Hillels Deckname in der zionistischen Untergrundbewegung im Irak von Juli 1946 bis August 1947
ARTZI	– Codewort für Palästina und später für Israel in den geheimen Funkverbindungen des Mossad
BERICHAH	– Die geheime Wanderung der jüdischen Überlebenden des Holocaust durch ganz Europa von 1945 bis Mitte 1948 nach Palästina
BERMAN	– Codewort für Bagdad und den Irak im allgemeinen in den geheimen Funkverbindungen des Mossad
FARHOUD	– Der zweitägige Pogrom, der am 1. und 2. Juni 1941 im Bagdad stattfand
GOLDMAN	– Codewort für Teheran und den Iran im allgemeinen in den geheimen Funkverbindungen des Mossad
HABIB	– Einer der Decknamen von Mordechai Ben-Porat als Agent das Mossad im Irak
HAGANAH	– Illegale jüdische Untergrundbewegung in Palästina zur Zeit des britischen Mandates
JIHAD	– Moslemischer Heiliger Krieg
MANDAT	– Das Mandat über Palästina, vom Völkerbund im Jahre 1920 an Großbritannien erteilt
MOSSAD	– Der »Mossad für illegale Einwanderung«, eine Zweigstelle der Haganah, dessen Aufgabe es war, trotz des britischen Verbotes einer jüdischen Einwanderung Juden nach Palästina zu bringen. Nicht zu verwechseln mit der Zweigstelle des israelischen Nachrichtendienstes, die heute als Mossad weitläufig bekannt ist